Gerd Blaumeiser
Bildung:
»Dass sie mir ein Fenster sei in den
erweiterten Weltraum des Daseins«

Gerd Blaumeiser

Bildung:
»Dass sie mir ein Fenster sei
in den erweiterten Weltraum
des Daseins«

Schule:
Verschlossene Fenster –
Bildung unerwünscht?

R. G. Fischer Verlag

Bibliografische Information der Deutschen Nationalbibliothek:
Die Deutsche Nationalbibliothek verzeichnet diese Publikation in der
Deutschen Nationalbibliografie; detaillierte bibliografische Daten sind
im Internet über http://dnb.dnb.de abrufbar.

© 2019 by R.G. Fischer Verlag
Orber Str. 30, D-60386 Frankfurt/Main
Alle Rechte vorbehalten
Titelbild: Wang Song / kebox – © 123rf.com
Schriftart: Palatino 11 pt
Herstellung: rgf/bf/1A
ISBN 978-3-8301-1789-6

Für meine Tochter Nina,
die mein Leben so bereichert.

Und mit herzlichem Dank
an Frau Christina Zang
für ihre unermüdliche und zuverlässige Hilfe
bei der Fertigstellung des Manuskripts
sowie an Herrn Falk Burkhardt
für seine Lektoratstätigkeit.

Inhalt

Vorwort

Meine Kindheit, die Schulzeit und meine Jugend fielen in die
letzten drei Kriegsjahre 1942 bis 1945, in die Nachkriegszeit
und in die Jahre des deutschen Wirtschaftswunders. Vier
Monate vor meiner Geburt im September 1942 erfolgte Ende
Mai das erste große Flächenbombardement auf die Stadt
Köln, die Heimatstadt meiner Mutter und ihrer großen Familie. Meine Mutter rettete mich als noch Ungeborenen und
sich selbst nach diesem Bombenhagel in die Stadt Solingen.
Hier war es in ausreichender Sicherheit möglich, dass ich als
neuer Bewohner dieses Planeten das Licht der Erde erblick-
te. Mein Großvater – ein von den Nazis frühpensionierter
Hauptlehrer – hatte wenige Monate nach meiner Geburt
entschieden, aus dem gefährdeten Köln in ein kleines Dorf
im Hunsrück zu ziehen. Hier kam die gesamte Großfamilie
in dem bäuerlichen Anwesen unter, das mein Großvater
von seinen Stiefeltern geerbt hatte. Fortan konnten wir die
nach Köln und zu anderen Zielpunkten tief heranfliegenden
Bombenflugzeuge zwar noch hören und sehen. Doch dicht
zusammengehockt im Gewölbekeller des Bauernhofes – mein
Großvater umklammerte dabei unter seinen Armen eine
Schatulle mit Wertsachen und wichtigen Papieren – wähn-
ten wir uns nun bei Fliegerangriffen in relativer Sicherheit.
Einmal, ich mag zwei Jahre alt gewesen sein, stand wie
aus dem Nichts kommend ein großer Mann, bekleidet mit
einem langen schwarzen Uniformmantel – ein Besuch meines Vaters – in unserem Wohnzimmer. Meine Mutter war
mit dem Bügeln von Wäsche beschäftigt und ich, erschrocken und angsterfüllt, verkroch mich in Sekundenschnelle
unter den Wohnzimmertisch. Im Rückblick sehe ich heute

diese für mich stark emotional besetzte Begebenheit als den Beginn einer Entfremdung zwischen mir und dem Vater. Vielleicht unbewusst, gleichwohl aber prägend, lässt sich diese Begebenheit auch als Beginn einer lebenslangen Beschäftigung mit der zwischen den Generationen bestehenden Kluft begreifen. Diese mündete, zuerst unausgesprochen, mit zunehmendem Alter dann auch in eine als fehlend empfundene und allenfalls unzulängliche Auseinandersetzung zwischen den Generationen um die Beteiligung der Elterngeneration am Nationalsozialismus, aber auch um Schuld und Sühne. Dieses Unausgesprochene ist eine Bürde, die meine Generation zu tragen hatte und die wir wiederum mit all unseren Unzulänglichkeiten an die nächste Generation weitergegeben haben.

Auch erinnere ich mich, als wäre es gestern gewesen – ich spielte draußen mit ein paar gleichaltrigen Kindern aus der Nachbarschaft –, dass ein schwarzgrünes eisernes Ungeheuer auf dem holprigen und vom Regen matschigen Weg zum Bauernhof meines Großvaters daherkam. Es war ein amerikanischer Panzer. Das Ungetüm stoppte vor uns mehr erstaunt als erschrocken dreinschauenden Kindern. Verängstigt waren wir nicht, nur gespannt, was passieren würde. Die oben auf dem Panzer sitzenden GIs lachten freundlich, dann schenkten sie uns Schokolade und weiche Karamellbonbons, deren köstlichen Geschmack ich noch heute nachempfinden kann. Welch ein Kontrast zu den nicht selten grauen Zeiten zuvor und auch noch später!

Diesen frühen Kindheitserlebnissen folgten frustrierende Jahre in der Schule. Meine gymnasiale Schulzeit in den 1950er und 1960er Jahren war gleichermaßen vom Verhalten des NS-geprägten Vaters und von mit der unseligen NS-Zeit verbundenen und pädagogisch wenig talentierten Lehrern dominiert. In deren politisch-didaktischer Vermittlung waren nicht einmal Ansätze kritischer Reflexion über das gesellschaftliche oder persönliche Versagen während der NS-Zeit vorhanden, vielmehr überwog der Typus des »alten Kriegskameraden«. In dieser Zeit meiner Jugend war der Weg zur Autonomie gleichermaßen von Deprivationserfahrungen, von schulischer Langeweile und oftmals auch von dem Gefühl begleitet, im Gymnasium umfangreich Zeitverschwendung zu erleben. Bis heute wohnen in mir ein ratloses Unverständnis darüber und zugleich eine Neugierde, wie Bildung besser funktionieren könnte, glücklicherweise gepaart mit einem sich abschwächenden Zorn über die verpassten Erfahrungen und die vorenthaltene Bildung. Es ist nicht nur das Gefühl, sinnlose Schuljahre verbracht zu haben. Die Zeit des überwiegend stumpfsinnigen Absitzens in der Schule hätte ich hundertmal förderlicher, spannender und auch glücklicher erleben können. Dieses Defizitgefühl schärfte bereits in frühester Jugend meine Aufmerksamkeit für Musik, bildende Kunst und Literatur. Das von mir als Titel dieses Buches gewählte Zitat von Rainer Maria Rilke zur Bildung bzw. Kunst, »Dass sie mir ein Fenster sei in den erweiterten Weltraum des Daseins«, habe ich schon damals verinnerlichen können. Es war die andere Welt gegenüber derjenigen der Erwachsenen mit ihren dummen Ausreden und ihrer verlogenen »Reue« über die gerade erst zu Ende gegangene NS-Zeit und den Krieg. Angeblich hatte niemand etwas von der Judenvernichtung gewusst und im Gymnasium endete der Geschichtsunterricht, standhaft gegenüber allen Schülernachfragen, vor dem Jahr 1933. Meine Biographie könnte meinen innersten Antrieb erklären, die Würde von Menschen und an erster Stelle die von Kindern zu verteidigen und für sie einzustehen. Mein gewählter Helferberuf als Arzt gab mir die anfangs unbewusste Möglichkeit, die eigene Bedürftigkeit mit dem Bemühen um andere zu verlagern und Anerkennung zu ernten.

Inzwischen 76-jährig treten in meinen Träumen und in den Alltagsgedanken lange zurückliegende Erlebnisse mehr und mehr in den Vordergrund. So lassen sich die in dieser Darstellung formulierten Gedanken begründen, die Anknüpfungen und Verbindungen zwischen den Erlebnissen und Ereignissen meiner frühen Kindheit mit meinen Lebensumständen und dem Erkenntnisgewinn als Erwachsener herstellen wollen und auch den Versuch einer Aufarbeitung des Geschehenen wagen. Würde, Demut, Liebe sowie Menschenbildung und Bildung mit all ihren Facetten sind – so lautet meine Erkenntnis – die Essenz des Lebens. Leider signalisieren mir meine aktuellen Lebenserfahrungen eine zunehmende Minderung des Bildungsgedankens in unserer Gesellschaft und damit einhergehend auch eine um sich greifende Geringschätzung dessen, was den Menschen ausmacht: Fühlen, Denken, Sagen und Handeln in der Gemeinschaft auf den tiefgründenden Fundamenten von Würde, Demut und Liebe.

Der glückliche Umstand, dass ich bereits in den frühen Jahren meiner Berufstätigkeit als Arzt für Orthopädie, Sportmedizin und Psychotherapie einen Lehrauftrag an der Universität Koblenz angeboten bekam und diesen noch immer ausübe, gewährt mir Einblicke in und hinter die Kulissen der universitären Ausbildung von Lehramtskandidaten. Mit großer Aufmerksamkeit, aber auch Sorge habe ich die Veränderungen der Studienbedingungen in den letzten Jahren verfolgt. Ich war und bin immer neugierig zu erfahren, wie Lehrkräfte ihren Beruf erlernen – in meiner eigenen Schulzeit waren die Erfahrungen mit Lehrern ja nicht die besten. Aufmerksam nutze ich jede Gelegenheit, die Gegebenheiten und Umstände der Institution Schule und die Ausbildung der Lehramtskandidaten zu hinterfragen. Ich bin der Meinung, dass jeder Verantwortung tragende Erwachsene, also auch jeder pädagogische Laie, auf unsere Institution Schule und auch auf die Universitäten schauen sollte. Dort ist der Raum für Wissen, für Bildung und deren Vermittlung. Jede Gesellschaft gestaltet sich ihre Schule

14

selbst nach eigenen Regeln und Wertvorstellungen. Wenn nunmehr offenkundig der Eindruck besteht, dass Bildung mehr und mehr ausdünnt und dies zunehmend unseren Alltag prägt, dann handelt es sich auch um ein gesamtgesellschaftliches Problem. Die Gesellschaft – und mit dieser die Schule – wird mehr und mehr zum Opfer eines unwürdigen Zeitgeistes und verfällt zunehmend geistlosen Ablenkungen.

Unser Blick auf Sinnvolles wird durch schier unerschöpfliche Konsummöglichkeiten, Neuromarketing und durch medial verbreitete Oberflächlichkeit vernebelt. Unsere evolutiv gründende menschliche Beziehungskultur wird Opfer eines indoktrinierten Wachstumswahns. Psychisch kranke Machthaber dominieren in globalen Systemen und offenbaren Gefühlsverarmung, Beziehungsunfähigkeit, Geltungsdrang, Materialismus und Starrheit. Es scheint beinahe so, als ob wir zwischen zwei Weltkriegen lebten, dem zweiten und dem dritten. Unser Planet scheint das Verschwinden unserer Spezies zu benötigen, um selbst überleben zu können. In diesem Fall hätten wir alle versagt, ausgenommen die Kinder. Meine Hoffnung ist jedoch, dass unsere Kinder und die Kinder der nächsten Generationen unser aller Rettung sind. Kinder, Schülerinnen und Schüler, Auszubildende und Studierende sind noch neugierig, sie sind wahrnehmungsfähiger und wacher als die über Jahre in ihren ausgetretenen Pfaden wandelnden Erwachsenen. Konrad Paul Liessmann (*1953), Philosophieprofessor an der Universität Wien, kritisierte daher völlig zu Recht in seiner Streitschrift »Geisterstunde – die Praxis der Unbildung« (2014) die Diktatur der Geschäftigkeit mit Aspekten von Käuflichkeit und Korruption und einem künstlich erzeugten sinnlosen Wettbewerb anstelle einer Verteilungsgerechtigkeit.

Mit den über viele Jahre hinweg gesammelten Erfahrungen eines ehemaligen Kriegskindes gelange ich zunehmend zu der Erkenntnis, dass es sich in unserer Gesellschaft um grundsätzliche Defizite im Verständnis von Würde und Bildung handelt. Mit dem Bildungsziel, den Kindern die Fähigkeit zur »kritischen Bewertung« (Hattie 2013) zu vermitteln, könnten Schülerinnen und Schüler dazu befähigt werden, die aktuellen und sogar international verfolgten Richtlinien der Kompetenzpädagogik, die jedoch nichts anderem als dem Diktat der Wirtschaft folgen, kritisch zu hinterfragen und den Weg hin zu eigenständigen, mündigen und gebildeten Persönlichkeiten zu finden. Doch die aktuellen Tendenzen der Bildungspolitik stimmen eher pessimistisch, nimmt man etwa die glaubwürdige Kritik des ehemaligen Präsidenten des Deutschen Lehrerverbandes Josef Kraus (*1949) wenigstens in Ansätzen ernst. In seiner Darstellung »Wie man eine Bildungsnation an die Wand fährt« (2017) beschreibt Kraus unter anderem den ideologischen Hintergrund der Inhalte und Ziele der Kompetenzpädagogik der OECD: »Als Bildungsziel wurde bereits damals [OECD-Konferenz in Washington 1961, der Verf.] ausgegeben die Befähigung des Menschen zu immer neuer Anpassung an die Erfordernisse der Wirtschaft. Das Bildungswesen wurde dem Komplex der Wirtschaft zugeschlagen. Ab da wurde das Bildungswesen mehr und mehr zur Produktionsfabrik und der Unterricht mehr und mehr zum Produktionsprozess.« Er vergleicht den Ökonomismus der Organisation für wirtschaftliche Zusammenarbeit und Entwicklung (OECD) mit einer »Geisterbahn« auf einem Bildungsjahrmarkt. Die Kompetenzpädagogik – so Kraus – betrachtet den Menschen im Grunde genommen nur als einen Teil des Systems. Kraus zitiert den Sozialphilosophen und Pädagogen Theodor Litt (1880–1962). Dieser hatte Kompetenzorientierung als die »Domäne der banalen Nützlichkeit und äußeren Zweckhaftigkeit« abgetan. Mit ihr reagieren »die Mächte der Selbstsucht, der Erwerbsgier, des Erfolgs- und Herrschaftsstrebens«. Nach Litt – so Kraus – ist dies »nicht die Welt der

Bildung, es ist die Welt der daseinsfristenden Ausbildung«.
Rainer Maria Rilke ist in einer solchen Welt mit dem von
ihm bezeichneten Wert, den Bildung (in der Sprache Rilkes
gleich Kunst) darstellen sollte, nur noch bloße Literaturge-
schichte –»Dass sie [die Bildung resp. Kunst] mir ein Fenster sei in den erweiterten Weltraum des Daseins« wird in
Zukunft nicht mehr verstanden werden.

Als Dozent gelingt es mir in einem regen Austausch mit
den Studierenden, auch über deren Motivationen und
Hoffnungen, Wünsche und Erwartungen, aber auch über
ihre Erfolge und Misserfolge zu diskutieren. Ich erinnere
mich gut an eine lebhafte Diskussion in einem Seminar, das
den Begriff des Gehorsams zum Kernthema hatte. Die
Gedanken und Diskussionsbeiträge orientierten sich an
den Überlegungen des Psychoanalytikers Arno Gruen
(1923–2015), der darauf aufmerksam gemacht hat, dass
Gehorsam ein Grundproblem unserer Zivilisation ist
(Gruen 2014). Gehorsam ist kein absoluter Begriff, sondern
verliert seinen Sinn, wenn er z. B. Mitmenschlichkeit,
Demut und dem alles überragenden und verbindenden
Begriff der Liebe entgegensteht. Die intensive Diskussion
führte unter anderem zu der Schlussfolgerung, dass eine
von Erwachsenen dominierte Konkurrenzgesellschaft und
deren Ausdrucksformen nicht Ziel der schulischen Bildung
sein dürfen. Engagiert wurde auch über den Begriff des
Urvertrauens der Kinder mit dem Ziel der Entfaltung des
reichhaltigen Potentials, das einem jeden Kind bereits bei
seiner Geburt eigen ist, diskutiert. Rasch wurde Einigkeit
darüber erzielt, dass nur die individuelle Förderung der
Kinder in der Gemeinschaft im Rahmen der schulischen
Bildungsvermittlung Sinn macht. Das offenkundige und
lebhafte Interesse der Seminarteilnehmer begründeten
diese mir damit, dass in ihrer dem Studium vorausgehen-
den Schulzeit niemals darüber oder die bereits angeschnit-
tenen weiteren Themen gesprochen oder diskutiert worden

war. Auch diese Erfahrung motivierte mich, das vorliegende, nach meiner Meinung auch für Schülerinnen und Schüler geeignete Buch zu schreiben.

Insgesamt sollte daher auch weiterhin gelten: Bildung muss wertfrei und ohne jegliche Versuche von Indoktrination und Manipulation bleiben. Kinder sollen selbstbestimmte und nicht von Interessengruppen fremdbestimmte Bürger werden, sie sollen nicht auf bloße Konsumenten reduziert, sondern als kreative und begeisterungsfähige Menschen wahrgenommen und zu solchen erzogen werden, da sie somit bereit und in der Lage sein werden, Verantwortung zu übernehmen.

Die Schule versteht sich als Bildungseinrichtung. Bildung kann nur dort entstehen, wo man dem Wissen einen Wert beimisst (Korte 2011). Die Schule soll Kindern und Jugendlichen Wissen über den Kosmos, die Erde, die Natur und über die Rolle des Menschen auf unserem Planeten vermitteln. Allerdings sieht es mit den Ergebnissen der schulischen Unterweisung in den Kulturtechniken Rechnen, Lesen und Schreiben und noch mehr mit dem Denken, Kommunizieren, Argumentieren, dem kritischen Hinterfragen und Bewerten, der Phantasie und der Kreativität von Schülerinnen und Schülern derzeit nicht zufriedenstellend aus. Die Organisation für wirtschaftliche Zusammenarbeit und Entwicklung (OECD) will die Schule unter dem Primat der Ökonomie sehen. Bildung wird als marktorientierte Ausbildung verstanden. Der Bildung mit dem Ziel, Heranwachsende zu selbstbestimmten Individuen und vor Fremdbestimmung geschützt zu erziehen, steht eine marktorientierte Ausbildung zur Nützlichkeit entgegen. Das Kompetent- und Nützlichmachen in der Ausbildung von Heranwachsenden steht im Widerspruch mit den Zielen umfassender Bildung, dem Erkenntnisgewinn. Die Defizite, die der Schule angelastet werden, sind in Wirklichkeit gesellschaftliche Defizite und Folge der Vereinnahmung

18

der Politik durch meinungsmachende Multikonzerne und deren enge und vielfältige Vernetzungen in das Gemeinwesen.

Das erste Kapitel dieser Darstellung (*Verstehen und Bewerten – Erkennen von Ursachen*) setzt sich grundlegend damit auseinander, dass die Fähigkeit zum Verstehen und zum Bewerten auch Voraussetzung dafür ist, Tugenden wie Demut, Ehrfurcht und Respekt im Bewusstsein zu verankern. Im zweiten Kapitel erfolgen kritische Überlegungen zur Spezies Mensch und zur Evolution des menschlichen Bewusstseins. Ausführungen zur modernen Hirnforschung und zur Neurodidaktik ergänzen dieses Kapitel.

Das dritte Kapitel beschäftigt sich mit der Realität der Kinder auf dieser Welt, die eine andere ist als die der Erwachsenen. Kinder sollten daher in einem besonderen Fokus der Gesellschaft stehen. Der Lebensweg und das Schicksal von Kindern werden ganz wesentlich bereits in der primären vorschulischen Sozialisation im Elternhaus determiniert. Mit Beginn der Schulzeit beginnt die Entwicklung der emotionalen Fähigkeiten und nicht nur die Förderung der Kognition. Beide Aspekte gehen im Übrigen Hand in Hand. Lehrkräfte werden in ihrer Ausbildung und in der Politik im Wesentlichen als Wissensvermittler interpretiert. Ohne Wissen gedeiht keine Bildung. Die Schulzeit kann sich aber nicht allein mit der Wissensvermittlung begnügen. Bildung, Menschenbildung und ein Begriff der Würde bedürfen der emotionalen Vertiefung. Eine Schule, die sich ausschließlich auf die Vermittlung von Wissen reduziert, kann das Ziel, Kinder, Jugendliche und Menschen zu bilden, nicht erreichen.

Im vierten Kapitel sind meine Beobachtungen und Überlegungen zu den derzeitigen *Herausforderungen, Aufgaben und Erwartungen an die Schule von heute* dargelegt. Eng daran geknüpft, zugleich aber auch vor die Herausforderungen einer sich rasant ändernden Welt angesichts der aufs Engste in sich verflochtenen Weltwirtschaft und der Digitalisierung gestellt, sind die weitgefassten Aufgabenfelder und Anforderungsspektren an Schule. Es handelt sich dabei auch um persönliche Reflexionen, die sich aus unschönen und mangelhaften Bildungserlebnissen der 1950er und 1960er Jahre speisen. Ebenso fließen meine Wahrnehmungen des heutigen Systems Schule ein, die sich unter anderem darauf gründen, als Hochschullehrer gewissermaßen »Abnehmer« der aus dem derzeitigen Schulwesen entlassenen und vermeintlich hervorragend ausgebildeten Schülerinnen und Schüler zu sein. Die zu beobachtenden Defizite und die offene und neugierig zugewandte Herangehensweise dieser Studierenden, die diese Defizite durchaus wahrnehmen und auch beklagen, sprechen jedoch eine andere Sprache.

Das Kapitel *Weltbilder* resümiert die durch die Naturwissenschaften, insbesondere der modernen Physik und der Neurowissenschaften, in Frage gestellten tradierten Welterklärungsversuche und nähert sich den die neueren Forschungsbefunde aufgreifenden Interpretationen an. Es beinhaltet zudem auch einen Exkurs über Krieg und insbesondere der beiden Weltkriege des 20. Jahrhunderts. Die Folgen dieser Vergangenheit und vor allem des Zweiten Weltkriegs sind in der Gesellschaft – in Europa, weltweit und auch in der deutschen – noch immer virulent.

Das letzte Kapitel schließlich geht der grundsätzlichen Frage nach, ob Schule heute und Schule von heute noch ein Ort der Bildung ist. Die Gefahren, etwa durch Digitalisierung, Neuromarketing und wirtschaftliche Verwertbarkeit – um nur einige an dieser Stelle zu nennen –, sind groß und Schule muss ihren gesellschaftlichen Auftrag, was und wie sie ihre einerseits politisch vorgegebenen Ziele umsetzen und andererseits den Eltern- und letztlich auch Schülerwillen respektieren und integrieren kann, beständig neu aus-

handeln. Auf der Strecke bleiben können hier aber Verläss-
lichkeit und Vertrauen in bewährte schulbildnerische Traditionen und Qualitäten. Es kann nicht darum gehen, mit
jeder neuen Koalitions- und Regierungsbildung immer den
jeweiligen parteipolitisch präferierten und vermeintlich
neuesten und damit »richtigen« erziehungswissenschaftli-
chen Trends zu folgen und so durch immer neue Rahmen-
richtlinien, Kompetenzanforderungen und Bildungspläne
Schule als ein Labor aufzufassen.

Die vorliegende Darstellung ist als Quintessenz eines
für ein halbes Jahrhundert im Dienst der Medizin und
damit auch deren Wissensvermittlung stehenden reflektierenden Individuums zu verstehen, das die Hoffnung nicht
aufgegeben hat, dass der Mensch doch der Gattung Homo
sapiens angehört und letztlich seinem Namen, weise zu
sein, gerecht wird – »denn der Mensch ist, was er ist, wie er
als Mensch sein soll, erst durch Bildung« (Hegel 1986).

Verstehen und Bewerten – Erkennen von Ursachen

»Wahres Wissen ist Wissen, das auf die Ursachen zurückgeht«, so der englische Philosoph, Staatsmann und Naturwissenschaftler Francis Bacon (1561–1626) treffend und in der aristotelischen Tradition des »Vere scire est per causas scire« stehend. Bei der Suche nach Gründen für die derzeitige Vernachlässigung des Bildungsbegriffs und der Bildungsinhalte in unserer Bildungsnation, einem ehemaligen Land der Dichter und Denker, sind unter anderem folgende Erklärungen vorstellbar. Auf »intellektueller« Ebene wird seit einigen Jahren über die Ökonomisierung der Bildung gestritten. Die Organisation für wirtschaftliche Zusammenarbeit und Entwicklung (OECD) mit ihren 35 Teilnehmerstaaten und Sitz in Paris stellt das Kernthema der Bildung als »Employability«, also Beschäftigungsfähigkeit, in den Mittelpunkt. Die eigentliche Aufgabe der OECD ist die Sicherung des Friedens und der Wiederaufbau nach Konflikten. Mit »Employability« und der damit verbundenen Fokussierung der Bildung auf die Bedürfnisse des Marktes erfüllt sie die Wünsche und Ziele der multinationalen Konzerne und deren internationalen Vernetzungen, mit anderen Worten der Wirtschaft und des Handels. Mit der Dominanz über die Bildung beeinflusst und steuert der Markt die nationalen und internationalen gesellschaftlichen Entwicklungen zunehmend. Das Humboldt'sche Bildungsverständnis – »Bilde dich selbst! Und dann wirke auf andere durch das, was du bist« als Aufgabe des Menschen zum »Sichselbstbilden« sowie die Individualität im Geiste, im Fühlen, Denken und Handeln – stehen naturgemäß einer Ökonomisierung der Bildung entgegen. Ein Appell des

Kinderhilfswerks der Vereinten Nationen (UNICEF) an die G-20-Konferenz in Hamburg 2017 lautete: »Kein Problem kann ohne Bildung gelöst werden«. Wenn die G-20-Staaten also über die Zukunft unseres Planeten verhandeln, so müssen sie über Bildung und vor allem über das weltweite Vorenthalten von Bildung und über Bildungsdefizite sprechen. Weltweit wird 58 Millionen Kindern im Grundschulalter das Menschenrecht auf Bildung vorenthalten, 34 Millionen Kinder schließen die Grundschule nicht ab und Mädchen sind davon überproportional betroffen (Weltbildungsbericht Deutsche UNESCO, 2015). In den entwickelten Ländern hingegen steht die Schule allen Kindern offen. In vielen Staaten gibt es eine Schulpflicht. Unter einer neo-liberalen Ideologie sollen in den Schulen und Universitäten, den Vorstellungen der Organisation für Sicherheit und Zusammenarbeit in Europa (OSZE) folgend, Bildungsinhalte auch in Deutschland jetzt auf Anwendungsorientierung reduziert werden. An die Stelle von Erkenntnissen sind Kompetenzerweiterungen vorgesehen. Die Wurzeln der Ökonomisierung der Bildung sind bereits in Prüfungsordnungen, Lehrplänen, Studienverordnungen und Curricula ablesbar.

Das Ziel von Bildungsprozessen, so der Wiener Philosoph Konrad Paul Liessmann (*1953), ist nicht mehr Bildung, sondern der umfassend kompetent gewordene Mensch. Sachkompetenz, Sozialkompetenz, interkulturelle Kompetenz sollen die von Schule und Universitäten vermittelten Fähigkeiten werden. Zukünftig soll allein deren marktkonforme Anwendbarkeit zählen. Nach dem Vorbild von Fließbandarbeitern werden Bildungswege »in Kompetenzschnipsel zerschnitten, bis Person und Geist dahinter verschwinden« (Thiel 2017). Die Neugierde und die Erkenntniswünsche von Schülerinnen und Schülern sowie Studierenden bleiben unberücksichtigt. Der Markt, mit anderen Worten die Wirtschaft und die Konzerne als Profiteure, schafft die Bildungsinhalte nach Humboldt, Herder und Rilke ab. Sie konstruieren einen Bildungsbegriff und Bildungsinhalte nach ihren Profitbedürfnissen, und steuern so gesellschaftliche Entwicklungen. »Der große Bruder beobachtet dich«, so die Übersetzung des Romans von George Orwell (1903–1950) mit seinen Ausführungen zu »Big Brother is watching you«. Der Markt als das »Goldene Kalb« unserer Gegenwart mit unbändiger Gier nach Datensammlung über alles und jeden, dem Wunsch nach vollständiger Transparenz von Menschen und menschlichen Gruppierungen dient nur einem Ziel, nämlich den Markt erfolgreich zu gestalten. Die Ökonomie beherrscht und prägt unser gesamtes Leben.

Josef Kraus (*1949), Oberstudiendirektor und Diplompsychologe, von 1987 bis 2017 ehrenamtlicher Präsident des 160.000 Mitglieder zählenden Deutschen Lehrerverbandes, arbeitet in seiner jüngsten Veröffentlichung »Wie man eine Bildungsnation an die Wand fährt« (2017) zum Thema Bildung und Wirtschaft unter der Kapitelüberschrift »Falsche Vorgaben« den ideologischen Hintergrund heraus, der den Inhalten und Zielen der Kompetenzpädagogik der OECD zugrunde liegt: »Als Bildungsziel wurde bereits durch eine OECD-Konferenz in Washington als Bildungsziel die Befähigung des Menschen zu immer neuer Anpassung an die Erfordernisse der Wirtschaft ausgegeben. Das Bildungswesen wurde dem Komplex der Wirtschaft zugeschlagen. Ab da wurde das Bildungswesen mehr und mehr zur Produktionsfabrik und der Unterricht mehr und mehr zum Produktionsprozess«. Kraus beschreibt die OECD und deren Ökonomismus vergleichbar einer »Geisterbahn« auf einem Bildungsjahrmarkt. Sätze wie: »Auch das Erziehungswesen gehört in den Komplex der Wirtschaft« oder »Es ist genauso notwendig, Menschen für die Wirtschaft vorzubereiten wie Sachgüter und Maschinen. Das Erziehungswesen steht nun gleichwertig neben Autobahn, Stahlwerken und Kunstdüngerfabriken« lassen einen vor Grauen erstarren. Die Kompetenzpädagogik – so Kraus – betrachtet den Menschen im Grunde genommen nur als einen Teil des Systems. Kraus zitiert Theodor Litt, der die Kompetenzorientierung als »Domäne der banalen Nützlichkeit und äußeren Zweckhaftigkeit« abgetan hatte. Mit ihr regierten »die Mächte der Selbstsucht, der Erwerbsgier, des Erfolgs- und Herrschaftsstrebens.« Nach Litt – so Kraus – ist dies »nicht die Welt der Bildung, es ist die Welt der daseinsfristenden Ausbildung.«

Martin Korte (*1964), Professor für zelluläre Neurobiologie an der TU Braunschweig, ist Autor einer vor allem an Eltern, Erziehende und Lehrkräfte gerichteten Darstellung »Wie Kinder heute lernen. Was die Wissenschaft über das kindliche Gehirn weiß« (2011). Korte schreibt hier u. a.: »Bildung kann nur dort entstehen, wo man dem Wissen einen Wert gibt! [...] In unseren Zeiten stehen ganze Wissensberge in Sekundenschnelle zur Verfügung«. Mit wenig pädagogischem Einfühlungsvermögen, wenig Talent und noch weniger Kenntnissen über die Physiologie der kindlichen Gehirne und der darin ablaufenden Lernvorgänge scheint aufseiten der Bildungsverantwortlichen der »Nürnberger Trichter« noch immer die bevorzugte pädagogische Methode zu sein. Nahtlos daran anschließend soll es nunmehr um die Ökonomisierung der Bildung gehen. Den Schülerinnen und Schülern sowie den Studierenden wird also eine Bildung ihres Geistes im Sinne Humboldts vorenthalten. Vielleicht nicht absichtlich, sondern weil es die Bildungsverantwortlichen nicht besser wissen. So droht aus einer derzeitigen Schülergeneration erneut eine weitere Elterngeneration hervorzugehen, die erzieherisch ebenso unfähig ist, wie es schon vorausgegangene Generationen waren. Die von Korte zitierte und sich auf Rilke beziehende Antwort auf die Frage nach der Aufgabe der Bildung, »Dass sie mir ein Fenster sei in den erweiterten Weltraum des Daseins«, muss im Vergleich mit einer Ökonomisierung der

Bildung geradezu wie ein Blick durch das Tor zum Paradies erscheinen. Auch ein nur wenig gebildeter Erwachsener sollte damit doch zumindest nachempfinden können, was Bildung bedeutet.

Der deutsche Lyriker und Dramatiker Hans Erich Nossack (1901–1977) liefert eine Erklärung für die vielen Zeitgenossen »verschlossenen Fenster« (Rilke): »Ein Zeitalter, das so einseitig auf die Erhaltung des Daseins aus ist wie das unsere, vermag nicht einmal mehr von Erfüllung zu träumen.«

Am 28. Juni 2017 berichtete »Focus Lokal«, dass die baden-württembergische Kultusministerin Susanne Eisenmann (CDU) dem Bildungsabsturz entgegenarbeiten und die Qualität des Unterrichtes auf Basis wissenschaftlicher Daten und gebündelter Verantwortlichkeiten verbessern möchte. In der Verlautbarung der Ministerin klingt dies jedoch wie eine Wiederbelebung des Taylorismus. Der US-amerikanische Ingenieur und Begründer der Arbeitswissenschaft Frederick Winslow Taylor (1856–1915) beschrieb und empfahl personengesteuerte Arbeitsabläufe, zerlegte Arbeitsaufgaben und Zielvorgaben in für den Einzelnen nicht erkennbare Zusammenhänge. In einer monotonen Arbeitsroutine wurden das Denken und die Freude an der Arbeit ausgeschaltet. Die Arbeiter wurden intellektuell unterdrückt. Taylorismus der Gesellschaft bedeutet, einige wenige Qualifizierte übernehmen die volle Kontrolle über eine Vielzahl gering qualifizierter »Arbeitssklaven«. Das Modell der Kultusministerin zieht die Schaffung zweier neuer Behördenableger vor. Ein »Institut für Bildungsanalysen« – wahrscheinlich besetzt mit akademischen Pädagogen – soll sodann Erkenntnisse an ein »Zentrum für Schulqualität und Lehrerbildung« liefern. Die Pointe ist, dass das Kulturministerium die Rechts- und Fachaufsicht beansprucht. Abermals lässt der Taylorismus grüßen. Welcher Wähler soll sich denn mit einer Ausweitung der Bürokratie nach Eisenmann als Mittel zur Beseitigung der Bildungsmisere noch angesprochen fühlen? Einfacher und zielführender wäre es, endlich wissenschaftliche Profis mit Kenntnissen über die kindliche Psyche und das kindliche Denk- und Lernvermögen ins Boot zu nehmen anstelle der vielen bisher »vor sich hin werkelnden« sogenannten Bildungsexperten. Die aktuelle ministerielle Erklärung, mit zwei neuen Behörden vergleichbaren Einrichtungen die Schulqualität und die Lehrkräftebildung verbessern zu können, klingt inhaltlich und substantiell nach: »Nichts«. Um die Worte der Kultusministerin zu gebrauchen, sollte die Antwort der Gesellschaft lauten: »Wir können damit definitiv nicht zufrieden sein!« Mit Humboldt ist dann zu argumentieren: »Der wahre Zweck des Menschen – nicht der, welchen die wechselnde Neigung, sondern welchen die ewig unveränderliche Vernunft ihm vorschreibt – ist die höchste und proportionierlichste Bildung seiner Kräfte zu einem Ganzen. Zu dieser Bildung ist Freiheit die erste und erlässliche Bedingung [...]. Auch der freieste und unabhängigste Mensch, in einförmige Lagen versetzt, bildet sich minder aus.« Zusammengefasst: Freiheit ist die erste und unerlässliche Bedingung für Bildung, auch für Schul- und Universitätsbildung. Der Staat muss diese Freiheit garantieren und förderlich lenken. Er steht förderlich lenkend am Rande und nicht im Zentrum der Schul- und Universitätsbildung und ist nicht legitimiert, das tiefe und echt Menschliche als Grundlage aller Bildung (Humboldt) zu reglementieren, zu kontrollieren und zu sanktionieren.

Als eine weitere Begründung für die zunehmende Bildungsferne mag dienen, dass das ehemalige Volk der Dichter und Denker aus seinem »Tausendjährigen Reich« der Richter und Henker noch immer nicht vollständig herausgefunden hat und in einer bereits im »Tausendjährigen Reich« implantierten kollektiven Verblödung verharrt. Auch haben derzeit nur wenige etwas Kluges zur Bildung beizutragen. Es fehlen intelligente, ehrliche und charakterstarke Menschen, die über die Fähigkeit verfügen, Humanität, Achtung, Würde und auch Freude an der Vermehrung von Wissen und Erfahrungen vorzuleben. Mit anderen Worten, es fehlen Menschen, die den Jugendlichen empathisch einen roten Faden hin zu einem erfüllten und glücklichen Leben aufzeigen können. Demgegenüber scheinen viele Zeitgenossen ihren Lebenssinn als überzeugte Verfechter eines bildungsfernen Ellenbogenkapitalismus in der Gesellschaft demonstrieren zu wollen, was der Bildung entgegenstehen und die Unbildung fördern wird.

Kosmos, Natur und menschlicher Geist

Folgt man der bis zu Beginn des 20. Jahrhunderts allein gültigen Klassischen Physik, dann wurden vor etwa 13,7 Milliarden Jahren aus einer Singularität, sagen wir von der Größe eines Stecknadelkopfes, im Ereignis des Urknalls Raum und Zeit existent, die sich seither beständig ausdehnen. Nachdem aus Materienstaub die ersten Sterne und wenig später auch unser Sonnensystem und unsere Erde entstanden waren, begann mit der Evolution des Lebens die wunderbare, aber auch zweifelhaft wunderbare Existenz der Spezies Mensch. Der Physiker Harald Fritzsch (*1943) beschrieb den Ablauf des Urknall-Szenarios in acht Epochen:
1. Epoche: Entstehung des Raumes und der Zeit: $t < 10–36$ sec
2. Epoche: Entstehung von Materie aus Energie: $t < 10–11$ sec
3. Epoche: Die Ära der Quarks: $t < 10–6$ sec
4. Epoche: Die Ära der Nukleonen: $t < 10–3$ sec
5. Epoche: Elektron-Positron-Vernichtung: $t < 100$ sec
6. Epoche: Entstehung von Atomkernen: $t < 3,5$ min
7. Epoche: Entstehung von Atomen: $t = 300.000$ Jahre
8. Epoche: Die Ära der Strukturen: $t = 1$ Mio. Jahre bis heute

Auf der Erde begann tierisches Leben vor rund 541 Millionen Jahren. Unsere Spezies – der Mensch – bevölkert mit zahlreichen verwandten Arten seit ca. 2,8 Millionen Jahren den Planeten. Homo sapiens, also unsere eigene Menschengattung, mit dem leistungsfähigsten Gehirn aller Lebewesen ausgestattet, existiert seit ca. 250.000 Jahren. Uns Menschen gereicht es zum Vorteil, wenn wir über uns und unseresgleichen gut Bescheid wissen. Je früher wir als Menschen-Kinder ein Gemeinschaftsgefühl, d. h. ein Empfinden für die innere Verbundenheit mit Mitmenschen entwickeln, umso eher werden wir soziale, kreative und je nach Betrachtung auch erfolgreiche Exemplare der Gattung Mensch. Der österreichische Arzt und Individualpsychologe Alfred Adler (1870–1937) interpretierte ein bereits in der frühen Kindheit hergestelltes Gemeinschaftsgefühl als geglückten Erziehungsprozess mit liebevollem Verhalten von Eltern gegenüber ihren Kindern. Die Verhaltensbiologie mit Bezügen zur Evolutionsforschung beschreibt daher die Menschen in ihrer Kindheit und Jugend als ausgesprochene »Neugierwesen«. Norbert Sachser (*1954), Professor für Zoologie und Verhaltensbiologie an der Universität Münster, schlussfolgert, dass Tier- und Menschenkinder von sich heraus und ohne eine unmittelbare Notwendigkeit aktiv neue Situationen und Objekte aufsuchen und erkunden. »Es scheint eine autonome Motivation, eine Neugierappetenz zu bestehen, die bei einigen Tiergruppen wie den Affen oder Delfinen sogar zeitlebens erhalten bleibt.« (Sachser 2009)

Menschenkinder verhalten sich nicht anders als Tierkinder. Tierkinder leben ihr Neugierverhalten und ihr Spielverhalten unter dem Schutz eines oder beider Elternteile aus. Menschenkinder können leider – anders als Tierkinder – nicht immer mit einem liebevollen, zugewandten und beschützenden Verhalten ihrer Eltern rechnen. Tägliche Medienberichte über Gewalt an Kindern, Missbrauch, Misshandlungen oder Vernachlässigungen beweisen Verhaltensunterschiede zwischen Tiereltern und Menscheneltern. Tierkinder wachsen mit einem Gefühl der Sicherheit auf. Sie verfügen z. B. in ihrer Mutter über einen zuverlässigen Bindungspartner, der Sicherheit garantiert. Zudem erfahren sie im Spiel und der Erkundung ihrer Umgebung genügend Anregung im Sinne externer Stimuli. Tierkinder sind – wie auch Menschenkinder – in ihrem Verhalten »offene Systeme«, also bereit und neugierig auf alles, was in ihrer Umgebung geschieht. Sie gewinnen Lernerfahrungen nicht durch Zwang, sondern als Ergebnis ihrer Neugierde und Entdeckungsfreude. Beide Aspekte, nämlich Sicherheit gebende Bindung und die Möglichkeit, ungestört Neugierde und Entdeckungsfreude ausleben zu können, sind Tier- als auch Menschenkindern gleichermaßen eigen. Dazu nochmals Sachser: »Aus verhaltensbiologischer Sicht ist das charakteristische Merkmal der Entwicklung des menschlichen Kindes dieses: Die Wechselwirkung zwischen seiner biologischen Natur und der Umwelt, die wesentlich durch die menschliche Kultur geprägt ist« (Sachser 2009). Wird der biologischen Natur mit Gewalt entgegengewirkt oder sogar bösartig zuwidergehandelt, drohen negative Folgen für die weitere Entwicklung des Kindes.

Von der italienischen Ärztin, Philosophin und Reformpädagogin Maria Montessori (1870–1952) ging die Idee einer »kosmischen Erziehung« aus. Den Kindern soll nicht zusammenhangslos eine Fülle von Eindrücken und Kenntnissen aus den verschiedensten Fachgebieten angeboten werden. »In dem universalen Lehrplan, in welchem die neuen Generationen sich alle die Einzelheiten der Bildung aneignen müssen, müssen diese verschiedenen Aspekte des Wissens von der Welt und vom Kosmos verbunden werden. Astronomie, Geographie, Geologie, Biologie, Physik, Chemie sind nur Details eines Ganzen. Ihr Bezug untereinander ist das, was das Interesse von einem Zentrum bis zu seinen Ausläufern hin treibt. Daneben gibt es den Part, der die Lenkung des Bewusstseins auf die Menschheit hin betrifft. Der Kosmische Aufbau der menschlichen Gesellschaft muss das Zentrum des Studiums der Geschichte und der Soziologie werden. [...] Die neuen Generationen müssen verstehen, dass in dieser Union jeder Mensch abhängig ist von anderen Menschen und jeder zur Existenz aller beitragen muss. [...] Die Menschheit zu verletzen muss bedeuten, blind und barbarisch unwissend zu sein. Durch diese Erziehung muss die Überzeugung entstehen, dass wechselseitige Hilfe unter den Menschen die direkteste Form universalen Schutzes ist.«

Kultur – eine problematische menschliche Erfindung

Die deutsche Kommission der UNESCO lieferte zuletzt am 1. September 2013 folgende Kulturdefinition: »Die Kultur kann in ihrem weitesten Sinne als die Gesamtheit der einzigartigen geistigen, materiellen, intellektuellen und emotionalen Aspekte angesehen werden, die eine Gesellschaft oder eine soziale Gruppe kennzeichnen. Dies schließt nicht nur Kunst und Literatur ein, sondern auch Lebensformen, die Grundrechte des Menschen, Werte-Systeme, Traditionen und Glaubensentwicklungen.« Demnach kann Kultur also ein friedfertiges, tolerantes Leben charakterisieren, ein Leben mit Kunst und Wissenschaft, aber auch mit Terrorismus, Köpfe abschlagen, Massenmorden, Folter, Diskriminierung von Frauen und Kindern, Intoleranz und Größenwahn.

Eine für alle Menschenkinder gültige und zentrale wissenschaftliche Erkenntnis lautet: Kinder sind zur Ausbildung eines Urvertrauens und zur Entwicklung eines Sicherheitsgefühls zwingend auf verlässliche Bindungspartner angewiesen. Andernfalls entstehen statt Urvertrauen Urängste.

Kinder benötigen während ihres Aufwachsens anregende externe Stimuli, um die ihnen innewohnende Neugierappetenz und dem Bedürfnis ihres Gehirns, ständig lernen zu wollen, nachkommen zu können. Die Neugierde der Kinder generiert Fragen nach dem Himmel über ihnen und der Erde unter ihren Füßen. Kindliche Fragen enthalten oft existenzielle Bedeutungsinhalte. Erwachsene nehmen mangels Kenntnissen über die Entwicklungspsychologie ihrer Kinder deren Fragen nicht immer angemessen wahr und bleiben so auch Antworten schuldig. Die Institution Schule und damit die Lehrpersonen sollten die Phantasie und die Neugier der Kinder, also unserer Hoffnungsträger, jedoch pädagogisch nutzen.

Unser Gehirn arbeitet immer, d. h. auch dann, wenn wir dies nicht bewusst wahrnehmen. Das Volumen des Gehirns des Homo sapiens beträgt 1.200 cm^3 bis 1.400 cm^3. Tiere mit einem vergleichbaren Körpergewicht von ca. 60 kg verfügen nur über ein Gehirnvolumen von ca. 200 cm^3. Das menschliche Gehirn verbraucht ca. 25 % der gesamten Körperenergie. Bei den Primaten hingegen sind es nur ca. 8 %. Das menschliche Gehirn vergrößerte und entwickelte sich über einen Zeitraum von mehr als zwei Millionen Jahren beständig weiter. Mit dem aufrechten Gang des Menschen bildete sich im Gehirn eine feinabgestimmte neuromuskuläre Steuerung der Hände und der Finger. Der aufrechte Gang gestattete eine bessere Sicht und die Arme und Hände waren nicht mehr allein zur Fortbewegung, sondern z. B. auch zur Herstellung von Werkzeugen geeignet. Für die Menschen-Weibchen bedeutete der aufrechte Gang den Nachteil schmalerer Hüften und eines damit verbundenen engeren Geburtskanals. Die durch das Gehirnwachstum immer größer werdenden Köpfe der Säuglinge hatten mit der Zeit Probleme, diesen engen Geburtskanal passieren zu können. In einer evolutionären Anpassung setzte die Geburt daher immer früher ein. Im Vergleich zu anderen Tieren kommen menschliche Säuglinge nach neun Monaten daher nur »halbfertig«, gewissermaßen als Frühgeburten zur Welt. Ihre überlebenswichtigen Systeme sind noch zum Teil unterentwickelt. Sie atmen, das Herz schlägt und die Verdauung funktioniert. Die Mutter muss ihr Neugeborenes aber über Jahre hinweg ernähren und beschützen. Zur Aufzucht eines Kindes war früher neben der Mutter der ganze Stamm erforderlich. In den über zwei Millionen Jahren der Entwicklung zum Homo sapiens gestaltete sich die Fähigkeit, eine starke soziale Bindung einzugehen, für Menschen und ihre Nachkommenschaft zum Vorteil. Soziale Beziehung und Bindung gelingt jedoch nur mit inniger Zuwendung, Fürsorge, Schutz und Liebe. Mit der Beherrschung des Feuers, der Umstellung der Ernährung auf gekochte und gegarte Lebensmittel schaffte die Gattung Mensch schließlich den Sprung von der Mitte an die Spitze der Nahrungskette.

In »Eine kurze Geschichte der Menschheit« beschreibt der israelische Historiker Yuval Noah Harari (*1976) die vor etwa 70.000 bis vor 30.000 Jahren begonnene rasche Zunahme der Kommunikationsfähigkeit, der Lernfähigkeit und der Gedächtnisleistung der Menschen. Diese geschah – so Harari – zufällig. Mit Genmutationen entwickelten sich neue neuronale Verschaltungen im Gehirn, weshalb sie lernen konnten, »in einer noch nie dagewesenen Weise zu denken und mit einer völlig neuen Form von Sprache zu kommunizieren« (Harari 2013). Die Sprache des Menschen erleichterte dem »Herdentier« Mensch die Kooperation in der Gruppe und war entscheidend für das Überleben, die Fortpflanzung und für das Sozialleben. Heute dürfen Kinder in der Schule erfahren, dass zur Entwicklung unserer Sprache primär auch die Verbreitung von Klatsch und Tratsch diente, doch unsere heutigen E-Mails, Telefongespräche etc. bestehen nach wie vor noch immer zum größten Teil aus Geschwätz.

Indem gemeinsame Mythen entstanden, gelang es einer großen Zahl wildfremder Menschen, sich in diesen in allgemeiner Absicht formulierten Mythen wiederzuerkennen und Gruppenzugehörigkeiten auf sozialer und tradierter Grundlage zu entwickeln. Primitive Menschen glaubten an Geister, die jedoch von Menschen erfunden waren, und die Macht und Einfluss auszuüben in der Lage gewesen sein sollen. Schamanen und Zauberer gewannen an Einfluss. Nach Harari (2013) sind heute z. B. Unternehmer und Anwälte aus evolutionärer Sicht die modernen mächtigen Zauberer: »Die Geschichten, die sich moderne Juristen erzählen, sind sogar noch viel sonderbarer als die der alten Schamanen [...]. Juristen sprechen von juristischen Fiktionen. Ein Unternehmen ist unsichtbar. Es handelt sich nicht um ein physisches Objekt. Trotzdem existiert es als juristische Person, kann Bankkonten eröffnen, Eigentum erwerben etc.« Im Gesetz werden, so Harari, Unternehmen auch als »Körperschaften« bezeichnet. Einen »Körper« haben diese Unternehmen zwar nicht, dennoch aber behandelt sie das Gesetz wie Menschen aus Fleisch und Blut. Fiktionen, soziale Konstrukte oder erfundene Wirklichkeiten gründen allesamt auf der Evolution der menschlichen Kognition und Kommunikation. In der Vielfalt der menschlichen Verhaltensweisen entwickelte sich dann das, was wir als »Kultur« bezeichnen. Die Kultur des Menschen, die uns von den Tieren und unseren nächsten Verwandten im Tierreich, den Primaten, unterscheidet, ist das Ergebnis der rasanten Größenzunahme und Entwicklung unseres Gehirns. Mit und nach der kognitiven Revolution (vor rund 70.000 bis vor 30.000 Jahren) entstanden Kultur bzw. die Kulturen. Auch begann damit die Geschichtsüberlieferung, zunächst in Form der Erzählung. Die gesamte Entwicklung der Menschheit ist weitgehend durch die historische Überlieferung, beginnend mit den Mythen, dokumentiert. An den tatsächlichen biologischen und evolutiven Gesetzen jedoch hat sich nichts geändert. »Wir sind nach wie vor Tiere und unsere Gene geben bis heute den Rahmen für unsere körperlichen, geistigen und emotionalen Fähigkeiten vor. Unsere Gesellschaften bestehen aus denselben Grundbausteinen wie die der Neandertaler oder der Schimpansen und je genauer wir diese Bausteine – Wahrnehmung, Emotionen, Familienbande – unter die Lupe nehmen, desto kleiner erscheinen die Unterschiede zwischen uns und anderen Affenarten.« (Harari 2013)

Die Evolutionsbiologie beweist uns, dass die Aktivität und Wirksamkeit unserer Gene die Folge äußerer Einwirkungen auf diese Gene ist. Psychosoziale und somatische Veränderungen, z. B. durch Traumata, können genetische Veränderungen bewirken. Erfahrungen des Menschen und die frühkindlich erlebten Erfahrungen unseres Gehirns können somit auch vererbbar sein.

Um das Lernvermögen und Verhalten des Homo sapiens und der Kinder und Jugendlichen besser verstehen zu können, mit anderen Worten auch deren Sozialisation und Bildung fördern zu können, sind genügend geistige und emotionale Anreize für die Neugierappetenz und die unermüdliche Lernbegierde der kindlichen und jugendlichen Gehirne eine grundsätzliche Bedingung. Daraus ist abzuleiten, dass die primäre familiäre Sozialisation gleichermaßen an die kognitive und emotionale Entwicklung in der Schule gekoppelt ist wie das kindliche Lernverhalten an die Neugierappetenz und Freude an der Erweiterung von Wissen.

Wie haben wir gehandelt und wie werden wir noch handeln?

Der Paläontologe und Jesuit Teilhard de Chardin (1881–1955) hatte im Rahmen seiner naturwissenschaftlichen Forschungen von der atomaren Kleinheit des Menschen im Universum gesprochen. Demnach sind wir nur ein winziger Punkt und kleiner als ein Staubkorn in einem unendlichen Universum mit Milliarden von Galaxien. Astrophysiker, z. B. Stephen Hawking (1942–2018), halten es für möglich, dass neben und mit »unserem Universum« zugleich noch zahlreiche weitere Universen existieren. Nach Hawking leben wir möglicherweise in einem Multiversum. Beim Betrachten des Sternenhimmels können Menschen das Gefühl und ein Bild ihrer eigenen Kleinheit in der »Unendlichkeit« des Kosmos erleben. Die kosmologischen Dimensionen übersteigen nachgerade unsere Phantasie. Die Kleinheit von uns Menschen kann aber auch in den komplexen evolutionären Abläufen auf unserem eigenen Planeten mit einer unüberschaubaren Diversität von Organismen erahnbar werden. Mit den kindlichen Phantasiebildern der eigenen Positionierung auf dieser Erde und im Kosmos können dann Tugenden wie Bewunderung und Demut, Ehrfurcht und Respekt gedeihen.

Der Verlauf der Erdgeschichte ist spannend und dazu geeignet, die kindliche Phantasie zu neugierigen Fragen anzuregen. Jörg Albrecht (*1954) nahm in einem Bericht in der F.A.Z. vom 28. August 2016 mit dem Titel »Wie werden wir leben?« Bezug auf den britischen Astronomen Martin Rees (*1942): »Aber er – der Mensch – ist kein passiver Teilnehmer der Geschichte, der die Dinge hinnimmt, wie sie sind. Dank seiner ausgeprägten Erfindungsgabe greift er überall ein und das nicht immer zu seinen Gunsten« (Rees 2011). Nach Schätzung von Rees wird die Überlebenschance der Menschheit für die kommenden 100 Jahre wie folgt prognostiziert: Angesichts der atomaren Bedrohung liegt sie bei 3 zu 1 – drei Viertel der Menschen könnten überleben und ein Viertel würde vernichtet. Für den Fall eines Angriffs von Killerviren beträgt die Chance 10 zu 1 und für den Fall eines Einschlages eines Asteroiden 1.000 zu 1. Die Folgen eines von Menschen selbst angezettelten und fehlgeschlagenen Experiments, z. B. im Bereich der angewandten Genforschung oder im Versuch der Ingenieurwissenschaften, waren im Hinblick auf eine Überlebenschance von 100.000 zu 1 bewertet worden.

Albrecht hatte wesentliche Etappen des menschlichen Wirkens auf der Erde wie folgt zusammengefasst: Nachdem sich die Spezies Mensch in ihren Grundzügen erstmals vor vier Millionen Jahren zu entwickeln begann, hatten Vor- und Urmenschen vor über einer Million Jahre den Faustkeil als Werkzeug erfunden. Sodann folgte die Zähmung des Feuers. Vor ca. 11.500 Jahren wurden die Menschen in der neolithischen Revolution sesshaft, sie betrieben Landwirtschaft, domestizierten Tiere und gründeten Städte. Es folgten antike Reiche, das Mittelalter, die Frühe Neuzeit und sodann die Erfindung der Dampfmaschine, die Entwicklung der Eisenbahn und schließlich die Entdeckung und Nutzung der Kernkraft. Bereits seit vielen hundert Jahren blüht der Militarismus mit den aktuellen Möglichkeiten von Massenvernichtungen und Genoziden. Die Entdeckung und die Nutzung der Elektrizität erleichtert vielfach das Leben, es wurde aber auch der elektrische Stuhl erfunden. Es folgten Kommunikationsmittel, wie Transistoren, Radio und Fernsehen, und der Computer. Ein aktuelles Thema ist die Gentechnologie. Im digitalen Informationszeitalter wird derzeit an der Entwicklung künstlicher Intelligenz gearbeitet. Die Quantenphysik lässt unvorstellbare Einblicke in die Natur erahnen, was den Elementarteilchenphysiker Hans-Peter Dürr (1929–2014) und die Autorin Marianne Oesterreicher-Mollwo (1939–2016) zu folgendem

Titel ihrer Darstellung veranlasst hat:»Wir erleben mehr, als wir begreifen.«(2001) Insgesamt ist der Mensch kein passiver Teilnehmer in der Geschichte, sondern greift überall und nicht immer zu seinen Gunsten ein (Rees 2011). Der Blick in die Vergangenheit mag uns helfen, unser Dasein in der Gegenwart besser zu verstehen und vielleicht auch die Zukunft einschätzen zu können. Die menschentypische Art und Weise, überall in natürliche Abläufe einzugreifen, führten den deutschen Arzt, Publizisten und Wissenschaftsjournalisten Hoimar von Ditfurth (1921–1989) zu der Erkenntnis, dass unsere Spezies inzwischen nicht mehr in der Lage sei, sich in der veränderten Umwelt verlässlich zurechtzufinden und anzupassen. Hervorgebrachte Zivilisationsstrukturen überfordern daher die analytische Kapazität der menschlichen Vernunft. Was daher notwendig erscheint, ist die Besinnung auf den deutschen Soziologen Ulrich Beck (1944–2015) und dessen Überlegungen in seiner Darstellung»Weltrisikogesellschaft: Auf der Suche nach der verlorenen Sicherheit«(2007), wonach jeder für jeden und auch jeder für sich selbst zu einem Risiko geworden ist. Beck wies damit auf die riskanten, lebensbedrohlichen, wenn nicht sogar für unseren Planeten existenzbedrohenden Machenschaften unserer eigenen Artgenossen hin.

Mit seinem Werk»Die Entstehung der Arten«(1859) hat Charles Darwin (1809–1882) die Grundlagen der Evolutionsbiologie beschrieben. Der russisch-amerikanische Genetiker, Zoologe und Evolutionsbiologe Theodosius Dobzhansky (1900–1975) resümierte:»Nichts macht einen Sinn, außer man betrachtet es im Lichte der Evolution«(Dobzhansky 1973). Der Mathematiker und Biologe Martin A. Nowak (*1965) und der Wissenschaftspublizist Roger Highfield (*1958) fügten den beiden Grundprinzipien der Evolution – Mutation (genetische Vielfalt) und Selektion (Auswahl der bestangepassten Individuen) – ein drittes Prinzip hinzu, das der Kooperation. Kooperation steht in der Entwicklungsgeschichte dem Begriff der Konkurrenz entgegen. Heute steht die globale menschliche Kooperation jedoch an einem Scheideweg. Der immer rasantere Zuwachs an Wohlstand und Industrie einerseits und eine wachsende Weltbevölkerung (zurzeit ca. 7 Milliarden und 2050 geschätzt ca. 9 Milliarden Menschen) überfordern die Fähigkeit unseres Heimatplaneten, uns alle zu versorgen. »Wir geraten in Konkurrenzkämpfen um schwindende Ressourcen zunehmend unter Druck« (Nowak/Highfield 2013). Daher kann die Devise nur lauten: Kooperation, nicht Konkurrenz, stützt Innovation. Nowak hatte entdeckt, dass sich viele, auch unerwartete evolutionäre kooperative Erkenntnisse aus mathematischen Modellen ableiten lassen. Die mathematische Forschung – so Nowak – verhilft zu einem grundlegenden und präzisen Verständnis der Mechanismen, die Menschen kooperieren lassen.

Der Astrophysiker und Technologiekritiker Peter Kafka (1933–2000) hat pointiert angemerkt: »Wenn wir die Geschichte des Kosmos auf ein Jahr zusammengedrängt denken, so kam der Mensch am Silvestertag hinzu (Kafka 1994). Bezogen auf die Spanne eines einzigen 24-Stunden-Tages wären dies die letzten wenigen Sekunden vor Ablauf der 24 Stunden. Der moderne Mensch, Homo sapiens, seit ca. 250.000 Jahren den Planeten bevölkernd, ist in kosmologischen Zeitbegriffen ein Neuling. Sein rasant entwickeltes Gehirn – ein Netzwerk von 100 Milliarden Nervenzellen und 5,8 Millionen Nervenbahnen – speichert Erfahrungen, analysiert Probleme und produziert Ideen. Der deutsche Philosoph, Anthropologe und Soziologe Arnold Gehlen (1904–1976) bezeichnete den Menschen als ein »unspezialisiertes Mängelwesen«, hilflos geboren, aber erziehungsfähig und erziehungsbedürftig. Als erwachsenes Wesen ist der Mensch gar als Universalgenie fähig zu großer Kunst und Technik, aber auch zu jedweder Grausamkeit, Krieg und Genozid.

Der entwicklungsgeschichtlich jüngste Teil unseres Großhirns, der Frontallappen (präfrontaler Kortex) repräsentiert Eigenschaften wie Moral, Selbstbeherrschung und angemessenes humanes Verhalten. Moralfähigkeit aber scheint heute – so der Zeitgeist – eher störend und im sozialen Diskurs unattraktiv zu sein. Inzwischen gilt ein gesteigertes Konsumentenverhalten als sozial konform. Angst vor Wohlstandsverlust, Neid und Missgunst – bei gleichzeitig weit verbreiteter sozialer Not und Armut – dominieren in den entwickelten Ländern das menschliche Verhalten. In den menschlichen Gehirnen scheinen jetzt vor allem Egoismus, Gier und Unmoral präsent zu sein.

Die akademische Pädagogik, die dominierende Wissenschaft für die Institution Schule, fokussiert das kindliche, jugendliche menschliche Gehirn. Wenn heute die Qualität der Institution Schule in Frage gestellt wird, dann kann sich die akademische Pädagogik diesen Fragen nach ihrer Kompetenz, Zuständigkeit und Verantwortung nicht entziehen. Heute werden der Zeitgeist und die moderne gesellschaftliche Entwicklung für allfällige Defizite in der Institution Schule verantwortlich gemacht. Dem ist entgegenzuhalten, dass auch der Zeitgeist und die gesellschaftliche Entwicklung allesamt nur von Menschen ausgehen, die alle auch einmal eine Schule besucht haben.

Bei Kriegsende 1945 war das soziale Gefüge aus den Fugen geraten; die bürgerliche Freiheit war bereits zuvor verloren gegangen. Heute, zwei bis drei Generationen nach Kriegsende, ist es notwendiger denn je, existenzielle Fragen zu stellen und Antworten zu finden. Richard von Weizsäcker (1920–2015), von 1984 bis 1994 der sechste deutsche Bundespräsident, hatte den Deutschen verkündet:»Wer vor der Vergangenheit die Augen verschließt, wird blind für die Gegenwart.« Naturwissenschaftlich gilt: Menschen tragen in ihren Genen das gesamte Erbe der biologischen Evolution von 3,5 Milliarden Jahren. Der Pharmakologe und Facharzt für molekulare Medizin Detlev Ganten (*1941) akzentuiert, dass das menschliche Genom das Gedächtnis aller biologischen Abläufe in unserem Körper darstellt (Ganten/Spahl/Deichmann 2011). Auch die Lebenswelt und die Lebensbedingungen unserer Vorfahren in der jüngeren deutschen Geschichte, d. h. derjenigen, die vor 1933, als auch derjenigen, die zwischen 1933 bis 1945 lebten, sind uns mehr oder weniger bewusst oder unbewusst in Erinnerung. Eine immer wieder anzustrengende Rückschau auf unsere Vergangenheit wird der eingangs genannten Ambition Bacons gerecht: »Wahres Wissen ist Wissen, das auf die Ursachen zurückgeht.« Mit anderen Worten, es genügt nicht, wenn z. B. in Schulen über die jüngste deutsche Vergangenheit gelesen und gesprochen wird. Nichts geschieht im Gehirn gedanklich, wenn nicht begleitend Emotionen beteiligt sind. Der Philosoph und Dominikanermönch Thomas von Aquin (1252–1274) hat dies bereits wie folgt beschrieben: »Nihil est in intellectu, quod non prius fuerit in sensu«, wörtlich übersetzt mit »Nichts ist im Verstande, was nicht zuvor im Sinne war« bzw. sinngemäß »Unserem Verstand ist nur das zugänglich, was uns zuvor über die Gefühle erreicht hat«.

Die Philosophieprofessorin Irmela von der Lühe (*1947) schrieb in einem Nachwort zu einer Neuauflage von Erika Manns »Zehn Millionen Kinder. Die Erziehung der Jugend im Dritten Reich« (2011): »Erziehung zur Mittelmäßigkeit und Hass ist die Leitlinie der nationalsozialistischen Schulpolitik. Der Begriff Bildung kommt nicht vor, er hat in Deutschland inzwischen einen negativen Klang. Auf Erbanlagen und ›rassische Gesinnung‹, auf charakterliche und körperliche Härte und erst an letzter Stelle auf gründliches Wissen, auf gesicherte Kenntnisse und Fertigkeiten ist der Unterricht ausgerichtet. Wehrerziehung und Rassenlehre, Biologie und Geopolitik sind Bestandteil der Allgemeinerziehung; Objektivität und Wahrheit aber, Vernunft und

Geist werden nicht nur nicht angestrebt, sie erscheinen als verwerflich. Stattdessen werden Bezeichnungen wie ›Fanatismus‹ oder ›barbarisch‹ in positiver Bedeutung verwendet.« Erika Mann (1905–1969), Tochter von Thomas Mann, hatte dokumentiert, wie es im Volk der Dichter und Denker um die Erziehung und Bildung von Kindern und Jugendlichen in den Schulen bestellt war. Sie brachte aber auch hoffnungsvoll zum Ausdruck, dass »Barbarei und Dummheit, Hass und Ignoranz trotz entsprechender pädagogischer Bemühungen den Sieg über Bildung und Gesinnungsanstand, Vernunft und Humanität nicht wirklich davontragen werden«.

Die Großeltern- und Elterngenerationen in Deutschland – allesamt auch einmal gewesene Kinder – waren in der NS-Diktatur politisch indoktriniert, verführt und betrogen worden, von der Konfrontation mit den direkten Kriegsgräueln ganz zu schweigen. Nach Kriegsende gelang es den Politikern, Versöhnung mit den ehemaligen Kriegsgegnern herzustellen und eine langfristige Friedensperiode einzuleiten. Unmittelbar nach Kriegsende 1945 dominierten mehr und mehr ökonomische Interessen. Protagonisten eines humanen Fühlens, Denkens und Handelns, Menschen mit Intelligenz und Charakterstärke und der Fähigkeit, für Kinder und Jugendliche eine Vorbildfunktion zu erfüllen, traten jedoch leider nur selten in Erscheinung. Über einen Zeitraum von ca. 20 Jahren und mehr nach Kriegsende nahmen NS-belastete Pädagogen und Juristen weiterhin Einfluss auf das Leben in der jungen deutschen Bundesrepublik. In den 1950er Jahren sollen noch mehr als 50 % der deutschen Bevölkerung ihre Nähe zum ehemaligen NS-Deutschland bestätigt haben.

Der deutsche Jurist Fritz Bauer (1903–1968), Sohn jüdischer Eltern und bekennender Atheist, verbrachte acht Monate in NS-Haft. Er emigrierte nach Dänemark und tauchte dort vor der NS-Verfolgung unter. Nach Kriegsende wurde er Generalstaatsanwalt in Hessen und war maßgeblich am Zustandekommen der Frankfurter Auschwitz-Prozesse beteiligt. Innerhalb der deutschen Justiz (die meisten damaligen Juristen hatten der NS-Diktatur gedient) lebte er nach seinen eigenen Aussagen im Nachkriegsdeutschland »wie im Exil«. 1960 hielt Fritz Bauer vor Vertretern von deutschen Jugendverbänden das Referat »Die Wurzeln faschistischen und nationalsozialistischen Handelns«. Der Vorschlag des rheinland-pfälzischen Landesjugendringes, den Text an Oberstufengymnasien und Berufsschulen als Broschüre zur Verfügung zu stellen, wurde vom damaligen Kultusminister in Rheinland-Pfalz, Eduard Orth (1902–1968), abgelehnt. Erst 1965 konnte der Text des Referats in Form einer Broschüre im Buchhandel erworben werden. Am 1. Juli 1968 wurde Fritz Bauer tot in seiner Wohnung in Frankfurt am Main aufgefunden. Um sein Ableben infolge Fremdeinwirkung ranken sich seither Legenden. Geschichten wie diese prägten die deutsche Nachkriegszeit, was Schülerinnen und Schülern nicht vorenthalten werden sollte.

Ehrfurcht und Respekt sind Tugenden

Im Rahmen einer Lehrkräftefortbildung 2002 an der Universität Horn-Lehe und des Projekts »Eine Welt in der Schule« (Wolfgang Brünjes) wurde u. a. vorgestellt, dass fächerübergreifend Unterrichtsentwürfe geeignet seien, Wertvorstellungen von Kindern und Jugendlichen und religiöse Glaubensaspekte zu konkretisieren. Ziel war es, Gemeinsamkeiten und Verbindendes von Weltreligionen zu erkennen. Es wurde über Schöpfungsmythen der Christen, Hindus (Indien), der Aborigines (Australien), Yoruba (Nigeria) und der Indios (Südamerika) reflektiert. Aus einer katholischen Grundschule mit ca. 230 Kindern berichteten die Lehrerinnen Ute Grass und Ursula Schelp von ihren Erfahrungen in einer ersten und zweiten Grundschulklasse zum Unterrichtsthema »Wende der Schöpfung«, wie z. B. die Urknall-Theorie, die Entstehung von Kosmos und Erde mit physikalischen Hinweisen und Erklärungen zu verschiedenen Schöpfungsmythen versehen wurden. Die Kinder hatten daraufhin resümiert, dass es viele unlogische Einzelheiten und nur wenige Gemeinsamkeiten mit der christlichen Schöpfungsgeschichte gäbe und sie sollen weiterhin reflektiert haben, dass Gott, der Himmel und das Element Wasser auf Erden existieren.

Aus der kritischen Sicht eines Nichtpädagogen ergeben sich bei aller Wertschätzung und Anerkennung der Inhalte und Bemühungen um eine Weiterbildung auf dieser Lehrkräftefortbildung 2002 die folgenden generellen Fragen:

1. Eigentlich geht es doch auch um schulische Hilfestellungen zur persönlichen Positionierung aller Menschen im Kosmos allgemein und auf unserem Planeten.

2. Aus der Verinnerlichung kindgemäß vermittelter physikalischer und biologischer Themen in Bezug auf die Begriffe Kosmos-Erde-Mensch könnten sich bereits im kindlichen/jugendlichen Gehirn emotional besetzte Vorstellungen von Bewunderung und Demut, Ehrfurcht und Respekt, gepaart mit Neugier und Phantasie generieren.

3. Das Einfühlen von Kindern und Jugendlichen in existenzielle Themen, wie von den genannten Autoren und Gestaltern der Lehrkräftefortbildung ausgewählt, stellt eine vielleicht im gesamten Schulalltag einmalige Chance dar, a) einen roten Faden der emotionalen Vertiefung für das zukünftige persönliche Leben eines Kindes/eines Jugendlichen zu finden oder zu festigen und b) Zugang zu und Neugier auf naturwissenschaftliche und philosophische Fragen unseres Daseins auf einem von Menschen geplünderten, verdreckten, übervölkerten (7 Milliarden

Menschen zum großen Teil in Armut lebend) Planeten pädagogisch zu vermitteln.

Es handelt sich hierbei um existenzielle Fragen, die, wenn sie wirksam und nachhaltig auf Antworten harren, gerade mit Kindern und Jugendlichen in der Institution Schule auf die Tagesordnung gehören, ebenso Reflexionen über einen religiösen Fundamentalismus mit Intoleranz, Missachtung der Frauen, Folterungen, Morden und Kriegen infolge von Weltanschauungen und Religionen. Auf den Punkt gebracht: Unsere Geschichte und die nahe Zukunft fordern uns zum Handeln auf. Für ein beschauliches Sinnieren bleibt keine Zeit mehr. Wer, wenn nicht die Schule, ist dazu aufgefordert, ggf. als einzige und letzte Institution Kindern und Jugendlichen adäquat Wissen über das »Universalgenie Mensch« mit all seinen guten und vor allem all seinen bedrohlich schlechten Fähigkeiten zu vermitteln? An dieser Stelle ist der Frankfurter Neurowissenschaftler und Direktor des dortigen Max-Planck-Institutes für Hirnforschung Wolf Singer (*1943), seit 2011 auch Leiter des »Singer-Emeritus-Departments«, zu zitieren: »Lehrer und Erzieher verantworten nicht nur die Weitergabe kultureller Inhalte, sondern prägen Verhalten für ein Leben. Ihre Bedeutung kann gar nicht hoch genug eingeschätzt werden« (Singer 2000). Der amerikanische Anthropologe und Verhaltensforscher Michael Tomasello (*1950) will, dass sich Kulturinstitutionen, die die Wissenschaft unterstützen und auch das öffentliche Verständnis von Wissenschaft fördern, sich den neuen Wirklichkeiten anpassen sollen. Dazu müssen sie die Wissenschaft des 21. Jahrhunderts verstehen und an ihr teilhaben wollen: »In einer komplexen menschlichen Gesellschaft werden sich naturwissenschaftlich experimentelle Methoden und hermeneutische Interpretationen annähern« (Tomasello 2002). Lehrkräfte sollten universitär und disziplinenübergreifend die vorbeschriebenen Themen kommunizieren. In den philosophisch-pädagogischen Fakultäten der Universitäten, die führend mit der Lehrkräfteausbildung betraut sind, scheint leider noch eine wie auch immer begründete »Nabelschau« bevorzugt oder gar die Regel zu sein. Die Weitergabe von Inhalten fächerübergreifender philosophischer, physikalischer und gesamtnaturwissenschaftlicher Wissensstandards findet kaum statt. Diese Erkenntnis gründet auf über 40-jährigen Erfahrungen als Dozent einerseits und umfangreichen Berichten von Studierenden. Die akademische Pädagogik scheint ein Eigenleben zu führen. Den Neurowissenschaften wird allenfalls eine Außenseiterposition zuerkannt. Bedenkt man, dass das kindliche und jugendliche Gehirn im Fokus des Lehrens und des Lernens steht, so ist die Geringachtung der Neurowissenschaften im Rahmen der Ausbildung von Lehramtskandidaten ein Anachronismus. Weder der Hinweis auf die Reformpädagogen und schon gar nicht die Hypothese, dass bereits alles Neurowissenschaftliche zum Standard der Pädagogik gehöre, überzeugen. Die Lehrkräfteausbildung sollte ins Zentrum sämtlicher universitärer Wissenschaftsebenen gerückt werden, damit in den Schulen »das Rad der Erkenntnis« einige Millimeter voran bewegt wird. Lehrerinnen und Lehrer tragen eine große Verantwortung, ihnen gebührt eine hohe Wertschätzung, gesellschaftliche Anerkennung und eine damit korrelierende Honorierung.

Menschen – überforderte Spezies mit Potenzial?

Der Mensch – Frühgeburt, Mängelwesen und zu allem fähig

Von seiner körperlichen Ausstattung her betrachtet ist der Mensch von Beginn an dem Tier unterlegen, verfügt er doch nicht über charakteristische Angriffs-, Schutz- und Fluchtorgane. Seine Bewegungs- und Sinnesorgane sind nicht besonders ausgeprägt. Affen können klettern, Hunde haben einen exzellenten Geruchssinn, Katzen haben Krallen, die meisten Vögel verfügen über ein hochentwickeltes Sehvermögen etc. Was jedoch den Menschen von den Tieren unterscheidet und ihn einzigartig macht, ist sein Gehirn. Dieses Gehirn und der Schädelumfang sind nach neun Monaten Schwangerschaft schon so groß gewachsen, dass die Geburt bereits nach dem neunten Schwangerschaftsmonat erfolgt, biologisch betrachtet jedoch ca. ein Jahr zu früh. Bei einer Verlängerung der Schwangerschaft über die neun Monate hinaus würde der wachsende Schädelumfang des Kindes nicht mehr den Geburtskanal der Mutter passieren können. Ab der Geburt des noch unreifen Säuglings ist dieser existenziell auf seine Mutter bzw. eine Bezugsperson angewiesen. Diese muss ihn ernähren und ihm in allen Belangen körperlich und psychisch zur Seite stehen. Andernfalls hätte das Neugeborene keine Überlebenschance. Um die psychische Entwicklung, d.h. die höheren Gehirnfunktionen anzuregen, müssen auf der Grundlage von Liebe und Zuwendung auch die Sinnes- und Bewegungsorgane stimuliert werden. Ein Verhalten, das den meisten Müttern intuitiv gegeben ist. Eine intensive Mutter-Kind-Beziehung ist für die ersten drei Lebensmonate von großer Bedeutung. Die physiologische Entwicklung des noch unreifen und damit hochsensiblen kindlichen Gehirns gelingt nur, wenn diesem größtmögliche Geborgenheit und Sicherheit zugutekommen. Deprivationserfahrungen des Säuglings bzw. Kleinkinds in dieser frühen Lebensphase wirken sich fatal aus. Urvertrauen für ein Leben in der Gemeinschaft kann nur gedeihen, wenn Urängste ferngehalten werden. Arnold Gehlen bezeichnete den Menschen bei dessen Geburt als biologisches Mängelwesen. Der Schweizer Biologe und Anthropologe Adolf Portmann (1897–1982) kennzeichnete den Menschen sogar als eine physiologische Frühgeburt. Gehlen und Portmann beschreiben den Menschen als ein erziehungsbedürftiges, zugleich aber auch erziehungsfähiges Wesen hinsichtlich Individualität und Kreativität sowie der Fähigkeit zur Selbsterziehung, Kritikfähigkeit, Moralität, Freiheit und Verantwortung. Für den Zoologen und Philanthropen Jakob Johann von Uexküll (1864–1944) aber ist der Mensch vor allem ein weltoffenes Wesen. Mit seinem dominierenden Großhirn sei der Mensch ein denkendes, soziokulturelles und geistiges Wesen (Uexküll 1909).

Die angedeuteten menschlichen Mängelaspekte erklären die Bedeutung einer intensiven Zuwendungsbedürftigkeit von Säuglingen und Kleinkindern und im Schulalter die pädagogische Führung als Hilfe zur Selbstführung (Portmann 1956). Demnach sind zu beachten:
a) die Hilflosigkeit im Säuglingsalter;
b) die Schlüsselstellung der ersten Wochen, Monate und der ersten drei Lebensjahre;
c) die besondere Bedeutung von Bezugspersonen und von Bindungsangeboten in dieser Zeit;
d) die Hinführung zur kulturellen Lebensführung;
e) die Notwendigkeit der Triebbeherrschung (Sittlichkeit zum Aufbau der Kultur);

f) die Bedeutung soziokultureller Institutionen.

Professionell Erziehende und Lehrende sollten zudem
beachten:
g) die individuellen Erbanlagen des Kindes und die Umweltbedingungen, in denen sich das Kind bis zum Eintritt in den Kindergarten bzw. in die Schule befunden
hat (biographische Kenntnisse);
h) stammesgeschichtliche Verhaltenstendenzen;
i) die individuelle Konstitution;
j) körperliche Reifungsvorgänge;
k) frühe Kindheitserlebnisse, eventuell stattgehabte
Deprivationserfahrungen (biographische Kenntnisse);
l) das soziale Milieu;
m) die Physiologie der Lernvorgänge.

Über all dem, was den Umgang mit Kindern im familiären
Umfeld, im Kindergarten, in der Schule, bei den Großeltern,
Verwandten und Bekannten angeht, muss die Erkenntnis
der Erwachsenen stehen, dass es sich bei Kindern nicht um
Noch-nicht-Erwachsene und damit um eine formbare Masse
handelt, die ein Erwachsener nach seinen Vorstellungen
kneten oder biegen kann.»Die philosophisch-anthropolo-
gische Beschäftigung mit dem Kind hat uns die Augen
geöffnet für das Personsein schon des Neugeborenen«
(Böhm 2010). Alle diese Aspekte sind für Säuglinge, Kleinkinder, Schulkinder und auch noch für Heranwachsende
von großer Bedeutung. Alle daraus ableitbaren Hand-
lungskonsequenzen der Erwachsenen sollten der menschlichen Vernunft zugänglich sein, es sei denn, die Kapazität
Vernunft ist wegen Oberflächlichkeit im Fühlen, Denken
und Handeln beeinträchtigt. Bei Menschen, die den Kindern nahestehen, wie z. B. Eltern, und die sich in bedrohli-
chen wirtschaftlichen Situationen befinden, da evtl. allein-
erziehend, drohen individuelle Überforderungen. Kinder

können in diesen Situationen »zu kurz kommen« mit möglicherweise fatalen Folgen.

Nach Gehlen und Portmann stehen an erster Stelle für eine gelingende Erziehung »die Einführung zur kulturellen Lebensführung« und die »Sittlichkeit«. Kriegsereignisse als Themen im schulischen Geschichtsunterricht haben aber damit nichts zu tun. Pädagogisch ist allenfalls allem, was »Freude am Krieg« hervorrufen könnte, entgegenzutreten. Im Geschichtsunterricht der Schulen war und ist häufig nur von Taten, von Siegern und Besiegten die Rede, so als ob das Führen und der Ablauf von Kriegen zum Lebensalltag gehörten. Der Krieg ist keinesfalls jedoch »der Vater aller Dinge«, wie im Geschichtsunterricht in vordemokratischen Zeiten interpretiert wurde. Die Demokratie als Bollwerk und Schutz vor Kriegen sowie als Chance einer Verteilungsgerechtigkeit scheint im Bildungswesen Deutschlands zwar Allgemeingut zu sein, doch wird dem nicht immer in genügendem Maße überzeugend Rechnung getan – so die Uni-Arbeitsgemeinschaft der Hamburger Kriegsforscher (2017). Laut Bericht der Zeitung *DIE WELT* vom 4. Januar 2000 mit dem Titel »Einführung zur kulturellen Lebensführung« setzt der Begriff »Sittlichkeit« Wissen über die unterschiedliche menschliche Natur, nämlich über den Homo sapiens (der weise Mensch) und den Homo rapiens (das Raubtier Mensch) voraus. Dummheit und Unbildung sind Geschwister von Intoleranz und antisozialem Verhalten. Für erstere ist die Schule als die von der Gesellschaft beauftragte Institution zuständig. Antisoziales Verhalten hingegen fällt in die Zuständigkeit der Rechtsprechung und der Polizei.

Unbildung – eine lebensverkürzende Krankheit

Der Journalist, Autor und Sprachkritiker Wolf Schneider (*1925) fasst in seiner Publikation »Der Mensch – eine Karriere« (2008) die Taten und Untaten unserer Spezies auf diesem Planeten zusammen. Die Unterwerfung der Natur, die Unterwerfung von Menschen durch Menschen, der Hang zum menschlichen Übermut, die Kriege von morgen u.v.m. sind das zentrale Thema und Schneider stellt die entscheidende Frage:»Wie lange noch?«, und meint damit die zweifelhafte Karriere des Menschen auf dieser Erde. Der amerikanische Evolutionsbiologe Jared M. Diamond (*1937) benannte in seiner Schrift »Kollaps. Warum Gesellschaften überleben oder untergehen« (2005) eine Reihe von Faktoren, die in Gruppen (Staaten) zu fehlerhaften Entscheidungen beitragen können:»Erstens sieht eine Gruppe ein Problem unter Umständen nicht voraus, bevor es tatsächlich da ist. Zweitens nimmt die Gruppe das Problem unter Umständen nicht wahr, wenn es bereits eingetreten ist. Nachdem sie es dann wahrgenommen hat, versuchte sie drittens unter Umständen nicht einmal, eine Lösung zu finden. Und wenn sie es schließlich zu lösen versucht, gelingt dies unter Umständen nicht.« Nach Diamond gibt es somit drei Gründe dafür, dass Gesellschaften Probleme nicht voraussehen können oder wollen, ob sie nun bereits eingetreten sind oder noch nicht. Die Ursachen dafür können sowohl wirtschaftlich begründet sein, aber auch in der Wissenschaft selbst, also dem Feld, wo den Fragestellungen analytisch nachgegangen werden sollte, liegen. Nicht auszuschließen ist, dass Probleme bzw. deren tatsächliche Ursachen nicht wahrnehmbar sind. Sie können daher eventuell deshalb nicht wahrgenommen werden, weil Verantwortliche in großen Gesellschaften und Unternehmen emotional zu weit entfernt sind, um Ursachen rechtzeitig auf den Grund zu gehen. Am häufigsten kommt es nach Diamond vor, dass eine Gesellschaft ein Problem nicht wahrnimmt, wenn dieses die Form eines allmählichen Trends angenommen hat, das sich hinter starken Schwankungen verbirgt. Als herausragendes Beispiel unserer Zeit verweist Diamond auf die globale Erwärmung. »Politiker bezeichnen solche allmählichen, hinter starken Schwankungen verborgene Trends häufig als schleichende Normalität. Wenn es mit Wirtschaft, Schulen, Verkehrssituationen oder irgendetwas anderem zu langsam bergab geht, erkennt man kaum, dass jedes Jahr im Durchschnitt ein wenig schlechter ist als das vorherige, und damit sinkt auch der allgemeine Maßstab für Normalität ganz allmählich und unmerklich ab. Erst nach einigen Jahrzehnten und nach einer langen Reihe solcher geringfügiger alljährlichen Veränderungen wird plötzlich mit einem Schlag klar, dass vor einigen Jahrzehnten alles viel besser war und dass das sogenannte Normalniveau gesunken ist.« (Diamond 2005)

Mit einer angemessenen Schul- und Universitätsbildung sollten junge Generationen zur kritischen Analyse befähigt werden, gefährliche Trends besser wahrnehmen zu können. Der Sohn japanischer Eltern und in Amerika geborene Professor für theoretische Physik Michio Kaku (*1947) geht in seiner Darstellung »Die Physik des Bewusstseins. Über die Zukunft des Geistes« (2014) auf die Gewinner und die Verlierer des Fortschritts wie folgt ein: »Auf der Strecke werden diejenigen Nationen bleiben, die nicht genug in Bildung und Wissen investieren.«

Martin A. Nowak (*1965), ein österreichisch-US-amerikanischer Mathematiker und Biologe an der Harvard University, hatte in »Kooperative Intelligenz. Das Erfolgsgeheimnis der Evolution« (2013) herausgestellt: »Heute bewegt sich die Menschheit am Rande mehrerer möglicher Katastrophen. Die Gefahr eines nuklearen Weltenbrandes ist keineswegs vollständig gebannt, sondern nur aus dem Blick geraten, weil man sich daran gewöhnt hat und der

Gedanke aus der Mode gekommen ist. Noch immer lagern in den Arsenalen gewaltige Bestände an Atomsprengköpfen aus dem Kalten Krieg. Nach wie vor droht ein – absichtlich oder versehentlich ausgelöster – Nuklearkrieg mit verheerenden Folgen.« Nowak berichtet weiterhin, dass von 76 befragten amerikanischen Nuklearexperten 29 % im nächsten Jahrzehnt mit einem Atomschlag rechnen, 4 % schätzten dieses Risiko bei 100 % und nur ein Einziger ging von 0 % aus (Nowak/Highfield 2013).

Der weltweit immer besser organisierte Terrorismus erhöht zusätzlich das Risiko nuklearer Katastrophen. Nowak erwähnt auch das Risiko eines Finanzkollapses mit möglicherweise weltweiten Schockwellen und Depressionen für Volkswirtschaften. Des Weiteren werden der Klimawandel und dessen Folgen, die Verknappung von Wasser und Nahrungsmitteln, benannt sowie die Beschleunigung des Artensterbens oder die weltweite Anfälligkeit für Pandemien infolge des kontinenteübergreifenden Tourismus.

Der deutsche Soziologe Ulrich Beck (1944–2014) formulierte in seiner Analyse »Weltrisikogesellschaft. Auf der Suche nach der verlorenen Sicherheit« (2007) in fünf Thesen die wesentlichen künftigen Risiken:

1. Risiken, die sich dem unmittelbaren menschlichen Wahrnehmungsvermögen vollständig entziehen: Radioaktivität, Schad- und Giftstoffe in der Luft, im Wasser, in Nahrungsmitteln, Kurz- und Langzeitfolgen bei Pflanzen, Tieren und Menschen.

2. Soziale Gefährdungslage infolge der Ungleichheit von Schicht- und Klassenlagen. Hiervor sind auch Reiche und Mächtige nicht sicher und dies nicht allein aus Gründen der Gesundheitsgefährdung, sondern auch aufgrund der Gefährdung von Legitimation, Besitz und Gewinn.

3. Modernisierungsrisiken im Big Business. Hierbei handelt es um sogenannte unabschließbare Bedürfnisse,

deren Befriedigung seitens der Wirtschaft erfolgt. So wie Hunger gestillt werden kann, können auch jegliche Bedürfnisse befriedigt werden. Zivilisationsrisiken sind daher ein Bedürfnisfass ohne Boden.

4. Zivilisatorisch zugewiesene Risiken. In Klassen- und Schichtlagen bestimmt das Sein das Bewusstsein, während in Gefährdungslagen das Bewusstsein das Sein bestimmt. Reichtümer kann man besitzen, von Risiken ist man betroffen.

5. In einer Risikogesellschaft geht es nicht nur um gesundheitliche Folgeprobleme für Natur und Mensch, sondern auch um die sozialen, wirtschaftlichen und politischen Nebenfolgen wie Markteinbrüche, Entwertung des Kapitals, bürokratische Kontrollen, betriebliche Entscheidungen, Eröffnung neuer Märkte, Mammutkosten, Gerichtsverfahren, Gesichtsverlust.

Beck interpretiert somit die Risikogesellschaft als eine katastrophale Gesellschaft. In ihr droht der Ausnahmezustand zum Normalzustand zu werden.

Mit vertieftem Wissen aber und adäquater Bildung können jedoch Perspektiven eröffnet werden, um dem von Beck und Nowak prophezeiten sozialen und kulturellen GAU zu entgehen. Abermals gilt, dass die Schule mit talentierten und motivierten Lehrkräften der, wenn nicht einziger Hoffnungsträger ist. Der Psychologe und Professor für Entwicklungspsychologie Rolf Oerter (*1931) formulierte in seinem maßgeblich von ihm verantworteten Lehrbuch »Entwicklungspsychologie« (2008) konkrete Aufgaben, die unmittelbar anzugehen sind:

Optimale individuelle Entwicklungsförderung: Es ist ein ethisches Gebot, allen Menschen eine optimale Bildung angedeihen zu lassen, unabhängig von ihrer späteren beruflichen Tätigkeit. An dieser Stelle ist zu ergänzen, dass die ersten Wochen, Monate und die ersten ca. drei

Jahre im Leben eines Kindes einen großen Einfluss auf dessen Charakter als Erwachsener, auf die Bildungsfähigkeit und damit die Lebenskarriere haben. Deprivationserfahrungen des Kleinkindes sind daher unbedingt zu vermeiden. Eine sichere Bindung stärkt das Urvertrauen, verhindert Urängste und ist Grundlage einer weitgehend ungestörten Entwicklung. Für ausgewiesene Pädagogen sind dies sicher keine Neuigkeiten. *Pädagogik ohne Scheuklappen:* Nach Oerter (2008) ist der Mensch immer noch von Grund auf gut. Heranwachsende sollten aber auch darum wissen, dass der Mensch zur Bestie werden kann, wenn die zivilisatorischen Schranken fallen. Jeder Einzelne muss daher lernen, seine Affekte unter Kontrolle zu halten. Eine Pädagogik ohne Scheuklappen meint, dass auch und gerade Kinder aus bildungsfernen Schichten adäquat und bedarfsweise sogar aufwändiger zu fördern sind. Angefangen in Kinderkrippen bis hin zu Ganztagsschulen und mithilfe von Sonderprogrammen für Kinder aus defizitären Elternhäusern sowie flankiert von entsprechenden Aus- und Weiterbildungsmaßnahmen für die Pädagogen. Kinder und Jugendliche haben gegenüber den Erwachsenen einen natürlichen Anspruch auf eine Lebensperspektive. Perspektivlos drohen sie Opfer krimineller Randgruppen und fundamentalistischer Ideologien zu werden. Ohne individuelle Lebensperspektive wiederum gedeiht in den Folgegenerationen keine Loyalität zum Gemeinwesen.

Kampf gegen Ideologien jeder Art: Das Eintreten für eine offene Gesellschaft verlangt zugleich die Ablehnung jeglicher Ideologie, insbesondere auch Religionen, politische Utopien und statische Herrschaftsformen, in denen Meinungsfreiheit nicht geduldet wird.

Förderung von Wissenschaft und Kunst: Erkenntnisfortschritt ist ein ethisches Gebot. Kunst und Wissenschaft seien nach Oerter das Einzige, was den eigentlichen menschlichen Sinn und die menschliche Existenz ausmacht.

Eine neue Aufklärung als Rahmen: Aufklärung bedeutet nicht die Belehrung Unwissender seitens Besserwissender. Aufklärung bedeutet vielmehr, Bildung zu vermitteln. Die Versuche der Indoktrination und Manipulation durch Psychopathen und Soziopathen müssen aufgedeckt und transparent gemacht werden.

Evolution des menschlichen Bewusstseins

Der Wiener Philosoph Karl R. Popper (1902–1994) zitiert in »Das Ich und sein Gehirn« (Popper/Eccles 1989) seinen Onkel, den Wiener sozialphilosophischen Schriftsteller und Erfinder Josef Popper-Lynkeus (1838–1921), aus dessen Programm »Materielle Grundsicherung. Die allgemeine Nährpflicht als Lösung der sozialen Frage« (Popper-Lynkeus 1912): »Immer wenn ein Mensch stirbt, wird ein ganzes Universum zerstört. Menschliche Wesen sind unersetzlich; dadurch unterscheiden sie sich deutlich von Maschinen. Menschen können das Leben genießen; sie können leiden, sie können dem Tod bewusst ins Auge sehen. Sie haben Bewusstsein, sie haben ein Ich, eine Seele. Eine Person ist ein Zweck, nicht Mittel zum Zweck, wie Kant betont.«

Chris Buskes (*1961) zitiert in seiner Darstellung »Evolutionär denken. Darwins Einfluss auf unser Weltbild« den amerikanischen Philosophen und Neurowissenschaftler Owen Flanagan (*1949) mit der Erkenntnis, dass »für alle existierenden höheren Lebensformen der Besitz des Bewusstseins geradezu eine Überlebensfrage ist. Das Bewusstsein ist nicht nur die Grundlage für höhere kognitive Funktionen wie Selbstreflexion, Sprache und abstraktes Denken, sondern auch für elementares gefühlsmäßiges Erleben und die Verarbeitung von Sinneseindrücken. Es steht für eine adäquate Interaktion zwischen Organismus und Umwelt und erleichtert Ernährung, Kämpfen, Flüchten, Fortpflanzung etc. Ein phänomenales Grundbewusstsein ist für Mensch und Tier gleichartig. Jedoch sind die mentalen Fähigkeiten des Menschen höher entwickelt. Diesen verdankt der Mensch die Fähigkeit, Kultur, Kunst und Wissenschaft zu entwickeln.« (Buskes 2008)

In einem Interview in »GEO kompakt« zum Thema »Intelligenz, Begabung, Kreativität« gibt Gerhardt Roth (2011) Auskunft darüber, wie Kinder ihren Intellekt optimal entfalten und zu Bildungserfolg gelangen können. Roth setzt dafür auch »Gene und Erziehung« ins Verhältnis. Von unseren rund 25.000 Genen sind allein etwa 15.000 nur für das Gehirn zuständig. Daher gibt es hochkomplexe erbliche Vorbedingungen, die das Wachstum des Hirns und die Zahl der Nervenzellen bestimmen und wie sie miteinander interagieren bzw. ob sie Signale rascher oder langsamer weiterleiten. Bei der Erforschung des Gehirns betrachtet sich ein kognitives System im Spiegel seiner selbst. Es verschmelzen also Erklärendes und das zu Erklärende.

Wolf Singer hingegen stellt in »Der Beobachter im Gehirn« (2002) die Frage, inwieweit wir überhaupt in der Lage sind, das, was uns ausmacht, zu erkennen:»Betrachtet man die evolutionären Prozesse, die dieses Organ [das Gehirn, der Verf.] hervorgebracht haben, liegt der Schluss nahe, dass die während der Evolution wirksamen Selektionsmechanismen vermutlich nicht dazu angetan waren, kognitive Strukturen auszubilden, die für das Erfassen dessen optimiert sind, was hinter den Dingen möglicherweise sich verbirgt.« Die klassische Auffassung ist, dass das Gehirn einzig und allein an den funktionalen Kriterien zu messen sei und den Organismus, der es trägt, so lange am

Leben zu erhalten, bis dieser sich reproduziert. Die kognitiven Funktionen sind an eine makroskopische Welt angepasst und in der Lage, Regelhaftigkeiten dieser Welt zu begreifen. Dies erkläre, so Singer, auch die Schwierigkeiten im Verständnis der Astro- und der Quantenphysik. Der amerikanische Physiker John Archibald Wheeler (1911–2008) hatte zugespitzt:»Die Welt ist im Grunde eine Quantenwelt und jedes System ist unweigerlich ein Quantensystem.« (Wheeler 1998) Im Mikrokosmos, dem subatomaren Bereich der Quantenphysik, gelten andere und noch nicht gänzlich erforschte Realitäten als in dem uns zugänglichen Makrokosmos. Diese physikalische Annahme überträgt Singer auf das Gehirn:»Auf der uns verständlichen makroskopischen Ebene entsprechen die Nervenstrukturen der menschlichen Gehirne anatomisch-biologisch nahezu und prinzipiell unverändert den Gehirnen der wirbellosen Tiere (z. B. Insekten, Würmer, Schnecken etc.) mit charakteristischen Merkmalen von Nervenzellen, Ausbildung von Dendritenbäumen, über welche sie Informationen von anderen Nervenzellen empfangen und von Axonen, mit denen sie Kontakt zu nachgeschalteten Nervenzellen aufnehmen. Diese Polarisierung in einen Empfänger- und Senderbereich ist seit Jahrmillionen unangetastet geblieben. Das gleiche gilt für etwa 90 % der Gene, welche in menschlichen Nervenzellen exprimiert sind.« (Singer 2002)

Die makroskopischen anatomischen Merkmale von Gehirnen bei Fischen, Reptilien, Säugern mit einer Unterteilung in Vorderhirn, Riechhirn, Zwischenhirn, Mittelhirn, Kleinhirn und Hirnstamm entsprechen einem allgemeinen Bauplan von Gehirnen derjenigen Spezies, die über ein Rückenmark verfügen. Wie im gesamten Körper findet auch im Gehirn eine arbeitsteilige Differenzierung von Funktionen statt. Man unterscheidet Projektionszentren für sensorische Funktionen, Steuerzentren für motorische

Funktionen und Assoziationszentren mit übergeordneten integrativen Aufgaben sowie des Weiteren Steuerzentren für vegetative Körperfunktionen (Atmung, Kreislauf, Nahrungs- und Flüssigkeitshaushalt, Wärmehaushalt). In assoziativen Zentren finden Verknüpfungen, Verarbeitung und Bewertung von Signalen aus der Umwelt statt. Die Großhirnrinde mit ihren assoziativen Regionen hat beim Menschen und bei Primaten sowie bei Walen und Delphinen eine überproportionale morphologische Vergrößerung und schnelle Entwicklung durchgemacht. Demgegenüber sind die tiefer gelegenen Teile des Gehirns, in denen Überlebensprogramme der Wirbeltiere lokalisiert sind, im Wesentlichen unverändert geblieben (G. Roth 1996). Die Signale und Bilder von der Außenwelt entstehen nicht, indem von den Sinnesorganen (Augen, Ohren, Nasen, Haut als Tastsinnesorgan) gelieferte Informationen Schritt um Schritt in einem hierarchischen Verfahren zu immer komplexeren Wahrnehmungsstrukturen zusammengesetzt werden. Vielmehr werden die verschiedenen Aspekte eines Gegenstandes oder Ereignisses zunächst »auseinander genommen«, in verschiedenen Abschnitten des Gehirns vorverarbeitet und danach in anderen Abschnitten wieder zusammengesetzt. Es findet eine Informationsverarbeitung im Sinne eines Diskurses zwischen Populationen von Neuronen statt. In einem Kubikmillimeter Hirnrinde drängen sich etwa 40.000 Nervenzellen, die untereinander in Verbindung stehen. Eine Nervenzelle kontaktiert etwa 20.000 andere und empfängt von ebenso vielen ihre Eingangssignale. Nervenzellen kommunizieren sowohl mit ihrer unmittelbaren Nachbarschaft, als auch mit Nervenzellen, die weit entfernt in verschiedenen Hirnstrukturen liegen. Im Laufe der Evolution ist die interne Organisation der Informationsweitergabe nahezu unverändert gleichgeblieben. Die Großhirnrinde der Maus ist von der des Menschen strukturell kaum zu unterscheiden (Singer 2002). Einem Erkennungsprozess aus den der Peripherie gelieferten Informationen (Umweltsignale) muss ein qualitativer Segmentierungsprozess vorausgehen. Dieser beruht auf evolutiv erworbenem Wissen, das in den Genen gespeichert ist. In hochspezialisierten Nervenzellen bzw. Ensembles von Nervenzellen, die über große Bereiche der Hirnrinde verteilt sind und die sich in einem Zeitbereich von Millisekunden zusammenschließen, werden Informationen über Signale der Außenwelt synchronisiert. Die in der Evolution später hinzugetretenen Hirnrindenareale beziehen ihre Eingangssignale nicht mehr von den Sinnesorganen selbst, sondern von den bereits vorhandenen stammesgeschichtlich älteren Arealen, die ihrerseits mit den Sinnesorganen verbunden sind. »Die neuen Areale scheinen die Signale, die sie von den alten – von den primären – Arealen bekommen, auf die gleiche Weise zu verarbeiten wie letztere die Signale, die sie von den Sinnesorganen erhalten. So ließen sich im Prinzip durch Iteration der immer gleichen Repräsentationsprozesse Metarepräsentationen aufbauen – Repräsentationen von Repräsentationen –, die hirninterne Prozesse abbilden anstatt die Welt draußen. Solche Metarepräsentationen aufbauen zu können bringt Vorteile. Gehirne, die dies vermögen, können Reaktionen auf Reize zurückstellen, Handlungsentscheidungen abwägen, sie können interne Modelle aufbauen und den erwarteten Erfolg von Aktionen an diesen messen. [...] Die Möglichkeit, Metarepräsentationen aufzubauen, befähigt zu umsichtigem Handeln und erlaubt damit, Gefahren präventiv aus dem Weg zu gehen. Letztlich kann in dieser Fähigkeit zum kombinatorischen Spiel mit gespeicherten Inhalten, zur Erzeugung neuer prädikativer Modelle, die Grundlage für Kreativität gesehen werden.« (Singer 2002)

Mit diesen Beispielen wird deutlich, dass Wahrnehmung nicht als passive Abbildung von Wirklichkeit verstanden werden darf, sondern als Ergebnis eines außerordentlich aktiven, konstruktivistischen Prozesses zu sehen ist, bei dem das Gehirn die Initiative innehat. Diese bereits vor ca. 15 bis 20 Jahren dokumentierten neurobiologischen Phänomene der Wahrnehmung haben nicht nur eine medizinische, psychologische oder philosophische, sondern auch eine pädagogische Bedeutung. Die pädagogischen Aspekte der Entwicklung vom Ich- und dem Selbstbewusstsein haben einen wesentlichen kulturellen Hintergrund. Erst nachdem die Evolution ein Gehirn hervorgebracht hat, das über hirninterne Prozesse Metarepräsentationen, z. B. Gestik, Mimik oder Sprache, aufzubauen in der Lage ist und diese anderen Gehirnen mitzuteilen vermag, gelingt es dem Menschen, eine eigene »Theory of Mind«, eine Fähigkeit aufzubauen, sich einfühlen und in andere hineinversetzen zu können und so zu fühlen wie der andere. Allenfalls Schimpansen scheinen über eine sehr begrenzte Möglichkeit zu verfügen, sich vorzustellen, was im anderen vorgeht, wenn dieser bestimmten Situationen ausgesetzt ist. Der Mensch hingegen kann sich äußern:»Ich weiß, dass du weißt, wie ich fühle« oder »Ich weiß, dass du weißt, dass ich weiß, wie du fühlst.« Eine Ich-Identifikation findet beim Menschen in den ersten frühen Lebensjahren statt, vorausgesetzt, das Kind verfügt über eine emphatische Bezugsperson anstelle von Ablehnung, Diskriminierung oder den Folgen von Deprivation. Der Evolution menschlicher Kulturen ging die Evolution von Gehirnen voraus, die in der Lage waren, eine Theorie des Geistes zu erstellen, differenzierte Sprachen zu ermöglichen und die Entwicklung von Kommunikationsprozessen zu ermöglichen. Nur ein Bruchteil der im Gehirn ständig ablaufenden Prozesse wird für das innere Auge sichtbar und gelangt in das Bewusstsein (Singer 2002).

Der in Portugal geborene US-amerikanische Neurowissenschaftler António Damásio (*1944) widersprach in »Self comes to mind. Constructing the conscious brain« (2010)

René Descartes (1596–1650) und dessen Auffassung einer stringent vorzunehmenden Trennung von Leib und Seele. Descartes, französischer Philosoph, Begründer der modernen Philosophie und Wegbereiter der Aufklärung, stand für das dualistische Menschenbild einer strikten Trennung von Leib und Seele. Nach Damásio existiert unser Geist in und für einen integrierten Organismus, »er wäre nicht, was er ist, erwüchse er nicht aus der Wechselbeziehung zwischen Körper und Gehirn, während der Evolution, während der individuellen Entwicklung und im gegenwärtigen Augenblick. Um überhaupt zu existieren, muss es dem Geist zuerst um den Körper gehen. Nur dank des Orientierungsrahmens, den der Körper fortwährend liefert, kann sich der Geist dann auch anderen Dingen zuwenden, realen und imaginären […]. Der Restkörper leistet für das Gehirn mehr als nur Unterstützung und Modulationen.« (Damásio 2010) Aus Sicht dieser Hypothese beruhen Liebe, Hass und Schmerz, Eigenschaften wie Freundlichkeit und Grausamkeit, die planvolle Lösung eines wissenschaftlichen Problems oder die Entwicklung eines neuen Gebrauchsgegenstandes auf neuronalen Ereignissen im Gehirn, vorausgesetzt, das Gehirn stand und steht in Wechselbeziehung zum Körper. Die Seele atmet durch den Körper und Leiden finden im Fleisch statt, egal, ob es in der Haut oder in der Vorstellung beginnt (Damásio 2010).

Die psychosomatisch orientierte Medizin gründet auf Wechselwirkungen zwischen Psyche und Soma. Der österreichische Evolutions- und Zellbiologe Wolfgang Wieser (1924–2017) hat u. a. in »Gehirn und Genom« (2007) beschrieben, dass lymphatische Organe vom vegetativen Nervensystem versorgt werden und dass auf den Membranen von Lymphozyten praktisch sämtliche Rezeptoren für die Überträgerstoffe des Nervensystems zu finden sind. Damit ist auch zellbiologisch der Beweis von Wechselwirkungen zwischen Psyche und Soma erbracht.

Damásio formuliert als zentrale Fragen: Wie baut das Gehirn einen Geist auf und wie sorgt das Gehirn in diesem Geist für Bewusstsein, präziser, welche Strukturen im Gehirn des Menschen sind erforderlich und wie müssen diese arbeiten, damit ein bewusster Geist entstehen kann? Nach Damásio entsteht ein bewusster Geist, wenn zu zugrundeliegenden geistigen Vorgängen ein Selbst-Prozess hinzukommt. Taucht hingegen kein Selbst in einem Geist auf, so ist er auch im eigentlichen Sinne nicht bewusst. Damásio verweist in diesem Sinne auf Menschen, deren Selbst-Prozess durch z. B. Anästhesie oder eine Erkrankung des Gehirns außer Kraft gesetzt ist.

Das Selbst ist kein Gegenstand, sondern ein Prozess, der immer abläuft, sofern wir bei Bewusstsein sind. Der Selbst-Prozess beobachtet geistige Abläufe, Verhaltensmerkmale, materielle Güter und Aspekte unserer Lebensgeschichte. Aus der Beobachtung des Selbst als Objekt erwächst ein Selbst als Wissender. Die Wahrnehmung aller Dinge weckt Emotionen und ursprüngliche Gefühle wie Schmerz oder Lust. Diese Gefühle gelten zugleich als Gefühle des Wissens, was nach Damásio einem Wendepunkt in der biologischen Evolution entspricht. Das an ursprüngliche Gefühle assoziierte Wissen schafft im Gehirn neuronale Muster als Bilder. Dinge werden kartiert. Die Gefühle ermöglichen eine Unterscheidung zwischen Selbst und Nicht-Selbst, mit anderen Worten, ein Bewusstwerdungsprozess beginnt. Damásio meint, wenn es dem Gehirn gelingt, in den Geist ein Wissen einzuschleusen, dann ist Subjektivität die Folge. Der entscheidende Schritt war nicht die Produktion von Bildern als kartierte neuronale Muster im Gehirn, sondern der Schritt, sich Bilder mit ursprünglichen Gefühlen verwoben zu eigen zu machen.

Der sich evolutionär graduell über Jahrmillionen ausdehnende Prozess der menschlichen Bewusstseinsbildung geschieht in einem mehrschichtigen Ablauf:

1. Das *Protoselbst*. Dieses reguliert kontinuierlich die Körperfunktionen und ist verantwortlich für die lebensnotwendige Stabilität des Organismus. Mit anderen Worten, der Zustand des Körpers wird durch das Gehirn und zentrale Nervensystem ununterbrochen kontrolliert und wenn möglich korrigiert. Das Protoselbst ist im oberen Hirnstamm lokalisiert. Hier findet sich die Repräsentation des Körpers mit all seinen lebenswichtigen Funktionen. Die ursprünglichen Gefühle – von Angst bis zur Lust reichend – sind eine erste unmittelbare Ausdrucksform der Empfindungsfähigkeit. Diese ursprüngliche Daseinsempfindung erwächst spontan aus dem Protoselbst.

2. Das *Kernbewusstsein* verleiht dem Körper ein Gefühl des Selbst im Hier und Jetzt. Die Regulationsmechanismen sind auf einer primitiven Ebene bewusst geworden. Es resultiert ein unmittelbares Erleben. Der Organismus ist in der Lage, sich in verschiedenen Abstufungen seiner Empfindungen wie Schmerz und Lust bewusst zu werden.

3. Das *Kern-Selbst* entfaltet sich in einer Abfolge von Bildern zwischen Organismus und Objekt. Diese vermitteln, wie ein Objekt das Protoselbst beschäftigt, und wie dieses dann Gefühle, wie z. B. Schmerz oder Angst, abzuwandeln in der Lage ist.

Das menschliche Gehirn enthält viele Milliarden Nervenzellen/Neuronen, die untereinander verbunden und verschaltet sind. Die Zahl dieser Synapsenverschaltungen geht in die Billionen. Die Nervenzellen/Neuronen sind in mikroskopisch kleinen Schaltkreisen organisiert. Diese bilden größere Einheiten/Schaltkreise, so dass schließlich Netzwerke oder Systeme entstehen. Der Geist – eingefügt in das anatomische Gerüst des Gehirns – erwächst aus der Aktivität kleiner Schaltkreise in großen Netzwerken, die so organisiert sind, dass sich kurzzeitige Muster ergeben. Diese Muster entsprechen Dingen und Ereignissen, die sich außerhalb des Gehirns entweder im Körper oder in der Außenwelt befinden. Das Gehirn kartiert sowohl seine Umwelt, als auch seine Tätigkeit. Wir erleben solche Karten in unserem Geist als Bilder, d. h. nicht als optische Abbildung, sondern als Eindrücke, die mit den Sinnen wahrgenommen werden, und somit auch als akustische und alle weiteren taktilen Eindrücke oder »Bauchgefühle«.

Auf der Ebene des *autobiographischen Selbst* ist autobiographisches Wissen aus der Vergangenheit auch in einer vorhersehbaren Zukunft repräsentiert. »Das Protoselbst mit den ursprünglichen Gefühlen und das Kern-Selbst bilden gemeinsam ein ›materielles Ich‹. Das autobiographische Selbst, dessen höhere Bereiche alle Aspekte der sozialen Persönlichkeit umfassen, besteht aus einem ›sozialen Ich‹ und einem ›spirituellen Ich‹. Diese Aspekte des Selbst können wir in unserem eigenen Geist beobachten oder ihre Wirkungen am Verhalten anderer studieren. [...] Unter praktischen Gesichtspunkten entspricht das normale menschliche Bewusstsein einem Geistesprozess, bei dem alle Ebenen des Selbst mitwirken.« (Damásio 2010) Damásio vergleicht den Aufbau des Geistes, der die eigene gelebte Vergangenheit sowie die vorhersehbare Zukunft beinhaltet und das Leben anderer einfließen lässt und der zur Reflexion in der Lage ist, mit der Aufführung einer Symphonie. Das eigentliche Wunder besteht darin, dass die Partitur und der Dirigent erst mit der Entfaltung des Lebens Realität werden. »Die große Symphonie namens Bewusstsein umfasst die grundlegenden Beiträge des Hirnstamms, die auf ewig an den Körper gebunden sind, und die ungeheuer weit gefasste Bilderwelt, die durch das Zusammenwirken der Großhirnrinde mit den subkortikalen Strukturen entsteht. Das alles ist harmonisch verwoben, bewegt sich ständig vorwärts und kann nur von Schlaf,

Narkose, Funktionsstörungen des Gehirns oder dem Tod unterbrochen werden. Das Bewusstsein im Gehirn lässt sich ebenso wenig mit einem einzelnen Mechanismus, einem einzelnen Gehirnareal, Merkmal oder Trick erklären, wie eine Symphonie von einem einzigen Musiker oder einigen wenigen gespielt werden kann. Dazu sind viele notwendig. Zwar zählt jeder Einzelbeitrag, doch erst das Ensemble bringt das Produkt hervor, das wir zu erklären suchen.« (Damásio 2010)

Der bewusste Geist

Der Neurowissenschaftler Damásio attestiert dem bewussten Geist des Menschen ein komplexes Selbst, da jener über Gedächtnis, Vernunft und Sprache verfügt und die Instrumente von Bildung und Kultur hervorbringt. Damásio führt als Beispiel zur Erweiterung der soziokulturellen Sphäre die Möglichkeiten für Regulationen durch Justizsysteme, wirtschaftliche und politische Organisationen, Künste, Medizin oder Technologie auf. Er sieht auch eine dramatische Verringerung der Gewaltanwendung zugunsten einer zunehmenden Toleranz und einen allmählichen Übergang von erzwungener Macht zur Macht der Überzeugung, die trotz aller Rückschläge das Kennzeichen hochentwickelter gesellschaftlicher und politischer Systeme ist. Verlorengegangenes gesellschaftliches Vertrauen könnte durch Überzeugungen anstelle von Manipulation und Abzockermethoden und egoistischen Handlungsweisen wiedergewonnen werden. In einer von Damásio als soziokulturelle Homöostase bezeichneten Entwicklung sind emotionale Erfahrungen, emotionale Kompetenz sowie soziale Kompetenz die Ergebnisse der großartigen Fähigkeiten des bewussten Geistes des Menschen und Teilaspekte von Wissen und Bildung. An dieser Stelle ist kritisch zu hinterfragen, was mit Menschen passiert bzw. wie die Ergebnisse der großartigen Fähigkeiten ihres bewussten menschlichen Geistes aussehen werden, wenn der Mainstream des ökonomischen Denkens weiterhin selbstherrlich und sozialfeindlich handelnd meint, von der Moralphilosophie unabhängig sein zu dürfen (Sandel 2012). Dieser Einwand Sandels würde nach Damásio die soziokulturelle Homöostase gefährden.

Die Schweizer Wirtschaftsjournalisten und profilierten Globalisierungskritiker Philipp Löpfe (*1953) und Werner Vontobel (*1946) rechnen in ihrer Darstellung »Wirtschaft boomt – Gesellschaft kaputt« (2014) kritisch mit einem Wirtschaftssystem ab, das das wichtigste Kapital der Menschheit beschädigt, »nämlich die Fähigkeit, die Gesellschaft so zu organisieren, dass möglichst viele Menschen gut in ihr leben können.« Wenn nur wenige, die Ökonomie dominierende Mächtige die Heerscharen an Konsumenten kontrollieren, die der Ökonomie zwar fachkompetent, aber fremdbestimmt und manipulierbar zur Verfügung stehen, dann ist das evolutive Prinzip zwischenmenschlicher Kooperation bereits verlassen. Mit einem Blick auf die zahlreichen Desaster auf diesem Planeten haben wir die Fähigkeit zu einer sozialen Selbstorganisation schon lange verloren. Machthaber, nicht selten Psychopathen, Soziopathen und von Gier besessene Mitglieder unserer Spezies, kontrollieren und manipulieren Konsumenten. Unter der Dominanz der Ökonomie kann eine vernünftige Organisation des Zusammenlebens und das Gestalten eines guten Lebens für möglichst viele Individuen nicht gelingen.

Der bewusste Geist, lokalisiert im Gehirn, ist jedoch das Zielorgan jeglicher Erziehung und Pädagogik. Die Ausführungen von Damásio zur sozio-kulturellen Homöostase und die Einwände Sandels für den Fall, dass der Mainstream des ökonomischen Denkens weiterhin selbstherrlich und sozialfeindlich handelt und somit die sozio-kulturelle

Homöostase gefährdet, ist identisch mit dem, was Löpfe und Vontobel (2014) dokumentiert haben: Das Modell einer globalisierten Wirtschaft hat das wichtigste Kapital der Menschheit, die Fähigkeit, die Gesellschaft für möglichst viele Menschen lebenswert zu organisieren, bereits beschädigt.

Damásio unterscheidet eine grundlegende Homöostase, die unbewusst reguliert und im Genom als »Weltwissen« gespeichert und weitergereicht wird, von der soziokulturellen Homöostase, die durch den reflektierenden bewussten Geist erschaffen wird. Inzwischen weiß man, dass kulturelle Entwicklungen im Laufe vieler Generationen auch zu Veränderungen im Genom beitragen können, ein Prozess, der von der Epigenetik erfasst wird. Nach Jörg Blech (*1966), Medizin- und Wissenschaftsjournalist, ist es entscheidend, wie die Gene gesteuert werden. »Ob und wann dies geschieht, unterliegt dem Einfluss der Umwelt. Suchtstoffe und Umweltchemikalien, aber auch Erfahrungen, Gefühle und Beziehungen führen zu biologischen Spuren in den Nervenzellen und entscheiden maßgeblich, wie es der Seele geht.« (Blech 2010) Blech ergänzt, dass zu den abträglichen Einflüssen nicht nur Umweltgifte und Suchtstoffe, sondern auch soziale Faktoren wie andauernder Stress und Überforderung zählen. Schädigen diese Faktoren beispielsweise bestimmte Nervenzellen des präfrontalen Kortex, dann können Psychosen entstehen. Wird die Plastizität der Nervenzellen des Hippocampus – das cerebrale Zentrum der Gedächtniscodierung und der Speicherung von Kurz- und Langzeitgedächtnisinhalten und sensorischen Inhalten – gestört, kann dies zu Morbus Alzheimer führen. Die Veränderungen der epigenetischen Signatur der Nervenzellen – Veränderungen am Genom infolge von Umwelteinflüssen, Erfahrungen, Gefühlen und Beziehungen – können ein zentraler Krankheitsauslöser sein. In ihnen kann ein Nadelöhr seelischer Erkrankungen gesehen werden. Zusammenfassend ist die epigenetische Einflussnahme und Regulierung entscheidend. Damásio fragt daher: »Und worin besteht das wertvollste Geschenk des Bewusstseins an die Menschheit? Vielleicht in der Fähigkeit, auf dem Meer unserer Phantasie in die Zukunft zu reisen und das Schiff namens Selbst in einen sicheren produktiven Hafen zu lenken. Dieses größte aller Geschenke hängt wieder einmal von der Schnittstelle zwischen Selbst und Gedächtnis ab. Die durch persönliche Gefühle geprägten Erinnerungen sind es, die es den Menschen erlauben, sich sowohl das individuelle Wohlbefinden als auch das gesamte Wohlergehen einer ganzen Gesellschaft vorzustellen und die Mittel und Wege zu finden, um dieses Wohlergehen zu erreichen und zu verbessern. Die Erinnerung ist dafür verantwortlich, dass das Selbst unaufhörlich in ein flüchtiges Hier und Jetzt gestellt wird, zwischen eine intensiv durchlebte Vergangenheit und eine vorausgesehene Zukunft, wobei es ständig zwischen dem vergangenen Gestern und einem Morgen, das nichts anderes als eine Reihe von Möglichkeiten ist, hin und her gestoßen wird. Die Zukunft zieht uns vorwärts, weg von einem fernen verschwindenden Punkt und verleiht uns den Willen, die Reise in die Gegenwart fortzusetzen.« (Damásio 2010) Die Zukunft, von der Damásio spricht, gründet auf der durchlebten Vergangenheit unserer Kinder und darauf, dass diese in der Lage sein werden, sich sowohl ihr eigenes individuelles Wohlbefinden, als auch das Wohlergehen der gesamten Gesellschaft vorstellen zu können, dieses zu erreichen, verteidigen und verbessern zu können. Wir und alle nachfolgenden Generationen sind jeweils existenziell auf Kinder angewiesen. Diese Schlussfolgerung weist auf die unglaubliche Respektlosigkeit der Erwachsenen hin, vergegenwärtigt man sich die Lebensrealität vieler unter Armut, Unbildung oder Gewalt leidender Kinder.

Die evolutionsbiologische Reihenfolge zur didaktischen

Vermittlung dieser komplexen Zusammenhänge in der Schule könnte lauten: Kosmos – Sterne – Erde – Lebewesen mit Gehirnen – Menschen mit weiterentwickelten Gehirnen – Bewusstsein – Selbstbewusstsein – Wahrnehmung von Realitäten – Beimessung von Bedeutung dieser individuellen Realitäten – Lernbereitschaft – Verstehen – Vermehrung von Wissen sowie von Bildung. Die Institution Schule sollte diese Zusammenhänge und Abfolgen erklären und verdeutlichen, was voraussetzt, dass Schülerinnen und Schüler neugierig bleiben oder es wieder werden, dass sie das Verstehen selbst lernen und nicht unter Androhung von schlechten Noten oder Bestrafungen gezwungen werden, Wissensvermehrung durch Auswendiglernen und Nachplappern zu erreichen. Die aktuelle Schieflage der Schule kann nicht besser verdeutlicht werden, als mit dem Resignation anzeigenden Ausspruch einer jungen Gymnasiallehrerin:»Wir haben Wissen zu vermitteln, das ist schon mühsam genug. Für Bildung bleibt uns leider keine Zeit.« Genau deshalb ist der schulischen Vermittlung Zeit einzuräumen, um das»Verstehen« zu lehren, mit dem das Wissen erst nachhaltig vermehrt werden kann. Wissen und vor allem Fachwissen aber muss im modernen Leben ständig aktualisiert werden und es kann daher allein aus zeitlich-logistischen Gründen nicht jegliches Wissen in der Schule vermittelt werden. Bildung hingegen setzt zwar Wissen voraus, ist aber ist mehr als nur bloßes Wissen, wie es etwa die meisten zeit- und kontextlosen Wikipedia-Artikel vermitteln, die ohnehin kaum den Wissensstand der Gesellschaft, vielmehr gängige Vorurteile der Mehrheitsgesellschaft abbilden. Zur Aktualisierung von Fachwissen ist ein gebildeter Mensch einsichtig und selbstständig fähig, zumal wenn ihm adäquat im Verstehen geholfen wird. Lehrkräfte sind – Eignung und Ausbildung vorausgesetzt – zur Wissens- und Bildungsvermittlung motiviert. Sie sind in der Lage, zum Lernen anzustoßen und neue Denk- und Wissensstrukturen und Denkinhalte aufzubauen. Mit anderen Worten, sie bemühen sich, das Verstehen zu lehren. Der Erziehungswissenschaftler Andreas Gruschka erinnerte in seiner Schrift »Verstehen lernen. Ein Plädoyer für guten Unterricht« (2011), dass Lernenden das Verstehen gelehrt werden muss und dass diese nicht auswendig »pauken« und auch nicht »nachplappern« sollen. »Jedoch wird der Appell an das Lernen eher als demotivierend erfahren, als dass er Anlass geben könnte, sich nun ernsthaft anzustrengen. Denn der Appell bleibt inhaltlich unbestimmt, arbeitet lediglich mit einem unbestimmten Zwang. Mit ihm wird nicht inhaltlich auf das reagiert, was bislang daran hinderte, den Inhalt zu verstehen.« (Gruschka 2011) Pädagogen, also Lehrende, sollten wesentlich um den Zugang zur individuellen Realität und zur individuellen Bedeutungsbeimessung der Schülerinnen und Schüler bemüht sein. »Nachhaltiges und signifikantes Lernen findet statt, wenn der Lerninhalt vom Lernenden als für seine eigenen Zwecke relevant wahrgenommen wird.« (Terhart 2009) Mit anderen Worten, Schülerinnen und Schüler müssen in den Lerninhalten für sich persönlich eine Bedeutung erkennen, was umso eher der Fall sein wird, wenn entsprechendes Vorwissen verfügbar ist.

Wie kam das Bewusstsein in die biologische Welt?

Über die Frage, wie das Bewusstsein in die biologische Welt kam, diskutierten 1974 der Philosoph Karl R. Popper (1902–1994) und der Hirnforscher und Nobelpreisträger Sir John C. Eccles (1903–1997). Sie versuchten dabei, »einem der zentralen Probleme menschlichen Seins auf den Grund zu gehen: dem Zusammenspiel zwischen Leib und Seele, zwischen Materie und Geist«, so die ZEIT vom 3. Dezember 1982. Tiere unterscheiden sich von Pflanzen darin, dass sie ein Nervensystem besitzen und dass sie mit diesem höchst spezialisierten Teil ihres Organismus in der Lage sind, Informationen aufzunehmen, zu sammeln und auf diese zu reagieren. Zumindest höher entwickelten Tieren ist eine gewisse Bewusstseinsstufe zuzuschreiben. Die rasante Vergrößerung und funktionelle Weiterentwicklung des menschlichen Gehirns hingegen und damit des menschlichen Geistes korreliert mit dem Erwerb und dem Ausbau der menschlichen Sprache. Aufgrund von bewussten Erlebnissen entstanden Formen des Ich-Bewusstseins und der spezifisch menschlich-geistigen Kreativität. »Denn der Mensch hat eine neue objektive Welt geschaffen, die Welt der Erzeugnisse des menschlichen Geistes; eine Welt der Mythen, der Märchen und der wissenschaftlichen Theorien, der Dichtung, der Kunst und der Musik.« (Popper/Eccles 1989) Was die Sprache betrifft, so gab es bereits vor ca. 10.000 Jahren auf der Welt etwa 3.000 bis 6.000 Sprachen, folgt man Dieter Wunderlich (*1937), Linguist und Professor für allgemeine Sprachwissenschaften. Viele davon sind ausgestorben, einige wenige neu entstanden. Die Sprachfähigkeit selbst wiederum ist bereits seit rund 150.000 Jahren – entsprechend seit ca. 7.000 Generationen – genetisch verankert. Seitdem in der Menschheitsgeschichte in der Phase der neolithischen Revolution (vor ca. 11.500 Jahren) Fähigkeiten der Herstellung verfeinerter Werkzeuge und Kunstgegenstände eine schnelle Entwicklung fanden, integrierten sich beschleunigt gestische und vokalische Systeme (Wunderlich 2015).

Während Popper mit der Entwicklung des menschlichen Geistes vorrangig die Ausweitung wissenschaftlicher Theorien, der Dichtung, der Kunst und der Musik und somit »positive« menschliche Fähigkeiten in den Vordergrund stellt, ist es unausweichlich, dass nicht nur diese positiv-humanen Verhaltensweisen des Menschen evident wurden und werden. Das menschliche Gehirn war und ist zu maximal Gutem als auch zu maximal Bösem in der Lage. Neben wissenschaftlichem Fortschritt und Vollendungen in der Kunst existieren Machtgelüste, Unterdrückung, Diskriminierung, Versklavung, Mord und Kriegslust parallel. Menschen verfügen über eine genetisch verankerte, angeborene Neugier und über einen Erkundungsinstinkt zur Erforschung der physischen und sozialen Umgebung. Kinder und Jugendliche lernen über die in ihrem Gehirn verankerte Neugierde und Erkundungsinstinkte und vor allem durch praktisches Handeln. Das Denken wird angeregt, die Erfahrungen aber werden praktisch gesammelt und schließlich cerebral gespeichert – allesamt Aspekte, die das menschliche Bewusstsein erweitern und in die eine oder andere Richtung prägen.»In dem Maße, in dem die Beherrschung und die bewusste Auffassung der materiellen Umwelt des Kindes durch seine neu erworbene Sprachfähigkeit erweitert wird, erweitert sich auch das Bewusstsein seiner selbst. Das Ich, die Persönlichkeit bildet sich in Wechselwirkung mit dem Ich anderer sowie mit den Erzeugnissen und Dingen seiner Umwelt.« (Popper/Eccles 1989) Die komplexe Entwicklung des bewussten Geistes ist die Grundlage der Entwicklung der Kulturen. Primitive Menschen verfügten bereits frühzeitig über eine gewisse Spiritualität, die sie nicht nur an sich selbst erfuhren, sondern sie waren auch in der Lage, ihre Mitmenschen differenziert zu erkennen. Bereits Neandertaler kannten Bestattungszeremonien, denen die Erkenntnis zugrunde gelegen haben könnte:»Der Tod kommt zu jeder Kreatur, er wird zu mir kommen und ich muss ihm deshalb alle Ehre erweisen, damit das Gleiche mir erwiesen werden möge, wenn ich ebenfalls sterbe.« In der 1974 geführten Diskussion mit Popper hob Eccles u. a. hervor:»Unser wunderbares Gedächtnis hat jedem von uns in jedem Abschnitt unseres Lebens Weisheit und Verständnis verliehen. Es bezieht sich auf die unmittelbaren sensorischen Erlebnisse, doch, noch wichtiger, es wird modifiziert und weiterentwickelt durch die Gesamtheit unserer verflossenen Wahrnehmungen. Dies ist im Wesentlichen die Position einer Person von Zivilisation und Kultur.« (Popper/Eccles 1989) Alle intellektuellen, künstlerischen, kreativen und imaginativen Leistungen des selbstbewussten Geistes werden aktiv von diesem organisiert, ausgewählt und integriert. Der selbstbewusste Geist ist Ergebnis und zugleich Auslöser von Gehirnprozessen. Diese können in einem Gedächtnisprozess stabilisiert und als Erinnerung nach Bedarf abgerufen werden. »Ich glaube, dass wir dies fortwährend tun. Wenn wir an etwas denken und dabei sagen, ich muss mich daran erinnern, so wirken wir auf das Hirn, so dass die neuronalen Regelkreise gebaut werden können, die ein Wiederabrufen in einem späteren Stadium gewährleisten werden. Darüber hinaus kann man noch über eine Art assoziativer Erinnerung verfügen, die einen in die Lage versetzt, den geeigneten Wiederabruf zu bewerkstelligen.« (Popper/Eccles 1989)

Der österreichische Schriftsteller Peter Handke (*1942) untersuchte und schrieb in seinem Theaterstück »Kaspar« unter Bezugnahme auf das geheimnisvolle Findelkind Kaspar Hauser: »Kaspar zeigt nicht, wie es wirklich ist oder wirklich war mit Kaspar Hauser. Es zeigt, was möglich ist mit jemandem.« In einer Rezension des in Wiesbaden aufgeführten Theaterstückes heißt es: »Der schmerzhafte Vorgang der Sozialisation wird in dem Stück sichtbar als Prozess des Spracherwerbs durch Manipulation von außen. Sprache ist dabei nicht nur Zugang zur Welt, sie vermittelt zugleich wünschenswerte Denkmuster und Ideologien, sie bereitet vor zur Tauglichkeit in der Massengesellschaft.« (Rhein-Zeitung Koblenz vom 9. März 2016)

Die »dunkle Seite« des bewussten menschlichen Geistes beschreibt der amerikanische Soziobiologe und Evolutionsbiologe Robert Trivers (*1943) in »Betrug und Selbstbetrug. Wie wir uns selbst und andere erfolgreich belügen« (2013). Trivers' Themen sind Betrug, Selbstbetrug, Täuschung und Selbsttäuschung im Alltag, in der Familie und in der Religion. Selbsttäuschung und Krieg sind somit die Gegenpole von der dem Menschen dienenden Wissenschaft, Technik und Kunst. Mit dem Beharren ausschließlich auf dem eigenen Standpunkt, dem Nichtrespektieren des Anderen und der Verächtlichmachung von vermeintlichen oder tatsächlichen Gegnern gerät das Aushandeln von Positionen ins Hintertreffen und es werden Beurteilungsmechanismen getrübt und Aggressionen gefördert. Kämpfe werden rücksichtslos und erbittert geführt, ohne dass sich ein tatsächlicher Gewinn ergibt. Noch ausgeprägter und schlimmer zeigt sich menschliches Verhalten, wenn es sich um eine kollektive Selbsttäuschung handelt. Eine ganze Gruppe, eine ganze Bevölkerung täuscht sich in die gleiche falsche Richtung und bestärkt sich gegenseitig. Der Soziobiologe und Philosoph Eckart Voland (*1949) hatte dies als Verursachung von kriegerischen Auseinandersetzungen interpretiert. Wenn kollektives Anpassen und Unterwerfen gleichzeitig auf einen machbewussten soziopathischen Führer treffen und von diesem manipulativ zusätzlich verstärkt und ausgenutzt werden, sind die Entstehungsbedingungen für Krieg erfüllt (Voland 2007).

Im Sport als einer ritualisierten »kriegerischen Auseinandersetzung« z. B. zwischen zwei Fußballmannschaften können Fairness und Regeln wirkungsvolle Schranken sein. Derartige Regeln jedoch beachten Hooligans nicht, die sich nach »Kampf sehnend« über allfällige sportliche Regeln hinwegsetzend und egoistisch zerstörerisch in das Geschehen einbringen und sich physische Auseinandersetzungen liefern. Trivers (2013) verallgemeinert die dem zugrunde liegenden Mechanismen: »Moderne Kriege werden von mächtigen Menschen geführt, die eine übertrieben gute Meinung von sich selbst und von ihren eigenen moralischen Fähigkeiten haben, übermäßiges Selbstvertrauen besitzen, sich häufig der Illusion hingeben, sie hätten die Dinge unter Kontrolle, risikofreudig und fast immer männlich sind. Die allgemeine Voreingenommenheit, ein vornehmlich männliches Attribut, wonach man selbst anderen überlegen ist, bietet eine gute Voraussetzung für Kriege, weil zu den positiven Eigenschaften auch Stärke, Ausdauer und Kampfkraft und anderes gehört. Andere verächtlich zu machen ist insbesondere dann gefährlich, wenn es sowohl die Angriffslust anstachelt, als auch verhindert, dass wir erkennen, welche Gegenkräfte unsere Aggression beim Anderen wahrscheinlich mobilisiert. Ein wichtiger Faktor ist auch die Überschätzung der eigenen Moral, denn sie führt ganz von selbst dazu, dass man die Stärke der eigenen Position über- und die der Gegner unterschätzt.« (Trivers, 2013).

Der englische Philosoph und Therapeut John Gray (*1948) geht in seiner jüngsten Darstellung »Raubtier Mensch. Die Illusion des Fortschritts« (2015) davon aus, dass sich der Humanismus als Ersatzreligion der Moderne verabschiedet hat. Gray versteht den Menschen nicht als Homo sapiens, sondern vielmehr als Homo rapiens. Auch sei – nach Gray – die Wissenschaft über Jahrhunderte dazu benutzt worden, die Illusion zu stützen, dass Menschen sich in ihrer Fähigkeit, die Welt zu begreifen, von allen anderen Tieren unterscheiden. »In Wirklichkeit besteht die wesentliche Bedeutung der Wissenschaft vielleicht darin, uns klar zu machen, dass die uns einprogrammierte Form der Weltwahrnehmung ein Hirngespinst ist« (Gray 2015). Der Kriminalpsychologe Thomas Müller (*1964) beschreibt in »Bestie Mensch« (2004): »Mit den Mitteln der Normalität als Tarnung, mit hemmungslosen Lügen und differenzierten Strategien agieren Menschen mit individuellen Untaten, welche sich von den Schrecknissen z. B. im Zweiten Weltkrieg nicht unterscheiden.«

Nach Gray und Müller kann die Spezies Mensch auch als ein Haufen von Zweibeinern interpretiert werden, die zwar im Äußeren verschieden, aber im Verhalten gleich sind: sowohl unberechenbar und grausam, als auch liebevoll und aufopferungsvoll und daher zu allen Verbrechen, aber auch zu hoher Kunst und Wissenschaft fähig. Das »Raubtier Mensch« (John Gray) steht dem Menschen als Künstler und Wissenschaftler gegenüber. Mit anderen Worten: Den Betrügern und Verführern stehen ehrliche, intelligente und verantwortungsvolle Menschen gegenüber. Die Gebrüder Grimm haben in Kenntnis aller menschlichen Hinterlist, Heimtücke und Dummheit in ihrem Märchen »Schneeweißchen und Rosenrot« beschrieben, wie Freundschaft und Mut Trost und Zuversicht spenden und stärker sein können, als Bosheit und Gier.

Steven Arthur Pinker (*1954), Professor für Evolutionspsychologie an der Harvard University, versucht in seiner Darstellung »Gewalt. Eine neue Geschichte der Menschheit« (2011) einen Überblick menschlicher Gewalt von der Urzeit bis heute und entwirft dabei dennoch eine positive Zukunftssicht. Er bestätigt zwar, dass Gewalt keinen Lebensbereich unberührt lässt und das Alltagsleben prägt, wenn ständig Tod, Vergewaltigung oder Entführung drohen. »Kunst, Gelehrsamkeit oder Handel können kaum einen hohen Entwicklungsstand erreichen, wenn die Institutionen, die sie unterstützen, ebenso schnell geplündert oder niedergebrannt werden, wie man sie aufbaut.« (Pinker 2011) Mit dem Hinweis, dass die Großstädte der Welt bisher noch nicht pulverisiert und die Atmosphäre noch nicht radioaktiv vergiftet worden ist, stellt er als Positivum fest, dass das wiedervereinigte Deutschland sich nicht zu einem Vierten Reich entwickelt hat und dass ein Dritter Weltkrieg bisher ausgeblieben ist. Das Schicksal der Welt habe sich nach Pinker im Vergleich zur der Zeit vor einigen Jahrzehnten verbessert und die Gewalt in der Welt insgesamt verringert. Pinker verweist auf fünf Entwicklungen, die die Welt in Richtung von mehr Frieden gedrängt haben und die darauf schließen lassen, dass den Menschen eine friedliche Zukunft bevorstehe (Pinker 2011):

1. *Der Leviathan* – der Souverän, der über Land, Städte und deren Bewohner herrscht – nach Thomas Hobbes (1651) eine Anlehnung an das biblisch-mythologische Seeungeheuer Leviathan, vor dessen Allmacht jeglicher menschliche Widerstand weichen muss. Nach dem Politikverständnis Hobbes ein Staat, der seinen Untertanen jegliche Unversehrtheit garantiert. Der Leviathan – im Beispiel Pinkers – ist ein Staat, der seine Bürger mithilfe des Gewaltmonopols voreinander schützt. Wenn eine Regierung aggressives Verhalten derart sanktioniert, dass daraus kein Vorteil gezogen werden kann – beispielsweise mit einer Strafe, die dreimal so hoch ist wie der vermeintliche Vorteil einer Aggression gegenüber friedlichem Verhalten – verkehrt sich der Reiz für den potenziellen Aggressor ins Gegenteil und Friedfertigkeit wird attraktiver als Aggression und somit ist auch das Thema Frieden oder Krieg davon berührt. Der Leviathan – oder dessen leibliches Gegenstück Justitia, die Göttin der Gerechtigkeit – wacht über die Prozesse der Zivilisation.

2. *Sanfter Handel* – der sanfte Handel beseitigt Anreize für potentielle Gegner, überhaupt anzugreifen, weil sie von einem friedlichen Austausch profitieren. Pinker nimmt Bezug auf die Theorie des deutsch-britischen Soziologen und Philosophen Norbert Elias (1897–1990), der im Leviathan und im sanften Handel die beiden Triebkräfte des europäischen Zivilisationsprozesses erkannt hatte.

3. *Verweiblichung* – Pinker nimmt Bezug auf den Japaner Tsutomu Yamaguchi (1916–2010), der als einziger der ganz wenigen Menschen die beiden Atombombenexplosionen in Hiroshima und in Nagasaki er- und überlebte.

Seine Antwort auf die Frage, wie Frieden im Atomzeitalter möglich sei, lautete: »Die einzigen Menschen, denen man gestatteten sollte, Staaten mit Atomwaffen zu regieren, sind Mütter – Frauen, die ihre Babys noch stillen.«

4. *Der sich erweiternde Kreis* – Das Leben in einer kosmopolitischeren Gesellschaft mit Kontakten zu vielen Menschen und deren heterogenen Auffassungen bietet die Möglichkeit, die eigenen emotionalen Reaktionen auf unterschiedliche Lebensweisen und Lebensentwürfe zu verändern. Die vollständige Verschmelzung der Interessen aller lebenden Menschen ist selbstverständlich rein hypothetisch. Aber allein die Wertschätzung für die Interessen anderer in Verbindung mit empfindsamen Gedanken an deren Leid kann angemessene Schuldgefühle auf den Weg bringen und das Aggressionspotenzial gegenüber Mitgeschöpfen herabmindern: »Alphabetisierung, Urbanisierung, Mobilität und der Zugang zu den Massenmedien setzten sich nach deren Aufstieg im 19. und 20. Jahrhundert fort, und seit der zweiten Hälfte des 20. Jahrhunderts entwickelte sich ein globales Dorf, in dem die Menschen sich anderer, die nicht waren wie sie, noch stärker bewusst wurden. Wie die Gelehrtenrepublik und die Revolution des Lesens, die im 18. Jahrhundert die humanitäre Revolution anfachten, so dürften das globale Dorf und die Revolution der elektronischen Medien im 20. Jahrhundert zum Langen Frieden, zum Neuen Frieden und zu den Revolutionen der Rechte beigetragen haben.« (Pinker 2011)

5. *Die Rolltreppe der Vernunft* – Empathie und Zuneigung zu Menschen, die wie wir sind und uns nahestehen, haben nur eine begrenzte Reichweite. Deshalb muss der Schub der Vernunft hinzukommen, damit in Handlungsweisen und Normen ein Wandel einsetzt, durch den sich die Gewalt tatsächlich vermindert. »Dieser Wandel umfasst nicht nur das juristische Verbot von Gewalttaten, son-

dern auch eine Gestaltung der Institutionen, durch die sich die Versuchung, Gewalt auszuüben, verringert. Zu diesen ausgetüftelten Einrichtungen gehören demokratische Regierungen, die Kant'schen Schutzmaßnahmen gegen Krieg, Versöhnungsbewegungen in den Entwicklungsländern, gewaltlose Widerstandsbewegungen, internationale Friedensmissionen, die Reformen der 1990er Jahre zur Verbrechensvorbeugung und zur Wiederzivilisierung, aber auch Eindämmungsstrategien, Sanktionen und wachsames Engagement, die den Staatenlenkern heute mehr Möglichkeiten an die Hand geben als nur das Feiglingsspiel, das zum Ersten Weltkrieg führte oder die Besänftigungspolitik, die dem Zweiten Weltkrieg vorausging [...]. Eine weiter gefasste, allerdings auch mit vielen Rückschlägen, Umkehrungen und Verweigerungshaltungen verbundene Auswirkung der Vernunft-Rolltreppe ist eine Bewegung, die von Stammesdenken, Autoritätshörigkeit und der Reinheit moralischer Systeme in Richtung Humanismus, klassischem Liberalismus, Selbstbestimmung und Menschenrechten führt. Ein humanistisches Wertesystem, das dem Gedeihen der Menschen die Stellung des höchsten Gutes einräumt, ist ein Produkt der Vernunft, weil es sich rechtfertigen lässt.« (Pinker 2011)

Könnte die Idee eines humanistischen Wertesystems, das dem Menschen die Erkenntnis des höchsten Gutes, nämlich des geschenkten Lebens bereitstellt, nicht erweitert werden durch die generelle Tabuisierung des Tötens? Oder anders ausgedrückt, durch den Schutz des Lebens jedweder Art? So würde mit einem Verbot des Schredderns von Tausenden von Küken in der Geflügelwirtschaft klar werden, dass nicht »selbst das Töten von Küken«, sondern »gerade das Töten von Küken« aus den niederen Gründen des Profits eine mit Tabu behaftete menschliche Handlungsweise ist –

Küken stehen hier symbolhaft für ein dem Menschen absolut schutz- und hilflos ausgeliefertes Leben. Der bewusste Geist im Körper der Kinder ist noch unschuldig. Soziale Erfahrungen und sehr frühe soziale Erfahrungen von Kindern sind eine strukturierende Kraft. Das kindliche Gehirn ist formbarer – und deshalb auch verformbarer –, als dies selbst die Hirnforschung noch bis vor wenigen Jahren geglaubt hat. Der Neurobiologe Gerald Hüther (*1951), bis vor Kurzem an der Universität Göttingen tätig und heute im Vorstand der Akademie für Potentialentfaltung aktiv, hatte in »Mit Freude lernen« (2016) festgehalten: »Es ist Hirnforschern und Entwicklungspsychologen gelungen nachzuweisen, welch nachhaltigen Einfluss frühe Bindungserfahrungen darauf haben, wie und wofür ein Kind sein Gehirn benutzt, und welche Verschaltungen zwischen den Milliarden Nervenzellen deshalb besonders gut gebahnt und stabilisiert und welche nur unzureichend entwickelt und ausgeformt werden. Diese Erkenntnis beginnt sich jetzt erst allmählich unter den die Erziehung und Sozialisation der nachwachsenden Generationen lenkenden Erwachsenen auszubreiten.« Hüther führt fort, dass frühkindliche Bindungen nur der erste Schritt eines langen und komplizierten Sozialisationsprozesses sind. Jedes Kind lernt, sein Gehirn zu benutzen oder besser, jedes Gehirn »erwartet« geradezu von seinem Träger, dass es in Anspruch genommen wird, um Fähigkeiten und Fertigkeiten zu entwickeln und auf bestimmte Dinge stärker zu achten als auf andere bzw. bestimmte Gefühle eher zuzulassen als andere, so dass sich dessen Träger in der Gemeinschaft, in die er hineinwächst, zurechtfindet. »Deshalb suchen und brauchen bereits Neugeborene die lebendige Interaktion mit anderen Menschen. Die bereits intrauterin entstandenen neuronalen Verknüpfungen bilden nur ein vorläufiges Muster für einen kontext- und nutzungsabhängig noch herauszuformenden späteren

Zustand.« Hüter bekräftigt weiterhin, dass zukunftsorientierte Handlungskonzepte und innere Orientierungen sich im Frontalhirn entwickeln. Ohne Frontalhirn kann man nichts planen, sich nicht in andere Menschen hineinversetzen und deren Gefühle teilen und auch kein Verantwortungsgefühl empfinden. Das Frontalhirn ist diejenige Gehirnregion, die in besonderer Weise die Prozesse strukturiert, die wir Erziehung und Sozialisation nennen. Diese Erkenntnis gilt nicht nur für die ersten drei Lebensjahre, sondern funktioniert so lange, wie ein Mensch Neues wahrzunehmen und sich auf neue Wahrnehmungen einzulassen imstande ist.

Kinder benötigen Nähe, Schutz, Zuwendung, Liebe und Förderung von Bezugspersonen. Bereits vor der Geburt schadet einem Kind ein wie auch immer verursachter Stress der Mutter. Dieser überträgt sich hormonell störend auf das in Entwicklung befindliche Hirn des Embryos. Nach der Geburt und vor allem in den ersten sechs Wochen dürfen die für die Entwicklung notwendigen Angebote in Form körperlicher Nähe, liebevoller körperlicher Berührungen, liebevoller Sprache und Blicke nicht ausbleiben. Andernfalls verkümmern im Gehirn des Kleinkindes angelegte neuronale Verknüpfungen, die auf Stimuli, d. h. Anregungen durch Außenreize, etwa durch liebevolle Bezugspersonen, aber auch auf Geräusche, Farben sowie optische, akustische und auf Liebe und Sicherheit signalisierende Berührungen stabile synaptische Verbindungen bewirken. Das Gegenteil einer entwicklungsfördernden Nestwärme von Babys und Kleinkindern ist deren mangelhafte Umsorgung und emotionale Vernachlässigung. Der Begriff Hospitalismus beschreibt ebenfalls eine solche fehlende Nestwärme und ist aus Säuglingsstationen, Heimen und Gefängnissen bekannt. Je intensiver und länger derartige Deprivationserfahrungen bei Babys und Kleinkindern andauern, umso schwieriger gelingt es ihnen, eine kommunikationsfähige

Sprache zu entwickeln und soziale Kontakte auszubauen. Die Folgen können psychosomatische Störungen sein, aber auch selbstverletzendes Verhalten, Leistungsversagen oder kognitive Defizite, wie sie bei einer langfristigen oder nicht mehr therapiefähigen lebenslangen schweren Persönlichkeitsstörung auftreten. Die frühen Lebensmonate, die ersten drei Lebensjahre und auch die Phase bis zur Pubertät gelten als besonders vulnerabel. Traumatisierende Einwirkungen auf frühkindliche Gehirne sind geeignet, das Leben der Kinder zu zerstören. So können körperliche Misshandlungen, z. B. Schütteln von Babys, aber auch anderweitige körperliche Schmerzen und Schäden verursachende Gewalttaten und ebenso anhaltende emotionale Vernachlässigungen traumatisierend wirken. In besonders spezialisierten Gewaltschutzambulanzen einiger deutscher Kliniken können die Ursachen und Schweregrade kinderschädigenden Verhaltens präzise analysiert und dokumentiert werden. Leider besteht in der Bundesrepublik für derartiges Verhalten noch keine gesetzliche Meldepflicht. Bemerkenswert ist auch, dass erwachsene Täter, die das Leben von Kindern hochgradig schädigen oder gar Kinder töten, von der Rechtsprechung nicht immer eine angemessene, künftige Täter abschreckende Bestrafung erhalten.

Der deutsche Autor, Arzt, Psychiater und Neurologe, Umweltschützer und Pazifist Hoimar von Ditfurth (1921–1981) hingegen beantwortet die Frage, wie das Bewusstsein in die biologische Welt kam, mit:»Der Geist war schon immer da.« (Ditfurth 1976) Von Ditfurth betonte, dass Evolution ein universaler Begriff ist, der die gesamte Wirklichkeit von Welt, Leben und Mensch, der Kosmogenese, der Biogenese und der Anthropogenese umfasst. Der Linguist Dieter Wunderlich analysiert einprägsam von Ditfurths Buch:»Der Geist fiel nicht vom Himmel. Die Evolution unseres Bewusstseins.« (1976) Von Ditfurth warne eindrücklich vor dem Trugschluss, unser Geist sei etwas

Besonderes. Unser Gehirn sei dazu da, die Welt möglichst objektiv abzubilden. Menschen müssten diese realisieren, um ihr Überleben auf dieser Welt zu ermöglichen. »Für uns ist die Welt primär noch immer nicht Objekt der Erkenntnis, sondern der Ort, an dem wir überleben müssen.« (von Ditfurth 1976) Was uns heute noch so leibhaftig vor Augen liegt, ist sicher nicht »die Welt«. Es ist nur ihr Abbild. Unsere begrenzte Wahrnehmung versagt in den Bereichen, die für das Überleben (noch) unwichtig sind. Dies betrifft beispielsweise Parameter der Relativitätstheorie, wie sie im Universum Bedeutung haben, oder subatomare Parameter im Bereich der Quantentheorie. Unser Großhirn ist nur eine vorläufige Übergangsstufe und nicht ein Endpunkt in der bisherigen Geschichte der Entwicklung auf diesem Planeten. Der menschliche Intellekt als Ergebnis der Evolution und als Hilfe, unser Überleben zu sichern, steht erst am Anfang des philosophischen Erkenntnisgewinns über den erweiterten Raum unseres Daseins. Rilke hatte die Bildung resp. Kunst als ein Fenster zur Erkenntnis der erweiterten Welt unseres Daseins definiert. Bewusstsein und Geist gründen unbestreitbar evolutiv und von Ditfurth erklärt die Evolution aus der Entwicklung von Neuem auf Altem. Der Geist war schon immer vorhanden, genau wie die Elementarteilchen und die Naturkonstanten und die Naturgesetze. So wie der feste Boden unter uns die Ausbildung und Entwicklung unserer Gehwerkzeuge (Beine und Füße) nach sich zog, so folgte und folgt dem bereits schon immer vorhandenen Geist die Entwicklung unseres Bewusstseins und unseres Geistes. Die Aufklärung (1650–1800) erhob den Menschen zum Homo sapiens. Von Ditfurth sieht uns hingegen als Wesen des Überganges. In einem Beitrag im SPIEGEL zu von Ditfurths Schrift: »Wir sind nicht nur von dieser Welt« schrieb der Schweizer Theologe und Kirchenkritiker Hans Küng (*1928): Wir haben »das Tier-Mensch-Übergangsstadium noch nicht hinter uns und das Stadium des Homo sapiens in Wirklichkeit noch vor uns.«(Küng 1981) Demnach müssen wir vorerst den von Gray formulierten Homo rapiens akzeptieren und somit ist vielleicht auch alles Konflikthafte in unserem Zusammenleben zu erklären. Eine solche Schlussfolgerung sollte jedoch nicht entmutigen, vielmehr jedoch zur Besonnenheit und dem unbedingten Willen zur Bildung aller Menschen zu Demut und Geduld wachrufen.

Moderne Hirnforschung

In der von 2004 bis 2016 laufenden TV-Staffel »Geist & Gehirn« auf BR-Alpha vermittelte der Psychologe, Psychiater und Neurobiologe Manfred Spitzer (*1958) eindringlich, dass ein jegliches menschliches Verhalten auf Basis des Gehirns gründet. Geist und Bewusstsein sind Ergebnis biologischer Prozesse des Gehirns. Geist kann ohne das Gehirn nicht existieren. Geist und Bewusstsein haben sich in der Evolution des Nervensystems allmählich herausgebildet. Das Gehirn ist das übergeordnete Steuerzentrum. In einem Netzwerk kommunizieren ca. 100 Milliarden Nervenzellen (Neuronen) mittels ca. 100 Billionen Nervenfasern miteinander. Die neuronale Informationsübertragung findet in speziellen Schaltorganen (Synapsen) statt. Anatomisch ist das Gehirn in vier Bereiche unterteilt. Das Großhirn, das Zwischenhirn, das Kleinhirn und das Stammhirn.

Zur funktionellen Anatomie des menschlichen Gehirns führt der Biologe und Hirnforscher Gerhard Roth (*1942), Professor für Verhaltensphysiologie und Hirnforschung und Direktor des Zentrums für Kognitionswissenschaften der Universität Bremen, Folgendes aus: Eine *unterste Ebene* sichert die biologische Existenz (Stoffwechsel, Herz-Kreislauf, Temperatur, Verdauung, Hormonsystem, Flüssigkeitsbilanzierung, Wachen und Schlafen und ebenso Dominanz-

und Paarungsverhalten, Flucht und Erstarren, Aggression, Wut etc.). In einer *zweiten Ebene* sind die für ein gelingendes Urvertrauen und die Persönlichkeit bildenden frühkindlichen Bindungserfahrungen repräsentiert. Die *dritte Ebene* umfasst die Großhirnrinde einschließlich Zentren für die Aufmerksamkeitssteuerung, Risikoabschätzung, für das bewusste Gefühlsleben und die Vermittlung der bewussten »Ich-Existenz«. Diese Ebene repräsentiert auch einen entscheidenden Einflussort für Erziehung, Sozialisierung und Bildung. In der *vierten Ebene* des Großhirns, dem Stirnhirn (präfrontaler Kortex) sind das Arbeitsgedächtnis, die Kognition, der Verstand und die Intelligenz, das Zentrum für das Wortverständnis und für die Wortbedeutung repräsentiert.

Das Gehirn besteht aus einer linken und aus einer rechten Hemisphäre, die durch einen Komplex von Neuronenbahnen – genannt Brücke oder lateinisch Pons – miteinander verbunden sind. Die linke Hemisphäre repräsentiert vorwiegend das logische, symbolische Denken. Die rechte Hemisphäre repräsentiert Phantasie und Intuition, Emotionalität, Farbempfindung, Kreativität, Musik und Visualisierung. »Die Grundauffassung der modernen Hirnforschung lautet, dass alles, was wir sind und tun, untrennbar mit den Strukturen und Funktionen unseres Gehirns zu tun hat, und das gilt natürlich auch für die Persönlichkeit und die aus ihr sich ergebene Entscheidungs- und Handlungsstruktur eines Menschen, und damit auch für die Verankerung seiner Persönlichkeit im Gehirn.« (G. Roth 2007)

Ein Vergleich der hochkomplexen Hirnfunktionen und der nicht naturgesetzlich nachweisbaren Kausalität der Wirkung des Geistes (mentale Verursachung) mit der Quantenphysik ist möglich. Während sich die Neurobiologie bzw. menschliche Biologie mit Phänomenen auf makroskopischer Ebene befasst und sich damit stark der Mittel der klassischen Physik bedient, sind die psychischen Prozesse der Wahrnehmung und der Kognition, des Denkens, Vorstellens, Erinnerns, des Fühlens und Wollens eher vergleichbar oder nachempfindbar mit den noch nicht konkret beschreibbaren Phänomenen der Quantenphysik im subatomaren Raum. In diesem Raum zwischen Atomkern und Atomhülle befinden sich Energien und Informationen. Nur scheinbar handelt es sich um ein subatomares Vakuum.

»Aus Sicht der Naturwissenschaften und der Neurobiologie ist die Suche nach dem ›Sitz der Seele‹ zu einem Abschluss gekommen«, so die Autoren Nicole Strüber und Gerhard Roth. Es ist inzwischen unzweifelhaft, »dass psychische Prozesse genauso wie Prozesse der Wahrnehmung, der Kognition und der Motorik aufs Engste mit der Aktivität von Nervenzellen in unterschiedlichen Regionen des Gehirns verbunden sind. Es gibt allerdings keinen eng umgrenzten Ort, an dem das Seelisch-Physische lokalisiert ist. Vielmehr beruhen unterschiedliche Aspekte des Psychischen wie Furcht und Angst, Freude, Aggression, Mitleid oder Impulshemmung auf dem Zusammenwirken vieler Komponenten des ›limbischen‹ Systems.« Das limbische System ist eine im Inneren des Großhirns gelegene phylogenetisch alte Substruktur u. a. mit der Amygdala zur Bewertung von Gefühlen wie Angst und Wut und dem Hypothalamus als Verbindung zwischen Nerven- und Hormonsystem und »oftmals sind dieselben Komponenten, wenngleich in unterschiedlicher Weise, an ganz verschiedenen Aspekten beteiligt.« (Roth/Strüber 2014)

Manfred Spitzer hat in seiner Darstellung »Lernen. Gehirnforschung und Schule des Lebens« (2002) ausführlich auf die neurobiologischen Grundlagen des Lernens im Rahmen unseres Bildungssystems hingewiesen: »Aber genau so wie Musik durch die Physik schwingender Körper und die Physiologie des Hörens weitgehend bestimmt ist, so ist auch das Lernen durch die Welt, in der gelernt wird und das Organ des Lernens weitgehend bestimmt.« Der aktuelle Stand der Hirnforschung reicht nach Spitzer bereits aus, »eine Reihe praktischer Schlussfolgerungen für Schule, Universität und Gesellschaft [zu] ziehen.« (Spitzer 2005) Mit seinen Veröffentlichungen »Vorsicht Bildschirm!« (2006) und »Digitale Demenz« (2012) versucht Spitzer weiterhin zu belegen, wie elektronische Medien die Gehirnentwicklung und damit die allgemeine Gesundheit und die Gesellschaft (ver-)formen und wie wir uns und unsere Kinder damit um den Verstand bringen. Mit dieser neurowissenschaftlichen Erkenntnis kontrastiert die nur schwer nachvollziehbare Propaganda aus Politik einschließlich Bildungspolitik für den vermehrten Einsatz elektronischer Medien vor allem in Schulen mit dem Hinweis, dass nur dadurch die Schulen konkurrenzfähig würden und blieben. Somit ist es dann auch kein Wunder, wenn die Hersteller und Verkäufer elektronischer Medien die Schulleitungen und Lehrkräfte mit pädagogisch nicht nur unsinnigen, sondern sogar schädlichen elektronischen Gerätschaften bestürmen. Elektronische Medien stören die Gehirnentwicklung und schaden der Gesundheit, indem sie unsere Kinder um den Verstand bringen!

Der Neurobiologe Gerald Hüther fasst die Ursachen der Verhinderung komplexer Verschaltungen im kindlichen Gehirn zusammen (Hüther 2013), die nicht gelingen können:

»– wenn Kinder in einer Welt aufwachsen, in der die Aneignung von Wissen und Bildung keinen Wert besitzt (Spaßgesellschaft);
– wenn Kinder keine Gelegenheit bekommen, sich aktiv an der Gestaltung der Welt zu beteiligen (passiver Konsum von Lernstoffen und Medienangeboten);
– wenn Kinder keine Freiräume mehr finden, um ihre eigene Kreativität spielerisch zu entdecken (Funktionalisierung);
– wenn Kinder mit Reizen überflutet, verunsichert und verängstigt werden (Überlastung);

- wenn Kinder daran gehindert werden, eigene Erfahrungen bei der Bewältigung von Schwierigkeiten und Problemen zu machen (Verwöhnung).
- wenn Kinder keine Anregungen erfahren und mit ihren spezifischen Bedürfnissen und Wünschen nicht wahrgenommen werden (Vernachlässigung).«

In »Biologie der Angst« (1997) führt Hüther aus: »Unser Gehirn kann nicht nur äußerst subtile Veränderungen des sozialen Beziehungsgeflechtes, in dem wir leben, wahrnehmen. Besonders einschneidende Erlebnisse mit anderen Menschen werden über lange Zeit gespeichert, deshalb kann auch die Erinnerung an eine erlebte Erniedrigung, an ein schweres Versagen, an eine Vergewaltigung unseres Willens zu einer fortgesetzten oder bei geringfügigen Anlässen immer wieder aufflammenden, unkontrollierbaren Belastung werden [...]. Schließlich hat nur der Mensch so viel Phantasie, dass er sich Ereignisse lediglich vorzustellen braucht, um eine schwere Stressreaktion auszulösen. Schweißgebadet wacht er auf und ist froh, dass alles nur ein Albtraum war oder er merkt, dass er den Fernseher ausschalten oder den Krimi weglegen kann.« (Hüther 1997)

In seiner Darstellung »Etwas mehr Hirn, bitte« (2015a) formuliert Hüther weiterhin: »Nicht wie unser Leben, sondern wie unser Zusammenleben künftig aussehen könnte« ist zu hinterfragen. Nach Hüther haben wir angesichts der vielen Probleme, die uns tagtäglich zu schaffen machen, noch gar nicht so recht darüber nachgedacht, wie wir in Zukunft zusammenleben wollen, »weder zu Hause noch in der Schule, noch mit unseren Nachbarn oder unseren Arbeitskollegen.« (Hüther 2015a) Eine Ursache, warum so viele Menschen in ungünstigen Beziehungen zusammenleben und -arbeiten, findet sich in der Arbeitsweise unseres Gehirns. Zwar haben wir zeitlebens ein lernfähiges Gehirn, aber um damit etwas lernen zu können, müssen wir mit den

Phänomenen, die wir wahrnehmen, mit dem, was uns interessiert und worüber wir etwas erfahren wollen, in Beziehung treten. Handelt es sich dabei um etwas Nichtlebendiges, d. h. um etwas, was nicht in der Lage ist, auch mit uns in Beziehung zu treten, so gehen wir mit diesem Gegenüber wie mit einem Objekt um. Problematisch wird es jedoch, wenn zu lebendigen Wesen und zu anderen Menschen Objektbeziehungen hergestellt werden. »Kleine Kinder treten zu Beginn ihres Lebens nur mit sehr lebendigen Wesen in Beziehung, z. B. mit Mama und Papa, dann auch noch mit anderen Familienmitgliedern, vielleicht auch mit einem Hund, einer Katze oder einem Kanarienvogel.« Es handelt sich hierbei um Bezugspersonen, mit denen Kinder ihre ersten Lernerfahrungen in einer Beziehung machen, eine Beziehung, die »noch ganz anders ist als die, die sie später mit allen unbelebten Objekten eingehen.« Diese frühe Beziehung im Sinne von Subjekt-Subjekt-Beziehung ist eine »lebendige, sich selbst verstärkende und immer wechselseitiger werdende Beziehung«, die jedes Kind braucht. »Mit dieser Ausgangserfahrung von Selbstwirksamkeit stärkenden und Verbundenheit festigenden Ich-Du-Beziehungen [mit anderen Worten, mit einem ungestörten Urvertrauen] wachsen Kinder in eine soziale Welt hinein.« Allerdings machen sie über kurz oder lang die Erfahrung, dass sie »von anderen Personen und bisweilen von der eigenen Mutter nicht mehr als Subjekt gesehen und angesprochen, sondern fehlerhaft, wenn nicht gar diskriminierend als Objekt behandelt und betrachtet werden. Dies kann spätestens dann der Fall sein, wenn ein Kind zum Objekt missverstandener elterlicher Erziehungs- und Bildungsmaßnahmen gemacht wird. [...] Diese Erfahrung passt nicht zu den Erwartungen, die das betreffende Kind aufgrund seiner bisherigen Erfahrungen entwickelt hat. Es fühlt sich nicht mehr gesehen, erlebt sich als ohnmächtig, sein bisher entstandenes Gefühl von Verbundenheit wird verletzt und in seinem Gehirn entsteht eine sich aufschaukelnde Inkohärenz, es geht ihm nicht gut. Sein Bindungssystem wird aktiviert, sein Explorationssystem unterdrückt. Es hat ein Problem und das muss es auf irgendeine Weise lösen. Vielleicht beginnt das Kind zu weinen, vielleicht versucht es sich gegen diese Art der Behandlung zu wehren. Wenn das hilft, ist alles wieder gut. Aber wenn es mit all seinen Bemühungen scheitert und es immer wieder erleben muss, dass es als Objekt behandelt oder gar abgelehnt wird, kann ein solches Kind dieses Problem nur noch lösen, indem es seine eigenen Erwartungen gegenüber den Personen verändert, die es als Objekt behandeln – oder gegenüber sich selbst.« (Hüther 2015a). Eine kindliche Lösung – so Hüther – könnte dann heißen:»Ich bin nicht richtig, nicht gut genug.« Dies wäre fatal, weil das betreffende Kind sich auf diese Weise selbst zum Objekt seiner eigenen Bewertung herabstuft. Eine andere Lösung könnte dann heißen:»Mama oder Papa oder die Erzieherin ist doof, ist eine Angeberin, ein Trottel, ein Spinner.« Damit würde das Kind selbst zum Objekt von Behandlungen und Bewertungen gemacht und reagiert nun einfach damit, diese anderen zum Objekt seiner eigenen Bewertungen und später auch seiner Maßnahmen zu machen.»Nun tut es ihm nicht mehr so weh, wenn ihm gesagt wird, was es zu tun und zu lassen hat. Es hat sein Problem gelöst, es hat gelernt, mit anderen Personen eine Objektbeziehung aufzubauen.« (Hüther 2015a) Fortan wird es dasselbe machen, was auch wir alle auf die eine oder andere Weise gelernt haben:»Andere Menschen, andere Lebewesen als Objekte zu behandeln, ganz so, als wären sie keine lebendigen Wesen mit eigenen Intentionen und eigenen Erwartungen und Bedürfnissen, sondern Gegenstände, die man umherschieben, über die man bestimmen, die man untersuchen und behandeln, ggf. auch zerlegen kann.« (Hüther 2015a) Damit, so Hüther, hat das Kind die Fähigkeit erworben,

»sich selbst oder andere als Objekte zu betrachten und zu behandeln, [...] es ist in unserer von Objektbeziehungen beherrschten Welt angekommen. [...] Aber mit sich selbst zufrieden und mit den anderen in einer verlässlichen und tragfähigen Beziehung ist es so auch nicht.«

Hüther konstatiert weiter, dass es geeignete Modelle, die uns als Orientierung dabei dienen könnten, unser Leben überwiegend in Objektbeziehungen zu verbringen, in der gesamten Menschheitsgeschichte nicht gibt. »Niemand kann das in ihm angelegte Potenzial, kann seine Talente und Begabungen entfalten, wenn er sich als Objekt behandelt und nicht als Subjekt gesehen, respektiert und wertgeschätzt fühlt, wenn sie oder er, als Kind, als Jugendlicher oder als Erwachsener zum Objekt von Erziehungs-, Bildungs-, Arbeits- oder sonstiger Maßnahmen gemacht wird.« (Hüther 2015a) Auf die Schule bezogen meint Hüther, dass sich wechselseitige Objektbeziehungen zwischen Lehrkräften und Schülern verfestigen, die einen unterrichten, die anderen werden unterrichtet, beide Parteien glauben, es ginge nicht anders. Nun trifft Hüther die entscheidende Feststellung, dass es, solange es Schulen gibt, auch Lehrkräfte gab und gibt, die es anders halten. Gemeint sind damit Lehrende, die ihre Schülerinnen und Schüler nicht einfach unterrichten, sondern deren Interesse zu wecken versuchen, sich das betreffende Wissen selbst anzueignen. Die ihre Lernenden dazu einladen, ermutigen und inspirieren. Die sie nicht wie Fässer mit Lernstoff abfüllen, sondern die Leidenschaft am Lernen wie Fackeln entfachen wollen. Die sich selbst wie auch ihre Schülerinnen und Schüler als Suchende und Lernende verstehen und die ihnen auf Augenhöhe – von Subjekt zu Subjekt – begegnen. Diese Lehrkräfte gab es zu allen Zeiten und sie gibt es noch heute. Wenn Hüther positiv erwähnt, dass es solche Lehrende gab und gibt, dann meint dies nichts anderes, was auch Josef Kraus fordert, »dass der Lehrer hohe Anforderungen stellt, die Schüler auch individuell intensiv berät und unterstützt, einen klaren und verständlichen Unterricht abhält und wenig Zeit in nicht-fachliche Aktivitäten investiert, Geduld bei Langsamkeit von Schülern hat und die Klasse effizient führt.« Bezugnehmend auf den Hirnforscher Gerhard Roth, der den Frontalunterricht einer kompetenten, einfühlsamen und begeisternden Lehrkraft für allemal wirksamer als eine wenig strukturierte Gruppenarbeit und ein nicht überwachtes Einzellernen hält, bestätigt Kraus, dass Kinder begeistert mitziehen, wenn Lehrerinnen oder Lehrer von einer Sache spannend und mitreißend zu erzählen wissen. Hüther und Kraus begrüßen gemeinsam diejenigen Lehrenden, die es verstehen, das Interesse ihrer Schülerinnen und Schüler mit Spannung zu wecken, diese zu ermutigen und zu inspirieren und in der Lage sind, die Leidenschaft am Lernen zu entfachen.

Vergleichbar kann es sich auch im Arbeitsleben und in der Wirtschaft im gegenseitigen Umgang unterstützend und motivierend verhalten. »Supportive Leadership« wird diejenige Art von Führungskunst genannt, bei der sich die Führungskräfte nicht als Macher, sondern als Ermöglicher betrachten (Hüther 2015a). Mitarbeiterinnen und Mitarbeiter werden hier eingeladen, ermutigt und inspiriert, sich dafür einzusetzen, was alle zusammen erreichen wollen. »Wer als Objekt behandelt wird, fühlt sich nicht gesehen. Er muss sich in das fügen, was mit ihm gemacht wird, erlebt sich womöglich sogar als Opfer der an ihm vorgenommenen Untersuchungen und Behandlungen. Einer solchen Person geht es nicht gut, sie fühlt sich hilflos und allein gelassen. Was sie erlebt, passt nicht zu ihren Erwartungen und Bedürfnissen und erzeugt in ihrem Gehirn eine sich ausbreitende unspezifische Erregung, also Inkohärenz. Wenn dieses Durcheinander stark genug wird, erreicht es auch die tiefer liegenden Bereiche, die für die Regulation der im Körper ablaufenden Prozesse zuständig sind. Der

Blutdruck steigt, eine Stressreaktion wird ausgelöst, und die unterdrückt dann auch noch das Immunsystem. Unter diesen Bedingungen können die im Dienst der Selbstheilung im Körper normalerweise gut funktionierenden Regulationsmechanismen nicht optimal wirksam werden. So wird niemand schnell wieder gesund.« (Hüther 2015a)

Der Neurobiologe Martin Korte kommentierte die PISA-Ergebnisse kritisch und formulierte Thesen, wie man die Schule in Deutschland besser gestalten könnte:

»1. Achten wir den Lehrerberuf mehr! Dies gilt nicht nur für die öffentliche Meinung (und die zu Hause geäußerte Meinung den Kindern gegenüber), sondern auch für die Ausbildung der Lehrer und Lehrerinnen: Eine neue, von der Unternehmensberatung McKinsey durchgeführte Studie belegt, dass unabhängig von der Schulstruktur die Lehrerausbildung und damit die Qualität der Lehrer (!) den entscheidenden Faktor für den Schulerfolg der Kinder darstellen.

2. Kinder so spät wie möglich in verschiedene hierarchische Schulsysteme aufzuteilen ist von Vorteil. Je länger verschiedene Leistungsgruppen zusammen lernen, umso besser für alle – sofern, und dieser Zusatz ist wichtig, für die leistungsstarken Schüler ebenso wie für die leistungsschwachen Schüler eine spezielle Förderung gewährleistet ist.

3. Man würde sich auch fließende Übergänge zwischen den Institutionen Kindergarten, Grundschule, weiterführende Schule und Beruf wünschen. Insbesondere der Übergang vom Kindergarten in die Grundschule ist in Deutschland schlecht geregelt.

4. Wenn wir etwas entscheidend verbessern möchten und zwar nicht nur um einige wenige Prozentpunkte, muss es uns gelingen, Kinder mit einem Migrationshintergrund besser in die Schule zu integrieren. Und hierfür gilt, was für alle Kinder gelten sollte: Mehr individuelle

Förderung, damit möglichst alle Kinder einen Ansporn erhalten, der es ihnen auch ermöglicht, eine Berufsausbildung zu beginnen. Dazu kann Deutschunterricht ebenso gehören wie ein flächendeckendes Angebot von Kindergartenplätzen oder mehr Ganztagsschulen.

5. Bessere Förderung von hochbegabten Kindern ist genauso unter individueller Förderung zu verstehen wie die Unterstützung der Schüler, die Probleme in bestimmten Fächern haben. Das in Schulen gelebte Motto muss lauten: ›Fördern und Fordern‹. Für die Chancen eines jeden Kindes aber auch für die einer ganzen Gesellschaft ist es wichtig, hochbegabte Kinder speziell und institutionell zu fördern. Dies sollte nicht nur zur Aufgabe einiger weniger Schulen werden, sondern das Ziel jeder Schule sein.« (Korte 2011).

Korte verwies auf nahezu unzählige Reformen und Schulstudien der vergangenen Jahre in den 16 Bundesländern. Mit Hinweis auf den Bildungsökonomen Ludger Wößmann (*1973) und dessen Darstellung »Letzte Chance für gute Schulen. Die 12 großen Irrtümer und was wir wirklich ändern müssen« (2007) fordert Korte in den Schulsystemen mehr Transparenz und Wettbewerb. Ferner eine Neuausrichtung der Lehrkräftebildung mit einer gezielteren Auswahl von Studenten. Korte resümiert: »Es fehlt ein Befreiungsschlag, der grundlegende Bedingungen ändert.« (Korte 2011)

Wolf Singer referierte in einem Vortrag »Was kann ein Mensch wann lernen?« (2001) Folgendes: »Kinder sind in aller Regel genügend neugierig und wissbegierig, um sich das zu holen, was sie brauchen. Elternehrgeiz ist hier wenig dienlich, entscheidend ist nicht, was die Eltern wollen, sondern was das Kind mitbringt und will [...]. Kinder wollen sprechen und durchlaufen eine sensible Phase, in der sie Sprachkompetenz besonders schnell und mühelos erlangen. Hier könnte das frühe Angebot einer zweiten Sprache die Nutzung natürlicher Ressourcen ohne Überforderung optimieren.« In den Fällen, in denen Kinder nicht in der Lage sind, bewertende Signale zu dechiffrieren, z.b. bei Vernachlässigung, Angstsituationen, psychosozialen Konfliktsituationen oder im Krankheitsfall eines Autismus, führt dies zu sozialer Isolation und in der Folge zu gravierenden Fehlentwicklung aller höheren kognitiven Funktionen. Der Dialog mit der Umwelt kann abbrechen und umweltabhängige Entwicklungsprozesse werden fehlgeleitet. Es resultiert eine pathologische Störung der Kommunikationsfähigkeit und belegt auf der anderen Seite, wie außerordentlich wichtig liebevolle kommunikative Prozesse für die Hirnentwicklung sind. Nach Singer stellt sich somit die Frage, ob wir genügend investieren, um die normalen Kommunikationsmöglichkeiten auszuschöpfen. Auch in der Schule wird, so Singer, ein erheblicher Teil der vermittelten Informationen über Mimik, Gestik und Intonation weitergeleitet und damit durch bildnerische, musikalische, mimische, gestische oder auch tänzerische Ausdrucksformen vermittelt. Alle Kinder verfügen über diese nicht-rationalen Kommunikations- und Ausdrucksmittel. Sie werden aber zu wenig und wenn überhaupt, dann zu spät gefördert und auf Kosten der Ausbildung der rationalen Sprache vernachlässigt oder gar unterdrückt. Die Forderung an schulische Ausbildung lautet also, nicht nur Sprache, sondern auch Musik, Gesang, Tanz und Bilder als Ausdruckmittel zu fördern. Musische Fächer konkurrieren leider nicht selten erfolglos mit vordergründigen und angeblich wichtigeren rein kognitiven Fächern. Singer beendet seine Ausführungen mit der Feststellung: »Wenn solche Ausdrucks- und damit auch Rezeptionskompetenzen früh gepflegt und eingeübt würden, hätte dies vermutlich segensreiche Auswirkungen auf unser Sozialgefüge.« (Singer 2001)

Der Psychologe Ernst Pöppel (*1940) und die Psychotherapeutin Beatrice Wagner (*1964) entwickelten eine evolutionsbiologisch retrospektiv kritische Sicht auf die Entwicklung des menschlichen Gehirns: »Weil wir eine Fehlkonstruktion sind, gibt es im Gehirn Störungen [...]. Und das sind zahlreiche. Sollte ein Schöpfer dies so gewollt haben, kann man ihn nur als Sadisten bezeichnen. Warum sollte ein Schöpfer Lebewesen, einschließlich des Menschen, so konstruiert haben, dass sie an sich selbst und an anderen immerzu leiden müssen? Doch ich bin nicht der Ansicht, dass eine fremde Instanz uns erschaffen hat und für die Fehlkonstruktion verantwortlich ist, sondern meine, dass wir aufgrund evolutionärer Prozesse in eine Sackgasse geraten sind und daher gefährdet sind, an verschiedenen neurologischen oder psychiatrischen Störungen zu erkranken. Solche Störungen können bei der Informationsaufnahme in den einzelnen Sinnessystemen, in der Umsetzung der im Gehirn verarbeiteten Informationen auftreten. Oder der Kommunikationsfluss zu den Effektoren, also der Muskulatur oder den inneren Organen kann gestört sein, so dass diese vom Gehirn nicht mehr mit Informationen versorgt werden. Außerdem kann es zu Störungen im großen intermediären Netz selbst kommen, wenn die Fortleitung zwischen den Nervenzellen eingeschränkt ist, die Übertragung zwischen Nervenzellen mithilfe von chemischen Botenstoffen (den Transmittern) gestört ist oder es zu einem übermäßigen Verlust von Nervenzellen kommt. Besondere Störungen liegen dann vor, wenn das Gleichgewicht zwischen den erregenden und den hemmenden Transmittern in den umschriebenen Arealen des Gehirns, in denen bestimmte Funktionen repräsentiert sind, nicht mehr gegeben ist [...]. Wenn die modulären Bereiche voneinander entkoppelt sind, kann es zu Ausfällen kommen, die sich möglicherweise in psychischen Erkrankungen äußern. Ist die zeitliche Synchronisation der verschiedenen Module nicht mehr gewährleistet, zeigen sich weitere Störungsmuster. Schließlich ist das Gehirn wie jedes andere biologische System auf Energie, also auf ›Stromversorgung‹ angewiesen. Auch im Bereich der im Hirnstamm verankerten Aktivationsmechanismen, die diese energetische Versorgung gewährleisten, kann es zu Ausfällen kommen. Katastrophen sind also vorgezeichnet [...]. Wir sind im Laufe der Erdgeschichte einfach zu kompliziert geworden, so dass sich überall Einfallschneisen für das Versagen gebildet haben. Wir sind Opfer und Sklaven unserer eigenen Geschichte.« (Pöppel/Wagner 2013) Die Autoren fahren fort mit der Feststellung, dass keine Sekunde vergehe, in der wir nicht etwas sehen, hören, riechen, denken, erinnern, fühlen oder wollen. Ununterbrochen verarbeiten wir Informationen und stellen mit Schrecken fest, dass wir »versklavt« sind. Sie vermissen eine Autonomie des Selbst. Als Versuch der Befreiung wird die Forschung selbst begriffen. Hirnforscher begeben sich in eine »Schleife der Selbstreferenzialität«. Ein Befreiungsversuch könnte eine künstlerische Tätigkeit sein, mit der man sich in eine eigene, kreative Welt einwebt. Auch Meditation oder Introspektion als Zeitreise in die eigene Vergangenheit dienen hierfür. Das Gehirn bietet somit auch Chancen der Selbstfindung oder Selbsterfindung. Ein Ergebnis der Hirnforschung ist, so Pöppel/Wagner, dass der Mensch für eine ungebremste Leistungssteigerung nicht geschaffen ist und dass es schlichtweg dumm sei, das intuitive Wissen und die emotionale Intelligenz auszublenden.

Das Buch »Dummheit. Warum wir heute die einfachsten Dinge nicht mehr wissen« (Pöppel/Wagner 2015) ist ein Plädoyer für eine Intelligenz der Langsamkeit, der Pausen und des Imperfekten. Pöppel beschreibt darin das menschliche Gehirn als »überfordert«. Bezugnehmend auf den US-amerikanischen Evolutionsbiologen Jared Diamond habe der Mensch seit der neolithischen Revolution vor ca. 11.500 Jahren mit seiner Sesshaftwerdung, dem Beginn der Landwirtschaft und der Nutztierhaltung sowie der Städtegründung damit begonnen, sein Umfeld zu zerstören und Genozide, z. B. an den Neandertalern, zu verüben. Beide Verhaltensweisen haben sich demnach kontinuierlich und exzessiv bis in die Neuzeit verschlimmert. Hinzu kommt ein oftmals empathieloser Umgang mit Kindern. Mit Bezug auf den US-amerikanischen Sozialwissenschaftler Lloyd deMause (*1931) und dessen psychogenetischer Darstellung zur Geschichte der Kindheit, »Hört ihr die Kinder weinen« (1977), handelt es sich – so Pöppel – um drei Kriterien, die zumindest die Schlussfolgerung als diskutabel erscheinen lassen, dass das menschliche Gehirn sich in seiner rasanten Entwicklung aus den gesetzmäßigen Verläufen der Evolution unter Beachtung von Selektionsvorteilen entfernt hat. Anstelle von Selektionsvorteilen für die Weitergabe der eigenen Gene könnte der Aspekt der Aggression/Gewalt getreten sein. Festzumachen sei dies an den nicht zu leugnenden Aspekten Umweltzerstörung, Genozid, Massenkrieg, Vernachlässigung, Misshandlung und Missbrauch von Kindern und nicht zuletzt an einem chauvinistisch herabwürdigenden Frauenbild von Männern, und dies allesamt keinesfalls als singuläre Erscheinungen. Die Medien halten uns entsprechend auf dem Laufenden. Manche – so hat es den Eindruck – »leben« geradezu von derartigen Berichterstattungen.

Neurodidaktik und deren Kritik

Ewald Terhart (*1952), Professor für Schulpädagogik und allgemeine Didaktik an der Universität Münster, stellt die Frage: »Was erklärt das hohe Interesse der Lehrerschaft an den Neurowissenschaften?« Sein Überblick »Didaktik – eine Einführung« (2009) gibt drei Antwortversuche:

1. Viele Lehrerinnen und Lehrer könnten der Bildungswissenschaften überdrüssig sein und die naturwissenschaftliche Hirnforschung würde dann als eine Art Ausweg aus der Dominanz des sozialwissenschaftlichen Menschenbildes gesehen werden. Infolge einer Überbeanspruchung der Kräfte von pädagogischen Idealisten drohe oder bestehe bereits eine Enttäuschungsverarbeitung. Terhart formuliert zugleich seine Befürchtung, dass die Hinwendung zur Neurodidaktik nicht weiterhelfe und neue Enttäuschungen bereithalte.

2. Das öffentliche Auftreten mancher Neurobiologen lasse nicht selten den Eindruck entstehen, dass Lehren und Lernen schwierige und anstrengende Dinge sind, dass aber aus der neurowissenschaftlichen Sicht das Lehren ganz und gar leicht und von kontinuierlichem Spaß begleitet sei. Lehrerinnen und Lehrer könnten sich in der Öffnung zu den Neurowissenschaften der Mühsal des Unterrichtens, des Erklärens, der Klassenführung und der ewigen Benotung eventuell entledigen. Dies – so Terhart – sei natürlich eine Illusion, über die man sich nicht lange werde freuen können.

3. In der begeisterten Rezeption der Gehirnforschung könnten die Lehrerinnen und Lehrer ihre Rolle als dominante und instruierende Figur loswerden, indem die Verantwortung für das Gelingen ihres Tuns auf die Schülerinnen und Schüler selbst übertragen wird.

Dieser kritisch-pessimistisch ablehnenden Position gegenüber stellt Gerhard Roth, Professor für Verhaltensphysiologie und Hirnforschung an der Universität Bremen, die Feststellung an die Seite, dass wir »keinen direkten willentlichen Einfluss auf den Lernerfolg haben, weder auf den eigenen noch auf den unserer Schüler.« (G. Roth 2004) Es geht um die Beeinflussung der Rahmenbedingungen des Lehrens und des Lernens, die unter Beherzigung neurowissenschaftlicher Rückschlüsse die Glaubhaftigkeit der Lehrkraft stärken und damit auch die Lernsituation und Lernumgebung selbst günstig beeinflussen können. Roth ist der Auffassung, dass die Lernunwilligkeit von Schülern nicht in erster Linie das Ergebnis eines bösen Willens ist, sondern auf Lernhemmnissen gründet, auf die Betroffene selbst keinen aktuellen Einfluss haben, die gleichermaßen aber mittel- und langfristig geändert werden können. In seinem Beitrag »Warum sind Lehren und Lernen so schwierig« (2004) betont Gerhard Roth, dass nichts von dem, was er als Neurowissenschaftler sagen möchte, für gute Pädagogen inhaltlich neu sei. Allerdings können die Neurowissenschaften erklären, warum das funktioniert, was ein guter Pädagoge im Unterricht umsetzt, und weshalb das, was ein schlechter Pädagoge macht, nicht funktioniert. Ulrich Herrmann (*1939), Professor für Pädagogik und Mitherausgeber der *Zeitschrift für Pädagogik*, ist mit dem von ihm herausgegebenen Sammelband »Neurodidaktik. Grundlagen und Vorschläge für gehirngerechtes Lehren und Lernen« (2009) zu den neuen Wegen des Lehrens und Lernens der Auffassung, dass im Gehirn niemals Lernprozesse induziert werden können, die nicht den gehirneigenen Regeln und Prozessen folgen. So wie in der Medizin fachspezifisch jeweils spezielle Organbereiche des Menschen fokussiert werden, so kann man vergleichbar davon ausgehen, dass in den Erziehungswissenschaften und in der Pädagogik das kindliche Gehirn im Fokus aller Bemühungen steht. Die Erkenntnis eines unbefangenen Mediziners und zugleich pädagogischen Laien ist aber, dass in der Ausbildung von Lehramtskandidaten die anatomisch-physiologischen Grundlagen des »lernenden« Gehirns nicht oder allenfalls nur marginal vermittelt werden (Herrmann 2009). Auch dies könnte eine weitere Antwort auf die formulierte Frage sein, warum sich sehr viele Lehrkräfte für die Ergebnisse der neurobiologischen Hirnforschung interessieren.

Das lebenslang lernfähige menschliche Gehirn erfährt in den frühkindlichen und kindlichen Lebensjahren entscheidende Impulse für einen glücklichen und zufriedenen Lebensweg. Es kommt dabei auch auf die komplexen Verschaltungsmuster in den frühkindlichen Gehirnen an, und zwar bereits vorgeburtlich, in den ersten Wochen nach der Geburt sowie in den ersten drei Lebensjahren bis hin zur Pubertät. Das Gegenteil kann eintreten, wenn diese Impulse – wie auch immer gründend – zum großen Unglück des Kindes ausbleiben. Hüther gibt hierzu Folgendes zu bedenken (Hüther 2013):

1. Kinder bringen bereits bei ihrer Geburt die Grunderfahrung mit, dass sie mit anderen Mitgliedern ihrer Spezies, d. h. mit Bezugspersonen und Eltern, verbunden bleiben möchten.

2. Die in kindlichen Gehirnen lokalisierte Erwartungshaltung sehnt sich danach, auch während der weiteren frühkindlichen Entwicklung bestätigt zu werden:»Jedes Kind merkt, dass es jeden Tag ein Stückchen über sich hinauswachsen kann. Und daraus leitet sich die Erwartungshaltung ab, dass das auch in Zukunft weiter möglich sein muss, nämlich in Verbindung zu bleiben und über sich hinauswachsen zu können. So werden neue Wahrnehmungen gemacht, und jede neue Wahrnehmung wird von einem Kind nicht nur durch die Sinnesorgane und die entsprechenden Verarbeitungszentren im Gehirn verankert, sondern mit dem ganzen Körper und mit allen Sinnen.«

3. Aus den gemachten Erfahrungen wird es dem Kind möglich, Bewertungen und Bedeutungen abzuleiten. Entscheidend ist die Entwicklung von *Metakompetenzen*. Diese werden während der Kindheit und Jugend im Frontalhirn angelegt und prägen Selbstwirksamkeitskonzepte, Problemlösungskonzepte insgesamt als exekutive Frontalhirnfunktionen bezeichnet. Das Kind und

der Jugendliche kann somit befähigt werden, Handlungen zu planen, Handlungsfolgen abzuschätzen und auch gelegentlich aufsteigende archaische Impulse zu kontrollieren und Frustrationen auszuhalten. Der anatomisch-hirnphysiologische Hintergrund ist die Ausbildung komplexer Verschaltungsmuster. Frühkindlich steht im Frontalhirn zunächst ein riesiges Überangebot an Vernetzungsmöglichkeiten bereit. Die eigenen kindlichen Erfahrungen bilden und festigen in diesen Vernetzungen bestimmte Erregungsmuster. Damit werden Kompetenzen zum Problemlösen und zu anderen Fähigkeiten entwickelt und geschärft. Die Aneignung von Metakompetenzen – so Hüther – ist entscheidend für die Vermittlung von Wissen. Eine Voraussetzung zur Aneignung der Metakompetenzen sind die eigenen kindlichen Erfahrungen, die nicht oberflächlich, sondern »unter die Haut gehen« sollen, d. h. die es dem Kind gestatten, zu bewerten und Bedeutung beizumessen, was entscheidender und wirksamer ist als auswendig gelerntes Wissen.

Mit der von Roth angesprochenen Beeinflussung der Rahmenbedingungen des Lehrens und des Lernens sind das Wecken der Neugierde, der Entdeckungsfreude und der Leidenschaft gemeint als diejenigen Kriterien, die bereits Kleinkinder in ihrer Erwartungshaltung dazu drängt, nicht nur mit ihrer Spezies verbunden zu bleiben, sondern und vor allem an vorhandene Erfahrungen neue Erfahrungen anzuknüpfen. »Gute Lehrerinnen und Lehrer haben eine Ahnung von dem Vorwissen, das ihre Schüler über den unterrichteten Inhaltsbereich bereits mitbringen und berücksichtigen dies.« (Stern 2004) Hüther führt drei Wege für erfolgreiches Lehren und Lernen auf (Hüther 2006a):
1. Begeisterung bei Schülern wecken, am besten durch wertschätzende, anerkennende und ermutigende Bezie-

hung. Erfahrungslernen ist etwas anderes als das Auswendiglernen von Sachverhalten.
2. Das »Spiegel-Neuronensystem« ermöglicht ein Imitationslernen. »Wenn ein Kind einen Menschen, der ihm nahesteht oder der ihm wichtig ist, beobachtet, wie der etwas Bestimmtes macht, werden im Gehirn dieses Kindes neuronale Muster aktiviert. Es sind dieselben Muster, die auch beim Erfahrungslernen aktiv sind.«
3. Die tradierte Form des Dressurlernens funktioniert durch Bestrafen und Belohnen mit dem Nachteil, dass all das mit dazugelernt wird, was man eigentlich vermeiden möchte, etwa die Angst vor der Bestrafung.

Hüther konstatiert, dass laut Statistik 40 % der Schüler in Deutschland mit Angst in die Schule gehen. Dies fordert geradezu – so Hüther – eine neue Lernkultur in Verbindung mit einer anderen Beziehungskultur der Wertschätzung, Ermutigung und Unterstützung heraus. All dies ist für erfahrene Pädagogen nicht neu, und die Suche nach Schuldigen führt nicht weiter. Es sind weder unfähige oder unwillige Lehrkräfte noch unwillige Kinder oder sich aus der Verantwortung ziehende Eltern. Angesprochen sind allenfalls die Bildungspolitiker und die Politik im Allgemeinen und gefordert sind die Meinungsbildner in den Medien. Die defizitäre Schulbildung steht im Kontext mit einer gesellschaftlichen Bildungsverarmung. Kinder verkümmern also in einer Spaßgesellschaft. Kindliche Gehirne haben mehr zu bieten als Klatsch, Tratsch und ständiges Lustigsein in einem Umfeld von oberflächlichen Ablenkungen und Konsumzwängen. Die alte Volkswahrheit: »Mit der Schule beginnt der Ernst des Lebens« ist in Wirklichkeit eine Volksdummheit und ein Aberglaube. Der sogenannte »Ernst des Lebens« soll Unwohlsein, Mühsal und Arbeit bedeuten. Ein solches Unwohlsein könnten allenfalls die Eltern oder sonstige unbedarfte Erziehungslaien bereiten.

Kinder hingegen verfügen über eine natürliche Entdeckungsfreude, Neugierde und Lust am Ausprobieren und am Erkunden. Jedes Kind, zumindest wenn es ihm vergönnt war, in seinen ersten Lebensjahren in Sicherheit, beschützt und liebevoll aufzuwachsen, möchte seine Erfahrungen instinktiv erweitern. Kinder verfügen über eine von Natur aus angelegte Neugierde am Entdecken und am Erkunden, was ihnen große Freude bereitet und auch das Gefühl auslösen kann, Belohnung zu erfahren. Der vom Konsumkapitalismus initiierte Spaß in Verbindung mit der Ablenkung von einem kritischen Verhalten ist gegenüber der Freude am Erfolg nicht konkurrenzfähig. Erforderlich ist allenfalls eine Bewusstseinskorrektur der Gesellschaft und weniger eine Neuorientierung von Lehrkräften, die ohnehin schon über den Stellenwert als lehrende Persönlichkeit Bescheid wissen.

Zur Kritik an dem verstärkten Interesse an Hirnforschung und Neurodidaktik seitens einer interessierten Lehrerschaft formulierte Ewald Terhart die Leitfrage: »Was bringt eigentlich gegenwärtig die neurobiologische Forschung den Lehrerinnen und Lehrern? Was bedeutet es, wenn Neurobiologen oder zumindest Teile der Neurobiologie neue, inspirierende Botschaften an die Schule senden?« (Terhart 2009) Er merkt an, dass die entwicklungsbedingte Besonderheit der Kindheit seit der Entdeckung derselben immer gesehen, wertgeschätzt und beachtet worden sei. Da dies dann zu Erziehungs- und Bildungskonzeptionen führte, die die Selbstständigkeit und Eigentätigkeit der Kinder und Jugendlichen zu befördern trachten, seien viele der heute konkret formulierten handlungsbezogenen Hinweise und Empfehlungen der »Neuropädagogik« oder »Neurodidaktik« zur Unterrichtsgestaltung in Pädagogenkreisen, insbesondere dann, wenn sie sich mit der Reformpädagogik auskennen, praktisch allesamt bekannt. Hier ist allerdings die kritische Gegenfrage zu stellen, ob sich Lehrkräfte tatsächlich auch mit den evolutionsbiologisch gründenden, relevanten kindlichen Hirnstrukturen auskennen bzw. im Rahmen ihrer universitären Ausbildung jemals darüber informiert worden sind. Daran ist die Anschlussfrage zu stellen, ob über die Rezeption der Reformpädagogen, z. B. im Rahmen der universitären Ausbildung von Lehramtskandidaten, deren Konzepte tatsächlich in die heutige praktische Arbeit mit Schülerinnen und Schülern übertragen wurden und werden. Pestalozzi (1746–1827) war um eine ganzheitliche Stärkung des Menschen bemüht. Eltern sollten befähigt werden, Kindern entsprechende Vorbilder zu sein. »Mit Kopf, Herz und Hand« dürfte jedem Studierenden im Gedächtnis geblieben sein. Die Frage lautet hier, welche Früchte Pestalozzis in unserer Gesellschaft noch wahrnehmbar sind. Rousseau (1712–1778) sah den Menschen als fähig dazu an, mit Vernunft den eigenen Lebensweg zu gehen. Er sah den Menschen als nicht von Grund auf schlecht, sondern als Teil der Gesellschaft veränderbar an. Auch hier stellt sich die Frage, inwieweit pädagogische Bemühungen der Vergangenheit das Menschenbild Rousseaus in die Gesellschaft unserer Tage weitergetragen haben.

Die schwedische Reformpädagogin Ellen Key (1849–1926) formulierte: »Wer Kinder schlägt, erzieht sich Sklaven.« Ihre Darstellung »Jahrhundert des Kindes« (1902) zu Beginn des 20. Jahrhunderts nahm heute aktuelle Debatten um die Kindererziehung und auch die Kritik am Feminismus vorweg. Auch hier stellt sich die Frage, welche Inhalte der Reformpädagogen haben Lehramtsstudierende tatsächlich verinnerlicht und sind beim heutigen Umgang mit unseren Kindern und in den Strukturen und Verhaltensweisen unserer Gesellschaft angekommen oder verblieben?

Gerhard Roth sieht die geisteswissenschaftlichen Rückschlüsse und Empfehlungen der Reformpädagogen ebenfalls in einem engen Kontext mit den Erkenntnissen der modernen Hirnforschung und betont mehrfach, dass nichts von dem, was er selbst zum Lehren und Lernen beitragen könne, für einen guten Pädagogen inhaltlich neu sei. Zugleich führt Roth zum Lehren und Lernen in der Schule aus, dass in der Regel Lernen als Instruktion, d. h. als Verarbeitung und Abspeichern des angebotenen Wissens, aufgefasst wird und dass die hierbei beteiligten Mechanismen zu optimieren seien. Demgegenüber sei neuro- und kognitionswissenschaftlich belegt – so Roth – dass Wissen nicht übertragen werden kann. Es muss im Gehirn eines jeden Lernenden neu geschaffen werden. Ferner beruht Wissensaneignung auf Rahmenbedingungen und wird durch Faktoren gesteuert, die unbewusst ablaufen und die deshalb nur schwer beeinflussbar sind (G. Roth 2009).

Ewald Terhart konstatiert trotz mancher Kritik an den beabsichtigten Zielen, dass sich sehr viele Lehrerinnen und Lehrer für die Ergebnisse der neurobiologischen Gehirnforschung interessieren. Nicht nur diese Erkenntnis trifft zu, sondern darüber hinaus ist auch festzustellen, dass sich Studierende, Lehramtskandidaten im Referendariat und bereits im Beruf stehende Lehrkräfte zu Vorträgen der Hirnforscher einfinden. Allein dieses ungewöhnliche Interesse lässt auf entsprechende Defizite in den universitären Ausbildungsmodulen schließen.

Josef Kraus (2017) prangert mit Blick auf die zunehmend auch von der Pädagogik entdeckte Hirnforschung eine scheinbar vorherrschende »Wohlfühl-Pädagogik« und »Erleichterungs-Pädagogik« an. Zugleich weist er darauf hin er, dass Kinder begeistert mitziehen und jede ablenkende Animation beiseitelegen, wenn die Lehrkraft eine Sache spannend und mitreißend zu erzählen weiß. Nichts anderes steht auch in der Neurodidaktik im Fokus. Kindliche Erwartungshaltungen, Neugierde, Spannung und Leidenschaft sind essentielle neurobiologische Voraussetzungen für erfolgreiches Lernen. Frühkindlich knüpft das mit

Begierde gesuchte und aufgenommene Neue in den Gehirnen der Kinder an vorhandenes Wissen an. Sobald »jedes Kind merkt, dass es jeden Tag ein Stückchen über sich hinaus wachsen kann«, muss seine Erwartungshaltung über die gesamte Kindheit und Jugend gepflegt werden (Hüther 2006b). »Sympathetic leadership«, ein Terminus technicus für eine empathische Personalführung in der Wirtschaft, wird gleichsam von Kraus (2017) als auch von Hüther (2006b) als wegweisendes Modell für die Lehrer-Schüler-Kommunikation in Schulen empfohlen. Wenn der deutsche Psychiater und Philosoph Thomas Fuchs (*1958) kategorisch feststellt: »Das Gehirn alleine denkt gar nicht. Es ist immer die ganze Person, die etwas wahrnimmt« (Fuchs 2008), dann unterscheidet sich dies nicht von den Erkenntnissen der modernen Hirnforschung. »So werden neue Wahrnehmungen gemacht, und jede neue Wahrnehmung wird von einem Kind nicht nur durch die Sinnesorgane und die entsprechenden Verarbeitungszentren im Gehirn verankert, sondern mit dem ganzen Körper und mit allen Sinnen« (Hüther 2006b).

Neuroplastizität, Neurowissenschaften und Philosophie

Die vorgeburtlichen und unmittelbar nach der Geburt zu beobachtenden Besonderheiten der kindlichen Hirnanatomie und Physiologie sind bereits ausführlich beschrieben worden. Die unreifen, sensiblen kindlichen Hirnstrukturen sind in den ersten Jahren in einem hohen Maße anfällig für Traumatisierungen. In der Kindheit schreitet die Spezifizierung der neuralen Verknüpfungen fort, was wiederum bedeutet, dass in der frühen Kindheit von den Eltern, später auch in der Schule beachtet werden sollte, dass der

Spracherwerb in dieser Zeit erleichtert ist. Auch wird der Spracherwerb durch intensiven Umgang mit Musik zusätzlich gefördert. Die für die Musikverarbeitung verantwortlichen Hirnareale überlappen sich mit den Spracharealen, so dass das eine vom anderen profitiert. Musikalische Frühförderung begünstigt auch das Sprachverständnis und den Spracherwerb. Eine frühe Zweisprachigkeit ist im frühen Kindesalter besonders leicht und erfolgreich auf den Weg zu bringen. Sehr hilfreich ist hier die ausgiebige Beschäftigung zumindest eines Elternteiles mit dem Kind, etwa durch gemeinsames Singen, Tanzen und Spielen, während die passive Berieselung des kindlichen Gehirns vor dem Fernsehapparat das Gegenteil bewirkt. Generell gilt, dass das Gehirn vergleichbar einem Muskel durch entsprechende Beanspruchung über das gesamte Leben hinweg trainiert werden kann und dadurch leistungsfähig bleibt. Mit anderen Worten, »Hans kann durchaus lernen, was Hänschen nicht gelernt hat«, so die Leipziger Sprach- und Kognitionsforscherin Angela Friederici (*1952) in der F.A.Z. vom 17. März 2008. Sie betont damit, dass Weisheit über das gesamte Leben hinweg erworben und auch noch im hohen Alter gefördert werden kann. Die Weisheit gilt als eine Domäne der höheren Lebensalter. Zusammenfassend gelten die Feststellungen des am Deutschen Zentrum für Neurodegenerative Erkrankungen (DZNE) der Helmholtz Gemeinschaft in Dresden tätigen Stammzellforschers Gerd Kempermann (*1965), dass das Gehirn seinen ihm lange Zeit zugeschriebenen eingeschränkten Status verloren hat und nunmehr von einer ungeheuren Dynamik ausgegangen wird, die es im Verlaufe eines Lebens erreicht.

Frank Schirrmacher (1959–2014), Journalist, Buchautor und Mitherausgeber der *Frankfurter Allgemeinen Zeitung* eröffnete am 15. März 2008 in der F.A.Z. eine Artikelserie über Möglichkeiten und Chancen, das Gedächtnis zu trainieren. Dem Thema entsprechend wurden auch klassische philosophische Fragen und Erkenntnisse der Neurowissenschaften behandelt. Schirrmacher kündigte dabei auch die eingehende Beschäftigung mit der bevorstehenden Publikation eines Gesprächs zwischen Wolf Singer (*1943), Neurobiologe und geschäftsführender Direktor des Max-Plank-Instituts für Hirnforschung in Frankfurt am Main, und Matthieu Ricard (*1946), ehemaliger Molekularbiologe und nunmehr buddhistischer Mönch in Nepal, über Hirnforschung und Meditation an. Singer selbst schrieb dazu in der F.A.Z., das Gehirn verfüge über einen ungeheuren Schatz an Vorwissen (Singer 2008). Dieses von der Evolution mitgegebene Wissen werde während der Lebenszeit ergänzt und genutzt, um die Welt wahrzunehmen. Singer fasste seine Erfahrungen aus dem Kontakt mit dem buddhistischen Mönch wie folgt zusammen:»Meditierende wollen in dieser willentlichen Weltabgewandtheit ihr Inneres erforschen und zudem einen besseren Menschen aus sich machen. Wir richten unsere Aufmerksamkeit meistens nach außen, um Erkenntnisse zu gewinnen. Wir versuchen, die Welt analytisch zu durchdringen.« Die Bedingungen für Bewusstsein, so Singer, entsprechen einem dynamischen Zustand von Netzwerken im Großhirn, der sich durch extreme Kohärenz ausdrückt. Meditierende scheinen in der Lage zu sein, ihre Aufmerksamkeit auf innere Zustände so zu fokussieren, dass sie die Plattform ihres Bewusstseins in einen anhaltend empfängnisbereiten Zustand versetzen. Zugleich versuchen sie, diesen Raum von konkreten Inhalten und vor allem von konfliktträchtigen Inhalten frei zu halten. Singer vergleicht den Zustand eines Meditierenden damit, dass hinreichend viele Neuronen in hinreichend weit verteilten Regionen des Gehirns lange synchron aktiv sind. Es besteht dabei Harmonie. Damit gelingt es, die Belohnungszentren im Gehirn zu aktivieren und das Gefühl von Stimmigkeit hervorzurufen. »Das mentale Training beeinflusst aber nicht nur die Hirnaktivitäten während der Übung, sie verändert bestimmte Hirn-funktionen dauerhaft. Menschen mit Meditationserfah-rung weisen eine verkürzte Aufmerksamkeitslücke auf. Sie können ihre Aufmerksamkeit in viel kürzeren Abständen auf schnell aufeinanderfolgende Reize konzentrieren.« Wei-terhin resümierte Singer Erkenntnisse der Hirnforschung. So wurde »eine Zunahme der grauen Substanz in den Bereichen gefunden, die sich mit der Steuerung der Auf-merksamkeit befassen. Wenn man trainiert, verändert man Verschaltungen im Gehirn.« Ein weiterer Effekt sei schließ-lich »die Fähigkeit, Emotionen sauberer zu differenzieren.« Nicht zuletzt seien meditative Praktiken ein »äußerst wirk-sames Antidot gegen Fremdbestimmung, Extraversion und Hektik« (alle Zitate in F.A.Z. vom 29. April 2008).

In diese Diskussion um die wirksame Kontrolle von Affekten durch (westliches) Gehirntraining und (östliche) Meditation schaltet sich der Marburger Philosoph Peter Janich (1942–2016) ein und greift Singers ausschließlich naturwissenschaftlich gegründete Sichtweise an (Janich 2008). Es entwickelte sich ein kontroverser Briefwechsel zwischen Singer und Janich, der dagegenhält, dass es auch »geistige Ursache für Wirkungen im materiellen System der Neuronen« im Gehirn gibt und hält der Physik die Sprache entgegen, ohne die überhaupt keine naturwissen-schaftliche Erkenntnis mitgeteilt werden könne. »Nicht Hirne erforschen Hirne durch bloße neuronale Aktivität, sondern da muss in die Welt der Dinge mit Händen einge-griffen werden, und zwar nach Regeln.« Janich wider-spricht damit Singers These, dass sich der menschliche Geist durch die Gehirnforschung restlos erfassen lasse. Singer vertrete eine »eigene Art des Hirnkausalismus«. Ursache aller geistigen einschließlich emotionaler Vor-gänge seien bei Singer »Prozesse im Gehirn, die sich struk-turell anatomisch, funktionell physiologisch, kurz, die sich experimentell im Labor untersuchen lassen. […] Naturwissenschaftlich werde der Mensch zum Organismus, d. h. zum komplexen Maschinenmodell mit zweckmäßigen Organen, die allesamt ein Produkt der Evolution sind.« Janich hält dagegen:»Wo der Neurobiologe von Hirn redet, spricht der Philosoph vom Neurobiologen, seinen Äußerungen, Handlungen und Ansprüchen.« Dies – so Janich – sind zwei grundverschiedene Gegenstände, zwei Ebenen, zwei Sprachen, zwei Wissenswelten. Mit anderen Worten, der Neurowissenschaftler kommt ohne die Philosophie nicht zu seinem Gegenstand. Ein grundsätzliches Problem des Singer'schen Ansatzes sei es:»Nicht so sehr der Mensch als vielmehr die Naturwissenschaften vom Menschen sind missverstanden, wenn diesen zugeschrieben wird, nicht mehr als ein Ausfluss von Hirnfunktionen zu sein.« (Alle Zitate in F.A.Z. vom 16. Juni 2008)

Michael Pauen (*1956), Philosophieprofessor an der »Berlin School of Mind and Brain« der Humboldt-Universität Berlin, ergänzte die F.A.Z.-Debatte:»Offenbar stoßen wir mit der Hirnforschung nicht nur an Grenzen unseres Vorstellungsvermögens, sondern auch an die unserer Sprache. Wenn es um das Verhältnis von Geist und Gehirn geht, bleiben nur Metaphern, ganz egal, ob man davon spricht, dass biologische Prozesse den geistigen ›zugrunde liegen‹, durch die sie ›realisiert‹ werden oder auf ihnen ›beruhen‹.« Neurowissenschaften hingegen »können zusammen mit der Psychologie und der Evolutionsbiologie unser Verständnis für bestimmte menschliche Fähigkeiten erweitern: Unser Ich, unsere Freiheit oder unsere Fähigkeit nach Gründen zu handeln, geraten nicht in Gefahr, wenn wir ihre natürliche Grundlage verstehen«. Pauen kommt zu der Schlussfolgerung, dass eine halbwegs funktionierende Zusammenarbeit zwischen Neurowissenschaften und Philosophie notwendig ist. Beide können von den Erkenntnissen und Klarstellungen des anderen profitieren (alle Zitate in F.A.Z. vom 28. Juli 2008).

Der Jenaer Philosoph Gottfried Gabriel (*1943) betont in »Grundprobleme der Erkenntnistheorie« (2008) ausdrücklich, dass sowohl philosophischen Spekulationen als auch gegenüber wissenschaftlichen Kurzschlüssen die Augen kritisch offen zu halten seien. Die Aufgabe der Erkenntnistheorie ist es, Bedingungen, Möglichkeiten und Grenzen menschlicher Erkenntnis zu untersuchen. Erkenntnisvermittlung kann auch durch Dichtung und Kunst ermöglicht werden. Die eigenständige Disziplin der Erkenntnistheorie sucht »Antworten auf die Frage nach dem angemessenen Verhältnis des Menschen zur Welt, sofern dies auf dem Weg der Erkenntnis erreicht werden kann. Erkenntnistheorie bemüht sich gewissermaßen um eine richtige Sicht der Welt und in diesem Sinne letztlich um eine Weltanschauung. Es bleibt daher nicht aus, dass sie an manchen Stellen zur Ethik überleitet.« (Gabriel 2008)

Der österreichische Neurowissenschaftler und Nobelpreisträger Eric R. Kandel (*1929) zitiert den amerikanischen Paläontologen und Evolutionsbiologen Stephen Jay Gould (1941–2002), der sich mit der Kluft zwischen Natur- und Geisteswissenschaften auseinandergesetzt hat, folgendermaßen: »Ich möchte, dass Naturwissenschaften und Geisteswissenschaften die dicksten Freunde werden, dass sie ihre tiefe Verbundenheit erkennen und damit ihre Schicksalsgemeinschaft im Streben nach menschlichen Werten und Errungenschaften. Dennoch sollen sie ihre zwangsläufig verschiedenen Ziele und Argumentationen weiterhin getrennt halten, während sie ihre gemeinsamen Projekte verfolgen und voneinander lernen. Sie sollen zwei Musketiere sein – beide für einen und einer für beide – und nicht die klassifizierten Abstufungen einer einzigen, großartigen Einheit des Wissens.« (Kandel 2012)

Die Realität der Kinder
ist eine andere als die der Erwachsenen

Psychohistorie der Kindheitserziehung

Der US-amerikanische Sozialwissenschaftler, Historiker und Psychoanalytiker Lloyd deMause (*1931) hat in einem psychoanalytischen Ansatz die Geschichte der Kindheit in der westlichen Welt dokumentiert: »Hört ihr die Kinder weinen« (1977) sowie »Das emotionale Leben der Nationen« (2005). DeMause legt dar, dass die von ihm und seinen Mitarbeitern erkannten psychoanalytisch gründenden Bedingungen und die gesellschaftlichen Zustände in der Geschichte der Kindheit aus einem anderen Blickwinkel zu sehen sind, und er somit auch zu anders gewichteten Ergebnissen gelangt, als die Ausführungen in der umfangreichen Darstellung »Geschichte der Kindheit« (1975) des französischen Historikers Philipp Ariès (1914–1984). Nach Ariès fand »Kindheit« bis zum 12. Jahrhundert nicht statt. Kinder wurden in der mittelalterlichen Kunst als reduzierte und kleine Erwachsene dargestellt. Sie sollen in der traditionellen Gesellschaft glücklich und frei sein. DeMause hingegen konstatiert: »Die Geschichte der Kindheit ist ein Alptraum, aus dem wir gerade erst erwachen. Je weiter wir in der Geschichte zurückgehen, desto unzureichender war die Pflege der Kinder, die Fürsorge für sie und desto grösser die Wahrscheinlichkeit, dass Kinder getötet, ausgesetzt, geschlagen, gequält und sexuell missbraucht wurden.« DeMause resümiert daher: »Die Praktiken der Kindererziehung in einer Gesellschaft sind mehr als ein beliebiges kulturelles Merkmal neben anderen. Sie stellen vielmehr die entscheidende Bedingung für die Überlieferung und Entwicklung aller anderen Merkmale der Kultur dar und legen definitive Grenzen für das in den verschiedenen Bereichen der Geschichte Erreichbare fest.« (deMause 1977) Dem psychoanalytischen Zugang von deMause liegt eine projektive Fürsorge um die in ihrer eigenen Kindheit missbrauchten und misshandelten Eltern zugrunde. Früh erfahrene psycho-psychische Traumatisierungen von Kindern werden im Gehirn dieser Kinder abgespeichert. Sind diese Kinder erwachsen, können bei ihnen paranoide Folgen symptomatisch auffällig werden. Die Neurobiologie lehrt uns, dass der anatomische Bereich des Hippocampus im Gehirn bis zum dritten oder vierten Lebensjahr noch ziemlich unfertig ist. Frühe Traumata werden im emotionalen Gedächtnissystem verschlüsselt und tief in der Hirnregion der Amygdala eingeprägt. Die hier lokalisierten Erinnerungen sind unzugänglich für eine Löschung und bewirken angsterfüllte Erinnerungen für den Rest des Lebens. Eltern projizieren ihre eigenen traumatischen Erfahrungen auf die Generation ihrer Kinder. Sie fürchten sich vor ihren Kindern. In der Projektion werden die Kinder als menschliche Lebewesen nicht wahrgenommen, die Entwicklung von Empathie bleibt ausgebremst. Diese Verhaltensweise gründet evolutionsbiologisch und wurde bereits bei Rhesusaffen beschrieben, deren Eltern ihre eigenen Gewalterfahrungen an die Nachfolgegeneration weitervererben. Es resultiert ein generationen- und auch epochenübergreifender Circulus vitiosus von einer traumatisierten Kindergeneration über deren Erwachsenenleben auf die nachfolgende Kindergeneration usw.

DeMause regte eine vertiefte Forschung zur Festigung der Psychohistorie der Kindheitsevolution an. Nach allem, was deMause und Mitarbeiter über die Epochen und generationenübergreifenden Schicksale von Kindern und gleichsam Schicksale von Gesellschaften dokumentiert haben, scheint eine Korrektur in der tradierten Wahrnehmung von Historie überfällig, insbesondere auch im schulischen Geschichtsunterricht.

In den Epochen des Mittelalters versuchten Eltern – um den Gefahren ihrer eigenen Projektionen zu entrinnen und um eine intrapsychische Balance herzustellen – ihre Kinder frühzeitig zu Ammen, ins Kloster, zu Pflegern oder als Diener und Geisel zu hochgestellten Familien wegzugeben. Die Alternative wäre gewesen, dass diese Kinder zu Hause einer völligen emotionalen Vereinsamung anheimfielen. Leider erging es ihnen fernab der Herkunftsfamilie oftmals nicht besser. Sie wurden körperlich misshandelt, gezüchtigt, exzessiv geschlagen, in quälerischer Absicht über Wochen eng gewickelt und mit Nahrungsentzug oder emotionaler Missachtung gestraft. Einige Kirchenväter erklärten Kinder sogar als von Dämonen besessen. Kinder wurden gezwungen, bei öffentlichen Exekutionen zuzuschauen. Das Umbringen von Kindern war eine allgemein akzeptierte, alltägliche Escheinung. Kinder wurden in Flüsse geworfen, in Misthaufen und Jauchegräben geschleudert, auf Bergen und an Wegrändern als Beute für Vögel, Futter für wilde Tiere ausgesetzt. Mädchen, die selbst wieder Kinder gebären konnten, zählten weniger als Jungen. Von dem britischen Philanthropen und Geschäftsmann Thomas Coram (1668–1751) wurde berichtet, dass er ein Findelhaus eröffnen ließ, weil er es nicht mehr ertragen konnte, die in den Gossen und auf den Misthaufen Londons liegenden Babys sterben zu sehen. Zu den Instrumenten, mit denen geschlagen wurde, gehörten Peitschen, Klopfpeitschen, Schaufeln, Rohrstöcke, Eisen- und Holzstangen, Rutenbündel: »Eine Vorstellung von der Häufigkeit des Schlagens gewinnt man, wenn man hört, dass ein deutscher Schullehrer ausrechnete, dass er 911.527 Stockschläge, 124.000 Peitschenhiebe, 136.715 Schläge mit der Hand und 1.115.800 Ohrfeigen verteilt hatte.« (deMause 1977)

So wuchsen Jahrhundert um Jahrhundert geschlagene Kinder heran, die wiederum ihre eigenen Kinder schlugen. Auch Humanisten und Lehrer wie Petrarca, Comenius und Pestalozzi billigten das Schlagen von Kindern. Beethoven soll seine Schüler geschlagen und mit einer Stricknadel gestochen haben. Erst im 19. Jahrhundert kam das Peitschen in den meisten Teilen Europas und Amerikas aus der Mode. Am längsten hielt es sich in Deutschland, wo 80 % der Eltern bis weit ins 20. Jahrhundert hinein das Schlagen ihrer Kinder billigten, davon 35 % das Schlagen mit einem Rohrstock.

In Deutschland prägte die Publizistin und Erziehungswissenschaftlerin Katharina Rutschky (1941–2010) mit ihrer gleichnamigen Darstellung den Begriff »Schwarze Pädagogik« (1977). In der bürgerlichen Erziehung galt der Grundsatz, dass Kinder ihren Eltern dafür zu danken hätten, dass diese ihnen zu essen und zu trinken gaben. Im Bürgertum waren weiterhin zahlreiche Spielarten von Kinderhass verbreitet. Im Schulunterricht galt das Ruhigsitzen als oberste Maxime. Erziehende – in den staatlichen und kommunalen Schulen bis zur Weimarer Republik ausnahmslos Männer – wurden als »unmittelbares Organ der Gottheit« verstanden. Bei den Kindern galt es bereits als unverzeihliche Sünde, Fratzen zu schneiden. Lehrkräfte und Eltern verstanden sich als rastlose Spitzel, die ihren Kindern stets hinterherspionierten und in ihren Tagebüchern schnüffelten. Oberste Maxime war die von Immanuel Kant (1724–1804) vertretene Auffassung: »Der Mensch kann nur werden durch Erziehung. Er ist nichts, als was die Erziehung aus ihm macht.« Kinder waren von Natur aus nichts, der Erzieher hatte den »rohen Stoff« zu bearbeiten. Rutschky hatte in ihren Veröffentlichungen offengelegt, dass die traditionelle bürgerliche, auf Gehorsam und Unterordnung zielende Erziehung in der Schwarzen Pädagogik erst richtig zum Tragen kam. Die Schwarze Pädagogik wurde schließlich in der Nazi-Pädagogik maßgeblich von der österreichisch-deutschen Ärztin und selbsternannten Erziehungsratgeberin Johanna Haarer (1900–1988) um weitere Schreckensszenarien erweitert. Haarer prägte mir ihren NS-Erziehungshypothesen Millionen Deutsche, sowohl die erziehenden Eltern, als auch damit die »Objekte« dieser Erziehung, die Kinder. Im Zentrum von Haarers »Wissenschaft« stand: »Keine emotionale Nähe, sonst zieht man sich Tyrannen heran.« Ihr weitverbreiteter Ratgeber »Die deutsche Mutter und ihr erstes Kind« (1934) interpretierte Kinder als Tyrannen, die es zu bändigen und deren Willen es zu brechen galt und dies bereits als Säugling. Die Grundlagen des propagierten Erziehungsstils bildeten Zucht, Unterwerfung und Reinlichkeit und entsprachen der bzw. prägten somit die nationalsozialistische Erziehung. Nach Kriegsende verlor Haarer zwar ihre ärztliche Approbation, fand aber gleichwohl Anstellung im öffentlichen Dienst des Gesundheitswesens. Ihr im NS erfolgreicher Ratgeber erlebte auch in der frühen Bundesrepublik in um ideologische Formulierungen entschärfter Fassung hohe Auflagen und beeinflusste somit auch die Nachkriegserziehung mit seinen geradezu kinderfeindlichen Ratschlägen wesentlich, und dies bis weit in die 1980er Jahre. Wie später durch Veröffentlichungen ihrer Töchter bekannt wurde, hat Haarer selbst Gewalt bei der Erziehung ihrer Kinder präferiert und bis an ihr Lebensende sei sie zudem überzeugte Nationalsozialistin geblieben.

Vernachlässigung, Misshandlung und Missbrauch von Kindern heute

Ein Kennzeichen emotionaler Vernachlässigung ist unter anderem das Sichselbstüberlassensein von Kindern und Jugendlichen. Es mangelt hier nicht nur an liebevoller Zuwendung von Eltern/Erziehungsberechtigten, sondern auch an der Besorgnis um die psychophysische Gesamtbefindlichkeit der Kinder. Emotionale Vernachlässigung ist auch im Kontext von Kindesmisshandlung und sexuellem Missbrauch anzutreffen. Gewalt gegen Kinder bedeutet stets eine schwere Form der Verletzung des Kindeswohls. Oft werden unter dem Begriff Kindesmisshandlung sowohl sexueller Missbrauch, als auch Vernachlässigung resp. emotionale Vernachlässigung zusammengefasst. Täter sind häufig Eltern oder nahestehende Personen.

Gerade im Leistungssport malträtieren nicht selten Elternteile ihre Sprösslinge, um sportliche Defizite in der eigenen Kindheit und Jugend zu kompensieren. Der Kolumnist, Autor und Filmemacher Ben Redelings (*1975) berichtete in n-tv über ein Fußballspiel einer Kindermannschaft. Dort hatte ein Schreihals an der Außenlinie offenbar genug von den Leistungen seines Sohnes. Er schrie ständig: »Marvin, geh Spitze.« Der Sohn sollte nach vorne laufen und ein Tor machen; er war jedoch von diesen penetranten Zurufen derart eingeschüchtert, dass es ihm nicht gelang. Nach Spielschluss stürmte der Vater auf den Jungen zu, der wohl ahnte oder gar wusste,»auf welche Art sein Vater ihm seine Kritik vermitteln wollte und rannte weg. Einmal quer über den ganzen Platz, hinter die stählernen Wellenbrecher, mitten hinein in einen Dornenbusch. Dort, muss sich Marvin gedacht haben, war es immer noch besser, als in der Nähe seines Erzeugers. Der Vater stand mit hochrotem Kopf vor dem Busch und rief immer wieder, mit betont sanfter Stimme: ›Marvin, komm raus, Papa tut dir nichts!‹

Doch Marvin kam nicht raus. Offensichtlich traute er den Worten seines Vaters nicht. Mittlerweile hatte sich eine größere Menschenmenge zu den beiden dort draußen gesellt und schaute interessiert zu, was passierte. Nach einer gefühlten Ewigkeit und nachdem es sich der komplette Platz um den Busch herum gemütlich gemacht hatte, kam Marvin ganz langsam und mit hängenden Schultern aus dem dornigen Gewächs heraus. Vermutlich hegte er die Hoffnung, dass sein Vater in diesem größeren öffentlichen Rahmen seine Kritik anders als gewohnt äußern würde. Doch leider weit gefehlt. Als Marvin nur noch eine Armlänge von seinem Erzeuger entfernt war, hob dieser seine Hand und donnerte dem armen Jungen eine Ohrfeige auf die Wange.« Redelings berichtet, dass ihm noch heute die Tränen in die Augen schießen, wenn er an diesen Moment zurückdenke. Warum niemand der Erwachsenen etwas gegen den Vater unternahm, bleibt offen. (Redelings 2016)

Doch diese scheinbar absonderlich daherkommende, individuelle Gewaltgeschichte ist eingebettet in ein ganzes Meer von kindlichen Gewalterfahrungen in der Bundesrepublik. »Gewalt gegen Kinder ist in Deutschland ein Alltagsphänomen«, so die Pädagogikprofessorin Kathinka Beckmann (*1974) von der FH Koblenz. Wöchentlich (!) sterben drei Kinder an den Folgen von Misshandlungen. Doch damit des Schreckens kein Ende: Es handelt sich hierbei in den seltensten Fällen um urplötzliche Todesursachen, vielmehr geht dem in der Regel ein wochen- bis monatelanges Martyrium mit körperlichen Misshandlungen, sexuellem Missbrauch und emotionaler Vernachlässigung voraus (Redaktion n-tv vom 1.6.2016).

Der Vorstandsvorsitzende der Deutschen Kinderhilfe, Rainer Becker (*1956), fordert mehr Anstrengung bei der Präventionsarbeit. Er verlangt z. B. verpflichtende Weiterbildungsmaßnahmen zum Kinderschutz für alle, die mit Kindern arbeiten. Heinz Hilgers (*1949), Präsident des

Deutschen Kinderschutzbundes, spricht von einem »Teufelskreis der Gewalt«, der vor allem die sozial Schwächsten sowie die Gemeinden mit den größten sozialen Problemen betreffe. Der Vorsitzende der Gewerkschaft der Polizei, Oliver Malchow (*1963), hält auch strukturelle Verbesserungen für notwendig: »Kinder brauchen ein wachsames Umfeld, um wirkungsvoller vor Straftaten geschützt zu werden, dazu gehören vor allem Kinderärzte, Kitas und Schulen. Die Polizei greift in der Regel erst ein, wenn eine Straftat geschehen ist.«

In den meisten westlichen Industrieländern sind Kindesmisshandlungen strafbar. In Deutschland – so ein n-tv-Bericht 2016 zum Thema »Gewalt gegen Kinder« – geht man davon aus, dass 10 % bis 15 % aller Eltern ihre Kinder häufig und schwerwiegend körperlich bestrafen. Jährlich müssen ca. 25.000 Kinder im Alter von 12 bis unter 18 Jahren von den Jugendämtern in Obhut genommen werden. Bei den unter Sechsjährigen sind dies 3100 pro Jahr. In ca. 8000 Fällen erfolgt der vollständige oder teilweise Entzug der elterlichen Sorge. Im Jahre 2015 kamen in Deutschland 130 Kinder durch Misshandlungen zu Tode. Hinzu kommen 52 Tötungsversuche (Redaktion n-tv vom 1.6.2016).

Zur Erkennung von Verletzungsfolgen durch Misshandlungen – gleichermaßen von Folgen emotionaler Vernachlässigung – sind insbesondere Hebammen, Kindergarten- und Schulpersonal, Haus- und Kinderärzte sowie Klinikärzte aufgefordert, die gerade für Notfallsituationen zur Verfügung stehen sollten. Die psychischen und physischen Folgen einer emotionalen Misshandlung bzw. Vernachlässigung, einer körperlichen Misshandlung und/oder eines sexuellen Missbrauchs können dramatisch verlaufen und das Leben der geschädigten Kinder dauerhaft prägen. Neben unmittelbarem Schulversagen sind Langzeitfolgen für das Erwachsenenalter und sogar bis ins hohe Lebensalter nicht ausgeschlossen. Zu erwarten – und leider vielfach belegt – sind posttraumatische Belastungsreaktionen, bleibende Persönlichkeitsstörungen, Vermeidungsverhalten, Reizbarkeit, Gedächtnislücken, niedriges Selbstwertgefühl, Unsicherheit und Depressionen sowie schlechte körperliche Gesundheit, Alkohol- und Drogenabhängigkeit in Verbindung mit für das soziale Umfeld der betroffenen Person nicht nachvollziehbaren veränderten und bizarren Weltanschauungen. »Die geprügelte Generation. Kochlöffel, Rohrstock und die Folgen«, so lautet der Buchtitel einer beklemmenden Recherche der Journalistin Ingrid Müller-Münch (2012). Hier findet sich auch der Hinweis, dass Kindesmisshandlung bereits mit einfachen Backpfeifen oder Kopfnüssen beginnt, auch wenn die Eltern behaupten – mit Verweis auf Martin Luther –, dies zum Wohle und Besten des Kindes zu tun. Für die meisten Kinder des Wirtschaftswunderlandes Deutschland in den 1950er Jahren gehörte Brutalität zum Alltag: Eltern bestraften ihre Kinder hart und oft – auch dies nicht zuletzt eine Folge der unselig noch in der frühen Bundesrepublik wirkenden NS-Pädagogin Haarer, deren Erziehungsratgeber letztmalig 1987 (!) aufgelegt wurde. Es ist daher nicht zu weit gegriffen, wenn Müller-Münch resümiert: »Ein Großteil der deutschen Nachkriegskinder ist ins Leben hineingeprügelt worden.« Das 68er Aufbegehren kam daher nicht von ungefähr und zum politischen Veränderungswillen gehörte schlichtweg auch der Wille zur Emanzipation von autoritärer familiärer Gewalt. Es verwundert und beängstigt, dass die Akzeptanz häuslicher Gewalt noch lange das Klima kindlicher Erziehung bestimmte. Erst im Jahre 2000 beschloss der Bundestag ein gesetzliches Verbot elterlicher Gewalt: »Kinder haben ein Recht auf gewaltfreie Erziehung. Körperliche Bestrafungen, seelische Verletzungen und andere entwürdigende Maßnahmen sind unzulässig«, heißt es nunmehr in BGB § 1631, Inhalt und Grenzen der Personensorge, Satz 2. Die Bundesrepublik gehört damit weltweit zu den etwas über

50 Staaten, in denen ein solches Gesetz besteht, darunter in 33 europäischen Staaten. Doch die Folgen der kindlichen und jugendlichen Gewalterfahrung der heute ins Rentenalter tretenden Generation sind gesellschaftlich bis heute kaum thematisiert, geschweige denn, dass sie genügend Beachtung gefunden haben, sieht man von Ausnahmen wie der Darstellung von Müller-Münch (2012) einmal ab. Auch die Erkenntnisse der Psychologin und Analytikerin der Kindheit Alice Miller (1923–2010), die den Zusammenhang zwischen erlebter Kindesmisshandlung in frühestem Alter und der Weitergabe von Gewalt im Erwachsenenalter an die eigenen Kinder thematisierte und zur Ursache jeglicher Gewalt in der Welt erklärte, mögen wissenschaftlich bekannt sein, eine Umsetzung in den Erziehungsalltag und damit eine Abwendung jeglicher Gewalt gegen Kinder ist jedoch nicht hinreichend zu verzeichnen. Neben direkter körperlicher Gewalt wie Ohrfeigen, Schläge oder sexuelle Ausbeutung gehören aber auch Vernachlässigung, Betrug, Spott oder Demütigungen zu den Formen von Misshandlung, weil sie die Integrität und die Würde des Kindes verletzen, auch wenn entsprechende Folgen nicht sofort sichtbar sind. Als Erwachsener jedoch wird das einst misshandelte Kind beginnen, nicht nur darunter zu leiden, sondern auch andere darunter leiden zu lassen. Das Fehlen von Nähe, Emotionalität und Liebe innerhalb der Familie wird so, zumeist unbewusst, auch an Nachfolgegenerationen weitergegeben, selbst bzw. gerade auch ohne die brutalen und menschenverachtenden Erziehungsmethoden der 1950er und 1960er Jahre mittels Prügel. Auch dies sind noch immer Folgen der NS-Diktatur, die schwer traumatisierte und zum Teil verrohte, in jedem Fall für empathische Erziehung verlorene Elterngenerationen zurückließ, und die sich kaum im Leben zurechtfanden. Die emotionale Bürde, die sie ihren Kindern mit auf den Lebensweg gaben, hervorgerufen durch Demütigung, Scham und seelischen – sowie auch

körperlichen – Schmerz beschäftigt die Betroffenen ein Leben lang.

In dem Beitrag »Rechtsmediziner schlagen Alarm« berichtete Solveig Bach im Nachrichtenfernsehen n-tv am 30. Januar 2014 über getretene, gebissene und totgeschlagene Kinder. Die beiden Rechtsmediziner an der Berliner Charité Michael Tsokos (*1967) und Saskia Guddat (*1980) zogen in ihrer aus der täglichen Praxis ermittelten Dokumentation »Deutschland misshandelt seine Kinder« (2014) das beängstigende Fazit: »Staatliches Versagen beim Kinderschutz ist nicht die Ausnahme, sondern die Regel. Fast alle Fälle der letzten Jahre, in denen Kinder in ihren Familien ums Leben gekommen sind, waren den Jugendämtern bekannt oder wurden von der Jugendhilfe bereits betreut.« Erschreckend und unfassbar ist auch die Mitteilung, dass ein Schuldirektor den Versuch einer Lehrerin untersagte, die Verletzungen eines ihrer Schüler bei der Polizei anzuzeigen! Tsokos und Guddat berichten auch über Richter, Anwälte und Jugendamtsmitarbeiter, die sich weigern, Fotos von misshandelten Kindern anzusehen. Tsokos hat schließlich öffentlich aufbegehrt, dass er es nicht mehr aushalten könne, wenn auf seinem Sektionstisch ein totes Kind liege und von den zuständigen Behörden nur die Information komme, es sei nichts falsch gemacht worden. Ein in Deutschland neues Phänomen ist zudem der Umgang mit Überzeugungshandlungen von Migranten aus fremden Kulturen. Die Berliner Morgenpost berichtete am 11. Juli 2017 über die Verurteilung eines 37-Jährigen, der mit Berufung auf religiöse Rituale aus seiner westafrikanischen Heimat einen Monat lang ein fünfjähriges Mädchen täglich unter anderem mit einem Hammer, einem Stock und einen Gürtel geprügelt hatte. Das Kind habe in einem Koffer schlafen müssen. Die Polizei hatte das Kind im Februar 2015 befreit und berichtet: »Ihr Körper war mit Verletzungen übersät.« Im Prozess gegen den Beschuldigten hatte ein

Kinderarzt berichtet, der starre Blick des Mädchens sei auffällig gewesen. Die Kleine habe eine »gefrorene Aufmerksamkeit« – so der Fachbegriff für chronisch misshandelte Kinder, bei denen sich die Gefühlsempfindungen im Gehirn zum Schutz des Überlebens abgeschaltet haben. Auf die Frage des Kinderarztes, wie es zu den Verletzungsfolgen gekommen sei, habe das Mädchen tonlos ausgesagt: »Papa hat das gemacht.« In der Urteilsbegründung für die Strafe, zwei Jahre Haft auf Bewährung (!), hatte der Richter zwar ausgeführt: »Der Inhalt der Akte hat mich zutiefst erschüttert«, wie man am Strafmaß sieht, aber offensichtlich nicht allzu sehr.

Zum Thema der auf kulturellen Überzeugungen gründenden Misshandlungen von Kindern zählt auch die Zwangsbeschneidung von Mädchen und Jungen in Deutschland. Die Medien berichteten am 2. August 2014 zum »Worldwide Day of Genitalautonomy« über einen ägyptischen Gynäkologen, der Ende 2012, als die Beschneidungsdebatte in Deutschland und Europa in einem vollen Umfange geführt wurde, die Meinung vertrat, dass den Eltern ein größeres Gewicht einzuräumen sei, als den Rechten der Kinder. Ferner ist zu lesen, dass neben der Beschneidung von Jungen alle Formen der weiblichen Genitalverstümmelung auch in Deutschland längst kein Tabu mehr sei. Laut deutscher Verfassung und UN-Kinderrechtskonvention sind Kinder selbst jedoch Träger eigener und unveräußerlicher Rechte. Sie müssen daher um ihrer selbst willen geschützt werden. Dieser Schutz darf niemals, je nach gesellschaftlicher Akzeptanz von Motivationen Erwachsener, diese Kinderrechte in Frage zu stellen, Relativierung erfahren. Da die gesellschaftliche Wahrnehmung und Bewertung verschiedener Erscheinungsformen von Kinderrechtsverletzungen weltweit je nach Kulturkreis stark differiert, ist ein umfassender Schutz aller Kinder nur dann realisierbar, wenn die UN-Kinderrechtskonvention

überall – d. h., ohne die Etablierung folgenschwerer Aus-
nahmeregelungen wie § 1631d, BGB, dem sogenannten
Beschneidungsgesetz – zur Durchsetzung gelangt!

Ähnlich und im Kontext mit Kindesmisshandlung sind
die Zwangsehen von Kindern zu sehen, die die deutsche
Schule besuchen, während der Ferien in ihrem Heimatland.
In der WELT vom 20. Juli 2017 wurde berichtet, wie Berlin
gegen Zwangsehen in den Schulferien ankämpft:»Einigen
Kindern mit Migrationshintergrund steht in den nächsten
Wochen nicht die schönste Zeit des Jahres, sondern das
ungewollte Ende ihrer Schulzeit bevor. Ihnen droht die
Zwangsheirat in den Herkunftsländern ihrer Familien.«
Laut Studie eines Berliner Arbeitskreises 2014 war 1/3 der
Betroffenen von Zwangsheiraten noch minderjährig und
damit im schulpflichtigen Alter. Über 57 % der Zwangshei-
raten finden im Ausland statt, es trifft zu 94 % Mädchen
[Redaktion WELT vom 20.7.2017]. An dieser Stelle sollte in
Deutschland die Frage erlaubt sein: Wo leben wir eigent-
lich?

Wenn das Verhältnis zwischen Partnern von Gewalt
geprägt ist und wenn z. B. Kinder Zeugen von Schlägen
ihres Vaters gegen ihre Mutter werden, leiden diese Kinder
zutiefst. Sie verdrängen die Erlebnisse nicht selten und erst
im späteren Erwachsenenalter kommt es zu symptoma-
tischen Auffälligkeiten, die psychotherapeutisch behand-
lungsbedürftig werden. Chronische traumatische Erfahrungen können nicht nur das Krankheitsbild einer
posttraumatischen Belastungsstörung verursachen, sondern auch das Erbgut verändern. Erfahrungen aus der
Umwelt prägen die Gene – der hierfür gültige Fachbegriff
lautet: Epigenetik. In der Schule muss die individuelle
Biographie der Kinder für die Lehrpersonen ausreichend
einsehbar und verfügbar sein. Im direkten Kontakt zwischen den Lehrenden und den Schülerinnen und Schülern
sollten betroffene Kinder wahrnehmbar werden. Besonders

prädestiniert zur Wahrnehmung von seelisch und damit psychisch geschädigten Kindern ist der Schulsport. Sportlehrerinnen und Sportlehrer sollten sich zum Handeln verpflichtet fühlen, wenn sie z. B. ungewöhnliche Verhaltensweisen, gestörte Bewegungsabläufe oder in von Sportbekleidung unbedeckten Körperbereichen alte oder frische Verletzungsnarben, Hämatome etc. erkennen. Derartige Befunde bieten mögliche Hinweise auf erlittene Gewaltanwendungen. Kinder und Jugendliche, die über die Unangemessenheit und Unrechtmäßigkeit erlittener Gewalt gegen sich selbst – durch wen auch immer und sogar auch durch die eigenen Eltern – aufgeklärt worden sind, werden eher in der Lage sein, gewalttätige Erwachsene zu identifizieren und ggf. auch über gewalttätige Eltern mit Vertrauen schenkenden Lehrpersonen zu sprechen. Auch werden aufgeklärte Kinder als spätere Erwachsene und Eltern ihre eigenen Kinder diese eher nicht misshandeln. Selbstverständlich bieten Erwachsenenbildung, Elternkurse in den Schulen, Erziehungsberatungen, das Jugendamt und Kinderschutzzentren Hilfestellungen. Mit an erster Stelle steht die Aufklärung über die Folgen von Misshandlungen und eine Ermutigung der Bevölkerung zur Zivilcourage. Auch insofern können Schulen mithelfen. Nach § 323c STGB gilt: »Unterlassene Hilfeleistung – wer bei Unglücksfällen oder gemeiner Gefahr oder Not nicht Hilfe leistet, obwohl dies erforderlich und ihm den Umständen nach zuzumuten ist, insbesondere dann, wenn diese ohne erhebliche eigene Gefahr und ohne Verletzung anderer wichtiger Pflichten möglich ist, wird mit Freiheitsstrafe bis zu einem Jahr oder mit Geldstrafe bestraft.«

1990 stellte die Gewaltkommission der Bundesregierung erstmals offiziell fest, dass Gewalt in der Familie in unserer Gesellschaft die häufigste ausgeübte Gewalt ist. Ganz überwiegend werden Frauen Opfer männlicher Gewalt. Jährlich fliehen ca. 45.000 Frauen mit ihren Kindern in ein Frauenhaus. Es sollte leicht nachvollziehbar sein, dass in diesen Fällen nicht nur die Frauen selbst, sondern auch deren Kinder psychisch betroffen sein werden und langfristige Schäden durch gewalttätige Väter davontragen können. Letztlich gilt jegliche Traumatisierung als gravierend und kann das Leben des Opfers »zerstören«.

Ursächlich für die Gewalt gegen Frauen und Kinder sind historisch gründende ungleiche Machtverhältnisse zwischen Mann und Frau, die zur Diskriminierung der Frau durch den Mann sowie zur Verhinderung der vollen Entfaltung der Frau geführt haben. Misshandlungen geschehen nicht aufgrund eines einmaligen Kontrollverlustes, sondern mehr oder weniger regelmäßig, um Macht und Kontrolle über das Opfer auszuüben. Alkoholisierung des Täters kann die Gewaltausübung beeinflussen, ist aber meist nicht der Grund für Misshandlung. Betroffen sind Frauen aller Altersgruppen und aus allen sozialen Schichten. Neue Studien zeigen, dass Migrantinnen etwas stärker und häufiger von Gewalt durch einen Lebenspartner betroffen sind, als deutsche Frauen.

Eine Sonderstellung der Kindesmisshandlungen kommt dem sexuellen Missbrauch von Kindern und Schutzbefohlenen zu. Im Jahr 2011 wurden 12.444 Fälle und im Jahre 2012 12.623 Fälle in der polizeilichen Kriminalstatistik erfasst. Die Täter rekrutieren sich nicht selten aus dem familiären Umfeld, aus dem Bekanntenkreis und aus der Nachbarschaft.

Die Medien berichten häufig über Kriminalfälle, bei denen Kinder in der einen oder anderen Form zu Opfern geworden sind. Eine besondere mediale Aufmerksamkeit finden Fälle wie die des Marc Dutroux, einem belgischen Serienmörder und Sexualstraftäter, der mehrere Kinder und Jugendliche im Alter von 8 bis 19 Jahren entführt und sexuell missbraucht hat. Zwei junge Frauen im Alter von 17 und 19 Jahren wurden von Dutroux ermordet und zwei achtjährige Mädchen in einem Verlies eingesperrt und sind dort verhungert. Während der Ermittlungszeit und des Prozesses nach Dutroux' Verhaftung verstarben 27 Zeugen. Der Staatsanwalt beging im Juli 1999 Suizid. In diesem Kontext ist zumindest der Gedanke nicht abwegig, dass es sich bei Dutroux um eine Schlüsselfigur eines pädophilen Netzwerkes gehandelt haben könnte. Die von deMause recherchierte und dokumentierte psychogenetische Geschichte der Kinder und der Kindheit ist definitiv noch nicht vollständig aufgearbeitet.

Mediale Aufmerksamkeit erregte auch der Fall von Josef Fritzl. Dieser hatte seine eigene Tochter über 24 Jahre in einem Kellerverlies eingesperrt und mit ihr mehrere Kinder gezeugt. Fritzl hatte behauptet, dass er es eigentlich gut gemeint habe. In diesem Fall handelt es sich um exzessive sexuelle Perversion. Entsprechend kann auch der Fall der 1998 entführten Natascha Kampusch interpretiert werden. Nach mehr als achtjähriger Gefangenschaft konnte sie vor ihrem Peiniger Wolfgang Priklopil am 23. August 2006 flüchten. Priklopil hat Selbstmord begangen. Solange exklusive Kriminalfälle das Bewusstsein der Öffentlichkeit für tragische Kinderschicksale wachhalten, ist das Medieninteresse groß. Dies darf jedoch nicht die Wahrnehmung für alltägliche in Deutschland stattfindende Gewalt gegen Frauen und Kinder mit körperlichen Misshandlungen, sexuellem Missbrauch und emotionaler Vernachlässigung klein halten.

Die Häufung der sexuellen Missbrauchsfälle in den christlichen Kirchen soll – was die Ursachen angeht – in diesem Rahmen nicht vertieft werden. Es bleibt jedoch die Erkenntnis, dass der sexuelle Missbrauch von Kindern in den christlichen Kirchen einem doppelten Vertrauensbruch gleichkommt. Ein Priester gilt nicht nur bei Kindern, sondern auch bei Erwachsenen als Vertrauensperson. Der sexuelle Missbrauchsakt zerstört die kindliche und jugendliche Fähigkeit, Vertrauen zu bilden oder zu bewahren. Die körperliche und die geistig-seelische Unversehrtheit der Opfer wird nicht gestört, sondern ramponiert! Medizinisch-psychologisch kann ein langjähriger anhaltender oder auch immerwährender seelischer Schaden die Folge sein. Es ist schwer nachvollziehbar, dass sich die offiziellen Kirchen mit Geldzahlungen »freikaufen«. Die angerichteten Schäden können nicht einfach materiell erfasst und somit vermeintlich aus der Welt geschafft werden. Anstelle einer ausschließlich materiellen Schadensregulierung ist ein grundlegendes neues Denken auch hinsichtlich der Eignung, Ausbildung und Führung neuer Priesterkandidaten einzufordern. Nicht nur die Noch-Kirchenmitglieder, die Gesellschaft als Ganzes erwartet sehnlichst laut wahrnehmbare Stellungnahmen und keine »klammheimlichen« kurzen Erklärungen in den Medien und schon gar nicht kommentarlose Verteilungen von Geldsummen an die Opfer in der Annahme, damit seien die angerichteten Schäden aus der Welt. Die kirchenamtlichen Reaktionen zu den Vorfällen des Kindesmissbrauchs sollten auch mit nachvollziehbaren Erklärungen zu präventiven Aktionen ergänzt werden. Eine weitere Frage lautet: Benötigt die Amtskirche tatsächlich eine PR-Agentur, um die Imageschädigung klein zu halten? Hat z. B. die Bergpredigt an Attraktivität verloren und damit einhergehend auch die Attraktivität des Priesterberufes? Sind im schulischen Religionsunterricht die Themen ausgegangen und muss vorrangig über alle Weltregionen unterrichtet werden, anstatt die christlichen Kernbotschaften zu reflektieren? Und warum zahlt ein Rest von Gläubigen an die Amtskirche angesichts der vielen Ungeheuerlichkeiten überhaupt noch Kirchensteuern?

»Kein Problem kann ohne Bildung gelöst werden«, so lautete der Appell der UNICEF-Botschafterin Muzoon Almellehan (*1999), der Friedensnobelpreisträgerin Malala Yousafzai (*1997) und der pakistanischen Aktivistin Shazia Ramzan (*1998). Es ist mehr als nur zu wünschen, dass sich alle Bildungsverantwortlichen in Deutschland und insbesondere alle Lehrpersonen in den Schulen sowie alle für die Ausbildung von Lehramtskandidaten in den Universitäten verantwortlichen Lehrkräfte dem Appell anschließen!

Schuldknechtschaft, Kinderarbeit, Kinderprostitution

Wer glaubt, dass der amerikanische Psychiater und Historiker Lloyd deMause mit seiner Darstellung »Hört ihr die Kinder weinen« (1977) Kinderschicksale von einer Tragweite beschrieben hat, die nach menschlichem Vorstellungsvermögen nicht mehr zu übertreffen sind, der irrt. Die nicht nur in Deutschland und in Europa, sondern weltweit alltäglich stattfindenden kriminellen Handlungen gegen Kinder begründen ernsthafte Zweifel daran, ob unserer Spezies überhaupt noch eine moralische Daseinsberechtigung auf diesem Planeten zuzusprechen ist. Die Buchtitel »Raubtier Mensch« (Gray 2015) und »Bestie Mensch« (Müller 2004) sind geeignet, unser Bewusstsein zu erhellen.

Menschliche »Raubtiere« und »Bestien« scheinen gesellschaftlich integriert zu sein. Warum es sie überhaupt gibt, ist naturwissenschaftlich und evolutionsbiologisch zu erklären – wird aber bildungs- und allgemeinpolitisch nicht beharrlich genug hinterfragt, geschweige denn zum Thema schulischer Bildungsarbeit gemacht. Das Faktum der Traumatisierung frühkindlicher und kindlicher Gehirne, die den späteren Erwachsenen deformiert, wird gesellschaftlich und politisch, aus welchen Gründen auch immer, gering oder überhaupt nicht beachtet. Allenfalls ist gelegentlich in Urteilsbegründungen richterlicher Entscheidungen zu lesen, dass eine »schlechte Kindheit und Jugend« bei Tätern Berücksichtigung findet. Diese Erkenntnis ist allein aus ihrer Banalität heraus beachtenswert. Eine aus dieser

Erkenntnis abgeleitete und präventiv organisierte konsequente schulische Informationsarbeit zum Schutz von Kindern und Jugendlichen hingegen ist nicht erkennbar. In der Schule wird weder über die Ursachen noch über die Folgen von Kindesmisshandlungen informiert. Den Lehrpersonen und auch den in Ausbildung befindlichen Lehramtskandidaten werden wissenschaftliche Erkenntnisse über die gravierenden pathologischen Veränderungen in kindlichen Gehirnen vorenthalten. Die Neurowissenschaften und die Neurodidaktik haben leider noch keinen genügenden Zugang in die universitäre Ausbildung von Lehramtskandidaten gefunden. Das diesbezügliche Interesse schulischer Lehrkräfte und Lehramtskandidaten hingegen ist sehr groß. Die Vorträge und Fortbildungsveranstaltungen mit neurowissenschaftlichen und neurodidaktischen Bezügen sind stets ausgebucht. Möglicherweise fürchtet die dominierende akademische Pädagogik Konkurrenz, was die naturwissenschaftlichen Experten der Neurowissenschaften jedoch für ganz und gar unbegründet halten. So lange aber die in Schlüsselstellungen für die in der Kinder- und Jugendbildung befindlichen schulischen Lehrkräfte einschließlich der Lehramtskandidaten auf den zum Teil ausgetretenen Pfaden der akademischen Pädagogik wandeln müssen, d. h. solange ihnen ergänzende und förderliche neurowissenschaftliche Erkenntnisse vorenthalten werden, ist mit einem besseren Schutz von Kindern und Jugendlichen nicht zu rechnen.

Neben den in den westlichen Ländern einschließlich Deutschland noch (leider) zu häufig vorkommenden Kindesmisshandlungen, dem sexuellen Missbrauch und der Vernachlässigung dominiert darüber hinaus auch noch in großem Umfang Kinderarbeit in der sogenannten Dritten Welt. Unsere immer wieder geleisteten materiellen Entwicklungshilfen scheinen dahingehend kausal so gut wie nichts zu bewirken.

Erstmals wurde im Jahre 1839 ein Gesetz verabschiedet, das die Arbeit von Kindern unter neun Jahren untersagte. 1853 wurde ein weiteres Gesetz verabschiedet, das Kinderarbeit unter zwölf Jahren verbot. Zu dieser Zeit war es z. B. in der Schweiz sogar noch üblich, dass Kinder auf dem Markt ersteigert werden konnten. 1904 wurde ein weiteres Kinderschutzgesetz verabschiedet. Im 19. Jahrhundert war ein Drittel aller Fabrikarbeiter Kinder. Mädchen wurden noch intensiver ausgebeutet als Jungen, da sie für die gleiche Arbeit weitaus weniger Geld erhielten.

Die Internationale Arbeitsorganisation ILO, eine Sonderorganisation der UNO mit 175 Mitgliedsstaaten und Hauptsitz in Genf, hat die Beseitigung der Zwangsarbeit und die Abschaffung der Kinderarbeit zu ihren Grundprinzipien erklärt. Das Mindestalter für arbeitende Kinder wurde auf 15 Jahre festgelegt und nur unter der Bedingung, dass das Leben, die Gesundheit und die Sittlichkeit der arbeitenden Kinder nicht gefährdet werden. Laut ILO arbeiten jedoch heute etwa 211 Millionen Kinder zwischen fünf und vierzehn Jahren. In Afrika betrifft dies jedes dritte Kind (etwa 29 % aller Kinder), in Asien jedes fünfte Kind (rund 19 %), in Lateinamerika jedes sechste Kind (16 %) und in den Industriestaaten arbeitet »nur« jedes fünfzigste Kind (ca. 2 %). Kinder müssen dabei bis zu 16 Stunden täglich schwere und gesundheitsgefährdende Arbeiten verrichten. Sie bekommen sehr wenig zu essen, werden für Fehler hart bestraft, sie erkranken häufig und sterben auch früher.

Die Ursache von Kinderarbeit ist fast immer exzessive Armut. Auch leben Kinder auf der Straße, deren Eltern früh an Krankheiten verstorben sind, und müssen nun ihren Lebensunterhalt durch Arbeit verdienen. Fehlende Schulen oder Schulen von schlechter Qualität, ausbleibende Förderung von Wissen und Bildung sowie fehlende soziale Leistungen und mangelnde staatliche Verantwortung Kindern gegenüber gehören ebenfalls zu den Ursachen, die Kinder zu nicht kindgerechter Arbeit zwingen. So berichtet die Organisation Terre des Hommes über schwache und korrupte Behörden und über eine Polizei, die nicht selten selbst von ausbeuterischer Arbeit profitieren. Soziale Sicherungssysteme fehlen vollständig. Arbeitgeber bevorzugen die Einstellung von Kindern, weil diese nicht gewerkschaftlich organisiert sind. Frauen und Mädchen werden als minderwertig angesehen, dem Schulbesuch wird kein Wert beigemessen. In vielen Gesellschaften werden bestimmte soziale Gruppen diskriminiert und ihrer grundlegenden Rechte beraubt, so dass diese jeglicher Gewalttätigkeit und Ausbeutung schutzlos ausgeliefert sind, und deren Kinder ebenso. Kinder knüpfen Teppiche, hauen Steine, ackern auf Plantagen und werden als Haussklaven gehalten. Sie arbeiten in engen Minen und Tunneln und fördern z. B. in Ghana, auf den Philippinen und anderswo Gold, Mineralien, Kobalt, Kupfer, Zinn und Coltan. Das Erz Coltan findet sich vor allem im Kongo in großen Mengen und enthält Metalle, die hauptsächlich zur Herstellung von Kondensatoren, chirurgischen Instrumenten und in der Mikroelektronik verwendet werden. Für den Abbau von Coltan steht den Arbeitern kaum Werkzeug zur Verfügung. Sie müssen dieses Erz teilweise mit bloßen Händen gewinnen. Wer erschöpft, krank oder arbeitsunfähig wird, gilt als Ballast und wird aussortiert. Mit dem Coltan-Handel verdienen westliche und auch deutsche Industrien und Konzerne Millionen. Die in den Minen arbeitenden Menschen hingegen erhalten weniger als einen Dollar pro Tag.

Zu den schlimmsten Formen der Kinderarbeit zählen die Vereinten Nationen Sklaverei, sklavenähnliche Abhängigkeiten, Zwangsarbeit, den Einsatz von Kindersoldaten, Kinder als Drogenkuriere sowie Kinderprostitution und Kinderpornographie. Nach einer Konvention der Internationalen Arbeitsorganisation ILO von 1999 sollen sich fast alle Staaten der Welt dazu verpflichtet haben, jegliche Form der Kinderarbeit bis zum Jahre 2025 vollständig abzuschaffen. Terre des Hommes versucht daher, Kindern mittels Schule, Bildung und Ausbildung eine Zukunft zu geben. Je mehr deutsche Schülerinnen und Schüler auch über derartige Probleme in Afrika, Asien, Lateinamerika etc. informiert sind, umso eher besteht die Hoffnung, dass das Bewusstsein hier geschärft und unsere Handlungsweisen kritisch überprüft werden. Kinderrechte haben weltweit zu gelten und nicht nur in den entwickelten westlichen Demokratien.

Es ist davon auszugehen, dass auch weiterhin Kinder und Jugendliche im Verborgenen arbeiten werden. Sie müssen Geld verdienen und ihre Familien sehen in einer desolat rückständigen Tradition im Übrigen nichts Falsches darin. Sie kennen kein anderes Leben. Unsere sogenannten »normalen Lebensverhältnisse« müssen ihnen fremd und exotisch erscheinen. Sollte bei uns z. B. in der Institution Schule nicht auch eine Pflicht zur Aufklärung über die traurigen Lebensverhältnisse der Kinder und Jugendlichen in der Dritten Welt bestehen? Unsere nachfolgenden Generationen könnten vielleicht eher als die gegenwärtigen Erwachsenen die Ursachen von Kinderarbeit in der Dritten Welt hinterfragen und zu Korrekturen beitragen.

Weltweit gehen fast 58 Millionen Kinder im Grundschulalter und 63 Millionen Jugendliche unterhalb des 15. Lebensjahres nicht zur Schule. Schätzungsweise 600 Millionen Schulkinder arbeiten parallel neben ihrem Unterricht. Viele brechen ohne Abschluss die Schule ab. Andere befinden sich in einer Schuldknechtschaft und werden gezwungen, für ihre verschuldeten Eltern zu arbeiten. Der Friedensnobelpreisträger Kailash Satyarthi (*1954) beschreibt Kinderausbeutung als zentralen Bestandteil in einem Teufelskreis aus Unwissenheit, Armut und Korruption. Die betroffenen Kinder werden – sofern Hilfe von außen fernbleibt – in ihrem Leben niemals eine Chance haben, ein menschenwürdiges Leben zu führen. Sie bleiben ungebildet, arm und oftmals krank, und so wird es auch ihren Kindern wieder ergehen. Die Profiteure des Erz- und Mineralabbaus, der Textilindustrie u. v. m. in den westlichen Industrieländern stehen in der Verantwortung – nicht nur, was die ausbeuterische Kinderarbeit selbst betrifft – sondern auch an der Aufklärung und Information unserer eigenen jungen Generationen mitzuwirken. In ferner Zukunft wird nicht ausbleiben, dass sich Folgegenerationen einmal von dem menschenverachtenden Agieren unserer sogenannten freien Welt voller Abscheu abwenden werden. Kailash Satyarthi ist Ingenieur und Hochschuldozent für Elektrotechnik in Indien. Seit 1980 widmet er sich ausschließlich dem Kampf gegen die Ausbeutung von Kindern in seinem Heimatland. Seine Organisation »Front gegen Schuldknechtschaft« bekämpft die Versklavung von Kindern, deren Eltern überschuldet sind und engagiert sich in zahlreichen weiteren Organisationen wie »Weltweiter Marsch gegen Kinderarbeit« oder »Weltweite Kampagne für Bildung«. Am 10. Oktober 2014 wurde ihm gemeinsam mit der pakistanischen Kinderrechtsaktivistin Malala Yousafzai der Friedensnobelpreis zuerkannt. In seiner Rede anlässlich der Verleihung des Nobelpreises forderte er: »Globalisieren wir das Mitgefühl […], demokratisieren wir die Bildung!« Dieser Aufruf richtet sich an die Weltgemeinschaft und somit auch an alle engagierten Menschen in Deutschland. Vor allem auch an Lehramtsstudierende und an alle bereits tätigen Lehrerinnen und Lehrer, die diesen Appell an den Schulen und Universitäten vertiefen und weitergeben können.

Kinderprostitution und -pornographie ist in vielen Ländern, die von Europäern und Amerikanern als Urlaubsländer geschätzt werden, Lebensalltag. Hartwig Weber (*1944), Professor für evangelische Theologie und Religionspädagogik, verfasste gemeinsam mit Sor Sara Sierra Jaramillo (*1964), Direktorin einer Lehrkräftebildungseinrichtung in der Millionenstadt Medellín/Kolumbien, ein Buch mit dem Titel »Bildung gegen den Strich. Lebensort Straße als pädagogische Herausforderung« (2013). Die Autoren beschreiben das Leben von Mädchen und Jungen, die auf den Straßen Medellíns leben und ihren Unterhalt durch Prostitution finanzieren. Um Abhilfe zu schaffen, setzen die Autoren nicht auf karitative Maßnahmen, sondern auf Bildung. Im Mittelpunkt stehen Konzept, Intention und Methodik einer darauf abzielenden Straßenpädagogik. Auch in Deutschland werden Kinder zur Prostitution gezwungen. Die Kriminalstatistik 2015 weist 147 Fälle von Prostitution Minderjähriger in ganz Deutschland aus. Die Dunkelziffer ist immens höher. Mechthild Maurer von der Arbeitsgemeinschaft zum Schutz der Kinder vor sexueller Ausbeutung (ECPAT), zitierte die UN mit der Nachricht, dass immer mehr Kinder Opfer von Menschenhandel werden (Tagesschau.de 2014). Deutschland ist für Menschenhändler ein wichtiger Markt, 25 % der Opfer sind minderjährig. Laut einem EU-Bericht von 2009 zum Kinderhandel in Europa verschwinden aus europäischen Flüchtlingslagern jährlich tausende Kinder. Die meisten – so berichtet Andreas Reuter vom HR-Hörfunkstudio Brüssel am 7. Juli 2009 – werden auf dem Arbeitsmarkt ausgebeutet durch Betteln, Prostitution oder werden sogar Opfer von Organentnahmen.

Das »Raubtier«, besser die »Bestie« Mensch agiert unfassbar grausam. Mit der Zuweisung von Verantwortung an Behörden ist es nicht getan. In schulischen und universitären Programmen, Seminaren, Projekten etc. wäre es möglich, ein Bewusstsein für das weltweite Schicksal von Kindern zu wecken. Die handelnden Personen und Profiteure waren selbst einmal Kinder, die inzwischen pervertiert sind – ein Teufelskreis von lieblos und beziehungslos aufgewachsenen Kindern hin zu später pervertierten Erwachsenen. Ein gesellschaftliches Bewusstsein für das von ihnen geschaffene Leid und Elend scheint sich bis heute nicht entwickelt zu haben. Immerhin hat man nach den oben erwähnten Berichten des Theologen Weber und der Lehrkräfteausbilderin Jaramillo weit weg von Deutschland, nämlich in Kolumbien, erkannt, dass Bildung ein taugliches Konzept zum Kinderschutz ist.

In unserer Evolution ist die Herabwürdigung, Diskriminierung und Misshandlungen von Menschenkindern einzigartig. Tierkinder mögen auch nicht vollständig frei von speziellen Risiken heranwachsen. Über systematische Kindesmisshandlungen und Missbrauch von Tierkindern ist in der Evolution unserer Mitgeschöpfe jedoch nichts bekannt.

Pädagogisches Vertrauen

Ute Frevert (*1954), Historikerin und Direktorin des Max-Planck-Instituts für Bildungsforschung, widmete sich 2013 mit der Veröffentlichung »Vertrauensfragen. Eine Obsession der Moderne« dem zentralen Thema eines allgemeinen gesellschaftlichen »Unwohlseins«. Die Bevölkerung Deutschlands besteht nach Frevert vor allem aus TV-Konsumenten. Und was über die TV-Medien an Falschinformationen, Irreführungen und betrügerischen Aussagen verbreitet wird, ist nur noch schwer erträglich. Dies nicht nur im Hinblick auf Werbesendungen und den dort angepriesenen vielfach unnützen Dingen, sondern vor allem auf den zweifelhaften Informationsgehalt, den Banken, Versicherungen, Industrieunternehmen, die Nahrungsmittelindustrie und Dienstleister etc. verbreiten. Mit anderen Worten, der Begriff »Vertrauen« ist sinnentleert, der Jugend kaum noch vermittelbar und er wird zudem ständig weiter ausgehöhlt. Er steht für alles Mögliche und signalisiert inhaltlich nicht mehr tatsächliches Vertrauen in Personen oder Institutionen. Der Appell an das Vertrauen der TV-Konsumenten zielt allein auf deren Portemonnaie. Der allumfassende Begriff des Vertrauens eignet sich offensichtlich hervorragend zur Manipulation der Konsumenten. Vertrauen entspricht einer Gefühlshaltung. Und Gefühle dominieren die menschlichen Wahrnehmungen und menschliches Handeln stärker als der Verstand. Gerade deshalb sollte der leichtfertige Umgang mit dem Begriff des Vertrauens informell in der Schule thematisiert und von Wildwuchs befreit werden, um wieder Konturen zu erhalten. Die Schule ist hier gefordert, alle Lehrkräfte wie auch die Eltern und die gesamte Gesellschaft. Wenn aber Pädagogen selbst Opfer von Manipulationen und Indoktrinationen von Medien und einer zwiespältig agierenden Politik sind, kann eine adäquate Begriffskorrektur und Begriffswahrnehmung bei Kindern und Jugendlichen nicht erwartet werden.

Unter dem Stichwort »pädagogisches Vertrauen« präzisiert Frevert in einem historischen Kontext auch den Begriff der »Lehrerpersönlichkeit«. Damit leitet sie über zu den Skandalen an der Odenwaldschule, die 1910 von Edith Geheeb (1885–1982) und Paul Geheeb (1870–1961) als Landerziehungsheim gegründet worden war. Konzeptionell sollte diese Schule nicht »von oben nach unten« funktionieren. Es gab eine Gemeinschaft, unterteilt in »Familien«. Keine »Herrscher« über die gesamte Gemeinschaft, weder Vorgesetzte noch Untergebene. Auch galt das Prinzip der Koedukation. Doch das als Reformschule konzipierte Unternehmen offenbarte schon bald Aspekte der Päderastie, des Missbrauchs minderjähriger Knaben, und dies bereits zu Anfangszeiten der Schule. Der ehemalige Schulleiter – von 1972 bis 1985 – Gerold Becker (1936–2010) versuchte, sich mit einem Rückgriff auf Plato und auf die altgriechische Knabenliebe zu rehabilitieren. Allein dieses Schutzargument war ein grober kultureller Missgriff. Im antiken Griechenland fand Knabenliebe zwischen erwachsenen Männern und Jugendlichen jenseits der Pubertät statt. Kinder sollen in Ausnahmefällen im alten Griechenland auch zu Opfern geworden sein, eine Knabenliebe mit Jugendlichen unterhalb der Pubertät war verpönt und verboten. Beckers päderastisches Verhalten stieß zudem auf eine Kultur des Wegschauens, Verdrängens und Nichtwissenwollens einer aufgeklärten Insidergemeinde nach dem Prinzip der drei Affen: »Nichts sehen, nichts hören, nichts reden.« Becker hatte jahrzehntelang kleine Jungen sexuell bedrängt und missbraucht, ohne dass jemand intervenierte. Darunter waren auch Kinder der geistigen und finanziellen Elite der Bundesrepublik. »Becker erfreute sich nach wie vor eines guten Rufes und war in den Medien und Bildungsinstitutionen der Republik ein gern gesehener Gast. Er war bestens vernetzt und mit einflussreichen Entscheidungsträgern befreundet. Damit genoss er auch außerhalb dieser Kreise Vertrauen.« (Frevert 2013)

Der Pädagoge Hartmut von Hentig (*1925), der Lebensgefährte Gerold Beckers, gilt als einer der renommiertesten Pädagogen in Deutschland und wird in einem Atemzug genannt mit Johann Heinrich Pestalozzi oder Maria Montessori. Sein Lebenswerk umfasst rund 70 Buchveröffentlichungen. Inklusion zählte von Hentig von Anfang an integral zur deutschen Schullandschaft. Für ihn ist Lernen durch Verstehen wichtig. Die Schülerinnen und Schüler sollten etwas erfahren und nicht bloß belehrt werden. Die *Frankfurter Allgemeine Zeitung* berichtete am 25. Mai 2016 über die Gedanken Hentigs zur Missbrauchsaffäre und zu seinem Lebensgefährten Becker: »Er [von Hentig] wiederholte, dass sexuelle Handlungen an Kindern falsch seien. Allerdings bestehe die Möglichkeit, dass ein Kind einen Erwachsenen verführt.« Die Journalistin Katja Irle schrieb in der Frankfurter Rundschau, dass sich von Hentig als »Denkmal« unter den modernden Bildungsreformern damit selbst demontiert habe. Der Autor und Journalist Christian Füller (*1963) teilt in einem Interview zu den Vorfällen in der Odenwaldschule mit: »Was ich herausgefunden habe, war niederschmetternd. Es war ein furchtbares System, in dem sich die Päderasten unter den Lehrern die schönsten und labilsten Jungen aus dem Aufnahmehaus für die Neuen herausgeholt und sich gegenseitig zugeschoben haben. Ich entdeckte, dass sechs Lehrer, die dort Täter oder Propagandisten des Missbrauchs waren, aus der Jugendbewegung oder ihren Folgebünden stammten. Da wurde mir klar, dass es ein System gibt und dieses System in einer Reformidee begründet war.« Nach Füller hatte diese »Reformpädagogik« eine dunkle Seite: Den als »pädagogischen Eros« verharmlosten sexuellen Missbrauch. Nach Füller ist Sexualaufklärung in der Schule nötig, sie muss aber zeitgemäß sein. Kinder, die heute mit Pornographie im Internet aufwachsen, müssen nicht mit diversen Sexualpraktiken bekannt gemacht werden oder erfahren, wie man ein Bordell betreibt. Füller erwähnt Helmut Kentler (1928–2008), Psychologe und Professor für Sozialpädagogik an der Universität Hannover, einen Mann, der in den 1960er und 1970er Jahren benachteiligte Jugendliche in einem Landesprogramm des Berliner Senats bei pädophilen Hausmeistern untergebracht hatte. Personen, die Kentlers Schüler waren, vertraten eine schrankenlose, »emanzipatorische« Sexualität als Grundprogramm. Das Adjektiv »emanzipatorisch« mag einer kurzfristigen Zeitströmung entsprochen haben. Ein »progressiver Denkansatz« war dies zumindest nicht. Entsprechend antwortete Füller auf die 1960er und 1970er Jahren in seinem Befund »Die Revolution missbraucht ihre Kinder. Sexuelle Gewalt in deutschen Protestbewegungen« (Füller 2015).

Im Jahre 2010 strengte die seit 2007 fungierende Schulleiterin Margarita Kaufmann (*1956) eine erneute Untersuchung der Missbrauchsfälle an der Odenwaldschule an. Die Rede war von Lehrern als Täter und von 33 bekannten Opfern. Haupttäter waren der ehemalige Direktor Becker und der 2006 verstorbene Musiklehrer Wolfgang Held. Tatsächlich soll es sich nicht um 33, sondern um 50 bis 100 Missbrauchsopfer gehandelt haben. Die zuständige Staatsanwaltschaft Darmstadt hatte im Mai 2010 noch gegen sechs ehemalige Lehrer und gegen einen Schüler ermittelt. Bis 2012 kam es zu keinem Rechtsurteil. Becker verstarb am 7. Juli 2010, ohne jemals strafrechtlich zur Verantwortung gezogen worden zu sein. Mehrere Opfer versuchten, die Missbrauchsskandale literarisch aufzuarbeiten. Andreas Huckele (*1969) erhielt für seine Darstellung »Wie laut soll ich denn noch schreien?« (2011) – erschienen unter dem Pseudonym Jürgen Dehmers – im Jahre 2012 den Geschwister-Scholl-Preis. Transparenz über die Vorkommnisse jedoch wurde laut des auch für die Odenwaldschule zuständigen Landrats Matthias Wilkes (*1959) zu keinem Zeitpunkt hergestellt. Einige Eltern und Schüler hatten sogar dafür gekämpft, die Schule trotz alledem zu erhalten. Der Landesrechnungshof konnte jedoch keine wirtschaftliche Tragfähigkeit mehr feststellen: Die Betriebserlaubnis wurde daher am 2. September 2015 entzogen und die Gebäude letztlich 2017 verkauft – die Odenwaldschule existiert somit nicht mehr.

Frevert (2013) führt zur Macht des allgemeinen Vertrauens aus: »Die alltägliche Zuversicht ist, soweit man erkennen kann, trotz Bankenkrise, Eurokrise, Schuldenkrise weitgehend intakt. Niemand hortet sein Geld zu Hause, geht nicht mehr zum Arzt oder isst keine Eier mehr, weil einzelne Banken, Ärzte und Legebetriebe negative Schlagzeilen machen. Auch die Zuversicht, dass politische und gesellschaftliche Institutionen ihre Aufgaben erfüllen, hat bisher nicht gelitten. Wir bezahlen weiterhin Steuern, rechnen auf unsere Rente und verlassen uns darauf, dass wir zu unserem Recht gelangen, falls uns Unrecht widerfahren ist.« Mit anderen Worten, Vertrauen wird glücklicherweise immer noch als ein verlässliches zwischenmenschliches

Gefühl wahrgenommen. Das von Frevert im Detail beschriebene Problem »Odenwaldschule« lehrt, mit dem Begriff des Vertrauens und insbesondere einem Vertrauensvorschuss vorsichtig umzugehen. Die mit einem historisch begründeten Vertrauensvorschuss versehene Odenwaldschule aber selbst, einst Vorzeigeeinrichtung der Reformpädagogik und Eliteschule der Bundesrepublik, hat diesen Vertrauensvorschuss aufgrund mangelnder, verschleppter und vertuschender Aufarbeitung um die kriminellen Machenschaften der Täter letztlich verloren.

Die meisten Menschen brauchen mehr Liebe, als sie verdienen

Die österreichische Schriftstellerin Marie Freifrau Ebner von Eschenbach (1830–1916) erkannte in ihren zahlreichen psychologischen Erzählungen: »Die meisten Menschen brauchen mehr Liebe, als sie verdienen.« Nahlah Saimeh (*1966), eine deutsche Fachärztin und Gutachterin für forensische Psychiatrie, nahm in ihrer Publikation »Jeder kann zum Mörder werden« (2012) Bezug auf Ebner von Eschenbach und nahm in deren Feststellung eine Zusammenfassung des Wissens um die Verletzlichkeit des Menschen als Quelle allen üblen Handelns wahr. Aus der menschlichen Neigung, andere Menschen zu misshandeln, in Massen umzubringen (Genozide), Frauen zu diskriminieren, Kinder zu misshandeln und ausschließlich aus Profitgründen die Umwelt zu zerstören sowie gnadenlos in Konkurrenzkämpfen zu agieren, anstatt kooperativ zu handeln, könnte geschlussfolgert werden, dass unsere Spezies resignativ und hoffnungslos als über alle Maßen dekadent und dem moralischen Untergang geweiht ist.

Völkermorde sind seit der Antike bekannt. In der Kolonisationspolitik der Europäer waren sie zahlreich. Aus der jüngeren Vergangenheit ist der Holocaust an den Juden, an Sinti und Roma zu nennen, jüngst erst die Genozide in Ruanda und die Massaker in Srebrenica. John Gray (*1948), britischer Philosoph und Professor für europäische Ideengeschichte in London, verwendet in der Einleitung seiner Darstellung »Raubtier Mensch« (Originaltitel: »The Silence of Animals«, 2013) ein Bild des österreichisch-ungarischen Schriftstellers Arthur Koestler (1905–1983) aus dessen 1940 erschienenem Roman »Sonnenfinsternis«. Hochzivilisierte und sich philosophischen Betrachtungen hingebende Affen schwingen graziös in hohen Baumwipfeln. Keulen schwingende Neandertaler-Menschen trampeln auf dem Erdboden düster durch die Welt. »Die Affen aßen Früchte und zarte Pflanzen und hatten feine Manieren. Der Neandertaler verschlang rohes Fleisch, schlachtete Tiere und seinesgleichen, fällte Bäume und rückte Felsen von ihren geheiligten Plätzen und versündigte sich gegen jedes Gesetz und jede Tradition des Dschungels.« Mit anderen Worten, hochzivilisierte Affen blickten auf barbarisch anmutende Menschengestalten herab. Koestler und Gray verstehen den Neandertaler als Metapher einer niedrigen Geisteskultur der vermeintlich zivilisierten Bevölkerung. Für sie ist die Annahme, das menschliche Böse verschwinde mit der Zunahme an Wissen und der Vernunft, eine unglaubwürdige Behauptung. Dem überzeugten Atheisten Gray erscheint die Menschheit als eine gierige Lebensform, die andere und auch sich selbst ausrottet. Nach Gray lautet die Botschaft der Schöpfungsgeschichte: »In den grundlegenden Bereichen des menschlichen Lebens gibt es seit dem Niedergang der Antike keinen Fortschritt, vielmehr einen unendlichen Kampf gegen die eigene Natur.« (Gray 2013)

Gray und Koestler stützen sich in ihren Einschätzungen auch auf zugrundeliegende neurobiologische Befunde des menschlichen Gehirns. Dieses kann sowohl zu bösem wie auch zu gutem Handeln hinsteuern. Als Organ ist das Gehirn nur ein Werkzeug zur Speicherung von Informationen und dient der Bewusstmachung kognitiver und emotionaler Intentionen und Bedürfnisse des Menschen als auch dessen Umwelt. Grays Menschenbild im Sinne eines »Raubtiers Mensch« fände damit auf der neurobiologischen Ebene eine Entsprechung. Eine solche naturwissenschaftliche und auf neurobiologische Erkenntnisse gestützte Erklärung würde den Befund eines »Raubtiers Mensch« verstehen lassen. Die Biologie ist nicht starr, sondern passt sich an und entwickelt sich beständig. Allein das Wissen um diese Erkenntnis, auch wenn sie negativ konnotiert ist, könnte angesichts der weltweit zu verrohen drohenden menschlichen Gesellschaft Anlass zur Hoffnung auf eine doch noch mögliche Wendung zum Guten hin geben. Der Philosoph und Schriftsteller Michael Schmidt-Salomon (*1967) konstatiert: »Über die dunkle Seite der Menschheit ist viel geschrieben worden, ihre Sonnenseite fiel meist unter den Tisch.« Schmidt-Salomon beschreibt den Menschen als das mitfühlendste, klügste, phantasiebegabteste und humorvollste Tier auf diesen Planeten. Er – der Mensch – hat Kunstwerke von atemberaubender Schönheit hervorgebracht und raffinierteste Methoden entwickelt, um die Geheimnisse des Universums zu lüften. Nie zuvor gab es ein Lebewesen, das sich so aufopferungsvoll um Kranke und Schwache kümmerte, das so unermüdlich für Freiheit und Gerechtigkeit kämpfte – trotz aller Niederlagen (Schmidt-Salomon 2014).

In der Antike hatte der römische Stoiker Seneca (4 v. Chr. bis 65 n. Chr.) noch verkündet: »Die Freiheit ist uns verheißen: Nach diesem Preis trachtet man. Was für eine Freiheit das sei, fragst Du? Keiner Realität sich fügen, keinem Zwang, keinen Unglücksfällen und dem Schicksal ein Unentschieden abringen.« (Seneca 2007) Der römische Philosophenkaiser Marc Aurel (121–180 n. Chr.), der eine Gesetzgebung zugunsten der Benachteiligten und der Sklaven begründete, hat verkündet, man habe sich in den Kosmos ein- und diesem unterzuordnen: »Wer nicht weiß, was der Kosmos ist, weiß nicht, wo er ist. Wer nicht weiß, wozu er geschaffen worden ist, weiß nicht, wer er ist, und auch nicht, was der Kosmos ist. Wer aber eins davon nicht erfasst, könnte auch nicht sagen, wozu er da ist.« (Aurel 2010) Nach Gray gilt das Gedankengut der Antike als untergegangen. Den modernen Mythos, die Menschheit strebe einer besseren Zukunft entgegen, identifiziert Gray als reinen Aberglauben. Damit besetzt Gray eine radikale Position. Der Entwicklungspsychologe Rolf Oerter sieht den Menschen hingegen noch immer als ein von Grund auf gutes Wesen an (Oerter 2008), das allerdings bei Missachtung der zivilisatorischen Schranken auch zur Bestie (Müller 2004) werden kann.

Der Technologiekritiker Kafka stellte zur Diskussion, ob nicht weniger von »den Menschen« im Allgemeinen, sondern von einer »entwickelten« Minderheit der Menschen heute eine viel größere Gefahr für die Erde ausgehe, als von der noch immer rasch wachsenden »unterentwickelten« Mehrheit (Kafka 1994). Die Entwicklung der Menschheit global und das aktuelle politische, wirtschaftliche und soziale Zeitgeschehen fördern nach Kafka die Ahnung, auf diesem Planeten drohe der Menschheit die Bodenhaftung verloren zu gehen.

Ein Bewusstsein für die – in einem kosmologischen Kontext – unermessliche Kleinheit eines jeden Einzelnen unserer Spezies und damit für Respekt, Bescheidenheit und Demut vor der Natur und vor der Schöpfung scheint abhandengekommen zu sein. Das menschliche Gehirn, das uns Größenwahn, Macht- und Unterdrückungsgelüste gegen Mitmenschen ebenso anbietet wie die Fähigkeit zu großer Kunst und Wissenschaft, bedarf einer Fürsorge, die auch als das Gewissen bezeichnet werden kann. Nicht selten scheint das hochentwickelte Gehirn unkontrollierbar oder auch unberechenbar zu sein. In Wirklichkeit ist der individuelle Mensch jedoch immer selbst als Eigentümer seines Gehirns für all seine Handlungen verantwortlich. Es sei denn, er ist zu einem verantwortlichen selbstständigen Handeln nicht fähig, weil er beispielsweise in totalitären Diktaturen indoktriniert und manipuliert wird. Wo ist im Menschen das Gute und wo ist das Böse verortet? Dies könnte ein schulisches Standardthema sein. Wenn nicht, so bedürfte es der breiten Thematisierung. Wir brauchen keine weiteren Generationen, die von Gier, Rücksichtslosigkeit und Habsucht geprägt sind. Auch wenn Kindern außerhalb der Schule in einem zweifelhaften sozialen Umfeld derartiges als »ganz normal« oder gar erstrebenswert eingeredet wird.

Unser Gehirn ist begierig darauf, Liebe, Beziehung und Sicherheit zu finden

Der schon mehrfach erwähnte US-amerikanische Politikwissenschaftler, Psychoanalytiker und Begründer eines psychohistorischen Forschungszweiges Lloyd deMause formuliert im Vorwort zu seiner Darstellung »Das emotionale Leben der Nationen« (2002), was zu tun ist, um eine friedliche und auf Vertrauen gründende Welt zu schaffen. Seine pragmatische Forderung lautet: »Das Leben der Kinder – den Gestaltern und Trägern der Zukunft (immer von einer Generation zur nächsten) – muss verbessert werden.« Der Umgang mit Kindern und die Kindererziehung verbessern sich jedoch nur sehr langsam. Gewalt gegen Kinder als Teil einer verbreiteten sozialen Gewalt scheint von einer Tabuisierung noch weit entfernt. Die Erkenntnis von deMause lautet: »Sozialen Veränderungen geht stets ein Wandel in der Kindererziehung voraus.« (deMause 2005) Bereits Platon hat in der Antike erkannt, dass der Schlüssel zum Verständnis des

Wandels oder auch der Kontinuität der Geschichte in der Kindheit jeweils führender, mächtiger Personen liegt.

In der Politik geht es z. B. um Steuern, Renten, Infrastrukturen, Wirtschaftsbeziehungen, Militär u. v. m. In Treffen und Konferenzen wird über Kriege, alsbaldige Waffenruhen, Freihandel und weltweite Kriminalität beraten. Im Westen herrscht seit ca. 60 Jahren mit der Ausnahme der Auseinandersetzungen in Ex-Jugoslawien glücklicherweise Frieden. In den arabischen Ländern ist Krieg weit verbreitet. Weltweit agieren Terroristen. Frieden – noch nicht einmal Annäherung an einen nachhaltigen Frieden – liegt bei weitem nicht allen erwachsenen Exemplaren unserer ambivalenten Spezies am Herzen. Immer wieder oder besser noch immer regieren Psychopathen und Soziopathen, oft solange, bis sie selbst Opfer eines Putsches oder kriegerischer Auseinandersetzungen werden. Ein die Humanität weltweit fördernder, wenn nicht sogar den internationalen Frieden stabilisierender Handlungsansatz könnte die bereits zitierte Botschaft von deMause sein: »Sozialen Veränderungen geht stets ein Wandel in der Kindererziehung voraus.« Wie würde es auf der Welt aussehen und wie würde es sich anfühlen, *wenn an der ersten Stelle aller Regierungspläne* ernsthaft und mit einem langen Abstand zu weiteren regierungsamtlichen Vorhaben tatsächlich einmal *Maßnahmen zum Schutz und Wohl der Kinder* stünden? Vielleicht sind Kinder besser als Erwachsene in der Lage, eine Antwort zu formulieren, die nahelegt, wie ein friedliches und gegenseitig wertschätzendes Zusammenleben gelingen kann und nicht Wunschtraum ist oder bleiben muss. Mit anderen Worten, das »emotionale Leben der Nationen« (deMause 2005) gründet und gelingt nur bei einem glücklichen und friedvollen emotionalen Leben der Kinder einer Nation und damit letztlich aller Nationen. Diese können allerdings auch heranwachsen zu emotional verkrüppelten Erwachsenen, zu Zeitbomben, die die ihnen zugefügten Traumata in eigenen erneuten Misshandlungen, in Kriminalität und Kriegen periodisch wiederholen. Gerhard Roth hat dazu in »Persönlichkeit, Entscheidung und Verhalten« (2007) ergänzt: »Es zeigt sich, dass die Mehrzahl der späteren Kriminellen hoch unsicher gebundene Kleinkinder waren.« Eine vorenthaltene liebevolle und Sicherheit gebende Beziehung in der frühen Kindheit und das Ausbleiben eines Urvertrauens bewirken neuronale Fehlverschaltungen und pathologische Gedächtnisspeicherungen in unserem hochentwickelten Gehirn. Hinzukommende ungünstige ökonomische Bedingungen, gepaart mit Armut und Arbeitslosigkeit des Vaters oder der Eltern, können zu frühen innerfamiliären Gewalterfahrungen beitragen. Alle guten und alle schlechten emotionalen Erfahrungen speichert das Gedächtnis ausnahmslos ab. Was uns, wann auch immer, widerfahren ist, ist und bleibt in unserem, dem von allen Mitgeschöpfen leistungsfähigsten Gehirn gespeichert. Der Mandelkern (Amygdala) ist ein Teil des limbischen Systems und befindet sich etwa im Zentrum des Gehirns. Alle von den Sinnesorganen das Gehirn erreichende emotionalen Informationen werden in der Amygdala registriert und gespeichert. Hier werden auch die mit Angst und Wut einhergehenden Ereignisse gespeichert. Ein Kernsatz der Neuropsychologie lautet: »Die Amygdala vergisst nie.«

»Vernunft und Verstand *allein*, ohne Gefühle bewegen nichts; Gefühle haben bei der Handlungssteuerung das erste und das letzte Wort.« (G. Roth 2007) Das limbische System und die Amygdala sind Hirnzentren, die unsere erlebte Gefühlswelt repräsentieren. *Verstand* und *Vernunft* sind Funktionen der menschlichen Großhirnrinde. *Emotionen* und *Affekte* haben überlebenswichtige Funktionen, die z. B. bei Bedrohungszuständen willentlich abwehrende Verhaltensweisen unterstützen oder mit Furcht und Abneigung unterdrücken. Emotional verknüpfte Erfahrungen steuern uns weitgehend unbewusst. Das limbische System durchzieht das gesamte Gehirn. Emotionen und Affekte durchziehen unseren Alltag und unser gesamtes Leben.

Tina Hascher (*1965), Professorin der Erziehungswissenschaften an der Universität Bern, führt aus, dass nicht nur Kognition und Motivation Handlungen steuern und regulieren, sondern auch die Gefühle:»Emotionen beeinflussen die Aktivierung und die Antriebskraft eines Menschen, Emotionen beeinflussen motivationale Orientierungen und Absichten und Emotionen sind Schaltstellen für kognitive Prozesse.« Hascher berichtete, dass schon in den ersten Schuljahren das Erleben positiver Gefühle kontinuierlich abnehme und dass der Schulalltag oftmals von dem Erleben unangenehmer Gefühle bestimmt wird. Langweile sei ein im Unterricht häufig erlebtes Gefühl. Emotionen, die Lernende empfinden, bleiben sowohl dem Bewusstsein der Lehrpersonen, als auch dem der Schüler selbst häufig verschlossen.»Schule und Unterricht stellen einen Kontext dar, der Emotionen im Unterricht eher unterdrückt denn aktiv bearbeitet. Gerade deswegen muss dem Umgang mit Emotionen in der Schule besondere Aufmerksamkeit gewidmet werden.« (Hascher 2005) Die schulpädagogischen Ergebnisse von bei Schülerinnen und Schülern ausgelöster Langweile oder gar Angst stehen den eigentlichen pädagogischen Bemühungen über ein effektives Lernen diametral entgegen. Die Neurodidaktik kann diese, erfahrenen Pädagogen bereits seit langem bekannte»Weisheit« naturwissenschaftlich erklären. In der Umsetzung und Einbeziehung der Neurodidaktik in den schulischen Alltag – davon ist auszugehen – würde die Schule an Qualität gewinnen und das Lernen mehr Freude bereiten.

»Verstand und Gefühle, mit anderen Worten Denken und Fühlen, sind keine voneinander unabhängigen Größen, sondern nichts anderes als zwei Seiten ein und derselben Medaille, auf welcher sich unser Handeln gründet«, so der

Psychologe Wolfgang Roth in einem Kapitel des von ihm mitherausgegebenen Sammelbandes »Damit das Denken Sinn bekommt« (Hüther/Roth/von Brück 2008). Der Neurobiologe Gerald Hüther interpretiert unsere verstandesorientierten aktuellen Denkmuster als Folge der Aufklärung: »Offenbar werden wir den Geist nicht so leicht wieder los, den wir mit Beginn der Aufklärung riefen. Längst hat er sich als geistige Haltung, als innere Einstellung, als tiefe Überzeugung in unseren Gefühlen so fest eingenistet, dass wir ihn inzwischen unbewusst und unreflektiert nicht nur in Worten, sondern auch in unserem Fühlen, Denken und Handeln, ja sogar in unserer Gestik und Mimik von einer Generation zur nachfolgenden weitergeben.« (Hüther 2011) Hüther meint damit, dass wir unkritisch davon überzeugt seien, mit unserem Verstand die äußere Welt erkennen und nach unseren Vorstellungen gestalten zu können. Aus diesem Missverständnis heraus leitet er ab, dass es so etwas wie einer zweiten Aufklärung bedarf, um die Probleme zu lösen, die wir mit unserem nackten Verstand als nur einem Teil unserer Gehirnleistung zu lösen versuchen. Das menschliche Gehirn ist von Anfang an auf Offenheit und auf die Möglichkeit, Verbindungen zu knüpfen, angelegt. Das menschliche Gehirn kann und will Beziehungsfähigkeiten von Menschen zu sich selbst, zwischen ihrem Denken und Fühlen, zwischen Gehirn und Körper, aber auch zu anderen Menschen, zur eigenen Geschichte, zur Kultur und zur Natur verbessern und stärken. Bleiben geglückte Beziehungen zu anderen Menschen nachhaltig aus, so entstehen pathologische neuronale Verschaltungen. Das Gehirn als unser übergeordnetes Steuerungsorgan dirigiert uns in für uns selbst, aber auch für die Gesellschaft schwierige, unglückliche und sozial unverträgliche Handlungsweisen. Wir können so zu einem Risiko für uns selbst und für die Gesellschaft werden. In der Schule ist das menschliche Gehirn das »Zielorgan« der Lehrkräfte mit ihren Bemühungen um Erziehung und Bildung. Es ist daher nicht nachvollziehbar, weshalb bis heute die Neurowissenschaften und damit die Neurodidaktik der Hirnforschung in der Aus- und Weiterbildung von Lehramtskandidaten so gut wie keine Berücksichtigung und keine Wertschätzung finden. Der Professor für Erziehungswissenschaften an der Universität Kassel Heinrich Dauber (*1944) zitiert in »Damit das Denken Sinn bekommt« (2008) Buddha: »Glaube nicht an die Macht von Traditionen, auch wenn sie über viele Generationen hinweg und an vielen Orten in Ehren gehalten werden. Glaube an nichts, nur weil viele Leute davon sprechen. Glaube nicht an die Weisheiten aus alter Zeit. Glaube nicht, dass deine eigenen Vorstellungen dir von einem Gott eingegeben wurden. Glaube nichts, was nur auf der Autorität deiner Lehrer oder Priester basiert. Glaube das, was du durch Nachforschungen selbst geprüft und für richtig befunden hast und was gut für dich und für andere ist.« Kinder und Jugendliche sind neugierig und bildungsfähig, weil sie selbstständig herausfinden und erleben wollen, was richtig und gut für sie und für andere ist. Dauber erwähnt auch den Dalai Lama (*1935) mit dem Zitat: »Ein religiöser Glaube ist keine Vorbedingung für ethisches Verhalten oder für Glückseligsein [...]. Geistig-seelische Werte wie Liebe, Mitgefühl, Geduld, Toleranz, Vergebung, Demut usw. sind unabhängig davon, ob jemand eine Religion ausübt oder nicht.« (Dauber 2008) Von Psychotherapeuten und Ärzten wird daher erwartet, dass sie über die vorerwähnten geistig-seelischen Fähigkeiten und Werte verfügen und auch in der Lage sind, diese weiterzugeben. Auch die Lehrkräfte sind geradezu prädestiniert dafür, Kindern geistig-seelische Werte, Selbstbewusstsein, Wehrhaftigkeit und die Fähigkeit zur Empathie weiterzugeben und in diesen zu entwickeln.

Die Psychiaterin und Lehrtherapeutin Katharina Martin und der Kinder-, Jugend- und Familientherapeut Helmut Wetzel (*1946) geben in diesem Zusammenhang gestressten Lehrpersonen, die alltäglich mit großen Herausforderungen und auch mit Widersprüchen zwischen Lehrplan und Schülerbedürfnis zu kämpfen haben, die Empfehlung, mit innerer Stille, Offenheit und einem freundlichen, gewaltfreien Umgang zu versuchen, das Lernklima zu verbessern (Martin/Wetzel 2008). Ruhe, Festigkeit und Klarheit können im alltäglichen Umgang mit den Schülerinnen und Schülern nützlich und hilfreich sein. Doch nicht nur den Lehrpersonen, sondern auch deren Zielpersonen, den Schülerinnen und Schülern, sollen Erfahrungen vermittelt werden bzw. sie sollen genau diejenigen Erfahrungen machen, die mit Liebe, Mitgefühl, Geduld, Toleranz, Vergebung, Demut usw. verbunden sind. Somit ist die Schule nicht allein Ort reiner Wissensvermittlung. Die Schule muss vielmehr ihre Aufgabe als umfassende Bildungseinrichtung verinnerlichen. Die wegweisende Erkenntnis der Neurobiologie und der Hirnwissenschaften lautet, so Gerhard Roth: »Vernunft und Verstand *allein*, ohne Gefühl, bewegen nichts; Gefühle haben bei der Handlungssteuerung das erste und das letzte Wort.« (G. Roth 2007) Oder, wie der französische Mathematiker und Philosoph Blaise Pascal (1623–1662) bereits vor annähernd 500 Jahren erkannte: »Das Herz hat seine Gründe, die die Vernunft nicht kennt.« Das »Herz« und auch die kreative Muße suchen in den Schulen nach einem größeren und ihrer Bedeutung nach angemessenerem Raum!

Hüther (2008) ist der Auffassung, dass der in der Tradition der Aufklärung eingebettete Glaube an die Macht der nackten Vernunft uns zu Künstlern des Spaltens und Zerlegens, des Analysierens und Zusammenbauens gemacht hat. »Aus neurobiologischer Perspektive macht die Unterdrückung von Gefühlen, die Trennung zwischen Denken und Fühlen und die Abspaltung des Körpers vom Gehirn keinen Sinn.« (Hüther 2008) Aus ärztlicher und psychotherapeutischer Sicht ist es oftmals ein vorrangiges Therapieziel, Patienten einen Zugang zu ihren verschütteten Gefühlen wieder zu ermöglichen.

»Mit dem Begriff der Kohärenz ist die harmonische Verbindung zwischen der inneren körperlichen Welt mit der äußeren umgebenden Welt gemeint.« Die durch Veränderungen der Innenwelt oder der Außenwelt entstandenen und zum Gehirn weitergeleiteten Signalmuster können nicht durch angestrengtes Nachdenken und Analysieren herausgefunden werden, so Hüther. »Es kann nur in Ruhe und Muße gefühlt, also durch die Aktivierung emotionaler Reaktionsmuster im Gehirn und dadurch auf körperlicher Ebene ausgeübten Veränderungen erspürt werden. Aus diesem Grund sind unsere Gefühle Botschaften an uns selbst.« (Hüther 2008) »Emotionen oder Gefühle im engeren Sinn wie Furcht, Angst, Freude, Glück, Verachtung, Ekel, Neugierde, Hoffnung, Enttäuschung, Erwartung, Hochgefühl und Niedergeschlagenheit sind psychologisch beschriebene Grundgefühle, die sich unendlich mischen können und unser Gefühlsfeld ausmachen.« (G. Roth 2007) Der US-amerikanische Psychologe und Anthropologe Paul Ekman (*1934) fand heraus, dass alle Menschen auf der Welt gleichartige Grundgefühle haben, gleichgültig, wie sie diese sprachlich benennen (Ekman 2010).

Salutogenese und Resilienz

Der Begriff Kohärenz nimmt auch zentrale Aspekte der medizinischen Begriffe Resilienz und Salutogenese in sich auf. Unter Salutogenese wird ein ressourcenorientiertes Konzept zur Entstehung von und Bewahrung der Gesundheit verstanden im Gegensatz zur Pathogenese als defizitorientiertes Konzept der Lehre der Entstehung von Krankheiten. Mit Resilienz ist die psychische Widerstandsfähigkeit gegenüber psychosozialen, psychologischen und biologischen Entwicklungsrisiken gemeint bzw. mit anderen Worten die Fähigkeit, erfolgreich mit belastenden Lebensumständen umzugehen. Die beide Begriffe Salutogenese und Resilienz gehen auf den israelisch-amerikanischen Soziologen Aaron Antonovsky (1923–1994) zurück. In beiden Begriffen spielt das Kohärenzgefühl – Sense of Coherence – eine große Rolle. Dieses Kohärenzgefühl entwickelt sich entscheidend in der Kindheit. Alle Erlebnisse und Erfahrungen in der Kindheit beeinflussen dieses Kohärenzgefühl. In der Adoleszenz wird es bis etwa zum 30. Lebensjahr gefestigt und in späteren Lebensjahren finden Änderungen nur noch bei sehr radikalen Veränderungen statt. Der Resilienzbegriff meint die psychische Widerstandskraft und somit die Fähigkeit, schwierige Lebenssituationen ohne anhaltende Beeinträchtigung zu überstehen. Resilienz entwickelt sich im Zusammenhang von Auseinandersetzungen und Herausforderungen und bezieht sich dabei auf Interaktionsprozesse zwischen Kind und Umwelt. Interaktionen sind primär für jedes Kind notwendig und entwicklungsfördernd. Dieser Entwicklung können pränatale Traumatisierungen, problematische Eltern-Kind-Beziehungen und ebensolche problematischen Verhältnisse im sozialen Umfeld entgegenstehen. Als ungünstige Rahmenfaktoren werden Vernachlässigung, Verwöhnung, totale Integration in die Spaßgesellschaft und übertriebener passiver Medienkonsum bezeichnet. Resiliente Kinder verfügen über ein hohes Kohärenzgefühl. Als personale Ressourcen gelten Intelligenz, Sprachfähigkeiten und schulische Leistungen, realistische Selbsteinschätzung und Zielorientierung sowie die Fähigkeit zur Selbstregulation, Empathie und Verantwortungsübernahme. Innerhalb der Familie sollte wenigstens eine stabile verlässliche Bezugsperson verfügbar sein. Von dieser ist Feinfühligkeit und ein emotional positives unterstützendes Erziehungsverhalten zu fordern. Förderlich sind auch ein unterstützendes familiäres Netzwerk, eine religiöse Überzeugung der Familie und ein hohes Bildungsniveau sowie sozioökonomischer Status der Eltern.

Die Schule wird als geschützter Lebensraum, als »zweites Zuhause« interpretiert. In der Schule muss die Möglichkeit zur aktiven, mitkonstruierenden und selbstbestimmten Auseinandersetzung gegeben sein. Es sollen sinnhafte, verantwortungsvolle Aufgaben gestellt und transparente stabile Strukturen angeboten werden. Ferner positive Kontakte zu Altersgenossen und Klassenkameraden. Schließlich ist auch eine positive Zusammenarbeit des Elternhauses mit der Schule selbst und anderen sozialen Institutionen zielführend. Eine resizlienzfördernde Schule zeichnet sich durch einen wertschätzenden, demokratischen Erziehungsstil der Lehrpersonen sowie durch gegenseitig vertrauensvolle Haltungen aller Beteiligten aus. Die Bedeutsamkeit und Sinnhaftigkeit des Schulbesuchs und des Lernens in der Schule sollte sich den Schülerinnen und Schülern immer erschließen. Insgesamt handelt es sich um Qualitätsmerkmale und Kriterien nicht nur einer resilienzfördernden Schule, sondern eigentlich jeder Schule, zumindest sollte dies der Anspruch sein. Der Umkehrschluss generiert die Erkenntnis, dass qualitativ weniger anspruchsvolle Schulen die Resilienz der Schülerinnen und Schüler nicht fördern, sondern schwächen.

Zusammenfassend hatte die US-amerikanische Entwicklungspsychologin und Resilienzforscherin Emmy E. Werner (1929–2017) formuliert: »Die Lebensgeschichten der widerstandsfähigen Kinder unserer Längsschnittstudie lehren uns, dass sich Kompetenzerlebnisse, Vertrauen und zwischenmenschliche Fürsorge auch unter sehr ungünstigen Lebensbedingungen entwickeln können, wenn sie Erwachsene treffen, die ihnen eine sichere Basis bieten, auf der sie Vertrauen, Orientierung, Autonomie und Initiative entwickeln können« (Werner 1999).

In einer modernen und »fortschrittlichen« Gesellschaft

wie der unseren, geprägt von Konkurrenzdenken und Ellenbogeneinsatz, wird man bereits als Kind dazu angehalten, sein »Ich« durch die Abwertung anderer und auf Kosten anderer zu stärken. Abgrenzungs- und Abspaltungsprozesse erschweren unser Zusammenleben. Effizienzdenken, ökonomische Verengung, Machbarkeitswahn und Nichtachtsamkeit kennzeichnen unser Fühlen, Denken und Handeln. »Wer unter solchen Bedingungen nicht schnell genug lernt, sein Denken vom Fühlen, seinen Körper vom Gehirn, sein ›Ich‹ vom ›Wir‹ abzutrennen, wird in der Gesellschaft zum Verlierer gemacht.« (Hüther 2008) Jedem Lehramtskandidaten und jeder bereits im Beruf stehenden Lehrerin und jedem Lehrer sollte bewusst sein oder werden, dass auch Kinder und Jugendliche, die unter solchen Bedingungen nicht schnell genug lernen, das Denken vom Fühlen, den Körper vom Gehirn und das »Ich« vom »Wir« abzutrennen, langfristig in der Gesellschaft auf die Verliererstraße geraten. Das Problem sind aber nicht die kindlichen Gehirne oder die den Kindern innewohnenden Gefühle und Antriebe, sondern eine von der Ökonomie dirigierte Gesellschaft. Bildung tut Not! Bildungsdefizite öffnen den in die Ökonomie verliebten Mächtigen Tür und Tor.

Mit dem Verlust von Beziehungsfähigkeit – noch schlimmer: mit dem Vorenthalten einer liebevollen und Sicherheit gebenden Beziehung in der frühen Kindheit – gehen der Verlust von Offenheit und Kreativität und eine sich ausbreitende Verunsicherung und Angst sowie der Zerfall sozialer Bindungen einher. Hüther stellt dazu fest: »Wie lange eine Gesellschaft Bestand haben kann, die gegen dieses Prinzip der inneren Strukturierung des menschlichen Gehirns verstößt, bleibt abzuwarten.« (Hüther 2008) Mit anderen und einfachen Worten und bezugnehmend auf Kraus (2017): Soll denn unsere ehemalige Bildungsnation tatsächlich gegen die Wand gefahren werden?

Herausforderungen, Aufgaben und Erwartungen an Schule von heute

Bildung als Überlebensfrage

»Man sollte alle Tage wenigstens ein kleines Lied hören, ein gutes Gedicht lesen, ein treffliches Gemälde sehen und, wenn es möglich zu machen wäre, einige vernünftige Worte sprechen.«
Johann Wolfgang von Goethe (1749–1832)

Diese Sentenz aus Goethes *Wilhelm Meisters Lehrjahre* (1795) sollte »in Stein gemeißelt« über jedem deutschen Schuleingangstor zu finden sein. Sie ist geeignet, im Schulalltag jeder und jedem eine einfache Orientierungshilfe bei der Suche nach einer Ruhepause aus der auf Schülerinnen und Schüler und Lehrpersonen gleichsam herabregnenden »Kompetenzen-Hektik« zu bieten. Eine derartige Handlungsempfehlung würde dazu beitragen, den zu Lernfabriken degenerierenden deutschen Schulen wieder den Weg in Richtung Bildungsstätten zu verdeutlichen. Ebenfalls von Goethe, dem wohl bedeutendsten Repräsentanten der in Deutschland (einst?) verehrten Dichter und Denker, stammt auch die in unserer Bildungspolitik leider nicht mehr genügend geschätzte Erkenntnis: »Alles Gescheite ist schon gedacht worden, man muss nur versuchen, es noch einmal zu denken.« (Goethe, Wilhelm Meisters Wanderjahre, 1821) Es ist daher mehr als nur verwunderlich, dass es heute sogar möglich ist, dass gymnasiale Schulabgänger während ihrer gesamten Schulzeit nicht ein einziges Mal in literarischen Kontakt mit Goethe oder Schiller getreten sind.

Auch zur klassischen Musik als essentielle musikalische Bildung haben viele Schüler aufgrund des vielfachen Unterrichtsausfalls, dem als erstes die musischen Fächer zum Opfer fallen, kaum noch hinreichenden Bezug: Bach, Beethoven, Mozart, Schubert, gar Händel oder Wagner, geschweige denn französische oder russische Komponisten von Weltrang – Fehlanzeige. Damit soll keineswegs das Musizieren, das Singen oder die Unterhaltungsmusik zurückgedrängt werden. Sie sind aber um die Kenntnisse zur Klassik zu erweitern. Gleiches trifft auch auf die bildende Kunst zu, wo sich ähnliche Beispiele mühelos finden lassen.

Aida Bosch (*1966), Kultursoziologin und Professorin am Institut für Soziologie der Universität Erlangen-Nürnberg, hält mit der von ihr herausgegebenen aktuellen Publikation »Ästhetischer Widerstand gegen Zerstörung und Selbstzerstörung« mit dem Beitrag »Die Schönheit der Welt als Lebensfrage« dagegen: »Der Sinn für das Schöne ist kein Luxus, kein Überbau in der Gesellschaft, sondern selbst eine Basisfrage; für den Einzelnen kann er gar eine Schicksals- und manchmal eine Überlebensfrage sein. […] Doch die Frage nach dem Schönen ist und bleibt eng verbunden mit gesellschaftlichen und individuellen Vorstellungen eines guten Lebens, ja, auch mit Fragen des gerechten Lebens. […] Der Sinn für das Schöne könnte für die kollektive Zukunft wichtiger sein als gemeinhin angenommen. […] Der Sinn für das Schöne ist eng verbunden mit Emotionen und Affekten, mit vitalen Prozessen und Lebenszugewandtheit. Er ist verbunden mit der Erfahrung, trotz schwieriger Situationen Probleme meistern zu können und eine Form, eine Proportion, eine Stimmigkeit dafür zu finden, Schönheit schützt vor Depression, man muss sie nur zulassen und wahrnehmen, sich ihr widmen, sich hingeben und – sie verteidigen.« (Bosch 2017) Damit diese Erkenntnis nicht im Elfenbeinturm akademischer Wissenschaft verbleibt oder zum esoterischen Allgemeinplatz verkommt, sind Schönheit als Kategorie und der Sinn für das Schöne ganz im Sinne der oben genannten Goethe'schen Maxime in der Schule wissbegierig lernenden Schülerinnen und Schülern als »Überlebensfrage« bei der Meisterung der komplexen Anforderungen in der modernen, globalisierten Welt zu vermitteln.

Bei der Institution der deutschen Schule handelt es sich um eine im frühen 20. Jahrhundert von Politikern und Ökonomen erfundene Lernfabrik, gründend auf dem Geist des US-amerikanischen Ökonomen Frederik Winslow Taylor (1856–1915). Taylorismus bedeutet die völlige Normierung von Arbeitsabläufen, wie sie damals in den amerikanischen Automobilfabriken umgesetzt wurden. Die individuelle (Hand-)Arbeit war von der Maschine abgelöst worden. Das angestrebte Ergebnis war die Möglichkeit der absoluten Kontrolle von Arbeitsprozessen und der arbeitenden Menschen. Uniformes Lernen stand und steht in der Schule auch heute noch gegen individuelles Lernen. Die Übertragung des Taylorismus in die Institution Schule hat mit der Humboldt'schen Idee von Schule, in der sich Kinder nach ihren Möglichkeiten entwickeln können, rein gar nichts zu tun. Es waren nicht Pädagogen oder Psychologen, sondern Politiker und Ökonomen, die Anfang des 20. Jahrhunderts das deutsche Schulsystem im Sinne von Lernfabriken konzipiert und umgesetzt haben. Die heute noch überwiegend vorhandene institutionelle Lernfabrik ist nichts anderes als ein Artefakt menschlicher Irrungen und Wirrungen des frühen 20. Jahrhunderts. Der Geist des Taylorismus ist immer noch institutionell zementiert (Precht 2015). Uniformes Lernen steht gegen individuelles Lernen ebenso wie Kollektivismus gegen Individualität. Kollektivismus und Diktatur erlebte Deutschland in seiner NS-Geschichte (und nach 1945 bis 1990 unter anderen Vorzeichen zwar, aber noch immer autoritär und z. T. totalitär, in Ostdeutschland). Nicht das Individuum war autonom, sondern das Volk stand an erster Stelle. Und das, was das Volk zu wollen hatte, bestimmte der Führer. Dieser Vergleich könnte vielleicht geeignet sein, unbewusste und unreflektierte Handlungsweisen von damaligen Schulverantwortlichen zu erklären. Taylor lebte und wirkte von 1856 bis 1915. Dem Taylorismus folgten im Deutschland der Jahre 1933 bis 1945 der NS-Kollektivismus und die Diktatur. Im Nachkriegsdeutschland des Westens war der unselige Geist noch bis in die 1970er Jahre und darüber hinaus auf vielen gesellschaftlichen Ebenen virulent. Auch dies könnte ein Grund dafür sein, dass bis heute so wenig über notwendige Änderungen an überholten Schulstrukturen nachgedacht wurde und wird. Die natürliche kindliche Neugierappetenz, die Wissbegierde, Begeisterung und Freude darüber, etwas Neues zu erfahren und zu lernen, wird in Ausnahmefällen von talentierten Lehrpersonen wahrgenommen und pädagogisch umgesetzt. Auch ist zu hinterfragen, ob z. B. ein dreiviertelstündiger Fachunterricht mit dem damit einhergehenden beständigen Wechsel unterschiedlichster Fachinhalte und dies zudem täglich bis zu sechs Mal oder gar darüber hinaus, das Lernen erleichtert oder nur eine unsinnige Reglementierung bedeutet. Kein Erwachsener, kein Angestellter im öffentlichen Dienst, kein deutscher Beamter würde verstehen und wäre bereit, dass er tagtäglich von Montag bis Freitag fünf bis sechs inhaltlich voneinander unabhängige und unterschiedliche Themen in einem jeweils 45-minütigen Rhythmus erarbeiten müsste und dass diese Arbeitsergebnisse dann auch noch benotet werden und diese Benotungen zudem für seine Karriere ausschlaggebend sein sollen. Mit einem kindgerechten und gehirnphysiologischen Lernen hat diese Tradition der 45-minütigen Schulstunden nichts zu tun. Es ist die Aufgabe von bildungspolitischen Experten, kindgerechte und lernphysiologische Alternativen, z. B. gründend auf der aktuellen neurodidaktischen

Literatur, zu entwickeln und vorzuschlagen. Kritisch zu betrachten ist auch der seit Jahrzehnten und zu jeder Jahreszeit in der Regel um 8:00 Uhr frühmorgens festgelegte Schulbeginn. Von der medizinischen Schlafforschung und der Chronobiologie sind für Kinder unterschiedliche Schlafbedürfnisse ermittelt worden:

Alter in Jahren	Schlafbedürfnis in Stunden
5 bis 6	11,5
7 bis 9	11
10 bis 11	10,5
12 bis 13	10
14 bis 16	9

Kinder, insbesondere im Grundschulalter, können demnach in der ersten Schulstunde noch gar nicht voll leistungsfähig sein. Aus diesem Grunde fordern Schlafforscher, den Schulanfang zeitlich nach hinten zu verschieben und erst um 8.30 Uhr oder 9.00 Uhr mit der Schule zu beginnen. Kinder profitieren davon, wenn sie bereits vor der Einschulung selbstständig einschlafen können. Dies sollte spätestens im Alter von fünf Jahren erreicht sein. Kinder mit Schlafproblemen hingegen haben häufig auch Konzentrationsstörungen. Außerdem fällt es ihnen schwer, ihre Gefühle zu kontrollieren, was sich wiederum negativ auf den Schulerfolg auswirken kann.

Auch die Missachtung des Stellenwertes musischer Fächer und das Festhalten an starren, zum Teil schwer nachvollziehbaren Lehrplänen, die Fähigkeiten und Talente von Schülerinnen und Schülern unberücksichtigt lassen, bedeuten nicht gerade einen »goldenen« Weg der institutionellen deutschen Beschulung. Das Ziel der Optimierung von Strukturen schulischer Bildung ist nicht allein nur der pädagogische Einbezug kindlicher Lernfreude. Es geht auch um die Optimierung der Arbeitsbedingungen der Lehrpersonen, die ihren Kopf hinhalten müssen für

Defizite in der vorschulischen Sozialisierung ihrer Schülerinnen und Schüler in deren Familien.

Bereits rund 150 Jahre vor Frederick Winslow Taylor und dessen mechanistischem Menschenbild hatte der Urvater der Ökonomie, der schottische Moralphilosoph Adam Smith (1713–1790), die Suche nach Werten und die Umsetzung dieser Werte im Markt der Ökonomie in das Zentrum seines Denkens und Wirkens gestellt. In der Wochenzeitung *DIE ZEIT* (Nr. 34/2013) thematisierte der Wirtschaftsjournalist Pierre-Christian Fink in seinem Beitrag »Auf der Suche nach Adam Smith« die dem Taylorismus entgegenstehende Wirtschaftsphilosophie von Smith und rezipiert dabei die US-amerikanische Ökonomin und Professorin Deirdre McCloskey (*1942). Diese trieb die Frage um, weshalb die einen Länder so reich und die anderen so arm sind und fand darauf keine Antwort bei den modernen wirtschaftsökonomischen Theorien, sondern bei dem Klassiker Adam Smith. Auf diesen Bezug nehmend ist McCloskey davon überzeugt, dass es in Unternehmen auf Werte ankomme und damit, dass Unternehmen auch und vor allem der Gesellschaft nützen sollen und nicht Oligarchen, die das Land nur ausplündern. Mit anderen Worten, es kommt auf Manager an, die für ihr Unternehmen kämpfen und nicht nur für sich selbst. Diese Werte, so McCloskey, die auf den Vorstellungen Smiths gründen, bauen auf sieben Tugenden auf: *Eigennutz* als Zutat, *Mäßigung*, *Liebe* und *Gerechtigkeit* – der Mensch soll nicht des Menschen Wolf werden. Ferner *Mut* und *Hoffnung* damit Innovationen entstehen und schließlich ein Wissen um seine Herkunft als Kriterium der *Identität*. Adam Smith (und damit McCloskey) ist zwar bewusst, dass der Markt nicht in der Lage ist, einen sämtliche Tugenden berücksichtigenden Idealzustand zu erreichen, geschweige denn, zu behalten. Aber – und darauf kommt es an – er kann sich einem derartigen Idealzustand nähern. Mit einem Aufblühen dieser

Werte in der Wirtschaft könnte der Markt tatsächlich Gutes leisten bzw. wäre dazu imstande. Realistisch ist jedoch, dass eine globalisierte Wirtschaftswelt soziale Tugenden eher verdrängt, was den Gedanken Adam Smiths dennoch keinen Abbruch tut – sie sind so aktuell wie eh und je (Fink 2013). Die vor gut 300 Jahren von Smith für die Ökonomie und Gesellschaft moralphilosophisch formulierten Tugenden und Werte sind vielmehr zeitlos und können eins zu eins auch auf unser Jahrhundert übertragen werden. Die Ökonomie kann sich diesem den Tugenden und Werten entsprechenden Idealzustand allerdings nur annähern, vollständig erreichen kann sie ihn nicht, denn dem steht der menschentypische Egoismus entgegen. In unseren Zeiten, in denen Bildung mit marktkonformer Ausbildung gleichgesetzt oder verwechselt wird, hätte Adam Smith längst ausgedient. In der Institution Schule darf nicht nur, sondern muss vielmehr das Bild eines Idealzustandes der Welt in den Köpfen der Kinder implantiert werden. Die raue Wirklichkeit wird andernfalls künftig nur schwer erträglich. Die Wirklichkeit des Lebens bedarf selbstbewusster, starker und an positiven Werten orientierte Menschen. Um nochmals auf Humboldt zurückzukommen: »Bilde dich selbst, und dann wirke auf andere durch das, was du bist.« Dies ist vor allem auch ein Appell an alle Kinder von heute als die Erwachsenen von morgen und vielleicht eine der wenigen Hoffnungen für unsere Spezies auf diesem leidenden Planeten.

Mündigkeit – Bildungsziel und schulischer Anspruch

Mündigkeit wird heute als eine Fähigkeit, ein Attribut oder auch als Kompetenz bezeichnet, die altersabhängig und abgestuft jedem Menschen zugeschrieben werden kann. Der Begriff stammt aus der frühmittelalterlichen Rechtspraxis, und das althochdeutsche Wort »Munt« kennzeichnet Schirm, Schutz und Gewalt im Personenrecht des Familienverbandes. Aus diesem Rechtsverhältnis der Unmündigkeit konnte man in die Mündigkeit übertreten. Mit Kant trat zur Klärung der Frage, was »Aufklärung« sei, eine geschichtsphilosophische Betrachtungsweise hinzu: »Aufklärung ist der Ausgang des Menschen aus seiner selbst verschuldeten Unmündigkeit. Unmündigkeit ist das Unvermögen, sich seines Verstandes ohne Leitung eines anderen zu bedienen.« (Kant 1784) Gernot Böhme (*1937), emeritierter Philosophieprofessor an der TU Darmstadt, unterscheidet Geschäftsmündigkeit, Religionsmündigkeit, Ehemündigkeit, Strafmündigkeit, politische Mündigkeit, Patientenmündigkeit und Konsumentenmündigkeit. In der Sprache der Kompetenzpädagogik (H. Roth 1976) bedeutet Mündigkeit, kompetent für verantwortliches Handeln zu sein, was wiederum Selbstkompetenz, soziale Kompetenz und Fachkompetenz beinhaltet. Diese gelten als grundlegend für die berufliche Bildung. Will ein Mensch somit als vollwertiges Mitglied der Gesellschaft angesehen werden, muss er eine dem Lebensalter adäquate Mündigkeit aufweisen, die nur mit entsprechender Bildung einhergeht. Ein Mensch gilt hingegen als unmündig, wenn er nicht in der Lage ist, sich ausschließlich auf seine Vernunft und seinen Verstand stützend im Leben zurechtzufinden. Dies kann wirtschaftliche, finanzielle oder rechtliche Aspekte betreffen. Wer z. B. die Verantwortung für die eigene Gesundheit stets auf den Arzt abschiebt und sich weiter darüber keinerlei Gedanken macht, für den ist dann das Risiko, zu erkranken, höher. Und wer den Medien, der Werbung und dem Kommerz gedanken- und kritiklos vertraut und bedenkenlos alles konsumiert, was für den Augenblick Spaß bereitet, dem drohen schlimmstenfalls Überschuldung und wirtschaftlicher Kollaps. Heute delegieren nicht wenige und leider oft auch junge Menschen ihre eigene Lebensführung und Konsumwünsche an sogenannte Experten oder sind durch Werbung derart manipuliert, dass sie sich dadurch in wirtschaftlich bedenkliche Situationen manövrieren.

Andreas Gruschka (*1950), Erziehungswissenschaftler an der Universität Frankfurt am Main, plädiert in dem Beitrag: »Erzieht die Schule zur Mündigkeit?« dafür, dass die Auseinandersetzung mit dem Begriff Mündigkeit längst überfällig und dringend notwendig sei (Gruschka 2009). Er konstatiert, dass sich die Menschen derzeit »nicht mündig in der Gesellschaft verhalten, weder als politische oder wirtschaftliche Elite noch als Masse der Konsumenten.« Im Zeitalter der Aufklärung hingegen formierte sich die öffentliche Erziehung noch als ein Schauplatz der Erziehung zur Mündigkeit. Gruschka fährt fort: »Der Deutsche wird nicht zum modernen Bürger durch Revolution, sondern durch Erziehung und die Erziehung folgt nicht der Gesellschaft, sondern macht sich zu ihrer Avantgarde.« Gruschka verweist auf Kant und dessen Essay: »Beantwortung der Frage: Was ist Aufklärung?« (Kant 1784). Die dort von Kant konstatierte Unmündigkeit sei selbstverschuldet, weil die Gabe des Verstandes und der Vernunft nicht genutzt würde. Kant urteilte pessimistisch und zugleich realistisch, dass der Mensch zu bequem sei, selbst zu denken und es vielmehr den Büchern, den Seelsorgern und Ärzten überließe, für ihn zu denken. Kant prägte mit seiner Interpretation eines antiken Horaz-Zitats gleichsam den Leitspruch der Aufklärung: »Sapere aude!«, auf Deutsch: »Wage es, weise zu sein!« oder etwas geschmeidiger in der Kant'schen Diktion:

»Habe Mut, dich deines eigenen Verstandes zu bedienen!« Die Aufklärung, so Gruschka, zielt somit gegen die ängstliche Anpassung an das Gegebene und gegen die Heteronomie als Gegenteil der Autonomie und damit gegen das Ausweichen vor der Auseinandersetzung mit den eigenen Interessen. Damit steht Aufklärung als Überschrift über dem Begriff einer allgemeinen Mündigkeit. »Die überkommene Erziehung ist«, so Gruschka, »wo sie bloß Anpassung und Gehorsam verfolgt, selbst von fehlendem Mut geschlagen. [...] Unmündige Erzieher können nicht zur Mündigkeit erziehen.« (Gruschka 2009)

In der zweiten Hälfte des 18. Jahrhunderts, auch als das »pädagogische Jahrhundert« bezeichnet, wird die Pädagogik primärer Adressat und zuständige Instanz in Sachen Mündigkeit. Damit wurden Pädagogik und Schule zum Fluchtpunkt der Hoffnung all derer, die von einer »richtigen« Erziehung Mündigkeit erwarten, was heutzutage in der Gesellschaft jedoch kaum noch vorhanden zu sein scheint und daher bedauernswerterweise auch der Jugend kaum noch vermittelt wird. An die Stelle der Mündigkeit tritt der Zeitgeist mit all seiner Oberflächlichkeit, fehlendem Geschichtsbewusstsein, alltäglicher Ablenkung, Spaß und Medienüberkonsum. Die soziale und die praktische Mündigkeit werden jedoch nicht einfach in gesellschaftliche Sphären übertragen. Vielmehr mussten und müssen Philosophen mit pädagogischen Ambitionen auch eine entsprechende politische Mission übernehmen. Die früheren »Aufklärungspädagogen« waren deshalb darum bemüht, Bildung aus der ständischen Gesellschaft in die bürgerliche Bildung einer generalisierten Erwerbsarbeit hinzuführen. Hierin sahen sie den Begriff der Mündigkeit gut aufgehoben. Demgegenüber orientierten die Ideen des Neuhumanismus (Deutsche Klassik, Philhellenismus), dass Erziehung und Bildung nicht einzig an der Nützlichkeit vor allem ökonomisch motivierter Lebensentwürfe ausgerichtet wurden

(Humanistisches Gymnasium). Mündigkeit bedeutet demnach die bewusste Distanzierung von der Unterordnung des Menschen unter den Imperativ der gesellschaftlichen Verwertbarkeit. Der Mensch soll als erstes seine Individualität ausbilden und somit die Freiheit zu Urteil und Kritik erwerben. Für die Neuhumanisten stand eine allgemeine Menschenbildung im Vordergrund. Die Aufklärungspädagogen hingegen reduzierten eine allgemeine Bildung auf die Fähigkeit, einen Beruf auszuüben. Für Kant war sogar stets Zwang notwendig, um Freiheit zu kultivieren. An die Stelle von Besinnung, Charakterstärke, Sittlichkeit stand bei Kant stets der Gedanke, wie der Zwang zur Freiheit führt bzw. in der Kant'schen Diktion:»Wie kultiviere ich die Freiheit bei dem Zwange?«(Gruschka 2009)

Gruschka kritisiert im Kern, dass für die Aufklärungspädagogen wie für heutige PISA-Überzeugte aller Länder lediglich»Kompetenzbereiche«der beruflichen Ertüchtigung und damit merkantiles Nützlichkeitsdenken relevant seien. Gruschka führt dagegen das Lehrer-Schüler-Verhältnis zwischen Sokrates und Platon ins Feld, mit dem er postuliert,»die Forderung an den Zögling, er solle sich als mündig erweisen, entspricht der an den Lehrer, er habe zur Mündigkeit freizusetzen.«(Gruschka 2009) Damit lenkt Gruschka über auf den von ihm geschätzten Lehrer Herwig Blankertz (1927–1983), der stets so gelehrt hatte,»dass dem Lernenden die Möglichkeit des Widerspruches gegen die ihm zugemutete Intentionalität offenbleibt.«(Blankertz 1971 nach Gruschka 2009) Das Ziel eines»Sapere aude!«, eines»Denke selbst!«, um eine andere Übersetzungsdeutung zu bemühen, ist Resultat eines von Lehrenden zu schaffenden Möglichkeitsraums, der Schülern zugleich zur Emanzipation von eben diesen Lehrkräften verhilft. Pädagogik und somit die konkrete Didaktik im Verhältnis zwischen Lehrenden und Schülern sollte so gestaltet sein, dass pure Imitation und Einübung und damit eine unkritische

Reflexion von Lehrinhalten durch die Schüler ausgeschlossen ist. Die Einsicht des einzelnen Schülers resp. Schülerin kann dann als eine Unabhängigkeit vom Lehrer verstanden werden. Die Eigenständigkeit des Urteils geht so mit einer sachlichen Urteilsfähigkeit einher. Die einzelnen Schülerinnen und Schüler stehen damit ein für das, was sie wissen und denken. Mit anderen Worten, das Ziel besteht darin, Schülern zur Autonomie zu verhelfen, und dabei handelt es sich letztlich um nichts anderes als um eine Erziehung zur Mündigkeit (Gruschka 2009).

Mit dem Begriff Mündigkeit, gründend auf Sachkenntnis und der Fähigkeit zum Mitdenken und Mittun in einer menschlichen Gesellschaft, wird die individuelle und die gruppeneigene Urteilskraft gefordert. Unter dem mündigen Bürger wird ein selbst- und sozialverantwortlicher Mensch in einer Gemeinschaft verstanden. Die Demokratie stellt damit höhere Anforderungen an den Einzelnen als alle anderen Staatsformen, so der Politikwissenschaftler Joachim Detjen (*1948).»Mit Personen, die sich ausschließlich als anspruchsberechtigte Empfänger von Dienstleistungen begreifen, ist kein demokratischer Verfassungsstaat zu machen.« (Detjen 2007) Dem Bürger, dem das Wohl des Gemeinwesens bedeutsamer erscheint, als die eigenen Interessen, stehen diejenigen entgegen, die in erster Linie auf den eigenen Vorteil bedacht sind. Menschen mit einer ausschließlich individuellen Nutzenkalkulation prägen den sozioökonomischen Wettbewerb, es geht ihnen ausschließlich um Selbstinteresse, Privateigentum etc. Sie fordern, dass der Respektierung ihrer subjektiven Rechte der Vorrang vor dem Gemeinwohl einzuräumen sei. Detjen unterscheidet hier in basisorientierte Demokraten versus eliteorientierte Demokraten oder auch Nicht-Demokraten. Um mitreden und mithandeln zu können, um letztlich also mündig zu sein, ist es von Nutzen, über anthropologische Grundkenntnisse zu verfügen. Koestler (1978) beschreibt die Spezies Mensch als einen zur Selbstzerstörung tendierenden evolutiven Irrtum. Neben Mutation und Selektion (Darwin) ist weiterhin die Kooperation entscheidende Triebfeder in der Evolution, so Nowak und Highfield in ihrer Darstellung »Kooperative Intelligenz. Das Erfolgsgeheimnis der Evolution« (Nowak/Highfield 2013). Doch zugleich ist auch das Verfolgen von Eigeninteressen in der menschlichen Natur tief verwurzelt. Der deutsch-amerikanische Jurist und Politikwissenschaftler Ernst Fraenkel (1998–1975) bezeichnet die in unserer Spezies zuerst an sich selbst denkenden Individuen als »gefallene« Menschen (Fraenkel 1964). Zur Orientierung hingegen bedürfen Menschen geradezu einer moralischen Instanz, z. B. eines verantwortungsvollen Elternhauses, der Schule oder auch der Kirche, um gesellschaftlich handeln zu können, sofern diese Instanz von sich sagen könne, dass sie dem Anspruch, zur Mündigkeit zu verhelfen und menschenwürdig vorteilhaft zu wirken, gerecht werde.

Digitalisierung – Zauberwort zur Beseitigung der Bildungsmisere?

Heute befinden wir uns im Zeitalter der Vierten Industriellen Revolution (Industrie 4.0). Man produziert nicht mehr auf Lager, sondern auf Nachfrage entsprechend dem tatsächlichen Bedarf. Die Weiterentwicklung von Industrie und Technik prägt nicht nur unsere Arbeits-, sondern auch die gesamte Lebenswelt. Klassische Industriezweige werden digitalisiert. Strichcodes schließen ans Internet an. Auf die Bedürfnisse des Marktes kann Industrie 4.0 rasch reagieren. Dadurch wird aber auch alles andere schneller und immer schneller. Bei den Verbrauchern werden so mehr Bedürfnisse geweckt. Die Werbung lockt mit neuen Trends, Stilen oder Geschmacksrichtungen und versucht, diese professionell in unsere Gehirne zu implantieren. Alles, auch das zum Leben Unnötigste, wird produziert, beworben und verkauft. Es stellt sich daher die Frage, ob und wie sich in einer solchen von Industrie 4.0 geprägten Gesellschaft auch das Fühlen, Denken und Handeln der Menschen ändern wird, ebenso der gegenseitige Umgang miteinander, mit Kindern, Alten, Gebrechlichen oder den Leistungsfähigen auf der anderen Seite. Vielleicht ändert sich in diesem Kontext auch die Einstellung zur Natur und vielleicht auch die zu Kindern und Jugendlichen. Die Frage nach der Richtung, ob hin zu mehr Empathie und Zuwendungsbereitschaft oder zum genauen Gegenteil, bleibt daher zunächst offen.

Der Politikwissenschaftler und Publizist Patrick Schreiner (*1978) versucht sich mit seiner Darstellung »Warum Menschen sowas mitmachen« in insgesamt achtzehn Sichtweisen dem Neoliberalismus zu nähern und diesen für jedermann leicht verständlich zu beschreiben (Schreiner 2018). Er verweist darauf, dass für den Neoliberalismus nicht mehr der Gütertausch und die freie Preisbildung am Markt vorrangige Bedeutung haben. Sehr viel wichtiger sei unterdessen die Konkurrenz zwischen den am Markt Teilnehmenden. Ein funktionierender Wettbewerb ist in den Augen der Neoliberalen jedoch keineswegs naturgegeben, sondern muss politisch erst erzeugt werden. Der Mensch muss sich also im Wettbewerb am Markt behaupten und wird so zum Humankapital seiner selbst. Mit Investitionen in sein eigenes Ich sucht er sich in Konkurrenz mit anderen zu optimieren. »Sie zeichnen elektronisch Daten über ihr Leben und ihren Alltag auf. So wollen sie längerfristige persönliche Entwicklungstrends erkennen und ihre ›Leistung‹ steigern. Beim Joggen und Wandern beispielsweise erheben sie Geschwindigkeit und Streckenlänge, beim Essen Nährwerte und Kalorien, beim Geschlechtsverkehr Häufigkeit, Dauer und Höhepunkte, bei der Arbeit die persönliche Produktivität. Ein anschließender Online-Vergleich mit den Daten anderer Menschen ermöglicht Motivation und Druck durch Konkurrenz. […] Auch der Leistungssport ist zunehmend von Digitalisierung geprägt.« (Schreiner 2018) Als Beispiel werden hierfür Mannschaftssportarten angeführt. Bei den Spielern werden deren körperliche Verfassung, der Trainingszustand und der Spielverlauf digital erfasst und ausgewertet. Aus den Daten werden dann Rückschlüsse für die Spielphilosophie, Taktik und Aufstellung einer Mannschaft gezogen.

Der erklärende Hintergrund lautet nach Schreiner: »Je mehr die Menschen aufeinander angewiesen waren und je strikter sie ihr eigenes Verhalten kontrollierten, desto größer wurde das Bedürfnis, sich von anderen Menschen abzugrenzen. Vorstellungen von Gemeinsamkeit und Zusammengehörigkeit gingen daher mit einem wachsenden Bedürfnis nach Besonderheit und Individualität einher. Die Menschen entwickelten so nicht nur ein immer feineres Gespür für zwischenmenschliche Unterschiede. Sie bemühten sich auch immer stärker, sich von anderen Menschen abzuheben.« (Schreiner 2018) Diese Schlussfolgerungen sind gerade im Privat- und im Berufsleben so aktuell wie nie zuvor und eine große Anzahl von Ratgeberbüchern, die vorgeben, den Menschen bei ihrer Lebensgestaltung zu helfen, bestätigt Schreiners Fazit.

»Digitales Klassenzimmer. Warum Estlands Schüler den deutschen weit voraus sind« – so lautet die provokante Feststellung eines SPIEGEL-Artikels der Journalistin Julia Köppe. Das Resümee lautet: Seit 1999 sind alle estnischen Schulen an das Internet angeschlossen. Ab 2020 soll es alle Schulbücher auch digital geben. Programmieren und Robotik sind in den Schulen Wahlfächer. Gleichzeitig erfolgt der Hinweis, es gehe nicht darum, alles zu digitalisieren. Den Kindern soll vor allem beigebracht werden, wie sie die Technik am besten für sich nutzen können. Es geht dabei vorrangig um Hilfe beim Lernen. Auf den Smartboards sehen sie viel besser, da beispielsweise die Schrift und die Ansicht größer gezogen werden können. Graphiken und Kurzvideos ergänzen das Unterrichtsmaterial umfangreich. Selbstverständlich gibt es an den estnischen Schulen auch weiterhin Frontalunterricht, Schreibhefte und Bücher. Mithilfe der Digitalisierung werde der Unterricht jedoch effizienter und auch für die Lehrkräfte würde vieles einfacher. Sie benutzen sogar ein digitales Klassenbuch, in das auch die Eltern Einblick haben (Köppe 2017).

Von deutschen Bildungspolitikern jeglicher Couleur und in den Medien ist unisono zu hören und zu lesen, dass selbstverständlich auf höhere Bildungsstandards Wert gelegt würde. Auf den ersten Blick wird jeder Vernünftige derartige Ansprüche für gutheißen. Dies vor allem auch dann, wenn die Bildungsabschlüsse immer weniger über die individuellen Fähigkeiten der Schülerinnen und Schüler aussagen. Es steht daher die Frage im Raum, ob angesichts der Herausforderungen einer globalisierten und umfassend technisierten, vernetzten Welt eine flächendeckende Digitalisierung an Schulen bessere Bildungsergebnisse bei den Schülerinnen und Schülern bewirkt. Oder präziser, ist eine optimale Bildung identisch mit einer optimalen Digitalisierung der Klassenzimmer? Die Begriffe scheinen derart durcheinander zu geraten, dass die Vermutung aufkommt, die Verfechter einer vollständigen Digitalisierung wollten herkömmliche Bildungsstandards über Bord werfen. Denn sie bringen mit ihren Forderungen zum Ausdruck, dass sie nicht wüssten, was mit dem umfassenden Begriff »Bildung« überhaupt gemeint sei. Ebenso irreführend sind auch die Vorschläge von Politikern, Bildungsdefizite vorrangig mit Investitionen in die Digitalisierung der Klassenzimmer beseitigen zu wollen. Die einfache Antwort liefert Tim Cook (*1960), Chef von Apple, der führenden Institution der modernen Technologie: »Die Technik selbst will nichts Gutes tun. Oder irgendetwas Schlimmes. Die Technik will gar nichts tun. Menschlichkeit muss von einer anderen Seite dazukommen.« (F.A.Z. vom 14. Oktober 2017)

In der Evolution all dessen, was auf unserem Planeten lebt, spielt der Begriff der Kooperation eine bedeutsame Rolle. Kooperation und Solidarität haben vieles gemeinsam. Es handelt sich um grundlegende gesellschaftliche Begriffe. Dem entgegen steht die ungehemmte Konkurrenz nach dem Motto »Jeder gegen jeden«. Im Neoliberalismus werden alle moralischen Elemente einer bürgerlichen Gesellschaft preisgegeben. Es zählen ökonomische Veränderungen im Sinne einer Verbesserung der Bilanzen. Menschen werden zu »Humankapital« reduziert. Soziale menschliche Beziehungen und gegenseitiges Verständnis der Menschen untereinander sind dem neoliberalen Duktus gemäß nicht marktkonform. Die Digitalisierung nützt vor allem ökonomischen Interessen – zu verlockend sind die Aussichten auf Kostenersparnis aufgrund der Beschleunigung von Prozessen einerseits und den Einsparungen zahlreicher Mitarbeiter andererseits. Dass dies auch eine Absage an die soziale Marktwirtschaft beinhaltet, die zum einen die Bundesrepublik nach dem Zweiten Weltkrieg durch das sogenannte Wirtschaftswunder an das westliche Liberalismusmodell heranführen, als auch zum anderen nach der Wiedervereinigung die bis dato daran nicht partizipierenden Ostdeutschen integrieren konnte, wird entweder noch zu wenig diskutiert oder scheint unbekannt zu sein (zu erinnern ist hier nur an das Stichwort *Historische Bildung*). Menschlichkeit und Moral jedenfalls bleiben in einer digitalisierten Welt ohne Stellenwert. Berücksichtigt man jedoch, dass sich Menschlichkeit und Bildung gegenseitig bedingen, so erscheint die in den Vordergrund des öffentlichen Bewusstseins gerückte Forderung nach Digitalisierung Risse zu bekommen. Die Gemeinsamkeiten von

Bildung und Menschlichkeit erschließen sich hingegen, wenn bei den Schülerinnen und Schülern Freude und vertieftes Verständnis geweckt werden, z. B. an Entdeckungen und Erlebnissen in den Naturwissenschaften, am Erlernen fremder Sprachen und Kulturen, aber auch an Literatur, Musik, bildender Kunst, Theater einschließlich darstellendem Spiel sowie Filmkunst. Bildung und Menschlichkeit erwachsen auch aus gestalteten Reisen, ernsthaften Gesprächen und Diskussionen und nicht zuletzt aus Muße. Im Nachdenken und Nachfühlen ohne äußeren Zwang oder Belästigungen, d. h. in Muße ausschließlich mit sich selbst, können im Inneren eines jeden Menschen Gedanken und Fragen auftauchen, wie z. B.»Woher kommen wir, was machen wir hier und wohin gehen wir?« Eine schlüssige Antwort auf diese drei Fragen weiß kaum ein Mensch auf dieser Welt zu geben, wir können uns ihnen – mit Bildung und Denken – allenfalls annähern. Mit Goethe ließe sich dann antworten:»Wer immer strebend sich bemüht / Den können wir erlösen.« (Goethe, Faust II, 1833)

Der deutsche Medienwissenschaftler Stephan Russ-Mohl (*1950) macht in seiner jüngsten Darstellung »Die informierte Gesellschaft und ihre Feinde« mit dem bezeichnenden Untertitel »Warum die Digitalisierung unsere Demokratie gefährdet« (2017) darauf aufmerksam, dass Fake-News, Halbwahrheiten, Konspirationstheorien und die Ausbreitung von Desinformationen in der digitalisierten Welt vor allem in den sozialen Netzwerken, Facebook, Twitter etc. existierten. Diese in Masse und millionenfach verbreitet erweise sich demnach die Demokratie ohne einen kritisch begleitenden Journalismus zunehmend als bedroht. In einer rasch voranschreitenden Beschleunigung unseres Lebensalltags werden wir mit einem Übersoll an Info-Müll bombardiert. Unsere Aufmerksamkeitsspanne wird immer kürzer, doch je kürzer diese Spanne ist, desto weniger Kontextwissen kann angesichts einer hyperkomplexen Welt aufgenommen werden. Politisch kann dies zu einer Rückkehr autoritärer und feudaler Herrschaftsstrukturen führen. Russ-Mohl verweist beispielhaft auf den Durchmarsch der Populisten Trump, Le Pen, Grillo und der AFD, die Wiederkehr von Medienbaronen und das globale Feudalsystem der IT-Giganten. Der Versuch einer staatlichen Regulierung erscheint zudem wenig wirkungsvoll. Als Langfriststrategie sieht Russ-Mohl Chancen in einer aufklärerischen Medienerziehung. Diesen Empfehlungen folgend sollten Bücher wie das hier zitierte Werk von Stephan Russ-Mohl als Standardwerk für die Schulliteratur gelten (Russ-Mohl 2017).

Das »Bündnis für humane Bildung – aufwach(s)en mit digitalen Medien«, ein Zusammenschluss von Bürgerinnen und Bürgern, setzt sich für eine humane und demokratische Bildung in allen öffentlichen Bildungseinrichtungen ein. Dieses Bündnis, initiiert von namhaften Pädagogen, Erziehungswissenschaftlern, Hirnforschern und Journalisten, tritt dafür ein, dass alle Kinder und Jugendliche in den Schulen persönlich unterrichtet und betreut werden, unabhängig von Sozialstatus oder der Finanzkraft der Eltern. In einem offenen Brief vom 28. Juni 2017 hat sich dieses Bündnis an die Kultusministerinnen und Kultusminister der Bundesländer gewandt. Es geht um einen Protest gegen den »DigitalPakt Schule« der Bundesregierung. Dieser bediene, so das Bündnis, ausschließlich Partikularinteressen der IT-Wirtschaft und der Arbeitgeberverbände. Betont wird hingegen, dass die Digitaltechnik im Unterricht selbst keinen nennenswerten Nutzen erbringe. Der Hamburger Schulsenator Ties Rabe (*1960) bilanziert eine über drei Jahre laufende Hamburger Studie mit über 1300 Schülerinnen und Schülern, dass durch den Einsatz von Laptops und Smartphones »im Vergleich zu anderen Schulklassen keine klaren negativeren, aber auch keine eindeutig positiveren Entwicklungen beim Lernstand der Schülerinnen und

Schüler in den unterschiedlichen Unterrichtsfächern« zu erkennen seien (Bündnis für humane Bildung 2017). Stattdessen sollten qualifizierte Lehrkräfte, gut strukturierter Unterricht sowie traditionelle Unterrichtsmethoden gefördert werden, wie dies ebenfalls Ergebnis zahlreicher weiterer Studien ist. Laut aktueller PISA-Studie von 2015 können Schülerinnen und Schüler besonders dann gut lernen, wenn Lehrpersonen gut erklären und Beispiele dazu zeigen würden. Die Kultusministerinnen und Kultusminister der Länder sollten also besser dafür plädieren, dass die Individualität der Lehrerpersönlichkeit als die entscheidende Größe für eine gute Schule und einen guten Unterricht begriffen wird, anstatt Unterricht digital zu standardisieren und alle Lernschritte zu kontrollieren (Bündnis für humane Bildung 2017).

Aus neurodidaktischer Sicht ist zu ergänzen, dass zu einem erfolgreichen individuellen Lernen in der Schule erfolgreiche Beziehungen zu den Lehrkräften und auch zu den in die Unterrichtsprozesse einbezogenen Mitschülerinnen und Mitschülern von Bedeutung sind. Derartige soziale Beziehungen fördern die neuralen Verschaltungen im Gehirn, sie fördern nicht nur die soziale Gemeinschaft, sondern auch das Lernvermögen und den Lernerfolg. Eine Beschränkung der Lernenden allein auf eine »Beziehung zur digitalen Technik« droht hingegen, Menschen zu ökonomisch nützlichem Humankapital zu reduzieren, anstatt sie zur Teilhabe an der Kultur und der Demokratie zu befähigen. Mit anderen Worten, eine umfassende Digitalisierung in den Schulen kann nur als ein der Wirtschaft nützliches Marktprinzip verstanden werden. Der Mensch wird zum Datensatz und Muster und damit entindividualisiert. Digitale Medien sind im Unterricht, wenn überhaupt notwendig, nur wohlüberlegt und altersgerecht einzusetzen. Das Bündnis für humane Bildung empfiehlt einen differenzierten, Schritt für Schritt erfolgenden Einsatz von Medientechnik wie folgt: Kindertagesstätten und Grundschulen bleiben in der pädagogischen Arbeit digitalfrei. Jüngere Kinder müssen sich in der realen Welt verorten und dort sicher sein und zunächst klassische Kulturtechniken (Lesen, Schreiben, Rechnen) beherrschen, bevor digitale Techniken zum Einsatz kommen. Gefragt sind hier Gestaltungstechniken wie Basteln, Malen, Zeichnen, Musizieren, aber auch Theater und Tanz, Sport und Naturerlebnisse.

In der Mittelstufe (Klasse 5 bzw. 6) spricht hingegen nichts dagegen, Verständnis für Informationstechnik (IT) zu vermitteln. Ab den Klassen 6 oder 7 kann dann ein echter Informationsunterricht mit kostengünstigen und vollprogrammierbaren Kleinrechnern angeboten werden. Ab Klasse 8 könnten Schülerinnen und Schüler dann die entsprechende Hard- und Software detaillierter kennenlernen und unter Anleitung eigene Medienprojekte umsetzen. Schulung bedeutet hierbei: Die Prinzipien von Textverarbeitung sowie Desktop-Publishing, Webdesign oder Videoschnitt zu verstehen und nicht nur damit zu hantieren.

Am Ende der Mittel- bzw. zu Beginn der Oberstufe empfehlen sich Medienprojekte, bei denen die Schüler Bilder oder Filme erstellen, eine Schülerzeitung gestalten oder Inhalte für Websites generieren. Sie sollten dabei allerdings mit Offline-Produktionsrechnern arbeiten. Offline heißt: Die Rechner sind zwar untereinander vernetzt, aber nicht ans Internet angeschlossen. Allerdings sei sicherzustellen, dass keine Schülerdaten ausgelesen und ausgewertet werden, so das »Bündnis für Humane Bildung«.

Die Beschäftigung mit den technischen Neuerungen der Digitalisierung steht den Bemühungen, sich zu bilden, grundsätzlich nicht entgegen. Die Digitalisierung selbst aber hat mit den Inhalten von Bildung nichts zu tun. Nach Tim Cook ist die Digitalisierung nichts anderes als eine Technik und daher keinesfalls gleichbedeutend mit dem Bildungsbegriff selbst und den Bildungsinhalten an sich.

Die Präzisierung im Gebrauch der Begriffe würde jedem sich zu diesem Thema äußernden Politiker und Journalisten gut anstehen.

Lust und Wohlbefinden versus Realität

Menschen wollen Lustgewinn und Wohlbefinden. Das Lustprinzip – so zitiert der deutsche Philosoph Robert Spaemann (1927– 2018) Sigmund Freud (1856–1939) – findet seine Einschränkung im Realitätsprinzip. Wenn der Mensch überleben will, muss er sich der widrigen Realität anpassen können. Das gilt ebenfalls bereits für Kinder und Schulkinder. Kinder aber können – wie Erwachsene auch – scheitern. Die Aufgabe der Schule ist es daher, Schülerinnen und Schüler so zu bilden, dass sie im Dschungel des Lebens nicht nur überleben, sondern dass sie auch eine Chance erhalten, als glückliche Menschen zu überleben. Diese Aufgabe der Schule erfährt umso mehr Bedeutung, wenn Kinder aus einem defizitären Elternhaus – verbunden mit einer problematischen sozialen Umgebung – stammen. »Wir wollen, wenn wir nicht gerade krank oder süchtig sind, keine illusionäre Euphorie«, so Spaemann, »sondern ein Glück, das auf Kontakt mit der Wirklichkeit beruht.« (Spaemann 1982)

Unsere Lebenswirklichkeit ist inzwischen leider problematischer als von Spaemann wahrscheinlich erhofft. Der Psychoanalytiker Hans-Joachim Maaz (*1943) dokumentiert in »Die narzisstische Gesellschaft. Ein Psychogramm« (2012) die tieferen Ursachen unserer für jedermann und ganz besonders für Kinder nicht mehr zumutbaren Gepflogenheiten im gesellschaftlichen Umgang mit- und untereinander, sowohl auf der persönlichen Ebene der Familie und im Freundeskreis sowie der Berufs- und Arbeitswelt, als auch der Behörden-Bürger-Beziehungen und einer bürgerfernen, vom Narzissmus der Akteure geprägten Politik.

Maaz beschreibt, »wie stark Menschen gefährdet sind, wenn sie vorhandene narzisstische Defizite nicht länger kompensieren oder sich von ihrer bitteren seelischen Realität nicht mehr ablenken können. Die Gefährlichkeit der Erkenntnis trägt sehr viel zu einer sozialen Kultur der Verleugnung und der Lüge bei; sie begünstigt eine Gesellschaft mit aktionistischer, ruheloser Geschäftigkeit und ablenkender Reizüberflutung, um Erkenntnis zu verhindern.«

Das von Maaz beschriebene pathologische Psychogramm unserer Gegenwart gründet auf Missverständnissen, aber auch auf einer sträflichen Unkenntnis der meisten Erwachsenen in der Zuwendung und im Umgang mit Kindern in deren ersten Lebensjahren. »Das Kind empfindet mehr, als es versteht. Gefühle und Wahrnehmungen sind unabhängig von jedem erklärten pädagogischen Einfluss die wesentlichen Wirkfaktoren der kindlichen Entwicklung.« (Maaz 2012) Es handelt sich deshalb um eine geradezu sträfliche Unkenntnis vieler Erwachsener im Umgang mit Kindern in deren ersten Lebensjahren, weil bereits seit vielen Jahren erforscht, bekannt und dokumentiert ist, dass nicht die *Erziehungsform*, sondern die *Beziehungsqualität* entscheidend ist. Die diesbezügliche Unfähigkeit vieler Eltern und auch von Lehrpersonen ist daher nicht mehr nachvollziehbar! Eine detaillierte Beschreibung des medizinischen Begriffes des *pathologischen Narzissmus* würde den Rahmen des vorliegenden Themas bei weitem überschreiten. Die entscheidende Feststellung und Forderung ist daher nicht nur für die Eltern als Verantwortliche in den frühen Lebensjahren ihrer Kinder verbindlich, sondern gleichermaßen auch für Lehrpersonen: »Der feine, aber entscheidende Unterschied liegt darin, ob man wirklich willens und in der Lage ist, die Innenwelt des Kindes empathisch wahrzunehmen, oder ob man eher geneigt ist, dem Kind die eigenen Vorstellungen und Erwartungen, wie es denn sein soll, zu vermitteln.« (Maaz 2012) Die Sozial- und Neurowissenschaftlerin Franca Parianen (*1989) formuliert zur Physiologie des Fühlens, Denkens und Handelns von Menschen zusammenfassend, »dass die Gefühle und Schmerzen anderer Menschen oft auf uns übergreifen. [...] Wir reagieren mit Empathie. Das ist doch sehr ermutigend! Sie haben eine angeborene und automatische Abneigung dagegen, andere Menschen leiden zu sehen.« (Parianen 2017) Das neurophysiologische Fazit könnte daher lauten: Der Mensch kann sein Gegenüber besser verstehen, besser mit ihm zusammenarbeiten, besser mit ihm fühlen, besser von ihm lernen und besser mit ihm kommunizieren als alle uns bekannten Arten. Vielleicht könnten sich die Bildungsverantwortlichen in Deutschland wie ihre Kollegen in den skandinavischen Ländern ebenfalls dazu entschließen, das Schulfach »Empathie« einzuführen. Die gesellschaftliche Wertschätzung der Bildung, des gegenseitigen Respektes und der menschlichen Würde könnten von einer solchen im Bewusstsein tief verankerten Empathie profitieren.

Werte, Wertegehalt und Wertewahrnehmung

Die Voraussetzung, Werte wahrnehmen und deren Bedeutung weiterzugeben, ist das Vorhandensein eines in der Person herangereiften und verfügbaren Hintergrunds an Moral und Gewissen. Die Wertewahrnehmung und ein entsprechender Wertegehalt können uns sodann im Innersten bewusst sein, wenn wir uns über etwas freuen oder trauern, etwas verehren, verachten, lieben, fürchten, hassen oder auch in der Hoffnung auf etwas. Von einer tiefempfundenen Freude sind der Spaß und die Lust zu unterscheiden. Wertegehalte müssen nicht spontan zugänglich sein, sondern können erst allmählich einen Weg »in unser Herz« finden. Um beispielsweise in der Musik eine tiefe Freude oder gar Ergriffenheit zu spüren, sind Verständnis für Musik und konkrete Kenntnisse darüber vonnöten. Mit dem Erlernen dieser verschmelzen dann Emotion und Kognition. Um einen Text zu verstehen und diesen auch als berührend zu empfinden, ist dieser aufmerksam zu lesen und zu entschlüsseln. Die Entdeckung und Heranbildung ureigener persönlicher Interessen kann den empfundenen oder erlernten Wertegehalt der Wirklichkeit näherbringen. Eine Werterangordnung setzt voraus, dass Kinder und Jugendliche die für sie gültigen Werte überhaupt erst einmal kennenlernen und verinnerlichen. Gleichbedeutend ist die Fähigkeit, Wichtiges von weniger Wichtigem, Wesentliches von Unwesentlichem unterscheiden zu können. Eine Wertewahrnehmung und Verinnerlichung bedarf keiner Belehrung, sondern gründet auf Erfahrungen und Einübungen. In der bildenden Kunst, in der Literatur und vergleichbar in der allgemeinen Menschenkenntnis kommt es nicht auf den »Geschmack« oder den allersten Eindruck an. Die Wahrnehmung schärft sich erst mit der Intensität der gemachten Erfahrungen: Wie oft und wie aufmerksam habe ich in einer Ausstellung die Bilder oder Ausstellungsstücke betrachtet, wie oft oder wie intensiv habe ich Artikel oder Bücher gelesen, anstatt zeitraubend Fernsehsendungen anzuschauen, und wie wertschätzend habe ich mit Menschen kommuniziert und nicht nur Smalltalk geredet? Der Kreis zum Urvater der Ökonomie Adam Smith schließt sich, wenn man die Kriterien eines ökonomischen Werteverständnisses den allgemeinen gültigen Werten und Tugenden, wie z. B. Mäßigung, Liebe, Gerechtigkeit, Mut und Hoffnung, vergleichend gegenüberstellt. Die Tugenden und die ökonomischen Werte Smiths könnten Einzug in den schulischen Bildungskanon halten. Gebildete Schülerinnen und Schüler werden dann als im Beruf stehende Erwachsene diejenigen nur an sich denkenden, rücksichtslose und von Neid und Gier gehetzte und strapazierte Erwerbstätige entbehrlich machen können.

Robert Spaemann führt in einem Vortrag zum Thema
»Was macht Personen zu Personen« aus, dass die Würde
neben dem Wert eines Menschen ein weiteres, zusätzliches
Kriterium ist. Indem ein Mensch fähig wird, am geistigen
Leben teilzunehmen, erlangt dessen Identität eine qualita-
tive Füllung. Er erwirbt ein bewusstes Verständnis von sich
selbst. Mit diesem Selbstbewusstsein befreit und schützt er
sich vor Fremdbestimmung. Ein selbstbestimmter Mensch
ist nicht mehr nur ein Mitglied seiner Spezies. Er ist vielmehr zu einem freien und wahrheitsfähigen Wesen geworden, dem es möglich ist, zu versprechen, Reue zu empfinden und zu verzeihen (Spaemann 2011).

In der Regel findet für Kinder die Primärsozialisation im
Elternhaus statt. Ein solches Elternhaus als erste Station
einer mittels Vorbildfunktion für Kinder erfahrbare Heimat
gelebter Werte wird jedoch zunehmend fragiler und ver-
schwindet offenbar zusehends. Die Elternhäuser, Gesellschaft und somit auch die Institution Schule prägende spät-
kapitalistische Doktrin hat jedoch eine moralisch-sittliche
Werteausdünnung zur Folge. Allfällige Kommentare zur
Misere unserer Schulbildung lauten daher: »Wie man eine
Bildungsnation gegen die Wand fährt« (Kraus 2017), »Schule
und Gesellschaft – die Radikalkritik« (Hüther 2015b), »Die
Fundamentalkritik an der Gesellschaft« (Gruen 2013), »Die
moderne Zivilisation stellt für die Würde des Menschen
eine Bedrohung dar, wie sie bisher niemals existiert hat«
(Spaemann 2001) sowie »Wir brauchen keine weitere Bil-
dungsreform, wie brauchen eine Bildungsrevolution«
(Precht 2015).

Vor 2500 Jahren hat der griechische Wissenschaftler, Biologe, Physiker und Philosoph Aristoteles (384–322 v. Chr.)
seinem Sohn Nikomachos Empfehlungen zur Erlangung
eines hohen Grads an menschlicher Glückseligkeit gewidmet (Nikomachische Ethik). In dieser Tugendethik steht die
Steuerung des Gefühlslebens mit Intelligenz im Mittel-

punkt. Unsere Leidenschaften – so Aristoteles – besitzen richtig angewendet Weisheit. Sie bestimmen unser Denken und unsere Werte, unser Überleben. Sie können aber auch leicht entgleisen und allzu oft tun sie dies auch. Nicht Emotionalität ist nach Aristoteles das Problem, sondern die Angemessenheit der Emotionen und deren Ausdruck.

Daniel Goleman (*1946), Psychologe an der Harvard University, ging der Frage nach, wie sich Intelligenz in unsere Emotionen bringen lässt und wie Höflichkeit auf unseren Straßen und gegenseitige Fürsorge in unserer Gesellschaft Platz finden können. Wir sollten diese Frage vertiefen und erweitern: Wie lassen sich in unseren Schulen Respekt, Achtung und gutes Benehmen wiederbeleben?

Eine Überlegung zur Beantwortung solcher Fragestellungen geht in die Richtung, ob nicht unser evolutiv hinsichtlich der Leistungs- und Erkenntnisfähigkeit sich stets weiterentwickelndes Gehirn inzwischen soweit ausdifferenziert ist, der bisher Orientierung bietenden Ethik und Moralphilosophie davonzueilen? Hoimar von Ditfurth hatte bereits festgestellt: »Unsere Spezies ist inzwischen nicht mehr in der Lage, sich in der veränderten Umwelt verlässlich zurechtzufinden und anzupassen.« (von Ditfurth 1976) Unsere Lebensgewohnheiten haben sich in den letzten 3000 Jahren immer wieder geändert. Die Nahrungsbeschaffung, der Nahrungsgehalt, unsere Gewohnheiten im Umgang miteinander, die Kommunikation, die Technik und die Industrialisierung, unsere Persönlichkeit und alles das, was an Unnützem und Schädlichem auf uns einstürmt, hat Einfluss auf unsere Gesundheit, unsere Persönlichkeit und letztlich auch auf unsere Gene. Äußere Einflüsse sind in der Lage, unsere Gene zu verändern, so dass diese Veränderungen auf dem Wege der Vererbung weitergegeben werden. Von den evolutiven Veränderungen – mögen sie auch noch so lange dauern – bleibt kein Organ unseres Körpers ausgespart und damit auch unser Gehirn nicht. Vereinfacht formuliert: Jeder einzelne Mensch und damit sein Gehirn registriert die um sich greifende soziale Desorientierung und den Werteverfall. In einem derart geprägten gesellschaftlichen Wandel beklagen dann auch die Lehrerinnen und Lehrer in den Schulen einen Mangel, wenn nicht sogar den Verlust von Respekt, Achtung und Benehmen seitens der Schülerinnen und Schüler. Folgt man der Berichterstattung der Medien, so ist das alltägliche Handeln in der Gesellschaft geprägt von Respektlosigkeit, Missachtung, Klein- und sogar Großkriminalität. Beck (2015) hatte bereits prognostiziert: »Jeder wird für jeden und jeder für sich selbst zum Risiko.« Der englische Philosoph und Soziologe Herbert Spencer (1820–1903) formulierte ein universelles Postulat der kulturellen Evolution. Nicht nur biologische Organismen, sondern auch die Erziehung, die Lebensweisen und die sozialen Konventionen unterliegen einer evolutiven Prägung und Veränderung. Wenn im Fortgang der Evolution unsere menschlichen Gehirne sich der veränderten Umwelt nicht mehr adäquat anpassen und somit auch nicht mehr imstande sind, sich verlässlich zu orientieren, dann muss unsere gesellschaftliche Entwicklung aus den Fugen geraten. Dies ist eine Hypothese, die unter Umständen eine menschengemachte Zukunftsperspektive sein kann. Die – wie eingangs zitiert – von der baden-württembergischen Kultusministerin Eisenmann (CDU) geplante Maßnahme, allein der Erweiterung von Behörden eine Kontrolle und Verbesserung der Schulbildung unter ministerieller Aufsicht zu erreichen, ist nicht nachvollziehbar. Sie wird die Ursachen und Folgen der Bildungsmisere nicht einmal mehr aus der Ferne tangieren. Was uns allerdings helfen kann, sind gebildete Kinder als später Erwachsene im Sinne Spaemanns und zwar in jeder uns nachfolgenden Generation. Bildung, und nicht die Erweiterung von Behörden ist daher das Gebot der Stunde.

Neugierappetenz und Freude
an der Wissensvermehrung

Goleman hatte in seinem Bestseller »Emotionale Intelligenz« (1996) festgestellt: »Heute sind es die Neurowissenschaften, die so nachdrücklich darauf bestehen, dass die Emotionalität ernst genommen wird. Ihre Forschungsergebnisse sind ermutigend. Sie sind es, die uns darüber aufklären, dass die Zukunft hoffnungsvoller sein kann, wenn wir der emotionalen Intelligenz intensiver und systematischer unsere Aufmerksamkeit zuwenden: um das Bewusstsein von uns selbst zu vertiefen, um mit schmerzlichen Emotionen besser umgehen zu lernen, um trotz der vielen Frustrationen die Kraft zu Hoffnung und Ausdauer zu bewahren und um unsere Fähigkeiten zur Empathie und zur Fürsorge für andere, zu Kooperation und sozialer Bindung zu stärken.« Goleman beharrt darauf, dass Mitgefühl, Selbsterkenntnis und die Selbstbeherrschung, eigene Impulse zu unterdrücken, erfahrbar und erlernbar sind. Gleiches gilt für den Eifer der Beharrlichkeit, die Fähigkeit, sich selbst zu motivieren, und die Fähigkeit, die Gefühlsregungen anderer zu erkennen. Goleman (1996) listet fünf Dimensionen der Empathiefähigkeit auf:
1. Korrektes Entschlüsseln nonverbaler Botschaften.
2. Gleiche Emotionen wie Andere zu empfinden (Mitgefühl).
3. Ähnliche Gedanken und Erinnerungen zu erleben.
4. Auslösen gleicher somatischer Reaktionen (Herzschlag, Beklemmung, feuchte Hände).
5. Auslösen helfender oder unterstützender Handlungsimpulse.

Empathie dient einem positiven Beziehungsaufbau und ist damit für die schulischen Lehrkräfte und ebenso für die noch in der Ausbildung befindlichen Lehramtskandidaten eine unverzichtbare Voraussetzung für den pädagogischen Umgang mit Schülerinnen und Schülern.

In einem Nachruf auf den deutsch-schweizerischen Schriftsteller, Psychologen und Psychoanalytiker Arno Gruen (1923–2015) in der TAZ zitierte die Redakteurin Edith Kresta (*1954) Gruen aus einem seiner letzten Interviews, dass Empathie nicht nur der Schlüssel für Menschlichkeit ist. Empathie ist für Gruen eine natürliche Wahrnehmung, die noch viel tiefer geht als Mitgefühl und Achtsamkeit: »Unsere Evolution wurde nicht durch Kampf und Wettbewerb hervorgebracht, sondern durch Kooperation.« Nach Gruen ist Mitgefühl ohne Empathie sogar der Demokratie abträglich (Kresta 2015). Die Hauptursache der in unserer Gesellschaft vorherrschenden und von Jugendlichen ausgehenden Aggression sieht Gruen in einer ungenügenden Kommunikationsbereitschaft und in einer subjektiv empfundenen sozialen Erfolglosigkeit junger Menschen. Dies allesamt gründet nach Gruen auf einem gestörten oder gar zerstörten Urvertrauen in der frühen Kindheit (Gruen 2013).

Theory of Mind ist ein Begriff aus der Psychologie und den Kognitionswissenschaften. Er bezeichnet die Fähigkeit, Bewusstseinsvorgänge bei anderen Personen wahrzunehmen, sich in diese hineinzuversetzen und in ihrer Eigenheit anzuerkennen. Dabei handelt es sich um Gefühle, Stimmungen, Ideen, Absichten, Erwartungen und Meinungen, zu denen der Zuhörer geradezu partnerschaftlich ein Einfühlungsvermögen ausbildet und dieses dem Gegenüber auch anzeigt. In den kindlichen Gehirnen bilden sich die für dieses Vermögen notwendigen neuronalen Vernetzungen erst ab einem Lebensalter von ca. vier Jahren. Neurobiologisch ist in dieser Kleinkindlebensphase der »Fasciculus arcuatus« zwischen der Region im hinteren Schläfenlappen und einem Areal im Frontalhirnlappen im vorderen Großhirn genügend herangereift.

Altruismus versus Egoismus

Altruistisches Verhalten bedeutet uneigennütziges Teilen, Abgeben, Helfen, Unterstützen. Sofern anstelle der Uneigennützigkeit eine Erwartung auf Gegenleistung – unmittelbar oder zu einem späteren Zeitpunkt – innewohnt, wird Altruismus als reziproker Altruismus verstanden. Dieser folgt dem Sprichwort: »Gibst du mir, geb ich dir« oder »Manus manum lavat«, auf Deutsch: »Eine Hand wäscht die andere.«

Die britische Verhaltensforscherin Jane Goodall (*1934) erforschte seit 1960 über ca. 50 Jahre lang im Naturreservat Gombe Stream in Tansania das Verhalten von Schimpansen. Goodall schien deren Sozialverhalten in gewisser Weise auch auf den Menschen übertragbar. Sie berichtete in ihrer 1986 erschienen Veröffentlichung »The Chimpanzees of Gombe: Patterns of Behaviour« über das Konfliktverhalten der Tiere und über kriegerische Auseinandersetzungen von Schimpansengemeinschaften. Männchen tobten plötzlich mit lautstarkem Imponiergehabe und fielen übereinander her, zerstampften die Gegner, rissen Gliedmaßen ab und vernichteten in makabren Attacken ihre Feinde, bis die siegreichen männlichen Exemplare samt Familien das vormals von den Gegnern beanspruchte Areal in Besitz nahmen. Diese Gebietsaneignung war nur von kurzer Dauer. Eine weitere Schimpansengesellschaft drang auf das neu eroberte Territorium ein und das Gemetzel begann erneut. Goodall schrieb, »wenn sie Feuerwaffen gehabt hätten und jemand hätte ihnen beigebracht, damit umzugehen – ich vermute, sie hätten sie zum Töten benutzt.« (Goodall 1986) Bei diesen Territorialkämpfen ging es nicht darum, Eindringlinge fortzuscheuchen, sondern es ging vorrangig darum, zusätzliche Sexualpartner aktiv und aggressiv aus Nachbargruppen zu rekrutieren. Mit der Tötung von Müttern oder Töchtern wurden bestehende Beziehungen zerstört, um die eine oder andere als zukünftige Fortpflanzungspartnerin zu erobern. In der Biologie ist ein ähnliches Verhalten bei Pferden zu beobachten. Hengste malträtieren trächtige Stuten mit Tritten und provozieren so Aborte, damit sie für eine erneute Deckung und somit die Aufnahme und Verbreitung der eigenen Gene verfügbar werden. Auch in der Menschengesellschaft werden Stiefkinder signifikant vernachlässigt. Nach einer US-Statistik ist die Gefahr für ein Stiefkind, misshandelt zu werden, vierzigmal höher als für ein leibliches Kind (Sedlak 2010). Die Massaker der zeitweise aggressiven Schimpansenmänner sind allerdings nicht vergleichbar mit dem Töten und Morden in unserer menschlichen Gesellschaft. So waren während des Mittelalters sogenannte Infantizide (Kindstötungen) an der Tagesordnung. Derartige Ungeheuerlichkeiten finden auch heute noch z. B. in Teilen Indiens, Chinas oder Afrikas statt. Generell werden dort Mädchen als weniger wertvoll angesehen als Jungen. Mädchen bereiten den Familien bei ihrer Verheiratung Kosten und die Familien sind häufig nicht in der Lage, diese aufzubringen, so dass sie sich verschulden müssen. Eine Kindstötung kommt daher – welch Perversion der Worte – sogar »preiswert« daher. Nur wenige Flugstunden von uns entfernt finden noch heute Genozide (Völkermorde) statt. Die Schimpansenkriege und die menschlichen Kriege unterscheiden sich jedoch motivational. Bei den Schimpansen handelt es sich um Auseinandersetzungen um Sexualpartner und um Revieransprüche. Bei uns Menschen handelt es sich um ideologisch begründete Auseinandersetzungen um Macht, aus Missgunst und Gier. Nicht selten dominieren Soziopathen als Anführer.

Goodall schlug aus ihren Beobachtungen folgernd die Brücke zur menschlichen Spezies:»Unglückseligerweise ist die kulturelle Artenbildung inzwischen in den menschlichen Gesellschaften überall in der Welt weit fortgeschritten.

Unsere Tendenz, ausgewählte In-Gruppen zu bilden, aus denen alle, die einen anderen ethnischen Hintergrund, sozioökonomischen Status, andere politische Ansichten und religiöse Überzeugungen usw. haben, ausgeschlossen werden, ist eine der Hauptursachen für Krieg, Aufruhr, Bandenkriminalität und ähnliche Konfliktarten. Mit sogenannten Heiligen Kriegen, dem Kampf darum, wessen Gott der höchste ist, haben diejenigen, die jeweils an der Macht waren, unglaubliches Leid über die jeweils als ›Ungläubige‹ angesehenen Menschen, die nicht der eigenen Religionsgemeinschaft angehörten, gebracht. Hierzu zählen Folterberichte aus der schrecklichen Zeit der katholischen Inquisition. Die Unlogik der menschlichen Spezies wird besonders evident, wenn man die Lehren ihrer großen religiösen Führer mit dem Aufruf zur Ablehnung von Gewalt und zur Annahme von Menschen anderen Glaubens statt deren Ausgrenzung fokussiert.« Jesus von Nazareth hat – so Goodall – die Gefahren der Gruppenbildung sehr genau gesehen. Sein Leben lang hat er sich dafür eingesetzt, Menschen aller Rassen, Klassen und Religionen in den Umkreis seines Mitgefühls einzubeziehen, sogar die allseits gehassten Römer: »Liebet eure Feinde; segnet, die euch fluchen; tut wohl denen, die euch hassen; bittet für die, die euch beleidigen und verfolgen.« Schließlich der christliche Ratschlag: »Richtet nicht, dass ihr nicht gerichtet werdet.« Tolerantes Verhalten und Wertschätzung gegenüber anderen religiösen Überzeugungen werden jedoch auch in nichtchristlichen Religionen gelehrt.

Gerhard Roth (2007) geht davon aus, dass es »wahren« Altruismus unter Nicht-Verwandten oder nicht gemeinsam Aufgewachsenen (Quasi-Verwandten) im Tierreich nicht zu geben scheint. Wenn es sich hingegen um Verwandte oder gemeinsam aufgewachsene Gruppenzugehörige handelt und wenn diese also über einen gemeinsamen Genpool verfügen und damit ein »Gen-egoistisches« Verhalten zeitigen, bringen Tiergruppenzugehörige regelmäßig altruistische Individuen hervor. Diese können dank ihres Altruismus ggf. eine höhere Überlebenschance haben und damit die Gesamtpopulation ihres Genpools in ihrem Lebensraum günstiger durchsetzen. Mit anderen Worten, nicht die altruistischen Individuen selbst, sondern deren Gene, die sie mit ihren Verwandten teilen, haben einen Vorteil.

Der niederländische Zoologe und Verhaltensforscher Frans De Waal (*1948) berichtete über altruistische Verhaltensvarianten von Schimpansen, die von Leoparden verwundet worden waren. Artgenossen eilten zur Hilfe: »Sie leckten ihnen das Blut weg, säuberten die Wunden und sorgten dafür, dass keine Insekten in die Nähe kamen. Sie verscheuchten Fliegen, schützten die verletzten Gefährten und drosselten das Tempo, wenn diese nicht mitkamen. Schimpansen sind also ebenso soziale Tiere wie blutige Krieger.« (de Waal 1989) Das »Gesetz des Dschungels« beinhaltet Toleranz und kooperatives Verhalten, auch um in Gruppen besser überleben zu können, anstatt ausgestoßen zu werden. Primaten, Wölfe und andere Tiere, aber auch Menschen sind zumindest zeitweise kooperative Herdentiere. Wären in früheren Jahrtausenden und Jahrhunderten unsere Artgenossen immer nur distanziert und nicht kooperativ miteinander umgegangen, so befänden wir uns heute nicht auf dem verzweigten Ast der Evolutionsbiologie, der uns dazu befähigt, den Kosmos wahrzunehmen, zu reflektieren und zu antizipieren (de Waal 1989).

Joachim Bauer (*1951), Neurobiologe, Molekularbiologe, Psychiater und Internist, beschäftigte sich als erster in Deutschland mit den sogenannten Spiegelneuronen: »Zur Wahrnehmung und inneren Abbildung anderer Menschen setzt das Gehirn dieselben Programme ein, mit denen es sich auch ein Bild von sich selbst modelliert: Untersuchungen am Tier sowie Studien mit modernen bildgebenden Verfahren am Menschen zeigen, dass das Gehirn die eigene

Person durch Programme für Handlungssequenzen (untere prämotorische Hirnrinde), für Körperempfindungen (untere parietale Rinde) und für emotionale Gefühle (vorderer Gyrus cinguli, Mandelkern) repräsentiert. Die Beobachtung eines handelnden anderen aktiviert im Gehirn des Beobachters – im selben Moment – nicht nur die gleichen, sondern teilweise dieselben Netzwerke, die in Aktion träten, wenn der Beobachter selbst die Handlung vollzöge, die soeben vom Beobachteten vollzogen wird. Entsprechende Resonanzen zeigen auch die für die Körperempfindungen und Emotionen zuständigen neurobiologischen Systeme.« (Bauer 2005) Die evolutionsbiologischen Gemeinsamkeiten unter Primaten schlechthin finden somit eine physiologische Erklärung. Bauer dazu weiter:»Dieser durch Spiegelnervenzellen vermittelte Vorgang läuft vorgedanklich, vorsprachlich und spontan ab. Er ist die neurobiologische Grundlage für intuitives Wahrnehmen und Verstehen. Da dieser Mechanismus allen Menschen eigen ist, stellt das System der Spiegelnervenzellen ein überindividuelles neuronales Format dar, durch das ein gemeinsamer zwischenmenschlicher Bedeutungsraum erzeugt wird. Da der Inhalt dieses gemeinsamen menschlichen Bedeutungsraumes Programme für alle typischen, erfahrungsgemäß auftretenden Sequenzen des Handelns und Empfindens innerhalb der eigenen Spezies enthält, bildet er zugleich auch die intuitive Basis für das Gefühl einer – im großen Ganzen – berechenbaren, vorhersagbaren Welt. Da darin auch die Vorhersagbarkeit und Berechenbarkeit des Verhaltens anderer Menschen eingeschlossen ist, stellt der durch das System der Spiegelneuronen gebildete ›shared meaningful intersubjective space‹ auch die Basis dessen dar, was wir (Ur-)Vertrauen nennen. […] Aus der Sicht der Evolutionstheorie Charles Darwins ermöglichen Spiegelung und Resonanz (Spiegelneurone) nicht nur soziale Bindungen, sondern innerhalb der Art auch ein intuitiv aufeinander abgestimmtes Verhalten, um sozialen Zusammenhalt zu erzeugen und das Überleben des Einzelnen – via Überleben in der Gruppe – zu sichern.«(Bauer 2005)

Egoismus, synonym mit Eigeninteresse, Eigennützigkeit und Selbstsucht, ist eine Handlungsweise, bei der einzig der Handelnde seinen eigenen Vorteil sucht oder findet. Wenn sich der Handelnde mehr Freiheiten zugesteht als anderen Menschen, so kann von einem »Raffgieregoisten« gesprochen werden. Ein raffgieregoistischer Mensch wird oftmals als rücksichtslos und unanständig interpretiert. Altruismus und Egoismus sind einander grundgegensätzliche Eigenschaften bzw. Handlungsweisen. Abzugrenzen davon ist allerdings ein Egoismus als Eigenschutz, wenn für den Handelnden eine erhebliche Gefahr der Eigenschädigung besteht.

Moral

Moral kann den Einsatz von Egoismus/Eigennutz lenken. Nach der »Navigatortheorie« (Voland/Voland 2014) kontrolliert die Fähigkeit zur Moral das Verhalten und ordnet dieses in »so altruistisch wie nötig und so egoistisch (zum Selbstschutz) wie möglich.« De Waal (2011) unterscheidet drei Ebenen der Moral:

Ebene eins: Die Fähigkeit zur Empathie, einer Neigung zu Reziprozität und Sinn für Fairness und die Fähigkeit, Beziehungen harmonisch zu gestalten. Auf diesen Gebieten gibt es offensichtliche Parallelen der Menschen zu anderen Primaten.

Ebene zwei: Unter sozialem Druck verfahren menschliche Exemplare so, dass ihr kooperatives Gruppenleben begünstigt wird. Die Mittel dazu sind Belohnung, Strafe und Reputationsaufbau. Auch auf dieser Ebene des Gemeinschaftssinns und der Beachtung sozialer Regeln gibt es Gemeinsamkeiten mit anderen Primaten, wenn auch weniger systematisch ausgeprägt.

Ebene drei: Die eigene Beurteilung und Überlegung von Handlungsentwürfen und Ausführungen sind bestimmt durch das Verhalten der anderen. Das moralische Urteil ist selbstreflexiv und häufig logisch überlegt. Auf dieser Ebene unterscheiden sich andere Primaten deutlich. Die Bedürfnisse und Ziele anderer mögen sie bis zu einem gewissen Grad internalisiert haben, aber Ähnlichkeiten im Verhalten und in Handlungsausführungen bestehen nicht mehr.

De Waal kommt zu der Schlussfolgerung, dass die höheren Ebenen der Moral nicht ohne die niedrigeren existieren können. Somit bildet die gesamte menschliche Moral ein Kontinuum mit dem geselligen Verhalten der Primaten. Ein altruistisches Verhalten – intentionales gezieltes Helfen in dem Wissen darum, wie der andere begünstigt wird und ohne Streben nach »Gegenleistung« – ist auf die menschliche Spezies und gleichermaßen auf wenige andere Tiere mit großen Gehirnen (Primaten) beschränkt. Mitgefühl für andere wurde zum Dreh- und Angelpunkt menschlicher Moral und zu einem wesentlichen Moment der Religion. De Waal fordert uns auf: »Wir tun jedoch gut daran, zu erkennen, dass unsere Moralsysteme, indem sie Freundlichkeit fordern, das durchsetzen, was bereits Teil unseres Erbes ist. Sie stülpen das menschliche Verhalten nicht um, sondern bestärken nur bereits (in der Evolution gebildete) vorhandene Fähigkeiten.« (de Waal 2011)

In seinem Epilog zu »So managt die Natur – was Führungskräfte vom erfolgreichsten Unternehmen aller Zeiten lernen können« fasst der Journalist Matthias Nöllke (*1962) u. a. wie folgt zusammen: »Es gibt nicht die eine ›Strategie der Sieger‹. Es gibt auch kein absolutes ›falsch‹ oder ›richtig‹ in der Natur. Vielmehr existiert eine ungeheure Fülle an (moralischen anstelle von unmoralischen) Möglichkeiten, zurechtzukommen. Jeder Organismus ist gefordert, seine eigene Überlebensstrategie zu entwickeln – angepasst an seine Möglichkeiten und an seinen Lebensraum.« (Nöllke 2004)

Der Begründer der klassischen Nationalökonomie und Prediger der freien Marktwirtschaft Adam Smith beobachtete in seiner Zeit, dass trotz einer gewissen Erhöhung der Produktion große Teile der Bevölkerung in Armut lebten. Smith plädierte für den freien Arbeitsmarkt, wo Angebot und Nachfrage die Höhe des Lohns bestimmen. Seine Themen waren die Rolle der Arbeitsteilung und die Rolle des freien Markts, die Fragen der Verteilung, des Außenhandels und die Rolle des Staats. Seine Vorlesungen in Moralphilosophie bildeten 1759 die Grundlage für die Veröffentlichung seines philosophischen Hauptwerkes »Die Theorie der ethischen Gefühle« (1759). Darin bezeichnet er die Sympathie für Mitmenschen als Grundlage der Moral und als Triebfeder moralischer Arbeit. »Der Mensch ist darauf angewiesen, von seiner Arbeit zu leben und sein Lohn muss mindestens so hoch sein, dass er davon existieren kann. Meistens muss er sogar noch höher sein, da es dem Arbeiter sonst nicht möglich wäre, eine Familie zu gründen.« (Smith 2004) Dem Staat kommen nach Smith vier zentrale Aufgaben zu:

1. Organisation der Landesverteidigung;
2. Schutz eines jeden Mitglieds der Gesellschaft vor Ungerechtigkeit und Unterdrückung;
3. Errichtung und Unterhalt von öffentlichen Anstalten, deren Errichtung oder Erhaltung durch Private nicht möglich wären, die aber dennoch für die Allgemeinheit bedeutsam sind, z. B. das Unterrichts-, das Transportwesen oder das Straßen- und Wegenetz;
4. Durchsetzung des Privateigentums.

Die Sicherung der allgemeinen Bildung durch den Staat war Smiths wesentliches Anliegen. Der Staat soll dem »einfachen Volk« Schulbildung zugänglich machen, um der Verdummung entgegen zu wirken (Smith 2004). Dieser Aufmerksamkeit und Förderung der allgemeinen Bildung gegenüber scheint unter dem Diktat der Ökonomie und des Neoliberalismus nur noch wenig Wertschätzung entgegengebracht zu werden. Der amerikanische Moralphilosoph Michael J. Sandel (*1953) stellt fest: »Fortpflanzung und Kinderbetreuung, Gesundheit und Erziehung, Sport und Freizeit, Strafjustiz, Umweltschutz, Militärdienst, Wahlkämpfe, öffentliche Bereiche und Gemeindeleben – überall spielen Geld und Märkte eine immer größere Rolle. Die Entscheidungen darüber, welche gesellschaftlichen Praktiken tatsächlich von Marktmechanismen gesteuert werden sollten und somit eine Form des ökonomischen Denkens erfordern, sollten eng mit moralischen Überlegungen verknüpft sein. Der Mainstream des ökonomischen Denkens behauptet hingegen, vom umstrittenen Terrain der politischen Philosophie und der Moralphilosophie unabhängig zu sein.« (Sandel 2012) Nach Sandel sind weiterhin auch die Grundbedürfnisse nicht als Waren oder Dienstleistungen auf dem Markt zu handeln. Dies gilt etwa für die Gesundheitsfürsorge, das Wohnen, die Bildung und somit insbesondere für Schulsysteme und für Kinder und Jugendliche allgemein: »Abgesehen von den Systemrisiken und wirtschaftlichen Schäden, die eine rücksichtslose, wild ausufernde Spekulation mit sich bringen kann, entstehen auch moralische Kosten. Wenn Spekulationen, die keinem erkennbaren nützlichen Zweck dienen, belohnt werden, wirkt sich das zerstörend auf den Charakter aus. Es zersetzt nicht nur den Charakter einzelner Menschen, sondern auch die Tugenden und Einstellungen, die eine gerechte Gesellschaft ausmachen. […] Die Finanzkrise löste viele Debatten über die mit dem Kasinokapitalismus verbundenen Systemrisiken aus, besonders in den Fällen, in denen Banken und Finanzeinrichtungen ›zu groß zum Scheitern‹ sind. Den moralischen Implikationen einer zunehmend von spekulativen statt von produktiven Tätigkeiten beherrschten Ökonomie haben wir dagegen weniger Aufmerksamkeit geschenkt.« (Sandel 2012)

Auf das aktuelle Zeitgeschehen bezogen steht hinter den Banken, »die zu groß zum Scheitern sind«, stets der Staat, mit anderen Worten der Steuerzahler als Garant des Bankenüberlebens. In dieser Position scheint für Banken »alles möglich zu sein«, sogar die hemmungslose Fortsetzung eines manipulativ bis betrügerisch anmutenden Auftretens in Werbung und Medien. Sandel stellt daher die Frage: »Was geschieht, wenn die moralisch zersetzenden Aspekte des Glücksspiels beginnen, das gesamte Wirtschaftsleben zu dominieren? Wenn die Ethik der Spekulation sich ausbreitet und damit den stets fragilen Zusammenhang zwischen Beitrag und Kompensation beschädigt – also die Verhältnismäßigkeit zwischen der nützlichen Arbeit, welche die Menschen verrichten und der von der Gesellschaft dafür gewährten Belohnung?« (Sandel 2012) Lehrpersonen sollten diese Frage nicht nur ihren Schülerinnen und Schülern zur Diskussion stellen! Dozierende sollten diese Frage nicht nur mit ihren Studierenden thematisieren. Adressaten der von Sandel formulierten Frage sind die Öffentlichkeit und die Politik! Schülerinnen und Schüler, Studentinnen und Studenten sollten dazu befähigt werden, die moralischen Forderungen Sandels in die Öffentlichkeit und in die Politik zu tragen.

Nöllke (2004) formuliert:»In der Natur verkehrt sich eine Entwicklung oftmals in ihr Gegenteil. Allzu erfolgreiche ›Betrüger‹ richten sich langfristig ebenso zugrunde wie allzu erfolgreiche Jäger oder allzu ›gierige‹ Parasiten. Auf der anderen Seite braucht ein Organismus Krisen, Belastungen, Rückschläge, um immer wieder neu zu erstarken. Ein zentrales Führungsprinzip der Natur heißt daher: Beobachten und abwarten können [...]. In der Natur kommt es letztlich nicht darauf an, maximale ›Rendite‹ zu erwirtschaften, über möglichst viele Ressourcen zu verfügen, Konkurrenten auszuschalten oder für die maximale Verbreitung der eigenen Lebensform zu sorgen. An diesen Zielen ist noch jeder Organismus gescheitert. Der einzige Wert, auf den es ankommt, das ist ganz schlicht gesagt das Leben.« Auf den ersten Blick erscheint es einfach, den Schlüssen Nöllkes zu folgen. In der pädagogischen Wirklichkeit kann die erfolgreiche Weitergabe der Erkenntnisse Nöllkes an jüngere Generationen jedoch nur beim Vorhandensein einer hinreichend emotionalen und sozialen Kompetenz und nicht zuletzt bei entwickelter Empathie seitens der Lehrpersonen gelingen. Lehrpersonen treffen nicht selten auf entgegenstehende, irreführende bis betrügerische Botschaften aus Kommerz und Werbung. Aus Kindern und Jugendlichen – so die Zielrichtung – sollen Konsumenten für jeweils kommerzielle Interessen werden. Mit anderen Worten, der Zeitgeist macht es den verantwortlichen Lehrerinnen und Lehrern nicht gerade leicht, in der Schule moralisches Verhalten als Grundlage menschlichen Zusammenlebens zu positionieren. »Mit dem Siegeszug der Konsumgesellschaft, die den Verbraucher als Souverän und Triumphator vor sich hertrug, wurde Vertrauen zur Leitwährung.« (Frevert 2013) Die von Kommerz und seitens der Politik dem Verbraucher angedichteten Eigenschaften eines Souveräns sind aber nichts anderes als eine bewusste Irreführung und Ablenkung des Verbrauchers, der die Absichten der Verantwortlichen hinsichtlich der Kommerzialisierung sämtlicher Lebensbereiche und der dahinter stehenden wirtschaftlichen Interessen nicht bemerken soll. Diese Marketingstrategien beginnen jedoch mehr und mehr an Bedeutung zu verlieren. Ihre einstige unangreifbare Überzeugungskraft scheint abzunehmen. Die umworbene Kundschaft empfindet diese zunehmend als Augenwischerei. Ohne Überzeugungskraft jedoch kann ein nachhaltiges Kundeninteresse nicht generiert werden. Besonders perfide ist das Mittel des Neuromarketings, vereinfacht ausgedrückt auch eine Art Gehirnwäsche, um Kunden zu manipulieren und zum Kaufen zu verführen, insbesondere dann, wenn es zur Manipulation von Kindern und Jugendlichen dient. Neuromarketing ist der Versuch, Kunden für dumm zu halten und diese nicht ausreichend zu informieren, sondern dreist zu manipulieren. Auch Banken wollen keine Verantwortung für ihr durch Gier geprägtes Missmanagement tragen und konterkarieren dies mit alltäglicher »vertrauensschaffender« Werbung. Ein ähnlich bigottes Verhalten offenbart sich in vielen weiteren Branchen. Ein Bericht von n-tv Wissen vom 29. November 2016 geht der Frage nach, ob Aufklärung oder Strafandrohung Menschen moralischer macht. Anlass war ein Experiment Innsbrucker Ökonomen, die Gründe für die Spendenbereitschaft zu Masernimpfungen durch UNICEF ermittelten und ob dabei häufiger gespendet als moralisch gehandelt wird. Als Szenarien wurde den Probanden Aufklärung durch einen Arzt, Aufhebung der Anonymität sowie monetäre Bestrafung von unmoralischem Verhalten geboten. Es stellte sich heraus, dass die ärztliche Aufklärung keinerlei Auswirkung auf die Entscheidung der befragten Personen hatte. Die Androhung einer finanziellen Bestrafung bewirkte hingegen klare Effekte im Sinne der Zustimmung zu einer Impfaktion. Es hat somit den Anschein, dass seriöse Aufklärung von Pseudoaufklärung im Sinne verlogener Kauf-Aufforderungen nicht mehr unterschieden wird. Die Menschen reagieren nur noch auf Strafandrohungen, jedoch nicht mehr auf eine überzeugend gemeinte Ansprache, was einer Abstumpfung und Verflachung des kritischen Geistes gleichkommt [Redaktion n-tv vom 29.11.2016].

Gewissen

Der Schöpfer der Evolutionstheorie Charles Darwin hat den Ursprung des Gewissens in sozialen Instinkten und unter dem Einfluss zunehmender intellektueller Kräfte gesehen. Bei Menschen ist das Gewissen hochentwickelt, beim Tier weit weniger hoch. In »Die Abstammung des Menschen« (1871) schrieb Darwin: »Ich unterschreibe vollständig die Meinung derjenigen Schriftsteller, welche behaupten, daß von allen Unterschieden zwischen dem Menschen und den niederen Thieren das moralische Gefühl oder das Gewissen der weitaus bedeutungsvollste ist. [...]. Der folgende Satz scheint mir in hohem Grade wahrscheinlich zu sein, nämlich daß jedes Thier, welches es auch sein mag, wenn es nur mit scharf ausgesprochenen socialen Instincten (die elterliche und kindliche Zuneigung hier mit eingeschlossen) versehen ist, unvermeidlich ein moralisches Gefühl oder ein Gewissen erlangen würde, wenn sich seine intellectuellen Kräfte so weit oder nahezu so weit wie beim Menschen entwickelt hätten.« (Darwin 1871)

Darwin führte weiter aus: »Die oben gegebene Ansicht über den Ursprung und die Natur des moralischen Gefühls, das unsere Handlungen leitet, und des Gewissens, das uns tadelt, wenn wir jenem nicht gehorchen, stimmt ganz gut mit dem überein, was wir von dem ersten, noch unentwickelten Zustand dieser Fähigkeit des Menschen wissen. Die Tugenden, welche wenigstens im Allgemeinen von den Urmenschen geübt werden mussten, um zu ermöglichen, daß sie überhaupt zu Verbänden zusammentreten konnten, sind dieselben, die auch heute noch als die wichtigsten gelten. Sie werden jedoch fast ausschließlich nur innerhalb der Gemeinschaft eines Stammes gepflegt; die ihnen entgegengesetzten Gesinnungen gelten, wenn sie sich auf Menschen fremder Stämme beziehen, nicht als Verbrechen.« (Darwin 1871)

Zum Begriff des *Gewissens* und der *Gewissensmoral* erklären Eckart und Renate Voland, dass das Gewissen aus evolutionärer Sicht einem Störfaktor entspricht. Das Gewissen straft zwar, belohnt aber selten. Es fördert ein Scham- und Schuldgefühl und mindert ggf. das Selbstwertgefühl. Die Gewissensregeln sind rigide. Auf den Punkt gebracht: »Das Gewissen ist die Keule, mit der die Eltern ihre Kinder moralisch in Haft nehmen können und sie in einer für sie unvorteilhaften Helferrolle halten.« Zur Moral führen beide Autoren weiter aus: »Menschen sind als einzige Spezies zu moralischen Urteilen in der Lage. Die evolutive Genese der Moralität bleibt dennoch offen.« (Voland/Voland 2014) Es stellt sich daher auch die Frage, wie und warum evolutiv die moralische Urteilskraft begründet ist, wenn altruistisches Verhalten bereits längst in der Welt war und gut funktioniert hat, lange bevor der Mensch auf dem Planeten erschien.

Gewissen gilt als Teil der subjektiven Wirklichkeit eines jeden Erwachsenen. Emotionen, Schuld und Scham sind am auffälligsten mit der Gewissensinstanz assoziiert. Bei Affen signalisieren körpersprachliche Gesten die Unterwerfung und den Verzicht auf Widerstand gegen die Dominanz des Überlegenen. Bei Menschen gilt neben der erlangten Macht auch der Aspekt des zugeschriebenen Prestiges. Das menschliche Gewissen reagiert auf Macht und Prestige des oder der Gegenüber gleichermaßen. Ein Phänomen, das alltäglich in Firmen, Büros, Behörden und praktisch im gesamten Alltag augenfällig wird. Scham fokussiert das eigene »So-Sein« und Schuld jegliche Handlung bzw. auch unterlassene Handlung.

Norbert Elias wies darauf hin, dass das Zusammenleben früherer Menschen biologisch vollständig dem unsrigen entsprochen hat. »Sie waren aber noch weitgehend ungeschützt, ohne Häuser, ohne feste selbstgeschaffene Siedlungen, im ständigen Überlebenskampf mit anderen Geschöpfen, mit Geschöpfen also, die ihre Beute waren oder deren Beute möglicherweise sie selbst waren.« Die Individuen unserer Gattung waren von jeher sozial lebende Wesen. Das Leben in Gruppen kreierte Bedingungen für ein geschütztes Zusammenleben/Überleben, das einzelnen Menschen nur schwerlich gelungen wäre.»Viele ungelernte Signale, die ein menschliches Gesicht anderen Menschen zu geben vermag, sind in ihrer spezifischen Bedeutung nur für Menschen verständlich und unverständlich oder missverständlich für andere Lebewesen.« (Elias 1976) Das Verhüllen/Verschleiern des Gesichtes und/oder eine Ganzkörperverschleierung von Frauen widerspricht den über Jahrtausende evolutionsbiologisch entwickelten Möglichkeiten und Chancen einer realen zwischenmenschlichen Kommunikation. Diese ist auf die Wahrnehmung nonverbaler körperlicher Äußerungen wie Mimik und Gestik alternativlos angewiesen. Die Wahrnehmung eines Gegenübers ist somit auch für die Gewissensbildung eine unverzichtbare menschliche Verhaltensnotwendigkeit.

Voland und Voland schließen in ihrer Beschreibung der Ontogenese des Gewissens an die von Sigmund Freud beschriebenen Eltern-Kind-Konflikte an (Voland/Voland 2014). Freud entwickelte den Begriff des Über-Ichs als Identifikation mit dem idealisierten Modell von Eltern (Freud 1923; 1930). Auch andere Personen – Lehrkräfte oder Idole – können das Über-Ich beeinflussen. Aber am Anfang des Prozesses steht stets die dominierende elterliche Instanz. Unter traditionellen Bedingungen haben Eltern stets versucht, die Balance zwischen Produktion und Reproduktion effizient zu optimieren. Kinder wurden zur Mitarbeit bei den familiären Angelegenheiten erzogen. Dies war stets zunächst eine Frage der Ökonomie. Im vormodernen Leben war Kinderarbeit ein signifikanter Alltagsbestandteil. Wenn zuerst geborene Nachkommen ihren Eltern bei der Versorgung der jüngeren Geschwister helfen (müssen), während der Zeit ihres Helfens selbst aber kinderlos bleiben – in Tiergesellschaften »Helfer-am-Nest-Gesellschaften« genannte Fortpflanzungssysteme vor allem von Insekten, Fischen, Vögeln, auch Säugern und Primaten – dann bringen derartige Gesellschaften Helferkonflikte hervor: Das elterliche Interesse an Unterstützung durch die Nachkommen kollidiert mit deren Interesse an eigener Reproduktion. In bäuerlichen Familien ging es früher um die Frage, wer den familiären Betrieb übernehmen sollte und welche Nachkommen darauf verzichten mussten. Die erstgeborenen Töchter wurden wie selbstverständlich vorrangig zu Helferinnen erzogen, im Wesentlichen für die Fürsorge der jüngeren Geschwister und insbesondere weiterer Schwestern. Die jüngste Tochter kümmerte sich dann ggf. um pflegebedürftige Eltern. Nicht selten lohnte sich die Übernahme einer Helferrolle für die Helfer selbst (also die Kinder) nicht. Heutzutage besagen alle einschlägigen Modellberechnungen der theoretischen Biologie, dass Selbstreproduzieren für die Fitnessbilanz immer vorteilhafter ist, als helfen. Mit einer dauerhaften Durchsetzung elterlicher (egoistischer) Interessen stand am Ende einer Erziehung der Kinder nicht selten eine psychische Fixierung psychopathologisch relevanter Störungen. Norbert Bischof (*1930), Psychologe und Systemtheoretiker, beschrieb eine »unlösbare Kopplung von Gehorsam und Geborgenheit« und dass Kinder unselbstständig auf die Welt kommen und in ihrem Wohl und Wehe zunächst vollständig von der Fürsorge anderer abhängig sind. In den ersten Jahren sind sie ohne fremde Hilfe schlichtweg nicht überlebensfähig. Erst ab einem Alter, in dem Kinder die Schule besuchen, gelingt es den robusteren unter ihnen, sich selbstständig durchzusetzen. Voland und Voland formulieren die Schlussfolgerung: »Weil das Modell vom Eltern-Kind-Konflikt voraussagt, dass Kinder, wenn sie erst über die kognitiven und emotionalen Ressourcen verfügen, sich normalerweise in ihrer weiteren Entwicklung von den elterlichen Einflüssen lösen und in eigene Autonomie investieren sollten, passt der vorpubertäre Abschluss der Gewissensgenese gut zur Helfer-Theorie der Gewissensevolution. Weniger gut passt dieser Befund zur Navigator-Theorie, denn wie soll man sich mit einem gleichsam ›frühkindlich eingefrorenen‹, nur wenig beweglichen Gewissen in einer dynamischen Gesellschaft zurechtfinden? Als Navigator-System wäre es zu wenig flexibel. Zumindest gelegentlich sollte ein Update die Möglichkeit zur Revision bisheriger Gewissensurteile zulassen. Auch wenn dies gelegentlich beobachtet werden kann, besonders nach traumatischen Erfahrungen, gehört es aber nicht zu den Grundfunktionen des Gewissens.« (Voland/Voland 2014)

Bezogen auf die weitere kindliche und jugendliche Entwicklung und auch auf das System Schule fahren Voland und Voland fort, dass Risiken, die Kinder verletzbar machen, nicht nur beim Lernen an einem Modell, wie Eltern es darstellen, vorhanden sind. Risiken entstehen nicht nur, wenn Lernende ihre Lehrenden nicht überprüfen können, sondern auch dann, wenn sie ihnen blind vertrauen müssen. Ein weiterer Aspekt ist, dass Kinder aus naturgeschichtlichen Gründen konstitutionell verletzbar sind und in eine Verliererrolle im evolutionären Eltern-Kind-Konflikt gedrängt werden. Dieser Konflikt hängt u. a. mit dem Umstand zusammen, dass der Mensch während seiner Evolutionsgeschichte auf die Strategie kooperativer Fortpflanzung gesetzt hat. Kooperative Fortpflanzungsgemeinschaften generieren auch die Geschwisterkonkurrenz. Einige Kinder mögen überdurchschnittlich versorgt sein, weil sie im Zentrum des Reproduktionsinteresses mehrerer Personen stehen, andere mögen eher unterversorgt bleiben, weil sie nicht über jene Merkmale verfügen, die sie für potenzielle Investoren interessant macht. »Es wird Kinder geben, die mit einem silbernen Löffel geboren wurden und ein Leben voller Chancen zu erwarten haben, und es wird auf der anderen Seite Kinder geben, die schlichtweg übersehen werden.« (Voland/Voland 2014) Zum Extremverhalten ablehnender Eltern, nämlich zur Abtreibung oder zur Vernachlässigung/Kindstötung, stellte die US-amerikanische Anthropologin und Verhaltensforscherin Sarah Blaffer Hrdy (*1946) fest, dass je nach Kultur und Epoche bis zu rund 40 % aller neugeborenen Kinder bereits ihren ersten Kampf ums Überleben außerhalb des Mutterleibes nicht gewinnen konnten. Dies lag daran, dass sie nicht erwünscht waren. Über geschlechtsabhängige Abtreibungen in Indien und in anderen asiatischen Ländern berichten gelegentlich westliche Medien. Mit anderen Worten, Eltern machen Evolution. Sie produzieren und bevorzugen Phänotypen, die sie gut gebrauchen können – kulturell und biologisch (Blaffer Hrdy 1984).

Die aus der westlichen Perspektive übliche elterliche Liebe und Fürsorge kann Formen von Dominanz weichen. Aber auch in westlichen Ländern bereitet elterliche Liebe und Fürsorge einerseits und kindlicher Gehorsam andererseits die Bühne für strategische Eltern-Kind-Konflikte, aus denen die Kinder nur zu dem Preis bedingungslosen Gehorsams und altruistischer Hilfe herauskommen, also nur mit einem prinzipientreuen, nicht hinterfragenden Gewissen, das jenen Altruismus bereitstellt, den Eltern verlangen. Die Gewissensmoral ist somit das evolutionäre Ergebnis eines differentiellen elterlichen Investments.

Das Gewissen enthält »den Keim, aus dem sich alle Religionen gebildet haben.« (Freud 1923) In der Dialektik von Gottesliebe und Gottesfurcht, »Geborgenheit durch Gehorsam«, findet sich die Logik des Helferkonfliktes wieder. Nach Freud kommt das Gewissen nicht von Gott, sondern Gott kommt vom Gewissen. Dieses auch in der aufgeklärten westlichen Welt noch immer wirksame Modell bedarf

Anfang des 21. Jahrhunderts einer angemessenen Aufklärung. Nach Freud gründen in unserer besonders engen Familienökologie Neurosen und Psychosen. Diese Erkenntnis steht individuell und allgemein in einem kausalen Bedeutungszusammenhang mit pseudoreligiösen Botschaften in der Vergangenheit und weist diesen Zusammenhang auch noch in der Gegenwart auf.

Ausgrenzung, Mobbing, Amok

Die Zeitschrift *Focus* berichtet am 11. Mai 2009, dass von 12,3 Millionen Schülern in Deutschland pro Woche mehr als 760.000 Opfer von Mobbing und gut 28.2000 von Cyber-Mobbingattacken werden.»Was Mobbing betrifft, liegen wir im internationalen Ranking an der Spitze«, ergänzt Wolfgang Melzer (*1948), Professor für Schulpädagogik an der TU Dresden.

Vorbemerkung 1: Mobbing oder Mobben bedeutet das Gegenteil der Wesens- und Haltungsmerkmale Empathie, Sympathie, Altruismus, Moral, Gewissen und Weisheit. Mobben ist ein soziales Fehlverhalten, besser eine antisoziale oder asoziale Handlungsweise. Ein von der Gemeinschaft ausgegrenzter – also gemobbter – Mensch leidet unter seelischen Schmerzen. Neurowissenschaftlich ist es erwiesen, dass das Empfinden dieser Schmerzen im Gehirn genau dort repräsentiert ist, wo auch rein körperlich gründende Schmerzen ihren Platz haben.

Vorbemerkung 2: Die Ausprägung der Fähigkeit, mit seiner Umgebung und damit auch der Schule und in einem Klassenverband kommunikativ, kooperativ und sozial zu agieren, sollte auch das Anliegen von schulischen Lehrkräften sein. Leider wird das Gegenteil gefördert, nämlich Konkurrenz und Ausgliedern nach den Regeln des Konsumkapitalismus – dies ist ein zentraler Kritikansatz am aktuellen Schulsystem.

Vorbemerkung 3: Der Aufbau und die Entwicklung einer emotionalen, sozialen und kommunikativen Kompetenz sollte fächerübergreifend und über die gesamte Schulzeit erfolgen und dient dem Ziel eines humanen und sozial förderlich miteinander Umgehens. Emotionale Erziehung gibt der Schule einen erweiterten Auftrag. Ziel einer solchen Erziehung sollte es sein, einen Schulgeist entstehen zu lassen, der die Schule zu einer fürsorglichen Gemeinschaft macht (Goleman 1996). »Kochrezepte« als Notfallmaßnahmen in Mobbingsituationen mögen berechtigt sein. Sie sollten aber keineswegs als reine Alibifunktion die Förderung des alltäglichen empathischen sozialen Miteinanderumgehens ersetzen. Die Bereithaltung polizeilicher Strategien und deren feste Verankerung in Schulen erfolgte in Deutschland erstmals nach dem tragischen Amoklauf 2002 am Gutenberg-Gymnasium in Erfurt. Das primäre Ziel der Institution Schule kann jedoch nicht lauten, sich auf eskalierende Mobbingsituationen vorzubereiten und einzurichten, sondern im Gegenteil nur darin bestehen, diese gar nicht erst entstehen zu lassen.

Der Mensch ist ein Gemeinschaftswesen und evolutiv auf Kooperation ausgerichtet. Die Nähe und der Kontakt mit liebenden Eltern/Bezugspersonen sind in einem frühkindlichen Lebensalter überlebenswichtig. Urvertrauen und Lebenssicherheit werden in der frühen Kindheit gebildet und gefördert. Der Mensch lebt seine Gemeinschaft in der Kindheit und Jugend, in der Familie, im Freundeskreis, im Verein, aber vor allem auch in der Schule und später im Beruf. Der österreichische Arzt, Psychotherapeut und Begründer der Individualpsychologie Alfred Adler (1870–1937) beschrieb das *Gemeinschaftsgefühl* als einen unbewussten Persönlichkeitsanteil mit Wurzeln in der frühen Kindheit. Adler fand bei seinen Patienten das Gefühl einer Minderwertigkeit oder Unterlegenheit vor allem in den drei Lebensaufgaben *Arbeit, Liebe* und *Gemeinschaft* verwurzelt. In diesen Lebensbereichen können im weiteren Verlauf der Kindheit, in Familie, Schule und Beruf, in Prüfungssituationen oder auch in der Ehe etc. negative und gleichsam prägende Erfahrungen gemacht werden oder leben als Relikte von Misserfahrungen in der frühen Kindheit erneut auf. Der von Adler formulierte Begriff des *Minderwertigkeitsgefühls* gründet auf defizitären Erfahrungen in einer oder mehreren der drei genannten Lebensaufgaben. Zurückweisungen und vor allem das Erleben häufiger oder ständiger Zurückweisungen bewirken bei Menschen das Gefühl, unerwünscht und wertlos zu sein. Zwangsläufig generiert das ein Unterlegenheitsgefühl und ein Gefühl der Ausgrenzung. Wäre diesen Menschen – wie es eigentlich die Regel sein sollte – in ihrer frühen Kindheit von den Eltern, Bezugspersonen etc. ein Gemeinschaftsgefühl »implantiert« worden, dann würden das Gefühl und das Erleben einer Ausgrenzung an ihnen abprallen. Die Wahrnehmung, in einer Gruppe als unerwünscht, wertlos und von der sozialen Gemeinschaft ausgegrenzt zu sein, schmerzt und quält. »Zementierte« Minderwertigkeitsgefühle können zu einem erhöhten Geltungsstreben oder gar zu einem pathologischen Machtstreben Anlass geben. Adler hat das Ziel verfolgt, die psychologische Menschenkenntnis als Prophylaxe zum Allgemeingut werden zu lassen. Dieses Ziel scheiterte vor allem an den damaligen ideologischen Voreingenommenheiten und am Zeitgeist des Nationalsozialismus. Die Aneignung psychologischer Menschenkenntnis sollte heute jedoch eine pädagogische Pflicht sein. Pädagogen, die Ausbildungsverantwortlichen künftiger Pädagogen und auch Menschen in z. B. Sicherheitsbereichen (Polizei, Sanitäter etc.) und nicht zuletzt Politiker sind hier angesprochen. Die Begriffe der emotionalen und der sozialen Kompetenz gründen auf dem Adler'schen Konzept des Gemeinschaftsgefühls. Der deutsche Arzt, Kinder- und Jugendpsychotherapeut Michael Winterhoff (*1955) stellt bei einem großen Teil der Heranwachsenden einen Verlust an emotionaler und sozialer Kompetenz fest. Er warnt vor den dramatischen Folgen des Auseinanderbrechens von Familienstrukturen und einer Überforderung sozialer Sicherungssysteme, so auch der Schulen.»Wenn wir eine Gesellschaft von Narzissten sowie beziehungsunfähigen, lustorientierten Egoisten wollen, dann sind wir auf dem besten Wege dorthin.« (Winterhoff 2013) Die Gründe für die Fehlentwicklungen sieht Winterhoff vorrangig in den Familien.»Immer mehr Erwachsene laufen ständig auf Hochtouren und leben nur noch im Moment. Sie denken nicht mehr an morgen oder an übermorgen. Die Leidtragenden sind die Kinder […] Zunächst einmal müssen Eltern wieder zur Ruhe finden, über ihre Intuition verfügen und ihr Kind wieder als Kind sehen. Das wäre die beste Möglichkeit, um eine altersgemäße soziale und emotionale Entwicklung der Kinder zu gewährleisten.« (Winterhoff 2013) Gleiches gelte für die Generation der Großeltern, so Winterhoff.

Viele Eltern verfügen leider nicht mehr über die Freiheit, ihren Alltag eigenständig zu bewältigen und organisieren zu können. Oft müssen beide Eltern arbeiten. Die sozialen Zwänge,»mithalten« zu können oder bei Alleinerziehenden überhaupt überleben zu können, sind gewaltig. In den Familien vorhandene Kinder werden um ihre Chancen gebracht, eine angemessene, friedvolle Entwicklung, frei von Hetze, Stress und Ängsten durchleben zu können. Erziehende und Lehrende stellen fest, dass sie keine frechen, sich verweigernde oder nichterzogene Kinder vor sich haben, sondern Kinder, die sich nicht entwickelt haben, weil sie sich nicht entwickeln konnten (Winterhoff 2013).

Mobbing in der Schule ist kein neues Phänomen, es ist weit verbreitet und nicht zu verwechseln mit kurzzeitigen Streitereien. Der Begriff Mobbing stammt aus dem Englischen, gemeint ist damit, jemanden »fertig machen«. In direkter Form werden Mitschülerinnen/Mitschüler bedroht, abgewertet, beschimpft, bloßgestellt und schikaniert. Eigentum von gemobbten Schülerinnen/Schülern wird beschädigt oder entwendet. In der Form des Bullying wird physische Gewalt angewendet. Als besonders verabscheuungswürdig gilt Cyber-Mobbing, womit rücksichtslos Mitschülerinnen/Mitschüler im Internet und damit der Öffentlichkeit bloßgestellt, verhöhnt oder bedroht werden. Bei den Opfern resultieren körperliche und psychische Schädigungen, Zerstörung des Selbstbewusstseins und im Unterricht Unkonzentriertheit, Leistungsrückgang, Schuleschwänzen, Angst und Depressionen. 20 % aller Suizide von Schülerinnen/Schüler weisen eine Mobbingvorgeschichte auf. Den Eltern kann – sofern sie noch über genügend Aufmerksamkeit und Intuition im Hinblick auf ihre Kinder verfügen – auffallen, dass sich ihr Kind verändert hat. Es geht z.b. nicht mehr gern oder überhaupt nicht mehr zur Schule. Es »verliert« Geld, weil es von Tätern erpresst oder bestohlen wird. Das Kind zieht sich zurück, hat Schlafstörungen, Albträume etc.

Mobbing ist Symptom einer gestörten Kommunikation als Teilaspekt eines disharmonischen Klassenklimas. Die Opfer, meist Einzelgänger, werden von der Klassengemeinschaft an den Rand gedrängt, was die innewohnende Unsicherheit der mobbinggefährdeten Klassenmitglieder verstärkt, diesen Angst macht und nicht nur psychosomatische Störungen, sondern darüber hinausgehend ernsthafte psychopathologische Folgen haben kann. Die Täter bekommen keine Rückmeldung über die Auswirkungen und

Schwere ihrer Schikanen. Es ist zu erwarten, dass sich Mobbingtäter auch nach Schulabschluss im Erwachsenenleben nicht gerade besonders kooperativ und kommunikativ verhalten werden. Es soll Lehrkräfte geben, die behaupten, in ihrem Schulsystem komme Mobbing nicht vor. Tatsache ist, dass Mobbing zu einem ernsthaften Problem in jeder Schule werden kann. Eine gestörte Lehrer-Schüler-Beziehung kann ebenso das Verhältnis der Schülerinnen/Schüler untereinander verschlechtern als auch Mobbingsituationen provozieren und intensivieren. Die Ursachen von Mobbing in der Schule sind vielfältig und können in einer wie auch immer gearteten »Andersartigkeit« der Mobbingopfer liegen. Andersartigkeit gehört jedoch zum Menschsein. Allen Schulverantwortlichen und in erster Linie dem Kollegium an der Schule sollte bewusst sein, dass gemobbte Kinder selbst zu Tätern werden können.

Nicht selten versuchen Eltern, ihr Kind vom Druck des Mobbings zu befreien und tragen dafür Sorge, dass die Schule gewechselt wird. Damit wird das Opfer faktisch negativ sanktioniert, während der aktive Mobber oder die aktive Gruppe von Mobbern indirekt belohnt werden. Besser ist es jedoch, wenn Eltern/Erziehungsberechtigte die Warnsignale von Mobbing frühzeitig erkennen, Lehrpersonen und Schulleitung informieren und geeignete Maßnahmen gemeinsam erarbeiten und umsetzen. Bei ausbleibenden Ergebnissen können Kinderschutzorganisationen eingeschaltet werden. Notfalls ist auch die Schulaufsichtsbehörde ein Ansprechpartner. Prinzipiell gilt, dass Schulen niemals aufhören dürfen, Mobbing zu bekämpfen. Lehrpersonen müssen verstärkt ihr Augenmerk auf das Sozialverhalten innerhalb der Klassenverbände legen. Sie sollten das Verhalten der Schülerinnen/Schüler untereinander bewusster wahrnehmen und durchaus auch im Sinne hypothetischer Mobbingaspekte interpretieren. Das Mobbingphänomen kann auch als ein Symptom kommunikativer Störungen im näheren sozialen Umfeld einer Schülerin oder eines Schülers, aber auch als Symptom einer allgemeinen gesellschaftlichen Pathologie aufgefasst werden.

Handelt es sich bei den Opfern um Schüler in der Entwicklungsphase der Pubertät, dann können die psychischen Folgen besonders gravierend ausarten. Im Opfer können durchaus bizarre Gedanken und Phantasievorstellungen der »Wiedergutmachung« und des Rachenehmens an den mobbenden und ausgrenzenden Personen (Mitschüler, Lehrkräfte) generieren. Gewaltphantasien dienen dann der Wiedererlangung einer inneren Stabilität des Opfers, das die schmerzhafte Rolle einer geschundenen Persönlichkeit verlassen möchte. Solche Gewaltphantasien überfordern jedes Vorstellungsvermögen der Unbeteiligten. Im Ergebnis folgen im schlimmsten Fall Amokereignisse in Schulen mit dem Erschießen von Schülern, Lehrkräften und gänzlich unbeteiligter Personen. Die tragischen Ereignisse von 2002 in Erfurt, 2009 in Winnenden und 2016 in München sind Zeugnisse dafür, wie auf dem Hintergrund gravierender psychopathologischer Probleme und Mobbingsituationen schließlich Amokereignisse generieren. Das Entsetzen darüber und die Trauer in der Öffentlichkeit sind jeweils riesig. Dennoch ist zu hinterfragen, warum sich viele mehr oder weniger professionelle Erwachsene wie Lehrer, Ärzte, Psychiater und auch Politiker immer wieder vollständig überrascht geben. Immerhin sind die Gedanken und Vorschläge von Alfred Adler zur Verbreitung einer psychologischen Menschenkenntnis inzwischen 90 Jahre alt. Der damals die Ideen Adlers ausbremsende Nationalsozialismus ist mit dem Kriegsende 1945 seit ca. drei Generationen Vergangenheit. Es hat allerdings den Anschein, dass in der psychologischen und in der entwicklungspsychologischen Ausbildung von Lehramtskandidaten und auch im universitären und im pädagogischen Schulalltag noch immer Defizite in Bezug auf die Notwendigkeit der Etablierung und Festigung einer emotionalen, sozialen und kommunikativen Kompetenz bei den Schülerinnen und Schülern vorherrschen. Britta Bannenberg (*1964), Professorin für Kriminologie an der Universität Gießen, empfiehlt in »Amok. Ursachen erkennen, Warnsignale verstehen« (2010) u. a. Amok-Präventionsprogramme. Derartige Präventionsprogramme dürfen aber nicht als Alibimaßnahmen missverstanden werden. Grundsätzlich geht es um die Tabuisierung antisozialen Verhaltens. Mit einer einmaligen Informationsveranstaltung, wie z. B. derjenigen der Autorin Bannenberg vor einer großen Zahl eingeladener Pädagogen, ist zwar nichts falsch gemacht. Ein solch einmaliger Info-Abend mit Experten genügt aber bei Weitem nicht. In den Schulen muss ein soziales Miteinander fächerübergreifend und beständig gepflegt und vor allem auch überprüft werden.

Gehorsam

Gehorsam gilt gemeinhin als eine Tugend. Wenn die Kultur des Gehorsams aber auf dem Weg ist, ein gegen die Mitmenschlichkeit gerichtetes Verhalten zu fördern, verliert gehorsames Verhalten seinen Sinn. Gehorsam kann somit zu einem Fundament pathologischen Verhaltens ausarten, so der in Berlin geborene und 1936 in die USA emigrierte Psychoanalytiker und Professor für Psychologie Arno Gruen. Eine zentrale Rolle in der psychophysischen Entwicklung des Menschen spielt das Urvertrauen. Dieses kann nur entwickelt werden, wenn der Säugling das Glück hat, zu fühlen, dass die Mutter seine Bedürfnisse auch wahrnimmt. Die Interaktionen zwischen Säugling und Mutter müssen zärtlich, liebevoll und den Säugling *voll und ganz* akzeptierend verlaufen. Nur so gelingt eine ungestörte Bindung zwischen Mutter und Kind und das Kind ist in der

Lage, sich ungestört, über eine reife Identitätsentwicklung hin bis zur Autonomie zu entwickeln. Angst und Schuldgefühle hingegen bewirken das Gegenteil. »Das Überleben des Menschen hängt von der Fähigkeit ab, Mitgefühl und Liebe zu leben und nicht von Gehorsam abhängig zu sein oder zu bleiben.« (Gruen 2014) Leider verläuft Kindheit häufig so, dass eigene Gefühle, Bedürfnisse und empathische Wahrnehmungen seitens der Kinder in Konflikt mit den Eltern geraten. Diese können – bewusst oder unbewusst – das wahre Wesen ihres Kindes nicht erkennen. Eltern stellen oftmals – ob nun bewusst oder unbewusst – fest, dass auch sie in ihrer eigenen Kindheit nicht erleben durften oder sollten, was sie tatsächlich erleben wollten. Sie haben einengende Erfahrungen mit überstrengen und dominanten Eltern machen müssen. Das Erkennen des eigenen Selbst, das solchen Einengungen unterworfen war, kann sich für Eltern bedrohlich anfühlen. Daher fordern diese von ihren Kindern ebenfalls blinden Gehorsam, zu dem auch sie in ihrer eigenen Kindheit gezwungen wurden – ein fataler Kreislauf. Wenn jedoch *Urvertrauen* bereits in der frühesten Kindheit nicht entwickelt wird und wenn an dessen Stelle Angst und Schuldgefühle treten, so resultieren statt Urvertrauen *Urängste* und unterwürfiger Gehorsam. »Besitz und Macht werden dadurch zur einzigen Wirklichkeit der Lebenswelt. Sie bilden den Nährboden für die politischen Konsequenzen, durch die sich reflexartiger Gehorsam, Obrigkeitshörigkeit und eingeschränktes Denken entfalten können.« (Gruen 2014)

Bereits vor der Geburt gründen die Wahrnehmungen des noch ungeborenen Kindes auf empathischen Vorgängen. Kognitives Denken hingegen als das Instrument, Gehorsam zu etablieren, entwickelt sich erst nach der Geburt. Empathie ist die Fähigkeit, mitfühlend auf unsere Umwelt einzugehen. Das Zulassen und die Akzeptanz eigener Gefühle sind jedoch vielfach verloren gegangen. Psychotherapeuten versuchen daher, ihren Patienten Zugänge zu verschütteten Gefühlen und zur Empathie gegen sich selbst zu ermöglichen. Rein verstandesmäßig orientiertes Leben und blinder Gehorsam verkennen die Realität. »Eine bessere Welt ist keine Phantasie eines verlorenen Paradieses. Eine bessere Welt wird sichtbar, wenn der verblendete Gehorsam aufgebrochen wird und sich in echte zwischenmenschliche Empathie verwandelt.« (Gruen 2014)

In einem erstmals 1961 von dem US-amerikanischen Sozialpsychologen Stanley Milgram (1933–1984) durchgeführten Experiment zur Prüfung der Gehorsamsbereitschaft wurde die Bereitschaft durchschnittlicher Personen getestet, autoritären Anweisungen auch dann Folge zu leisten, wenn sie in direktem Widerspruch zu ihrem Gewissen stehen. Das Experiment sollte ursprünglich dazu dienen, Verbrechen aus der NS-Zeit sozialpädagogisch aus dem Verhalten der (deutschen) Täter zu erklären. Die Mehrzahl der Versuchspersonen in diesem Experiment drängte tatsächlich ihr Gewissen zurück und verhielt sich durchweg gehorsam. Mit anderen Worten, sie fühlten sich für ihre eigenen Handlungen nicht verantwortlich. In der Weiterführung des Gedankens und der Schlussfolgerungen des Milgram-Experiments resultiert, dass grausamste Verbrechen häufig im Namen des Gehorsams und durch ganz normale Menschen verübt werden können und zudem in keinerlei Beziehung zu den Opfern stehen (Milgram 1974).

218

Persönlichkeitsstörungen und Früherkennung im Kindes- und Jugendalter

Mit dem Begriff *Persönlichkeit* ist die Gesamtheit der individuellen Eigenschaften eines Menschen – soweit sie mit dem Bevölkerungsquerschnitt kompatibel sind – gemeint. *Persönlichkeitszüge* unterscheiden Menschen voneinander und sind meist über die Zeit und Situationen stabil. *Störungen der Persönlichkeit* beschreiben Extremvarianten einer bestimmten Persönlichkeit. Wesentliche Kriterien, die Auswirkung auf vielfältige Bereiche des alltäglichen Lebens haben können, sind u. a.:

— Dominanz eines bestimmten Merkmals;
— Relevante Störungen des subjektiven Befindens, sozialer Anpassung oder beruflicher Leistungsfähigkeit;
— Stabilität der Störung.

Die Abgrenzung einer Persönlichkeitsstörung zu noch ungestörtem und toleriertem Verhalten fällt oft schwer (Möller/Laux/Deister 2001). Das Wesen einer Persönlichkeit ist auch kulturspezifisch geprägt, eine Tatsache, die Lehrkräfte bei Kindern mit Migrationshintergrund immer wieder feststellen. Ein Kind aus Syrien, aus dem Irak oder aus Eritrea wird womöglich anders lernen und spielen als ein deutsches Kind. Das soziale Miteinander im Ursprungsland kennzeichnet das Verhalten dieses Kindes in einer kulturell fremd empfundenen Umgebung. Die Entwicklungspsychologin Heidi Keller (*1945) beschrieb bei Kindern aus westlichen Kulturen eine stärkere Ich-Bezogenheit: »Die westliche Mittelstandserziehung führt dazu, dass soziale Kompetenzen verloren gehen. Wenn es gelänge, diesen ›Ichlingen‹ wieder mehr Wirgefühl beizubringen, würde sie das fürs spätere Leben rüsten [...]. Dann könnten wir uns wohlmöglich das Geld für all die teuren Teamtrainings sparen.« (Koch 2016) Universell, d. h. auf der gesamten

Erde, scheint das Bestreben gleich zu sein, zu einer Gruppe zu gehören.

Eine stabile Persönlichkeit kommt ca. ab dem 25. bis 30. Lebensjahr zum Tragen. Bis zu diesem Lebensalter haben sich Persönlichkeitsstrukturen entwickelt, die die Besonderheit einer Persönlichkeit ausweisen und damit der Person ihre unverwechselbare Individualität verleihen. Persönlichkeitsstörungen hingegen entstehen bereits im frühen Kindesalter und manifestieren sich im Verlauf der Adoleszenz. Mit dem Begriff Persönlichkeitsstörungen werden oftmals unangepasste Verhaltensmuster in unterschiedlichen sozialen Situationen beschrieben, die sich deutlich von denen des Bevölkerungsquerschnitts unterscheiden. Unterschiedliche Persönlichkeitsstörungen weisen spezifische Ähnlichkeiten auf, so dass bei Kenntnis der entsprechenden Persönlichkeitsstörung Verhaltens- und Reaktionsweisen vorhersagbar sind. In Abgrenzung zu einer unverwechselbaren Individualität mit weitgehend konstanten und ungestörten Persönlichkeitszügen ist bei Persönlichkeitsstörungen im Besonderen ein lebendiges und authentisches Kontaktverhalten mit der sozialen Umwelt kaum noch möglich, was zu einer deutlichen Beeinträchtigung des Umgangsmodus mit anderen Menschen führt.

Der Kinder- und Jugendpsychiater Khalid Murafi (*1969) beschreibt folgende Verhaltens- und Befundaspekte:
— Betroffen sind ganz basale menschliche Möglichkeiten, wie die Art und Weise zu denken, die Wahrnehmung und die Interpretation von Dingen, Menschen und Ereignissen, aber auch tiefverwurzelte Einstellungen und Vorstellungen bezüglich der eigenen Person und gegenüber anderen.
— Beeinträchtigungen der Gefühlsausdrucks- und Regulationsmöglichkeit mit reduzierter Variationsbreite der Abstufungsmöglichkeit. Abweichungen von der Norm

in der Intensität und Angemessenheit der emotionalen Ansprechbarkeit oder Reaktionen.
— Fehlende Selbstberuhigung und Begrenzung der sich innerlich ausbreitenden negativen Affekte selbst bei niederschwelligen Auslösern sowie eine ausgeprägte Beeinträchtigung der Impuls- und Triebkontrolle.
— Berechtigte Sorgen um Impulskontrollstörung und Ausagieren oder Umlenken in Form selbstverletzenden Verhaltens oder etwa einer Bulimie. Auch deutlicher Rückzug mit Einschränkung der Bedürfniswahrnehmung, -mitteilung und -umsetzung.
— Betroffene bewegen sich in einem Spannungsfeld zwischen Zuviel und Zuwenig in den unterschiedlichen Erlebensqualitäten. Es fällt ihnen schwer, ein Mittelmaß zu finden und auszubalancieren. Insgesamt werden Beziehungen eher überbedeutsam erlebt, so dass eine adäquate Reaktionsweise in Beziehungen oftmals nicht möglich ist (Murafi 2009).

Zur Verursachung und Entstehung von Persönlichkeitsstörungen wurden Lerntheorien herangezogen, die z. B. erlerntes Verhalten beschreiben, etwa operantes Konditionieren (Beeinflussung von Verhalten durch positive bzw. negative Verstärkung) oder Modell-Lernen (Verhaltensmodifikation durch das Beispiel anderer Menschen). Neurobiologische Ursachen in Form hirnorganischer Veränderungen und Stoffwechselstörungen im Gehirn gelten als plausiblere Erklärungsursachen. Zur neurobiologischen Ätiopathogenese, der Ursachen- und Verlaufsentwicklungsforschung von Krankheiten und seelischen Störungen, führt Murafi weiterhin aus: »Ein Neugeborenes kommt üblicherweise sehr reizoffen, wenig selbstregulationsfähig und ungeschützt zur Welt. Es ist als physiologische Frühgeburt also in einem hohen Maße im Kontakt mit sicheren Erwachsenen darauf angewiesen, dass diese mitregulieren, diese das Erleben des Säuglings resonieren und gleichzeitig vor Überstimulation, aber auch vor Unterstimulation schützen. Auch die Reaktionsweisen des Säuglings sind in gewisser Weise vorhersehbar, haben aber ebenfalls einen stereotypen, wenig differenzierten Charakter. So ist bei jeglichem Dyskomfort am ehesten damit zu rechnen, dass die Babys schreien und weinen. Ein differenzierter Affektausdruck, der möglich macht zu verstehen, was die Quelle der Not ist, steht Säuglingen zumeist nicht zur Verfügung. Sie sind daher auf unser einfühlendes Verstehen und detektivisches Nachgehen angewiesen, damit wir dann entsprechend hilfreich zur Seite stehen können, folglich eine vollgemachte Hose säubern, ausreichend für Nahrung sorgen, ein Wiegenlied zur Beruhigung des Kindes singen oder versuchen, Schmerzen zu lindern. Über dieses Einfühlen können wir gleichzeitig durch Mimik, Gestik und Lautieren dem Säugling Resonanz über das vermutete Gefühl, zum Beispiel Trauer, Angst, Schreck, Freude vermitteln, so dass letztendlich eine Lern- und Differenzierungsmöglichkeit für den Säugling entsteht. Die Reaktionsweisen [des Säuglings, der Verf.] sind oftmals subtiler, als wir vermuten können, so dass wir auch davon ausgehen müssen, dass unsere Pupillenstellung, unsere Atemfrequenz, unsere Herzfrequenz und unsere Mikromimik im Rahmen der physiologischen Filterfunktionsstörung des Säuglings einen starken Eindruck auf den Säugling macht und es umso bedeutsamer ist, dass die erwachsenen Bezugspersonen in großen Teilen selbst über ausreichend adäquate Filter verfügen, was in manchen Situationen jedoch nicht der Fall sein kann.« (Murafi 2009)

Murafi weist auch darauf hin, dass frühkindliche Störungen einhergehen mit ausbleibendem Urvertrauen und für den Säugling ungenügend wahrnehmbarer Liebe und Zuwendung und somit ursächlich für ein defizitär bleibendes Sicherheitsempfinden anzusehen sind. Ein Säugling ist auf die ständige Resonanz seines Gegenübers angewiesen. Wenn die Bezugsperson aber aufgrund eigener Beeinträchtigungen hierzu nicht in der Lage ist, kann ein adäquates »WERDEN« nicht stattfinden. Beim Säugling und in der frühen Kindheitsphase bleibt eine Affektdifferenzierung aus. Diese ist dann oftmals auch im Jugend- und im jungen Erwachsenenalter weiterhin zu beobachten. Betroffene können ganz einem negativen Affekt ausgeliefert sein. Für ausbleibende Impulse und fehlende Freude, Geborgenheit oder Sicherheit bietende Entwicklungsschritte des Säuglings können seitens der Eltern/Bezugspersonen zahlreiche psychiatrische Erkrankungen die Ursache sein. Diese reduzieren deren Resonanzfähigkeit und Einfühlfähigkeit. Auch eine Überstimulation seitens der Eltern/Bezugspersonen mit z. B. Lärm, Schreien, ungefilterter Aggressivität, intensiven Gefühlen von Angst und inadäquate oder wenig regulierte Körperkontakterfahrungen beeinträchtigen die frühkindliche Entwicklung und befördern Persönlichkeitsstörungen. Ebenso führt auch ein sozioemotionales Milieu mit Gewalt, Drogenkonsum, Alkoholismus oder zwischenmenschlichen Auseinandersetzungen zur mangelhaften bzw. verminderten Zurverfügungstellung von Liebe, Fürsorge, Geborgenheit und Sicherheit in den einzelnen kindlichen Entwicklungsschritten. Die ersten eineinhalb Lebensjahre des Säuglings/Kleinkindes sind hochbedeutsam für die Ausprägung der Bereiche Wahrnehmung, Affektivität, Impulsivität und Identitätsstiftung. In kindlichen Gehirnen resultieren neuronale Vernetzungen, die für die Persönlichkeitsentwicklung außerordentlich bedeutsam sind, insbesondere die für die Emotions- und Wahrnehmungsregulation zuständigen Bereiche.

Selbst dann, wenn dem Säugling/Kleinkind von den Eltern/Bezugspersonen das Notwendige zur Verfügung gestellt wird, besteht weiterhin die Gefahr, dass durch Einwirkungen von Traumata neuronale Vernetzungen und neurohormonale Regulationsmechanismen brüchig werden. Typische neurobiologisch schädigende Traumata können seelische und/oder körperliche Gewalt sein, sexueller Missbrauch, Vernachlässigung, Drogenkonsum, Infektionen, Medikamente und Schädel-Hirn-Traumata sowie Asphyxien (Herz-Kreislauf-Versagen oder Atemwegslähmungen). Insbesondere bei persönlichkeitsgestörten Jugendlichen und jungen Erwachsenen – so Murafi – sind im Schnitt ca. 3/4 im Sinne einer Traumafolgeerkrankung belastet. Schwerwiegende Persönlichkeitsstörungen gründen nur in seltenen Fällen monokausal auf Traumatisierungen, sondern weisen oftmals eine Kombination von Mängeln in der primären Versorgungssituation der Eltern/Bezugspersonen, genetische Prädispositionen und hinzukommende Traumatisierungen in der Ätiopathogenese, der Gesamtheit der Faktoren, die zur vorliegenden Krankheit geführt haben, auf.

Mit dem Älterwerden und im Erwachsenenalter kommt es zu einer Fixierung der Reaktionsweisen von Persönlichkeitsstörungen. Hinzu können weiterhin ungünstige Abwehrmechanismen wie Spaltung, Verleugnung und/oder Projektion kommen, wie auch im Jugendalter identitätsstiftende Selbstanteile wie aversive Affekte, Sexualität und der inadäquate Umgang mit Ambivalenzen. Eine primäre Instabilität und kompensatorische Rigiditäten sind dafür verantwortlich, dass es im weiteren Verlauf zu einer unzureichenden Persönlichkeitsentwicklung kommt. In allen gesellschaftlichen Bereichen, so Murafi, in denen der Umgang mit Jugendlichen erfolgt, ist eine frühzeitige Erkennung von Persönlichkeitsstörungen daher dringend wünschenswert. Nur so können Rigiditätsentwicklungen und psychische Instabilitäten erfolgreich angegangen bzw. therapeutisch vermieden werden. Die Schlussfolgerung daraus für den Bildungsbereich kann daher nur lauten, dass die Schulen hinsichtlich persönlichkeitsgestörter Schülerinnen und Schüler in einem besonderen Maße bezüglich Früherkennung und Umfang gefordert sind. Auf die Notwendigkeit der Beachtung von Schülerbiographien und die Erweiterung der schulischen Prävention wird im Folgekapitel nochmals hingewiesen. In der Medizin werden Persönlichkeitsstörungen u. a. nach dem Klassifikationssystem der internationalen statistischen Klassifikation der Krankheiten und verwandter Gesundheitsprobleme der WHO ICD-10 klassifiziert in:

— Paranoide Persönlichkeitsstörung (PPS)
— Schizoide Persönlichkeitsstörung (SPS)
— Schizotype Störung (STP)
— Antisoziale/dissoziale Persönlichkeitsstörung (APS)
— Emotional instabile Persönlichkeitsstörung (EIP) vom Typ impulsiv oder Borderline
— Histrionische Persönlichkeitsstörung (HPS)
— Zwanghafte/anankastische Persönlichkeitsstörung (ZPS)
— Selbstunsichere bzw. ängstlich-vermeidende Persönlichkeitsstörung (SUP)
— Abhängige/dependente/asthenische Persönlichkeitsstörung (DPS)

Weitere Persönlichkeitsstörungen sind in den Bereichen narzisstisch, exzentrisch, haltlos, unreif, passiv-aggressiv oder pseudo-neurotisch zu finden. Auf die besondere Bedeutung des *pathologischen Narzissmus* wurde bereits im Abschnitt »Lust und Wohlbefinden versus Realität« hingewiesen wie auch auf die Ausführungen von Maaz in »Die narzisstische Gesellschaft« (2014). Im Jahre 2015 lag die Prävalenz von Persönlichkeitsstörungen bei Erwachsenen in Deutschland mit 0,4 % bis 2 % und bei Jugendlichen mit 0,9 % (Wenzler 2015). Nicht immer gelingt es, alle Auffälligkeiten einer Unterform zuzuordnen, da auch Kombinationen aus verschiedenen Formen vorliegen können. Die fachpsychiatrische Therapie orientiert sich immer befund- und diagnosekonform und besteht aus psychotherapeutischen Strategien und psychopharmakologischen Behandlungen.

Psychopathie und Soziopathie

Im Statistischen Handbuch für psychische Störungen (Amerikanische psychiatrische Vereinigung 2013) werden Psychopathie und Soziopathie in der Rubrik antisozialer Persönlichkeitsstörungen (APS) zusammengefasst. Der US-amerikanische Kriminologe Scott Bonn (*1957) beschreibt als gemeinsame Schlüsselkriterien von Psychopathen und Soziopathen (Bonn 2015):

— Missachtung gegenüber Gesetzen und Gepflogenheiten;
— Missachtung der Rechte anderer;
— Unvermögen, Reue oder Schuld zu fühlen;
— Tendenz zu gewalttätigem Verhalten.

Psychopathen – so Bonn – sind »unfähig, emotionale Bindungen aufzubauen oder echte Empathie mit anderen zu fühlen, obgleich sie oftmals über entwaffnende oder gar einnehmende Persönlichkeiten verfügen. Psychopathen sind sehr manipulativ und können leicht das Vertrauen der Menschen gewinnen. Sie lernen Emotionen zu imitieren, trotz ihrer Unfähigkeit sie tatsächlich zu fühlen, und sie erscheinen für arglose Menschen normal. Psychopathen sind oftmals hochgebildet und haben feste Arbeitsplätze. Einige sind so gut beim Manipulieren und Nachahmen, dass sie Familien haben und andere langfristige Beziehungen führen können, ohne dass jene um sie her jemals ihre wahre Natur erahnen.« (Bonn 2015) Psychopathen sind intelligent und geben exzellente Wirtschaftsverbrecher und Hochstapler ab. Auch planen sie Verbrechen bis ins Detail im Voraus und haben oftmals Notfallpläne parat. Psychopathische Kriminelle sind kaltblütig, ruhig und gewissenhaft. Im Unterschied zur Entstehung der Soziopathie als Ergebnis von »Erziehung« (Umwelt) ist die Psychopathie das Resultat der »Natur« (Genetik). Mit anderen Worten, Psychopathie scheint angeboren und Soziopathie erworben, erlernt zu sein. Bonn hält die Psychopathie für die gefährlichste aller antisozialen Persönlichkeitsstörungen. Psychopathen spalten sich emotional von ihren Handlungen ab, unabhängig davon, wie furchtbar diese Handlungen sein mögen. Psychopathen – so Bonn – sind Experten darin, den Anschein aufrecht zu erhalten, dass sie normal seien.

Die Psychologin und Autorin Macrina Cooper-White führt in einem Artikel in der Huffington Post »Elf Anzeichen, dass Sie mit einem Soziopathen zusammen sind« auf. Diese lauten zusammengefasst wie folgt: Soziopathen verfügen über ein übergroßes Ego, sie lügen und manipulieren andere. Ein Einfühlungsvermögen fehlt ihnen, ebenso Reue oder Scham. Sie bleiben auch in gefährlichen Situationen ungewöhnlich ruhig. Auf der anderen Seite neigen sie zu einem unverantwortlichen und/oder impulsiven Verhalten. Soziopathen haben wenig Freunde, sind zwar charmant, aber oberflächlich und leben nach dem Motto »Hauptsache Spaß«. Sie beachten keine gesellschaftlichen Regeln. Körpersprachlich fallen ihre stechenden Augen auf. Sie haben keine Probleme damit, ununterbrochen Augenkontakt zu halten. Ein höfliches Wegschauen liegt ihnen nicht. Von der Haltung, Gestik und Mimik her wirken sie oft verführerisch oder werden als aggressiv beschrieben (Cooper-White 2015).

Diese Spezies Mensch mit den genannten psychopathischen und soziopathischen Eigenschaften finden sich zwar in allen Gesellschafts-, Berufs- und Lebensbereichen. Ihren besonderen »Fähigkeiten« folgend aber scheinen sie sich vor allem in Bereichen zu sammeln, wo Täuschung, Manipulation und die Dominanz zwischenmenschlicher Interaktionen eine Rolle spielen – prägnante und geradezu dafür prädestinierte gesellschaftliche Felder sind hierfür Kommerz, Geldwirtschaft und Politik. Für unbefangene und gutgläubige Personen könnte dies zu einem Risiko werden, wenn sie in Kontakt mit solchen »Experten« aus dem Wirtschafts- und Finanzwesen, aus Handel und Vertrieb kommen. In den Führungsetagen und in Machtpositionen scheinen sich psychopathische und soziopathische Zeitgenossen besonders wohlzufühlen.

Emotionen

»Handle, wie du fühlst und fühle, wie du handelst.«
Plinius d. J. (61–113 n. Chr.)

Allzu viele Menschen agieren gedankenlos, oberflächlich und kritiklos, sowohl zu Hause als auch auf ihrer Arbeitsstelle oder im Urlaub. Handlungsweisen kritisch zu hinterfragen, geschweige denn, zugrundeliegende Absichten wahrzunehmen oder wenigstens zu erfühlen – das haben sich viele Handelnde, am Handeln beteiligte Zuschauer oder Zuhörer abgewöhnt. Für das Mit- und Weiterkommen scheint es hingegen oftmals vorteilhafter, sich auf das eigene egoistische Verhalten zu fokussieren, egal, wen dies möglicherweise nachteilig trifft und was ein solches Verhalten an Missachtung und Demütigung anderer zur Folge hat. Jedwede Handlung sollte daher grundsätzlich von Empathie und Respekt begleitet sein.

Unter dem Begriff Emotionen werden Gemütsbewegungen, Gefühle, Stimmungen und Affekte zusammengefasst. Emotionen können durch Wahrnehmungen, Gedanken und Erinnerungen ausgelöst werden. Sie äußern sich in psychischen und somatischen Zustandsänderungen:»Emotionen üben einen großen Einfluss auf das Denken und Handeln aus und sind eng verknüpft mit Kognition (Gedanken,

Überzeugungen, Erwartungen).«(Psychomedia, Artikel Emotion)

Charles Darwin deutete die emotional gesteuerte Mimik und Körpersprache, die beispielsweise mit Schreien bei Wut, schneller Atmung bei Erregung etc. zum Ausdruck kommt, als ein Ergebnis von Selektion und Vererbung im Sinne einer Auslese im Kampf um das Dasein und damit in der Evolution gründend. Emotionen sind allen tierischen Lebewesen eigen. Bei der Beobachtung unserer nächsten Primaten-Verwandten fallen erstaunliche Parallelen in Mimik, Gestik, Körpersprache und motorischem Verhalten zu uns Menschen auf. »Die Fähigkeit zum emotionalen Fühlen ist beim Menschen besonders ausgeprägt: Der Mensch ist das emotionalste aller Lebewesen. Dies hängt mit seiner einzigartigen kognitiven Kapazität zusammen: Um Emotionen erleben zu können, bedarf es kognitiver Voraussetzungen und kognitiver Prozesse, die uns allerdings nicht immer bewusst sind.« (Mees 2006)

Der US-amerikanische Psychologe Robert Plutchik (1927–2006) formulierte 1980 eine »psychoevolutionäre« Theorie«. Im Verlauf der Evolution erfolgten Anpassungsmechanismen, wie z. B. in der Revierverteidigung, in der Nahrungsaufnahme, der Fortpflanzung etc. Plutchik beschrieb acht mögliche Ereignisse und Reaktionen, die dem besseren Überleben (Darwin) dienen. Beispielsweise entspricht die Bedrohung einem auslösenden Reiz, sodann folgt die kognitive Erkenntnis der Gefahr. Hernach entsteht das Gefühl/die Emotion der Furcht mit daraufhin folgender Flucht. Die biologische Funktion der Emotion Furcht ist somit die Suche nach Schutz. Auf die Wahrnehmung eines Feindes entstand das Gefühl/die Emotion Wut bzw. Ärger. Dieser Emotion kommt die biologische Funktion der Zerstörung des Feindes oder einer feindlichen Situation gleich.

Ein weiteres Beispiel ist die Wahrnehmung eines potenziellen Geschlechtspartners. Diesen will man besitzen. Das zugehörige Gefühl/die Emotion ist Freude mit der darauffolgenden Handlung der Paarung. Die Emotion Freude hat in diesem Fall die biologische Funktion der Fortpflanzung. Verallgemeinernd liegt also jeder Emotion ein auslösendes Ereignis zugrunde. Für die Schule könnte daraus übertragend gelten: Impulsive Kinder stören nicht, weil sie stören wollen. Die Emotion Impulsivität hat vielmehr immer Gründe, die es festzustellen gilt. Möglicherweise handelt es sich dabei nicht immer um aktuelle Gründe. Vielleicht sind die Impulsausbrüche bei störenden Kindern in ihrer Biographie mit einem inadäquaten elterlichen Verhalten zu suchen oder in aktuellen Tagesereignissen?

Der US-amerikanische Anthropologe und Psychologe Paul Ekman (*1934) stellte die folgenden sieben Basisemotionen auf: Freude, Wut, Ekel, Furcht, Verachtung, Trauer, Überraschung. Mit der Möglichkeit des Erkennens der Emotionen des Gegenübers, z. B. anhand unserer 43 mimischen Gesichtsmuskeln, erleichtert eine signalisierte Reaktion wie Freude oder Trauer die Kommunikation. Emotionen haben also eine biologische Funktion (Ekman 2010). Außer den von Ekman beschriebenen sieben Basisemotionen sind Mischformen oder Kombinationen von gleichzeitig auftretenden Basisemotionen möglich. Der bereits mehrfach zitierte Neurowissenschaftler Damásio beschrieb Emotionen als komplizierte Kombinationen von chemischen und neuronalen Reaktionen unseres Gehirns.

Arousal-Theorie und Aktivationsniveau

Dank der Funktionen unseres Gehirns können wir denken, fühlen und uns erinnern sowie leiden, uns freuen und uns konzentrieren oder auch geistig abwesend sein. Mit der Arousal-Theorie wird in der Psychologie und in der Neurophysiologie der Grad der Aktivierung des Gehirns beim Menschen und bei Wirbeltieren bezeichnet. Merkmale der Aktivierung sind z. B. Aufmerksamkeit, Wachheit oder Reaktionsbereitschaft. Im Schlaf ist der Arousal-Level sehr niedrig und in Erregungszuständen wie Ärger, Angst, Schmerz oder auch bei starkem sexuellen Verlangen ist er sehr hoch. Im Zustand eines starken Arousals ist man hoch wachsam und empfänglich, zugleich ist in einer derartigen Situation die mentale und die physische Leistungsfähigkeit gemindert. Arousal bietet somit auch eine Erklärung dafür, dass im Zustand der Verärgerung, von Übernervosität oder Aufgeregtsein die Lernfähigkeit abnimmt und etwa im Sport Spitzenleistungen beeinträchtigt sind. Die höchste Leistungsfähigkeit besteht bei einem mittleren Arousalniveau. Einer Minderung des mittleren Arousalniveaus folgen Ermüdung und Erschöpfung. Auf die Schule bezogen bedeutet dies, dass weder Schülerinnen und Schüler noch Lehrpersonen auf eine übermäßige Anspannung mit Schulerfolg reagieren. Das Gegenteil ist der Fall, ein mittleres Arousalniveau gestattet eine gute Lern- und Lehrbereitschaft, hier gilt die körperliche und geistige Lernfähigkeit als optimal. Förderlich sind positive Emotionen, wie die Freude über oder der Stolz auf Erfolge. Negative Emotionsinhalte wie Angst, Wut oder Trauer hingegen belasten und senken das Aktivationsniveau. Medizinisch und neuropsychologisch gilt nach Fröhlich:»Arousal ist eine durch ankommende sensorische Impulse ausgelöste, auf den Bahnen der Formatio reticularis des Hirnstammes vermittelte allgemeine Aktivierung des Cortex mit dem Effekt der gesteigerten Aufmerksamkeit oder Wachheit.« (Fröhlich 1987)

Emotionale Intelligenz

Der bereits mehrfach genannte Daniel Goleman formulierte in seinem Bestseller »Emotionale Intelligenz« (1996) die rhetorische Frage: »Was nützt ein hoher IQ, wenn man ein emotionaler Trottel ist?« Goleman analysierte und interpretierte die Krise der amerikanischen Zivilisation, verbunden mit dem emotionalen Elend vor allem der amerikanischen Jugend und verbunden mit Konkurrenzkämpfen in der Ausbildung und in der Arbeitswelt sowie mit schwindender Solidarität und dem Verfall sozialer Integration. Allesamt seien dies Ursachen für die Zunahme von Gewaltdelikten und des Drogenkonsums. Vor rund 20 Jahren waren zum Zeitpunkt des Erscheinens von »Emotionale Intelligenz« die gesellschaftlichen Verhältnisse in Deutschland – verglichen mit denen der USA – noch weniger augenfällig und angstauslösend. Im Vorwort zur deutschen Ausgabe 1996 schrieb der deutsche Soziologe und Erziehungswissenschaftler der Universität Bielefeld Wilhelm Heitmeyer (*1945), dass die von Goleman beschriebene gesellschaftliche Krise in den USA für Deutschland allenfalls präventive Bedeutung haben könne. Nach den nunmehr zurückliegenden rund 20 Jahren nach Erscheinen von Golemans Darstellung ist aber auch in Deutschland ein Niedergang von Solidarität zu verzeichnen und die soziale Desintegration den beschriebenen US-amerikanischen Verhältnisse nahe. Der Begriff emotionaler Verelendung mit den Symptomen einer Verarmung großer Teile der Gesellschaft, mit beziehungsarm aufgewachsenen und alleingelassenen Kindern und Jugendlichen hat auch in Deutschland zunehmende Bedeutung erlangt. Auch wir sind inzwischen in eine allgemeine soziale Krise hineingeraten. Emotionale Unbildung prägt auch in Deutschland immer mehr Lebensschicksale. Doch emotionale Kompetenz ist erlernbar. Goleman hat folgende fünf Kompetenzkategorien beschrieben:

— Selbstwahrnehmung;
— Selbstregulierung;
— Empathie;
— Motivation;
— soziale Kompetenz.

Diese Basiseigenschaften können auch als Verhaltenscharakteristika talentierter und adäquat ausgebildeter schulischer Lehrkräfte verstanden werden. Lehrerpersönlichkeiten strahlen diese Kompetenzen spontan aus und die Schülerinnen und Schüler profitieren davon angesichts eines guten Klassen- und Schulklimas. Es sollte sich von selbst verstehen, dass die Anwesenheit kompetenter Lehrerpersönlichkeiten nicht nur das Klassen- und Schulklima positiv prägen, sondern auch Mobbing entgegenstehen.

Am Anfang war Gefühl

Der Berliner Biologe, Philosoph und Wissenschaftsjournalist Andreas Weber (*1967) stellt organisch gewachsenes und miteinander verflochtenes Sein mechanistischen Interpretationen gegenüber. Alle Gegenstände, so Weber, sind aus Elementarteilchen aufgebaut, die miteinander verbunden sind und gleichwohl räumlich sowie zeitlich weit voneinander getrennt sein können. Er sieht die Quantenwelt nicht unterhalb oder neben unserer normalen Wirklichkeit, sondern interpretiert die Quantenwelt als die eigentliche normale Welt und die herkömmliche Physik als einen Sonderfall dieser Quantenwelt. Lebewesen – so Weber – sind eine Explikation einer schon immer präsenten, wenn auch für die menschlichen Sinne nicht zugänglichen Wirklichkeit. Er interpretiert das Prinzip der Innerlichkeit oder des Fühlens als eine versteckte Fähigkeit, die aller Materie eigen ist. Am Anfang war Gefühl, und das Gefühl ist Lust und Tragik der Materie. Mit dieser erweiterten Sicht verbindet Weber den dringenden Appell:»Wir müssen Natur erhalten, soviel davon wie nur irgend geht. Mit jedem Lebensraum, mit jeder Art vernichten wir einen Teil von uns selbst, eine Möglichkeit zu fühlen. Vermutlich müssen wir dafür ganz bewusst eine neue Spiritualität suchen – aber unbedingt eine, die sich an die Gebote der politischen Präzision hält. Wenn wir nicht verstehen, warum wir die Natur lieben und brauchen, dann werden wir sie nicht retten – und auch nicht uns selbst.« (Weber 2007) Mit solchen weitgefassten Gedanken sollte die von Geburt an bei Kindern vorhandene Neugierde und Lust am Entdecken angeregt und betont werden. Neues entdecken und Wissensvermehrung bereiten Freude, was in den Schulstunden allzu oft mit einem stupiden Reglement beeinträchtigt und somit herabgemindert wird. Das Erfahren und Erleben z. B. der Physik als eine Lebenswissenschaft, d. h. nicht nur als ein reduziertes Schulfach mit Fakten, Formeln und Gesetzen, ermöglicht zugleich auch einen emotionalen Zugang. Diese Feststellung trifft für viele andere Schulfächer ebenfalls zu.

Weber rezipiert Damásio, wonach Gefühle Vermittler zwischen Körper und Bewusstsein sind. Sie bilden ab, wie es dem Körper ergeht. Die Basis unseres Bewusstseins liegt in unseren Emotionen. Weber macht verständlich, dass wir nicht nur Teil der Natur sind, sondern dass die Natur auch ein Teil von uns ist:»Um uns ganz selbst zu verstehen, müssen wir uns selbst in anderen Lebewesen wiedererkennen. Spiegelung ist ein zentrales Element der menschlichen Identitätsgewinnung. Ein Neugeborenes erfährt sich nur dann vollständig, wenn es sein Befinden und Verhalten in den Reaktionen von Bezugspersonen in der Erwiderung von Zärtlichkeit und einem Lächeln gespiegelt wahrnehmen kann.«Mit dem Schwinden der Natur, so Weber, droht uns eine ganz besondere Gefahr:»Der Verlust der Liebe.« (Weber 2007) Indem wir die Anderen für unser Leben brauchen, verliert die kapitalistische und die materielle Reduzierung von Menschen auf»Marktteilnehmer« ihre Bedeutung. Vom»Nutzwert« ist der»Eigenwert« eines Menschen zu trennen. Das können auch Schülerinnen und Schüler nachempfinden, wenn man ihnen entsprechende Beispiele aufzeigt. Intuitiv kann klarwerden, dass an der Natur etwas Schützenswertes ist, was ihr im Kern selbst angehört, nämlich der»Eigenwert«. Umfassend sind mit Natur alle Tiere, Menschen und Pflanzen gemeint. Weber bemerkt dazu kritisch, dass im abendländischen Wertesystem der Mensch in erster Linie ein vernünftiges und kein körperliches Geschöpf ist. Die Dimensionen der Natur hingegen kommen kaum vor.»Wir müssen Natur bewahren, weil sie uns Möglichkeiten der Existenz zeigt: dem Prinzip der Fülle zu folgen, ein Maximum an Möglichkeiten zu wünschen, stetige Entwicklung zu suchen, intensivsten Ausdruck zu wollen, Schweigen zu respektieren, in der Tätigkeit energisch und in der Ruhe hingegeben zu sein. Jeden Sommer mit einem Winter, jeden Tag mit einer Nacht abwechseln zu lassen.« (Weber 2007) Die Schlussfolgerung Webers lautet:»Wir müssen Natur bewahren, weil wir sie selbst sind und wir müssen Natur bewahren, weil sie alles ist, was wir alleine nicht sind.«Dieser Appell gilt ebenso auch allen Eltern und schulischen Lehrkräften.

Schülerbiographien und die Erweiterung der schulischen Prävention

Im »Handbuch der pädagogischen Anthropologie« wird zu »Biographien« als Thema dieses Teilbereichs der Pädagogik ausgeführt: »Sie können als lebensgeschichtlicher Hintergrund zum Verständnis von Kindern, Jugendlichen und Erwachsenen betrachtet werden, der bei der Gestaltung pädagogischer Praxis zu bedenken ist; oder sie können als lebensgeschichtliche Praxis (als Lebensführung und auch als Lebensbeschreibung oder – beides zusammenführend – als biographisch reflektierte Lebenspraxis) zum Thema werden.« (Wulf/Zirfas 2014) Es war nicht immer selbstverständlich, Kindern und Heranwachsenden zu einem gelingenden Leben zu verhelfen. Denkt man dabei auch an den Lebensalltag der in problematischen familiären Verhältnissen aufwachsenden Kinder in Deutschland – von der Situation der Kinder weltweit ganz zu schweigen – so ist das Heranwachsen zu einem gelingenden Leben auch heute noch keine Selbstverständlichkeit. In der Institution Schule sollten die individuellen Lebensumstände eines jeden einzelnen Kindes insoweit hinterfragt und diskret für Lehrpersonen zugänglich gemacht werden, dass ein gerechter und – wo notwendig – auch helfender pädagogischer Umgang möglich wird. Die für schulische Lehrkräfte notwendige Empathie setzt voraus, dass auch persönliche Kenntnisse über die ihnen anvertrauten Kinder vorhanden sind bzw. zur Verfügung stehen. Dieses Ansinnen ist Teil einer modernen neuzeitlichen Auffassung von Menschen als Wesen mit einer offenen und nicht selten unsicheren Zukunft, die einmal selbst die Verantwortung und zentrale Weichenstellungen in ihrem Leben übernehmen müssen.

Der gesellschaftliche Wandel mit einhergehenden Änderungen der Familienstrukturen und der wirtschaftlich-sozialen Lebensverhältnisse scheint die Elternkompetenz nicht selten zu überfordern. 2016 waren 20 % der Familien in Deutschland alleinerziehende Frauen oder Männer. In Zahlen ausgedrückt handelt es sich hierbei um rund 1,5 Millionen Frauen und ca. 157.000 Männer, die ihre Kinder allein behüten, erziehen und zugleich auch noch Geld verdienen müssen. Kinder mit einem alleinerziehenden Elternteil unterliegen – aufgrund der psychophysischen Überforderung dieses Elternteils – jedoch einem höheren Risiko, vernachlässigt, misshandelt oder, aus welchen Gründen auch immer, missbraucht zu werden. Ein Drittel aller heutigen Erwachsenen berichtet über Gewalterfahrungen in der eigenen Kindheit. Wer anders als die mit in Not befindlichen Kindern in direktem Kontakt stehenden Lehrpersonen kann hier betroffenen Kindern konkret helfen, Hilfe anbieten oder vermitteln? Lehrerinnen und Lehrer fragen zwar berechtigt, was sie denn noch alles leisten sollen. Doch leider gibt es darauf als Antwort nur die Gegenfrage, ob und wie lange denn betroffene Kinder noch leiden sollen. Eine Besserung der unerträglichen Situation könnte mit der längst überfälligen ausreichenden personellen Ausstattung der Schulen mit Schulpsychologen, Sozialarbeitern und der Einrichtung eines schulärztlichen Dienstes, der unbürokratisch und vor Ort rasch konsultierbar ist, erreicht werden. Für letzteres sind bislang die Gesundheitsämter zuständig. Erfahrungsgemäß werden diese von Lehrpersonen und Schulen jedoch kaum in Anspruch genommen. Hier ist die Schul- und Bildungspolitik gefordert, praktische Abhilfe zu schaffen.

Wenn Schulunterricht erfolgreich sein soll, dann müssen die Lehrkräfte auch über biographische Informationen der ihnen anvertrauten Schülerinnen und Schüler verfügen dürfen. Dies ist eine eigentlich banale Feststellung und vergleichbar mit der Notwendigkeit von Schutzimpfungen im Kindesalter. Werden diese verweigert, können schwerwiegende und ggf. epidemisch auftretende Erkrankungen folgen, was jedoch gerade mit einem flächendeckenden Impfwesen seit gut rund 150 Jahren zunehmend vermieden werden konnte. Den streng vertraulich zu behandelnden biographischen Informationen für die Lehrpersonen darf Datenschutz nicht entgegenstehen. Ein in pädagogischen Belangen falsch verstandener Datenschutz ist vielmehr ein Hemmnis für derartige pädagogische Bemühungen und schlichte Notwendigkeit in der Schule. Dienen doch die in Schulen aufbewahrten und streng zu kontrollierenden Schülerakten dazu, den Kindern zu helfen und die Lehrpersonen in ihrer Hilfe zu unterstützen. Zu den angesprochenen notwendigen Informationen gehört beispielsweise auch das Wissen über chronische psychische Erkrankungen, Suchtprobleme, Delikte etc. bei den Eltern und/oder im nahen familiären bzw. erzieherischen Umfeld der Kinder. Kein Arzt ist ohne Kenntnis der Vorgeschichte in der Lage, einem Patienten zielgerichtet zu helfen. Ebenso sind Lehrpersonen auf die komplikationslose Zusammenarbeit mit Schulärzten und mit Schulpsychologen angewiesen. Der Beruf des Arztes und des Pädagogen verfügt insofern über viele Gemeinsamkeiten, ist doch beiden eine große Verantwortung gegenüber den Menschen aufgegeben.

Lehrkräfte müssen also über die körperlich-gesundheitliche Situation ihrer Schülerinnen und Schüler informiert sein. Dies ist insbesondere dann wichtig, wenn Kinder beispielsweise Stoffwechselleiden (z. B. Diabetes) oder neurologische Erkrankungen (z. B. Krampfleiden) haben. Im Rahmen der beabsichtigten und teilweise bereits eingeführten, politisch aber nicht bis zu Ende gedachten Inklusion sind körperlich-geistige Gebrechen ohnehin zu berücksichtigen. Bei fehlenden Informationen seitens der Lehrpersonen droht den betroffenen Schülerinnen und Schülern unter Umständen eine Fehleinschätzung ihrer körperlichen und geistigen Fähigkeiten und eine Chancenminderung in den Lernfortschritten und schlimmstenfalls ein »Abgestempeltwerden« als dumm, unbeholfen oder einfach nur als faul. Kinder mit wie auch immer gearteten Beeinträchtigungen bedürfen in Bezug auf ihre körperliche und psychische Belastbarkeit immer einer besonderen Aufmerksamkeit. Nur bei einer hinreichenden Wahrnehmung und Würdigung derartiger Schwächen – Grundkenntnisse seitens der Lehrpersonen vorausgesetzt – kann in der Schule individuell geholfen und gefördert werden. Kinder und ihre Eltern erfüllen zwar die gesetzlich vorgeschriebene Schulpflicht. Sie bleiben aber allein und werden von der Gesellschaft im Stich gelassen, wenn der Träger der Institution Schule – der Staat – seine Bringschuld nicht erfüllt.

Prävention somatischer Fehlentwicklungen und Schäden

Neben biographischen Mindestinformationen über ihre Schülerinnen und Schüler (soziale Herkunft, Wohnverhältnisse, chronische Erkrankungen etc.) sind bei Lehrpersonen – Sportlehrerinnen und Sportlehrer sind hier besonders angesprochen – Grundkenntnisse über typischerweise auch im Wachstumsalter symptomatisch auffällig werdende Abweichungen vom »Normalen« erforderlich. Auffällig sind z. B.:
1. Beeinträchtigung in der Bewegungskoordination;
2. Formveränderungen an der Wirbelsäule und am Rumpf;
3. Beschwerden im Bereich der Extremitätengelenke, insbesondere, wenn diese unter Belastungsbedingungen auftreten;
4. Funktionelle Beeinträchtigung des Seh- und Hörvermögens;
5. Symptomatisch auffällig werdende Stoffwechselleiden (z. B. Diabetes mellitus, Allergien, Asthma bronchiale u. a.);

6. nicht altersgerechter oder ungewöhnlicher Zahnstatus;
7. Ernährungsgewohnheiten, Übergewicht, Essstörungen (Magersucht).

Sportlehrerinnen und -lehrer gelten in der Wahrnehmung körperlicher Auffälligkeiten als erste Ansprechpartner. Sie erleben die Kinder motorisch aktiv und in einem Mit- und Gegeneinander. »Der Bewegungsapparat ist ein Spiegel der Seele« ist ein altbekanntes Sprichwort der orthopädischen Medizin. Pathologisch erscheinende Veränderungen am Bewegungsapparat, in der Bewegungskoordination sind im Sportunterricht eher wahrnehmbar als in der häuslichen Umgebung des Kindes.

Insgesamt geht es in der Schule nicht um die Formulierung von Diagnosen, sondern um ein geschärftes Wahrnehmen körperlicher Auffälligkeiten mit dem Ziel, Schülerinnen und Schülern – wenn nötig – zu einer frühzeitigen ärztlichen Konsultation und/oder therapeutischer bzw. behördlicher Unterstützung zu verhelfen. Das Argument, all dies sei keine Aufgabe der Schule und falle allein in die Zuständigkeit der Eltern, greift bei Kindern, die weniger behütet aufwachsen müssen, nicht. So sind schulische Lehrkräfte bisweilen der einzige und vielleicht auch der letzte Anker, den Kinder in »Notsituationen« finden können. Diese Forderung gilt noch eindringlicher in Fällen »seelischer« Nöte.

Früherkennung von Kindern
in seelischen Nöten – Narben der Kindheit

In dem erstmals 1982 erschienenen Standardwerk »Entwicklungspsychologie. Ein Lehrbuch« wird festgehalten: »Alle genetisch normalen Kinder lernen eine Sprache, das Grundwissen, die Werte, die Normen, die Fertigkeiten einer Kultur, wenn sie in einer für die Spezies Mensch normalen kulturellen Umwelt aufwachsen.« (Oerter/Montada 2002) Dieser Grundsatz der Entwicklungspsychologie lässt erkennen, dass sich ein ganzes Spektrum an »seelischen« Nöten und psychiatrischen Leiden auch bei auf den ersten Blick seelisch gesund erscheinenden Kindern auftun kann, denn was gilt schon als ein »normales kulturelles Umfeld«? Die Spezies Mensch offenbart sich leider auch in nicht »normalen« kulturellen Umfeldern. Auf Lloyd deMause und dessen Ausführungen in »Hört ihr die Kinder weinen« (1977) wurde bereits im Abschnitt »Psychohistorie der Kindheitserziehung« verwiesen. Kindesmisshandlung, sexueller Missbrauch, Angststörung, Störungen im Sozialverhalten bei Kindern und Jugendlichen zählen heute zu den Medien-Headlines. 2015 wurden in Deutschland pro Woche drei Kinder getötet, 2016 waren es bereits sechs tote Kinder. Es ist davon auszugehen, dass diesen Todesfällen in der Folge von Misshandlungen jeweils mehrwöchige/mehrmonatige Qualen der Kinder vorausgegangen sind. Die Kriminalstatistik weist weitere 52 Tötungsversuche auf. 3900 Kinder wurden 2015 körperlich schwer misshandelt: »Gewalt gegen Kinder ist in Deutschland ein Alltagsphänomen«, bilanzierte die Koblenzer Pädagogikprofessorin Kathinka Beckmann (Redaktion n-tv vom 1.6.2016).

Je früher bei Kindern und Jugendlichen seelische Störungen erkannt und einer Behandlung zugeführt werden, umso günstiger gestalten sich der Heilungsverlauf und die Prognose. Wenn ein Kind in seiner Not jedoch allein bleibt, verschlimmern sich die erlebten frühkindlichen Traumatisierungen mit Folgen für sein gesamtes Leben. Die zuständigen Experten sind neben den Kinder- und Jugendärzten auch die Kinder- und Jugendpsychiater bzw. Psychologen. Doch es ist beileibe kein Geheimnis, sondern vielmehr seit Jahren bekannt, dass der Stellenplan für Schulpsychologen und Sozialarbeiter in den Schulen nicht ausreichend besetzt ist. Die aktuell zugespitzte Situation in manchen Brennpunktschulen mag dieses Problem zusätzlich verdeutlichen. Nicht nur Schülerinnen und Schüler, sondern insbesondere auch Lehrpersonen würden entlastet und die Beschulungsergebnisse der Kinder verbessert werden, wenn die Anzahl der Vollzeitstellen für Schulpsychologen und Sozialarbeiter deutlich erhöht würde.

Den Interventionen von empathisch dem Kinde zugewandten Lehrpersonen kann abwehrendes und tabuisierendes Verhalten seitens der Eltern entgegenstehen. In Fällen von Misshandlungen und sexuellem Missbrauch – oftmals im engeren oder gar engsten Familienumfeld stattfindend – stehen Scham und Angst der Eltern oder eines Elternteils gegenüber. Mütter schämen und ängstigen sich, übergriffiges Verhalten von Vätern gegenüber Töchtern zu benennen. Eltern tun sich schwer damit, Übergriffe der Onkel oder Großväter anzusprechen. Bei betroffenen Kindern sind oftmals urplötzlich Niedergeschlagenheit, sozialer Rückzug, Angststörung, Trennungsangst und Störungen im Sozialverhalten oder frühreifes sexuelles Verhalten, auch antisoziales Verhalten auffällig und symptomatisch. Auch ein auftretendes, altersuntypisches Einnässen kann ein Symptom für Traumatisierungen sein. Ebenso gelten plötzlich auftretende Schulleistungsschwächen, Defizite in Sprachvermögen, Lesefähigkeit und/oder Rechnen als Hinweise für seelische Notsituationen eines Kindes. In Fällen elterlicher Trennung, Scheidung oder dem Tod nahestehender Personen können Verhaltensauffälligkeiten mit sozialem Rückzug, Aggressivität, religiösen Aberrationen, Fundamentalismen, Satanismus u. a. die Folge sein. Lehrpersonen, die in solchen Fällen betroffenen Kindern und Jugendlichen vertrauensvoll zugewandt sind, ihnen Sympathie und Aufmerksamkeit entgegenbringen, bieten oftmals den einzigen, gar letzten Halt.

Der österreichisch-amerikanische Psychoanalytiker und Kinderpsychologe Bruno Bettelheim (1903–1990) hat beschrieben, dass sich die Welt des Kleinkindes lediglich aus zwei gegensätzlichen Erlebnissen zusammenfügt – aus Glück bzw. körperlichem Wohlbefinden auf der einen Seite sowie aus Unglücklichsein und Schmerz auf der anderen – dieser ambivalente kindliche Charakter hilft, alle kindlichen Emotionen zu verstehen. »Normalerweise sind es die Eltern, die den unglücklichen Zustand ihres Kindes in Wohlbehagen verwandeln. Das Kind erlebt seine Eltern als allmächtig und als Quelle allen Glücks und allen Unglücks, als alles Spendende und als Versagende. So ist besonders in Bezug auf die Eltern die Ambivalenz in unser Unbewusstes eingebaut.« (Bettelheim 1987)

Korte stellt in »Wie Kinder heute lernen« (2011) fest, dass die Reifung von Gehirnarealen, die Gefühle verarbeiten und Stressreaktionen regulieren, als das Produkt aus Genen (ca. 50 %) und Umweltbedingungen (ca. 20 % bis 30 %) aufzufassen ist. Korte verweist auf die Magdeburger Neurobiologin und Hirnforscherin Anna Katharina Braun (*1955), die belegt hat, dass Aufmerksamkeit und Fürsorglichkeit der Eltern einen nachhaltigen und dauerhaften starken Einfluss auf die Entwicklung der für die Gefühlswelt zuständigen Hirnzentren – die Amygdala und den Hypothalamus – haben. Andererseits entwickeln sich bestimmte Komponenten des Gefühlslebens nicht, wenn ein Kind niemals Einfühlungsvermögen, Zuwendung und Aufmerksamkeit erlebt. Fehlen hinreichende Zuwendung und Liebe seitens der Eltern, dann sind massive und leider auch dauerhafte Veränderungen der Regulation von Stressreaktionen zu beobachten. Die Forschungsergebnisse zeigen eindeutig – so Korte – dass Dauerstress bei Kindern dazu führt, dass diese als Jugendliche und Erwachsene noch stressempfindlicher werden. Die Stressbewältigungskompetenz eines Erwachsenen ist das Ergebnis seines emotionalen Haushalts in der Kindheit.»Stressempfinden und Gefühle stehen hierbei in einem engen Zusammenhang: Angstgefühle können zu Stressreaktionen führen, ebenso wie Trauer – eine der größten Stresssituationen im Leben eines jeden Menschen. Auf der anderen Seite kann Freude Stress mindern. Entsprechend eng sind die Fähigkeit der Stressverarbeitung und die Entwicklung der Strukturen, die in Kindergehirnen Gefühle verarbeiten, miteinander verknüpft.« (Korte 2011) Grundsätzlich gilt somit: Je früher eine Traumatisierung – eine frühkindliche Störung – stattgefunden hat, desto schwieriger gestaltet sich die Therapie und desto schlechter die Prognose.

Für die soziale Entwicklung der Kinder sind der Bindungsstil zwischen Vater, Mutter und Kind bzw. Störungen in diesem Bindungsstil von Bedeutung. Emotionale Vernachlässigung, körperliche Misshandlungen und/oder sexueller Missbrauch werden unmittelbar symptomatisch auffällig. Spätfolgen der im Erwachsenenalter kriminell bzw. straffällig gewordenen Menschen sind Persönlichkeitsstörungen, wie z. B. Narzissmus und Depression, Zwangsstörungen, antisoziales Verhalten oder paranoid-schizoide Störungen.

Lehrpersonen, die Verhaltensauffälligkeiten bei Schülerinnen/Schülern bemerken, die auf anhaltende Vernachlässigung, körperliche Misshandlung oder sexuellen Missbrauch schließen lassen, wird folgendes Vorgehen im Sinne eines *psychosozialen Konfliktmanagements* empfohlen:
1. Die beobachteten Symptome und das Verhalten eines betroffenen Kindes mit Kollegen besprechen und ggf. gleichartige Beobachtungen von Kollegen dokumentieren.

2. Versuchsweise ein vertrauensvolles Gespräch mit dem betroffenen Kind/Jugendlichen aufnehmen. Sollten sich entsprechende Verdachtsmomente bestätigen, so ist die Schulleitung zu informieren. Sodann kann darüber beraten werden, ob eine Rücksprache mit einem Elternteil Sinn macht oder ob zum Wohle des Kindes (Kindeswohl) unmittelbar institutionelle Hilfe einzuholen ist, da evtl. eine Kindeswohlgefährdung vorliegt. Dieses Thema bietet sich in der Lehrkräftefortbildung geradezu an bzw. drängt sich auf. Institutionelle Hilfe bieten vor allem Kinderschutzzentren und Jugendämter an.

3. In Absprache mit der Schulleitung sollte Rücksprache mit einem Elternteil erfolgen – stellt sich heraus, dass der Vater angeschuldigt wird, macht es Sinn, ein vertrauliches Gespräch ausschließlich nur mit der Mutter zu suchen.

4. Bestätigt die Mutter den Verdacht oder erhärtet sich ein solcher, so ist – wiederum in Absprache mit der Schulleitung – ein Kinderarzt, ein Kinderpsychiater, das Jugendamt oder eine entsprechende, für Kinder zuständige Hilfsorganisation anzusprechen und einzuschalten.

5. Der Verlauf des eingeleiteten Prozesses ist fortlaufend zu beobachten und dies unter kontinuierlicher, vertrauensbildender Zuwendung zum Kind.

Das unreife, plastisch form- und verformbare kindliche Gehirn speichert jede Zuwendung und jede Abwendung, jeden Liebesbeweis und jedes Gegenteil. Dabei handelt es sich nicht um »nebulöse« Vorgänge, sondern um biochemische Reaktionen in den neurologisch-zellulären Erinnerungszentren im kindlichen Gehirn. Die Neurowissenschaften haben hierzu zahlreiche Erkenntnisse offenbart.

Es ist nicht nur für Lehrerinnen und Lehrer hilfreich, sondern auch für die Kinder und Jugendlichen selbst und zu ihrem Schutz, lebensalteradäquat Kenntnisse in der Entwicklungspsychologie und Traumatisierungsrisiken in den vulnerablen Phasen des Heranwachsens zu vermitteln und nahezubringen. Eltern und Erziehungsberechtigte gelten in diesem Sinne als ebenso aufklärungsbedürftig. Sie sind oft ängstlich, unsicher und mit Tabus behaftet. Sie selbst aber können von ihren aufgeklärten und weitergebildeten Kindern und Jugendlichen profitieren. Eine Ausbildung von Schülerinnen und Schülern nicht nur im Sexualkundeunterricht, sondern übergreifend auch in den Fächern Biologie, Religion, Ethik u. a. mit dem Ziel, Risiken und Folgen von Misshandlungen und von sexuellem Missbrauch kennenzulernen, macht Kinder stark und wehrhafter. Auch besteht hier die Perspektive, derart vorgebildete Kinder als die zukünftigen Erwachsenen und später selbst einmal Eltern mit zusätzlicher Kompetenz auszustatten. Die Wissensdefizite der früheren und auch der aktuellen Elterngenerationen gründen u. a. darauf, dass sie zu keinem Zeitpunkt darüber informiert wurden, was sie ihren eigenen Kindern bewusst oder unbewusst an Übeln und Schäden zufügen (können) und welche Auswirkungen dies wiederum auf das gesamte Leben ihrer Kinder hat. Es ist nur schwer nachvollziehbar, dass in diesem Sinne eine Aufklärung/Information der Eltern über die Erziehung ihrer Kinder nicht systematisch und verpflichtend stattgefunden hat bzw. stattfindet. Die Fokussierung auf den Sexualkundeunterricht mag ein erster und richtiger Schritt gewesen sein, sofern dieser tatsächlich kindgemäß in der Schule unterrichtet wird und nicht auf grenzwertigen pornographischen Phantasien von Erwachsenen gründet. Eine schulische Berichterstattung und/oder Unterweisung über vielfältige und teilweise sehr individuelle sexuelle Praktiken von Erwachsenen sind hier zweifellos entbehrlich. Die Erweiterung präventiver schulischer Bemühungen zum Schutz der Kinder vor Misshandlung und sexuellem Missbrauch ist längst überfällig und gilt als obligatorische schulische Wissens- und Bildungsvermittlung.

Mit anderen Worten, Kinder als zukünftige Erwachsene und künftige Eltern bedürfen bereits so früh wie möglich der Aufklärung, Unterweisung in Wehrhaftigkeit und Abwehrmaßnahmen gegenüber Ereignissen, die ihrem ungestörten, fried- und freudvollen Heranwachsen entgegenstehen könnten. Nur frühzeitig gestärkte Kinder sind in der Lage, traumatisierende Ereignisse abwehren zu können und eine entsprechende Kompetenz im Erwachsenenalter aufzubauen. Eine solche schulische Aufklärung ist lebensalteradäquat zu vermitteln. Bereits im Kindergartenalter muss es möglich sein, Kindern ein Gefühl dafür mitzugeben, Erwachsene mit »unlauteren« Absichten erahnen oder noch besser identifizieren zu können.

Vor nicht einmal ca. drei Generationen haben Nationalsozialisten die annähernd gesamte Kinder- und Jugendschaft zu Uniformträgern, zu gewalt- und kriegsverherrlichenden Menschen manipuliert. Es ist historisch und pädagogisch begründbar, sich in den Familien als auch im Schulalltag an den Umgang mit Kindern und Jugendlichen in der NS-Zeit zurückzuerinnern. Schulische Aufklärung und pädagogische Hinführung zu Selbstbestimmung und Selbstschutz als Bildungsaspekte gelten niemals als beendet oder gar limitiert! Kinder sollen zu einem Homo sapiens – einem weisen Menschen – und nicht zu einem Homo rapiens – einem Raubtiermenschen – heranwachsen. Wir haben nur die eine Kindheit und das eine Leben. Der irische Schriftsteller Oscar Wilde (1854–1900) rät eindringlich: »Man sollte Anteil nehmen an der Freude, der Schönheit und der Farbigkeit des Lebens.« Wer oder was darf Kindern dabei im Wege stehen?

Ein neues Phänomen: »Hass-Kinder«

Laut aktuellen Medienberichten ist auch im schulischen Rahmen eine neue Form der Manipulation und Indoktrination von Kindern auffällig geworden. Der Leiter des Staatsschutzes der Polizei in Frankfurt am Main, Wolfgang Trusheim (*1950), hat vor dem neuen Phänomen »Hass-Kinder« gewarnt (Trusheim 2016). Salafisten erziehen ihre Kinder im Hass auf Andersgläubige. Trusheim rechnet mit einer neuen Generation gewaltbereiter Salafisten, die von ihren Eltern bereits in ganz jungen Jahren zum Hass auf Andersgläubige erzogen wurden. Demnach fallen diese Kinder in der Schule dadurch auf, dass sie z. B. islamistische Terrorkämpfer malen oder als Berufswunsch Dschihadist angeben, antisemitisch oder einfach auch »nur« gewaltbereit auffällig werden. Da salafistische Paare gemäß ihrer Ideologie möglichst viele Kinder haben wollen, werde das Problem – so Trusheim – in Zukunft in Deutschland größer.

Aus der biologisch gründenden Tatsache der kindlichen Neugierde und Begeisterungsfähigkeit schöpfen gewaltbereite Salafisten »Munition«, um aus ihren Kindern islamistische Terrorkämpfer und Dschihadisten zu formen. Unsere Gesellschaft hat dem (noch) nicht genügend entgegenzusetzen. Der Staatsschutz empfiehlt, dass Jugendämter und Familiengerichte von der vorhandenen Möglichkeit Gebrauch machen sollten, Kinder, die zu salafistischen Hass-Kindern manipuliert werden, aus ihren Familien herauszunehmen. Auch der Deutsche Kinderschutzbund fordert ein konsequenteres Vorgehen gegen radikal-salafistische Eltern: »Wenn es konkrete Hinweise gibt, dass Eltern ihre Kinder gewaltverherrlichend erziehen, müssen Jugendämter im Interesse des Kindes handeln«, so Heinz Hilgers (*1948), seit 1993 Präsident des Deutschen Kinderschutzbundes. Dabei dürfe es keinen Rabatt für vermeintlich religiöse Besonderheiten geben.

Sollte den salafistischen Bemühungen nichts anderes als nur noch gesetzliche Restriktionen gegenüber zu stellen sein, so sind schulische Aufklärung, Selbstbestimmung und Selbstschutz als Bildungsaspekte in der Schule an einem Limit angelangt. Die Beck'schen gesellschaftlichen Risikoprophezeiungen in »Weltrisikogesellschaft« (2007) scheinen dann ein weiteres Mal Realität geworden zu sein.

Weltbilder

Die Gaia-Hypothese

Die Gaia-Hypothese wurde Mitte der 1960er Jahre von der Mikrobiologin Lynn Margulis (1938–2011) und dem Chemiker, Mediziner und Biophysiker James Lovelock (*1919) entwickelt. Sie besagt, dass die Erde mit ihrer gesamten Biosphäre wie ein einziges Lebewesen betrachtet werden kann und zwar in dem Sinn, dass die Biosphäre – die Gesamtheit aller Organismen – Bedingungen schafft und erhält, die nicht nur Leben, sondern auch die Evolution komplexer Organismen ermöglicht. Die Gaia-Hypothese kann auch als Sinnbild für eine tiefe Sehnsucht des Menschen nach Harmonie und Erkenntnis aufgefasst werden. Die Fragen nach dem Woher, dem Wohin und dem Warum sind unbeantwortet, doch der bewusste menschliche Geist sucht immerfort nach Antworten oder wenigstens nach Teilantworten, um zumindest für eine gewisse Zeit Ruhe und Frieden in seinem Denken zu finden. Auf dieser Suche nach Ruhe und Frieden ist der menschliche Geist unerschöpflich. In unserer Zeit stehen uns dafür Religion, Kunst, Wissenschaft und auch die moderne Physik hilfreich zur Seite. Die Bezeichnung »Gaia« leitet sich ab von der Muttergottheit/Erdgöttin der griechischen Mythologie, die alles Leben hervorbringt. Gaia galt in der Antike als segenspendende Mutter des personifizierten Himmels und der Meere, die zugleich den Menschen nach dessen Tod in ihrem Schoss aufnahm.

Als entscheidend für die Gaia-Hypothese betrachtete Lovelock die Existenz und das Schicksal des gesamten

Planeten Erde und nicht allein das Überleben einzelner
Arten. Im Vordergrund steht auch nicht die Gesundheit der
Menschen. Auf dem Spiel steht vielmehr die Gesundheit
der Erde und all ihrer Bewohner und damit aller Lebewesen. Zugrunde liegt die Erkenntnis, dass planetarisches
Leben niemals nur vereinzelt vorkommen kann. Ein Planet
mit einem nur spärlichen Leben könnte sich niemals selbst
regulieren. Die Organismen müssen hingegen zahlreich
genug sein, um in Vielzahl die geochemische Entwicklung
zu beeinflussen, und sie müssen in der Lage sein, sich in
diese Entwicklung einzuklinken. Gelingt ihnen das nicht,
werden sich die Bedingungen auf dem Planeten weiterhin
unorganisch verändern und schließlich den Punkt erreichen, an dem Leben unmöglich wird. Für die Mikroorga-
nismen als geringere, unterrepräsentierte Lebensformen
gilt, dass sie es waren, die den Planeten Erde über 3,5 Milliarden Jahre hinweg lebensfähig erhalten haben. Aktuell ist
die Gesundheit der Erde durch die gewaltigen Veränderungen, denen das natürliche Ökosystem unterworfen ist,
gefährdet. Als Hauptquellen dieser Umweltschäden werden Land- und Forstwirtschaft, das Ansteigen der Treib-
hausgase Kohlendioxid, Methan und andere, die Zerstörung der Ozonschicht in der Stratosphäre bewirkende,
identifiziert, zu denen noch die Gefahr des Anstiegs von
kurzwelliger, ultravioletter Strahlung und das Problem des
sauren Regens hinzukommt, so der Umweltaktivist und
Autor Jörg Sommer (*1963) (Sommer 2007).

Es besteht wissenschaftliches Einvernehmen, dass Leben
prinzipiell einen grundlegenden Einfluss auf die eigene
Umgebung ausübt. Im Umkehrschluss ist ebenso offenkundig, dass jegliches Leben von seiner Umgebung beeinflusst
wird. Die Frage ist daher, ob ein solches System an Leben
neue Eigenschaften verleihen kann, z. B. eine größere Stabilität, die vergleichbar der eines lebenden Organismus ist.

Die Gaia-Hypothese folgt der philosophischen Lehre

des Holismus. Demnach weisen alle Daseinsformen im Universum (physikalische, biologische, kulturelle) die Tendenz auf, sich zu höher integrierten Einheiten zusammenzuschließen. Die Komplexität im Universum nimmt zu. Entgegen steht der Dualismus der westlichen Wissenschaft mit einem atomistischen Weltbild. Dualistisch gesehen, wird das Ganze mit der Summe seiner Teile gleichgesetzt und lebende Systeme werden auf anorganische Materie reduziert. Die philosophische Lehre des Holismus nimmt Bezug auf die Lehre des Aristoteles. Dieser hat festgestellt:»Das, was aus Bestandteilen so zusammengesetzt ist, dass es ein einheitliches Ganzes bildet – nicht nach der Art eines Haufens, sondern wie eine Silbe – das ist offensichtlich mehr als bloß die Summe seiner Bestandteile.« Mit dieser holistischen versus dualistischen Weltsicht ergibt sich ein Anknüpfungspunkt an die Quantenmechanik als Durchbruch zu den im subatomaren Mikrokosmos geltenden Realitäten, die uns als an den Makrokosmos adaptierte Menschen nicht zugänglich oder allenfalls nur nachempfindbar sind.

Die Gaia-Hypothese tangiert einerseits alle Wissenschaften und befindet sich zugleich auch jenseits von ihnen. In den letzten Jahren wurde es den Kirchen immer deutlicher bewusst, dass ihre Einstellung zur Umwelt, die in biblischen Zeiten angebracht gewesen sein mag, in der aktuellen Welt nicht mehr länger aufrechterhalten werden kann. Die Verknüpfung, die Welt, in der wir leben, als ein Geschenk Gottes zum Nutzen der Menschen anzusehen, reicht daher nicht mehr aus.»Auch die Vorstellung, dass unsere Verantwortlichkeit gegenüber der Erde der Aufgabe eines Verwalters entspräche, öffnet dem Missbrauch Tür und Tor. Wir selbst, unsere benutzten Felder und Weiden, belegen inzwischen so viele verfügbare Flächen der Erde mit Beschlag, dass sich Theologen bereits zu fragen beginnen, ob wir als Verwalter das Recht dazu haben, den ganzen Planeten in einen besseren Schweinestall zu verwandeln, egal, wie gut und hygienisch dieser auch geführt wird. Gaia bietet indes eine geeignete Alternative zu dem blinden Glauben an die Menschheit.« (Sommer 2007)

Der deutsche Biologe und Landschaftsökologe Ludwig Trepl (1946–2016) nahm zur Gaia-Hypothese, die Erde sei ein Lebewesen, ausführlich und kritisch Stellung: »Die Gaia-Hypothese, der zufolge die Erde oder die Biosphäre ein Lebewesen sei, ist deshalb unhaltbar, weil (1) zu Fließgleichgewichten führende Rückkopplungsschleifen, die von den Lebewesen ausgehen, keine hinreichende Bedingung dafür sind, die Gesamtheit der Lebewesen (oder deren Ökosystem) ein Lebewesen zu nennen, und (2) weil der Begriff der Selbstorganisation von den Befürwortern der Gaia-Hypothese in einem anderen Sinn verwendet wird, als er zur Charakterisierung von Organismen gebraucht werden kann.« (Trepl 2013)

Die Gaia-Hypothese, dass die Erde ein Lebewesen sei, wird einerseits als ernstzunehmende Wissenschaft betrachtet. Die meisten Wissenschaftler betrachten die Gaia-Hypothese jedoch mehr im Sinne einer besseren Metapher. Von Anhängern der New-Age-Bewegung wird die Erde gelegentlich als »beseelter« Organismus dargestellt, der – wie eine Erdgöttin – bestraft und belohnt. Von derartigen esoterischen Erklärungsversuchen haben sich die Begründer der Gaia-Hypothese jedoch stets distanziert. Die von Margulis und Lovelock beschriebene Gaia-Hypothese lässt vielmehr eine »Sehnsucht« in der Beantwortung grundsätzlicher Sinnfragen der Menschen erkennen. Die Perspektiven, die sich aus der 1925 von Max Planck (1858–1947), Niels Bohr (1885–1962) und Werner Heisenberg (1901–1976) beschriebenen Quantenphysik, d. h. aus der Erforschung von uns nicht zugänglichen Realitäten im Mikrokosmos ergeben, rücken allerdings nicht nur die Gaia-Hypothese, sondern auch vieles andere in Kunst, Religion und Wissenschaft in eine neue Sicht.

Die moderne Physik

»Wer sich nicht mehr wundern kann, der ist seelisch bereits tot.«
Albert Einstein (1879–1955)

Zu Beginn des 20. Jahrhunderts entwickelte Albert Einstein die spezielle und die allgemeine Relativitätstheorie, die dem »sehr Schnellen« auf der Spur ist. Die Kern- und Teilchenphysiker Nils Bohr und Werner Heisenberg beschäftigen sich in ihrer Quantentheorie wiederum mit dem »sehr Kleinen«, mit den Atomkernen, Elektronen, Photonen etc., d. h. mit der subatomaren Welt. Die Relativitätstheorie und die Quantentheorie begründeten gemeinsam die moderne Physik. Heute profitiert ein Drittel der gesamten Weltwirtschaft von Produkten, denen quantenphysikalische Phänomene zugrunde liegen: Laser, Mikroelektronik oder die Erzeugung von Licht und Wärme aus Sonnenenergie. Leider ist auch der Bau von Atombomben eine der Folgen der menschlichen Beschäftigung mit der Quantenphysik. Anton Zeilinger (*1945), Professor für Experimentalphysik in Wien, erwartet in seiner Darstellung »Einsteins Spuk« aus dem Jahr 2005 für das 21. Jahrhundert, dass in der Quantenphysik weitere Erkenntnissprünge folgen. So würde das Beamen als eine bisher nur in den Vorstellungswelten von Science-Fiction-Unterhaltung in nicht allzu ferner Zukunft unseren Alltag bestimmen, so Zeilinger. Ebenso werden superschnelle Quantencomputer, die auch abhörsichere Datentransfers mittels Quantenkommunikation ermöglichen, bislang ungeahnte Bereiche der Kommunikation revolutionieren. Bislang ungeahnt und unvorstellbar heißt jedoch nicht, gänzlich unmöglich, es muss vielmehr zunächst erst einmal gedacht werden. Somit ist auch Werner Heisenberg zuzustimmen, der den Vorgang des Verstehens und neues Wissen in Korrelation mit dem Denken und der Veränderbarkeit des Denkens setzte: »Aber man muss sich doch gleichzeitig vor Augen halten, dass sich mit der historischen Entwicklung auch die Struktur des menschlichen Denkens ändert. Der Fortschritt der Wissenschaft vollzieht sich nicht nur dadurch, dass uns neue Tatsachen bekannt und verständlich werden, sondern auch dadurch, dass wir immer wieder neu lernen, was das Wort ›Verstehen‹ bedeuten kann.« (Heisenberg 1979)

Zur klassischen Physik zählen hingegen die mit unseren Sinnen in der uns vertrauten makroskopischen Welt wahrnehmbaren Phänomene, wie z. B. die klassische Mechanik, die Elektrodynamik, die Optik und die Thermodynamik. Doch die Begriffe »Mechanik« und »Maschine« sind aus dem Sprachgebrauch der Physiker inzwischen weitgehend verschwunden. An ihre Stelle traten Umschreibungen, wie hochgradige Vernetzung oder komplexe, nichtlineare Dynamik. Erst heute, ca. 100 Jahre nach Beginn der modernen Physik, gerät auch die Biologie in eine Phase massiver Theoretisierung, so Wolf Singer in dem Interview »Physik und Biologie wachsen zusammen« (Singer 2013). Nach Singer sind die Vorgänge in der belebten Natur um ein Vielfaches komplexer, als Phänomene in der Physik. Die Vorgänge in lebenden Organismen sind nur mit einem tiefen Verständnis hochspezialisierter Details möglich. »Zur Erfassung des großen Ganzen ist ein kollektiver Mensch-Rechner-Verbund erforderlich, der sämtliches Detailwissen künftig zu einem gänzlich abstrakten Modell der Vorgänge biologischer Systeme gestalten wird. Erforderlich sei auch, so Singer, dass das mathematische Werkzeug für die speziellen Anforderungen der Biologie weiterentwickelt wird.« (Singer 2013) Es ist daher gerade im naturwissenschaftlichen Unterricht der Schulen zu vermeiden, dass der Anschluss verpasst wird, wenn dieses Zusammenwachsen von Physik und Biologie – wie von Singer beschrieben – für Schülerinnen und Schüler nicht adäquat verständlich thematisiert wird.

Kenneth W. Ford (*1926), Hochschullehrer und ehemaliger Direktor des American Institute of Physics in Maryland, hat in seiner Darstellung »Wie klein ist klein?« (2004) anschaulich beschrieben, wie sich die Natur in der subatomaren Welt auf eine ebenso unheimliche wie wunderbare Weise verhält, wie wir sie in der »normalen Welt« um uns herum nicht kennen: »Wenn wir die winzigsten Räume und die kürzesten Zeitspannen betrachten, sehen wir nur eine Art Feuerwerk. Myriaden neuer Teilchen existieren urplötzlich, wobei einige langlebig, die meisten aber kurzlebig sind, während jedes dieser Teilchen in irgendeiner Weise mit jedem anderen Wechselwirkungen eingeht und ebenso vernichtet wie erschaffen werden kann. In dieser Welt werden wir mit einem Tempolimit in der Natur konfrontiert, wir entdecken, dass Raum und Zeit zusammengeführt sind und erfahren, dass Masse sich in Energie und Energie in Masse umwandeln kann. Die seltsamen Spielregeln dieser Welt stellen den Verstand von Wissenschaftlern ebenso wie von Nicht-Wissenschaftlern auf eine harte Probe.« (Ford 2004)

Gemäß der Relativitätstheorie hängen – so Einstein – alle Grundformen des physikalischen Seins zusammen: Raum, Zeit, Energie und Masse bzw. Materie. Sie entstehen zusammen und vergehen zusammen. Einstein hat dies so formuliert: »Früher hat man geglaubt, wenn die Dinge aus der Welt verschwinden, so bleiben noch Raum und Zeit übrig; nach der Relativitätstheorie verschwinden aber Zeit und Raum mit den Dingen.« Die Zeit vergeht für Dinge, die sich sehr schnell bewegen, langsamer. Die Zeit in einem mit sehr hoher Beschleunigung im Orbit fliegenden Raumschiff vergeht langsamer, als die gleichzeitig auf der Erde ablaufende Zeitspanne. Kehrt der Beobachter in diesem Raumschiff auf die Erde zurück, dann stellt er fest, dass die Zeit auf der Erde schneller vergangen ist, als für ihn als Beobachter im Raumschiff. Mit anderen Worten, eine Stunde im mit hoher

Beschleunigung im Orbit fliegenden Raumschiff vergeht langsamer, als diese Zeitstunde auf der Erde andauert. Eine Stunde umfasst somit zeitlich nicht immer die definierte Maßeinheit für eine Stunde, sondern ist abhängig vom Ort der Beobachtung bzw. von der Beschleunigung eines Beobachtenden in Bezug auf die scheinbar statisch ruhende Erde. Die Quantentheorie beschreibt die Physik im subatomaren Raum, d. h. die dort herrschenden Phänomene im Mikro- und Nanokosmos. Diese befinden sich außerhalb unserer herkömmlichen Denkgewohnheiten. Von Nils Bohr stammt die Formulierung:»Wer über die Quantentheorie nicht entsetzt ist, der hat sie möglicherweise nicht verstanden.« Unter dem Begriff»subatomarer Bereich« ist ein vermeintliches Vakuum zu verstehen. Gemeint ist der Raum, der sich zwischen Atomkern und Atomhülle ausbreitet. In einer theoretischen Vergrößerung dieses Raumes würde die Distanz zwischen einem im Durchmesser 32 µm kleinen Atomkerns bis zu seiner Hülle ca. 1 m betragen. Zwischen dem Atomkern mit einem positiv geladenen Proton und den diesen umkreisenden negativ geladenen Elektronen handelt es sich nicht um ein tatsächliches Vakuum. Dieser masseleere Raum ist vielmehr dicht gefüllt mit Energie und Informationen. Die Elementarteilchen in diesem nur vermeintlichen»Vakuum« können gleichzeitig eine Teilchenstruktur und/oder eine Wellenstruktur annehmen. Diese Struktur ändert sich in dem Moment, in dem sie beobachtet wird. Sie können miteinander verbunden/verschränkt sein. Auch bei einer großen Distanz können diese Teilchen/Wellen ein zusammenhängendes quantenphysikalisches System bilden. Mit anderen Worten, ein Teilchen/eine Welle kann sich quantenphysikalisch gleichzeitig an zwei verschiedenen Orten aufhalten. Dabei ist keinerlei »Mechanismus« bekannt, über den sie miteinander in Wechselwirkung/Beziehung stehen. Bei einer Messung an einem einzigen Elementarteilchen tritt ein gleichartiges Ergebnis an seinem »korrelierenden« und ggf. fernab befindlichen Teilchen ein. »In der neuen Physik hängen alle Dinge eng zusammen, die im Bild der alten Physik absolut getrennt sind«, so der ehemalige Direktor des Max-Planck-Institutes für Physik und Astrophysik in München, Hans-Peter Dürr (1929–2014), in seiner Darstellung »Wir erleben mehr, als wir begreifen« (2001). Die Quantentheorie erlaubt nach Dürr zusammengefasst folgende Aussagen:

1. Der Beobachter nimmt – vorsichtig formuliert – durch seine physische Präsenz und die Beobachtung selbst Einfluss auf die Materie. Der britische Wissenschaftsjournalist Brian Clegg (*1955) schreibt hierzu: »Die Möglichkeit, dass unser Verstand auf irgendeine Weise mit der Quantenwelt zusammenspielt, wirft die Frage auf, ob unser Bewusstsein nicht selbst ein Quantenphänomen ist. Schließlich besteht unser Gehirn aus Atomen und bedient sich elektrischer Signale, welche den Gesetzen der Physik unterstellt sind.« (Clegg 2015). Der Physikdidaktiker Thomas Görnitz (*1943), der gemeinsam mit seiner Frau, einer Psychologin, das Verhältnis von Quantenphysik und Bewusstsein auslotete, bemerkt hierzu: »Bewusstsein ist Quanteninformation, die sich selbst erlebt und kennt und die wesentlichen Aspekte des Erlebens als Information über Information reflektieren kann und ist auf jeden Fall bei Vögeln und Säugern vorhanden.« (Görnitz/Görnitz 2016) Der Welle-Teilchen-Dualismus besagt: Ist ein Objekt in der klassischen Physik bislang entweder stets Welle oder Teilchen gewesen, so kann es nun beides sein. Alternativ formuliert: Je nachdem, welches Experiment mit dem Objekt durchgeführt wird, zeigt es eher seine Wellen- oder seine Teilcheneigenschaften. Zwei Teilchen (gemäß der Auffassung von »Teilchen« der klassischen Physik) die am gleichen Ort und zur gleichen Zeit entstanden sind, kön-

nen auf Dauer miteinander verbunden sein, d. h. trotz großer lokaler Distanz ein zusammenhängendes quantenphysikalisches System – Verschränkung genannt – bilden.

2. Metaphysisch gesehen können wir kein Universum beschreiben, ohne dass unser Geist darin eine Rolle spielt. Alles steht mit allem in Verbindung. Es gibt metaphysisch ein universelles Bewusstsein und jeder ist ein Teil davon.

3. Information ist – wiederum metaphysisch – fundamentaler als Materie.

4. Philosophisch betrachtet gestaltet unser Denken genau das, was wir wahrnehmen.

5. Der masseleere Raum der Atome (der 99,99999999 % ausmacht) ist voll mit Energie und Informationen in Form von Möglichkeiten/Virtualität (sogenannte Kopenhagener Deutung).

6. Man darf nicht immer davon ausgehen, dass die Dinge, die wir beobachten, vor unserer Beobachtung genauso waren, wie wir sie aktuell beobachten. Eine Beobachtung geschieht in Form einer Wechselwirkung und diese verändert potenziell das beobachtete System.

Damit lässt sich konstatieren: »Unsere in alltäglichen Sinneserfahrungen gewonnenen Vorstellungen sind durch die Quantenmechanik erschüttert worden.« (Kafka 1994) Praktisch alles um uns herum besteht aus einem subatomaren »Vakuum«, gefüllt mit Energie und Informationen. Alles ist praktisch mit allem verbunden. Da die subatomaren Räume und die Elementarteilchen die gesamte makroskopische Welt durchdringen, ist auch der Handlungsspielraum des Menschen an subatomare Abläufe gekoppelt. Die Erkenntnis lautet, alle Teile stehen in Beziehung mit- und zueinander, diese Beziehung ergänzt und prägt alle einzelnen Teile. Die Information, d. h. die Beziehung, die zwischen den einzelnen Teilen besteht, bildet das Ganze und die Materie. Das Ganze ist somit mehr als nur die Summe seiner Teile (Aristoteles) und entspricht damit metaphysisch auch der geistigen Welt.

Auf einer Tagung der technischen Universität Clausthal beendete Hans-Peter Dürr seinen Vortrag mit dem poetischen Appell: Verbundenheit und Beziehung entsprechen auf einer für die Menschen verständlichen Ebene dem Begriff der Liebe. Eine Welt, der man die Liebe entnimmt, verliert ihre Form oder nach dem Urknall die Erinnerung an »das Davor«. Dürr hat die quantentheoretischen Erkenntnisse aus dem Mikro-Nanokosmos auf eine uns nachempfindbare emotionale und auch kognitive Ebene transportiert. Es gibt nicht nur das »Nicht-Trennbare«. Das Verbindende, die Beziehung, ist der relevante wirksame horizontale Aspekt (Dürr 2002).

Der amerikanische Physiker John Archibald Wheeler (1911–2008) ist der Auffassung, dass das Universum ein sich selbst beobachtendes System ist. Demnach haben die wissenschaftlichen Aktivitäten heutiger Beobachter auf der Erde – oder auch anderswo im Weltraum – erst die bis zum Urknall zurückreichende Vergangenheit des Universums als konkrete Wirklichkeit entstehen lassen, während diese Beobachter das von ihnen »erschaffene« kosmische Geschehen ihrer eigenen Existenz verdanken (von Ditfurth 1976).

Transportiert man die quantenphysikalischen Geschehnisse auf eine makrophysikalische Ebene, so werden die Perspektiven schwindelerregend. Dürr sieht keine Beschränkung der Quantenphysik auf die subatomare Welt, also auf den Mikrokosmos/Nanokosmos, sondern interpretiert die subatomaren Wirklichkeiten vielmehr auch in unsere makroskopische Welt als allgegenwärtig. Seiner Auffassung nach existiert auch ein universeller Quantencode, in den die gesamte lebende und tote Materie eingebunden ist. Dieser Quantencode sollte sich über den gesamten Kosmos erstrecken. Konsequenterweise glaubt Dürr – aus rein physikalischen Erwägungen – an eine Existenz nach dem Tode (Froböse 2008). Hoimar von Ditfurth verweist auf das schlecht angepasste menschliche Gehirn, das ganz offensichtlich nicht in der Lage ist, sich in der veränderten Umwelt verlässlich zurechtzufinden und anzupassen: »Hervorgebrachte Zivilisationsstrukturen überfordern heute offenbar die analytische Kapazität unserer Vernunft.« (Ditfurth 1976) Dem Menschen ist es eigen – auch um der inneren Sicherheit willen und vielleicht auch, um Wohlbefinden zu erreichen –, in Bildern und Metaphern zu denken. Die moderne Physik findet sich außerhalb unserer herkömmlichen Denkgewohnheiten und ist allenfalls nachempfindbar. Eine der wesentlichen Erkenntnisse lautet: Der masselose Raum der Atome ist nur vermeintlich ein Vakuum, real aber voll mit Energie und Informationen und auch mit Möglichkeiten und Virtualität.

Die phantastischen Erkenntnisse der neuen Physik kontrastieren ganz erheblich mit unserem herkömmlichen Verhalten und Tun auf diesem Planeten und auch mit dem, was Menschen anderen Menschen antun können. Menschen sind ganz offensichtlich – so Hoimar von Ditfurth – nicht mehr in der Lage, sich in der veränderten Umwelt verlässlich zurechtzufinden und anzupassen. Umso mehr sind Eltern und Schule in der Pflicht, sich liebevoll und vertrauensbildend an die Kinder und Jugendlichen zu wenden, um ihnen das Zurechtfinden auf unser aller Heimatplaneten zu erleichtern.

Die große Zäsur in der Menschheitsgeschichte

Weltbilder unterliegen wechselnden und den jeweils dominierenden ethisch-moralischen Gegebenheiten. Diese wiederum werden häufig von politischen Machthabern diktiert. Doch die Natur und die moderne Physik sind dem menschlichen Handeln übergeordnet und stehen damit auch über Soziopathen, mögen sie noch so mächtig sein. Soziopathische Zeitgenossen unserer Spezies – und zwar der Gruppe Homo rapiens entstammend, nicht der Gruppe Homo sapiens – versagen der Natur Respekt, was jedoch nur zeitlich befristet gilt. Die Natur obsiegt immer! Zudem repräsentieren Ideologien und die Tötungstechnologien, wie sie beispielsweise die nationalsozialistische Diktatur hervorgebracht hat, ein von Grund auf inhumanes Weltbild, das bei den dieses bestimmenden Soziopathen zum Ausdruck kommt.

Menschen werden als »physiologische Frühgeburten« unfertig geboren und sind auf die existenzielle Hilfe und Zuwendung von Bezugspersonen angewiesen. Mit ihren Fähigkeiten können sie einerseits zu »Universalgenies« heranwachsen, die in der Lage sind, alles erdenkbar Schöne, hohe Kunst und bisweilen auch unvorstellbare wissenschaftliche Leistungen zu vollbringen. Einzelne Mitglieder unserer Spezies aber können sich andererseits auch zu Raubtieren, Mördern und Bestien wandeln, die in der Lage sind, unvorstellbare Grausamkeiten, Folter, Massenmorde und Genozide anzurichten. Maik Zülsdorf-Kersting (*1973), Professor für Didaktik der Geschichte an der Universität Osnabrück, berichtet nach einer Befragung von Schülerinnen und Schülern, was diese an der NS-Diktatur und am Holocaust am meisten bewegt. Die Antwort war: »Wie ganz normale Menschen tun konnten, was kein normaler Mensch fassen kann.« Christian Staas (*1975), bis 2016 Chefredakteur des Magazins ZEIT Geschichte, resümiert derartige Untersuchungen, dass 80 % aller Jugendlichen das Erinnern und Gedenken für sinnvoll halten, 69 % sich intensiv für die Zeit des Nationalsozialismus interessierten und 59 % Scham angesichts der deutschen Verbrechen empfinden. Die Jugendlichen behaupten übereinstimmend, dass sie die NS-Zeit bewege. Sie wollen aber nicht auf Befehl betroffen sein, so wie es den Erwartungen der Lehrkräfte entspräche. Sie möchten vielmehr über ihre eigenen Erfahrungen und Empfindungen berichten. Es scheint hier eine gewisse Unfähigkeit der schulischen Vermittlung allgemein vorzuliegen. Die Kinder sollen/müssen zwar Fakten lernen, werden jedoch an dem eigenen Erleben, verbunden mit einem tiefen emotionalen Empfinden der Ereignisse, gehindert bzw. ungenügend vorbereitet. Nicht nur die Realität der im NS-Regime stattgefundenen Verbrechen, sondern auch der Aspekt, dass in der jungen Bundesrepublik noch bis weit in die 1960er Jahre NS-Gedankengut präsent war, ist als Appell zu verstehen, Schülerinnen und Schülern die NS-Vergangenheit nachvollziehbar zu vermitteln. Eine Allgemeinbildung in diesem Sinne dient den Schülerinnen und Schülern als Schutz vor einer nach wie vor drohenden Indoktrination durch ewig gestrige Rechtsradikale (Staas 2010).

Exkurs: Krieg

In der Geschichte der Neuzeit sind beginnend vom spanisch-portugiesischen Krieg 1641 bis zum jugoslawischen Bürgerkrieg 1991 weltweit 547 Kriege gezählt worden, so der US-amerikanische Politikwissenschaftler Ole de Holsti (*1933). Aktuell zählen im Herbst 2017 die Konfliktforscher 15 Kriege, kaum ein Erdteil ist davon verschont.

Der Historiker, Schriftsteller und glänzende Analyst deutscher Geschichte Golo Mann (1909–1994) bemerkte zu einer in Deutschland verhängnisvollen Ausrichtung historischer Schulbildung:»Wir haben hier in Deutschland im ersten Drittel des Jahrhunderts das Gymnasium angeblich Humboldt'schen Stils gehabt; Geschichtsunterricht und Humanismus und edelste Literatur wurden auf dem Gymnasium gepflegt; was dann später so manchen Absolventen eines Gymnasiums, so manchen Herrn Doktor und Herrn Professor nicht hinderte, sich im Politischen törichter, unwissender und in der Tat infamer zu verhalten, als viele, die den Namen Plato oder Cicero oder Erasmus nie gehört hatten. Natürlich gab es auch damals, wie zu jeder Zeit ausgezeichnete, vernünftige, liberale Geschichtslehrer. Häufiger war ein nationalistischer und im höchsten Grade provinzieller Unterricht; provinziell nicht in dem guten Sinn, dass man über das wirkliche Leben auch der engeren Heimat etwas erfuhr, sondern im Sinne einer anklagenden, selbstgerechten Verengung. Es war in den Universitäten kaum anders. Der letzte, der höchste Zweck des Geschichtsstudiums wäre, um ein gesteigertes Wort zu gebrauchen, ein wenig Weisheit. Weisheit zu lehren ist eine viel weniger sichere Sache, als eine Sprache oder ein technisches Können zu lehren.« (Linne 1973)

Aus der eigenen Erfahrung meines gymnasialen Geschichtsunterrichts in den 1950er Jahren ist haften geblieben, dass es sich so gut wie ausschließlich um das Auswendiglernen von Kriegsabfolgen und von Kriegsgewinnern oder Verlierern gehandelt hat – eine äußerst stupide Weise des Unterrichtens und des Aufklärens über die Vergangenheit. Im Übrigen endete bis wenigstens ca. 20 Jahre nach Kriegsende 1945 der gymnasiale Geschichtsunterricht mit dem Beginn der nationalsozialistischen Diktatur. Betreffend den Zeitraum 1933 bis zum Kriegsende 1945 hingegen herrschte Schweigen. Zu Nazi-Deutschland und zur deutschen Nachkriegsgeschichte wurde in den deutschen Gymnasien der 1950er und 1960er Jahre geschwiegen. In

Schülerkreisen herrschte die Überzeugung, dass man an einer Besprechung, geschweige an einer Aufarbeitung der »braunen Vergangenheit« schulischerseits nicht interessiert sei oder dazu nicht fähig war. Dem standen die nicht wenigen von ihrer politischen NS-Vergangenheit noch überzeugten und nach Kriegsende 1945 in den gymnasialen Schuldienst übernommenen Studienräte und Studiendirektoren entgegen. Nicht nur diese Berufsgruppe, sondern auch viele Juristen wurden auf Betreiben des ersten Bundeskanzlers der Bundesrepublik Deutschland, Konrad Adenauer (1876–1967), trotz ihrer belastenden nationalsozialistischen Vergangenheit wieder in den öffentlichen Dienst übernommen bzw. bestätigt. Adenauer war der Auffassung, dass ein geordneter staatlicher Wiederanfang nach Kriegsende ohne eine genügende Anzahl ausgebildeter Juristen – auch wenn diese politisch noch so belastet waren – nicht möglich gewesen sei. Für die Aufarbeitung der nationalsozialistischen Verbrechen war dies geradezu kontraproduktiv und verhinderte bzw. erschwerte diese Aufarbeitung nicht nur um Jahrzehnte, sondern erwies sich auch als eine schwere Bürde in den frühen Jahren der Bundesrepublik auf dem Weg Deutschlands hin zu einem demokratischen Rechtsstaat, der als Gemeinwesen und gesellschaftlich akzeptiert sich dieser Vergangenheit kritisch stellt. Der Berufsstand der deutschen Juristen hatte sich nach Kriegsende selbst entnazifiziert oder war zu Beginn der jungen Bundesrepublik kollektiv von der neuen Regierung freigesprochen worden. Die Alternative wäre gewesen, anstatt einer raschen Wiederherstellung der Souveränität die juristischen und verwaltungsrechtlichen Belange von den Besatzungsmächten regeln zu lassen, so dass erst nach einer gewissen Zeit der »moralischen Reinigung« dem deutschen Volk in der Bundesrepublik wieder eine vollständige Souveränität zugestanden worden wäre – teilweise vergleichbar mit einem Kolonialstaat. Die seinerzeit vorherrschenden weltpolitischen Umstände haben dazu beigetragen, dass NS-Juristen nach Kriegsende wieder in Rang und Würden kamen und nicht selten in hohen politischen Funktionen tätig werden konnten. Auch dieser Geschichtsverlauf ist es wert, heute in den Schulen hinterfragt und diskutiert zu werden.

Das Auswendiglernen von unzähligen Kriegsabläufen, von Gewinnern und Verlierern in der Zeitgeschichte jedenfalls rief bei den meisten Schülerinnen und Schülern nichts anderes als Langweile und Desinteresse, zuweilen auch Empörung hervor. Über die Geschehnisse in der Zeit des Nazi-Regimes, den Verlauf und die Opfer dieser totalitären Herrschaft und des Zweiten Weltkriegs hingegen wurde bis weit in die 1970er Jahre hinein ebenso wenig unterrichtet wie über die soziopathischen Hintergründe der Kriegstreibenden. Die Folgen der Ereignisse der beiden Weltkriege 1914 bis 1918 und 1939 bis 1945 haben jedoch tiefe Spuren im Befinden und Verhalten – besser im Fühlen, Denken und Handeln – der Menschen hinterlassen. Mit den Kriegsenden 1918 und 1945 waren die Muster des Empfindens, der Wahrnehmung, des Agierens und Reagierens keineswegs »auf einen Schlag« normalisiert. Die an Grausamkeit kaum mehr zu überbietenden Weltkriege haben als nationale Traumata über Generationen hinweg auch anhaltende seelische Schäden bei den einzelnen Individuen hinterlassen und das Verhalten vieler Menschen nicht nur geprägt, sondern auch nachhaltig beeinträchtigt. Diese Schäden sind mehr oder weniger bewusst oder unbewusst bis heute generationsübergreifend manifest. Dennoch führt die Spezies Mensch weiterhin Kriege und die direkt vom Krieg betroffenen Generationen sind auch weiterhin bis zu ihrem Tode von den Kriegsschrecknissen geprägt – und dies in allen Krisenregionen und Kriegsschauplätzen weltweit. Wenn unsere tierischen Mitbewohner auf dieser Erde ihre Beobachtungen und ihre daraus abgeleiteten Empfindungen sprachlich formulieren könnten, so müssten sie die Menschen als eine Spezies von Bestien bezeichnen.

Die in den letzten Kriegsjahren und in den Jahren unmittelbar nach Kriegsende geborenen Kinder, deren Kinder und sogar noch deren Kinder mussten mit verhaltensprägenden Langzeitschäden ihrer Eltern und Großeltern zurechtkommen und sind somit selbst auch in einem gewissen Grade »Opfer«, zumindest psychisch belastet und von den selbst nicht erlebten Ereignissen oder zu verantwortenden Unrechtstaten geprägt. Dieser Tatsache kommt umso mehr Bedeutung zu, da eine adäquate pädagogisch/psychologische Aufarbeitung der Wurzeln faschistischen und nationalsozialistischen Handelns (Bauer 1965) und auch der direkten Kriegsgeschehnisse in der Bundesrepublik zunächst nur sehr zögerlich stattgefunden hat. Erst mit der US-amerikanischen Fernsehserie »Holocaust« 1979 sowie dem Historikerstreit 1986 fand in einer breiten Öffentlichkeit ein Mentalitätswandel statt. Doch das bloße Reden, Lesen und Sprechen über Nazi-Deutschland, den Zweiten Weltkrieg und den Holocaust macht nicht nur nichts ungeschehen, sondern bringt in ritualisierter Form oder allein im akademischen Disput die Nachfolgegenerationen um die Chance, nachzuempfinden, was wirklich geschehen ist. Was und wie wurde in Nazi-Deutschland gedacht und gefühlt? Waren die nationalsozialistischen Befehlsgeber Hitler, Himmler, Goebbels, Göring u. v. a. m. tatsächlich die alleinigen Haupttäter, die die deutsche Bevölkerung versklavt hatten? Wirkten nicht viele, viel zu viele gerade der sogenannten kleinen Leute nicht als Mitläufer, standen in zustimmendem Einvernehmen mit der NS-Politik oder handelten gar als aktive Mittäter? Für die nicht vom Nationalsozialismus korrumpierten Nachfolgegenerationen ging es daher auch darum zu prüfen, ob angesichts der NS-Verbrechen auch Deutschlands kulturelle Substanz vernichtet war. Wozu verpflichten die Ereignisse der jüngeren deutschen Vergangenheit die Nachfolgegenerationen, die ja an den Bestialitäten der damals Handelnden nicht beteiligt waren? Mit Sprüchen jedoch wie »Lasst die Vergangenheit ruhen!« oder »Was hat die neue Generation mit den Verbrechen der Vergangenheit zu tun?«, wie sie noch weit bis in die 1980er Jahre und – leider – auch heute wieder zu hören waren resp. sind, kann keine Aufarbeitung stattfinden. Zwar trifft die unmittelbare Nachkriegsgeneration keine Schuld. Aber es war schuldhaft, dieser Generation in ihrer Schulzeit bis weit in die 1960er Jahre kausale Erkenntnisse zu den Vorgängen in der jüngsten Vergangenheit ihres Heimatlandes weitgehend vorzuenthalten. Verantwortlich dafür ist die unzulängliche Auseinandersetzung der »Erlebnisgeneration« mit der eigenen Beteiligung und damit der Auseinandersetzung um Fragen von Schuld und Sühne mit der Folge eines nachgerade kommunikativen Beschweigens zwischen den Generationen. Die Älteren erzählten wenig bis nichts und die Jüngeren ahnten, dass da mehr als nur Schweigen war. Der radikale Bruch kam erst mit der sogenannten 68er-Generation, die u. a. diese Auseinandersetzung mit der konkreten NS-Vergangenheit und lautstark einforderte und die NS-Kritik langsam, aber zunehmend in weite Teile der Öffentlichkeit vordrang.

Der Erste Weltkrieg

Der Weltkrieg 1914–1918 war der erste industriell geführte Massenkrieg in der Geschichte der Menschheit. Es starben mehr als 17 Millionen Menschen. In der Folge der diesem Krieg vorausgegangenen internationalen politischen Irrungen und Wirrungen in Bezug auf Kolonialisierung, Partnerschaften und Feindschaften entwickelte sich im Kriegsverlauf u. a. ein höllischer Stellungskrieg. Die militärischen Führer auf deutscher Seite der Westfront und die gegnerischen Führungen auf französischer und englischer Seite wollten in Grabenkriegen jeweils mit dem Maximaleinsatz an Menschen und Material den mörderischen Krieg gewinnen. Die Soldaten mussten in Schützengräben, angefüllt mit aufgewühlter Erde, Schlamm, Unrat, Ratten, Schutt und Leichen, Tage und Nächte, Wochen und Monate verbringen. Verletzte und Schwerverletzte sowie getötete Kameraden blieben entstellt in Stacheldrahtverhauen hängen. Niemand konnte den Verwundeten, geschweige denn den Sterbenden helfen. Die Toten blieben unbegraben, wenn sie nicht durch neue Einschläge von aufgewühlter Erde, von Schlamm, Unrat, Schutt und neuen Leichen bedeckt wurden (Pleticha 1996).

In Deutschland hatte die Bevölkerung den Krieg zuvor mit massenhaften Schlachtrufen wie:»Hurra, endlich Krieg«begrüßt. Es herrschte – manipuliert durch die Mächtigen und Führer – im Volk Gruppenkonformität bis zur Aufgabe der ureigenen individuellen Interessen. Die Machthaber haben – wie üblich – die manipulierbare soziale Konformität ihres Volkes ausgenutzt. Moralität blieb dabei auf der Strecke. Eckart und Renate Voland haben in»Evolution des Gewissens. Strategien zwischen Egoismus und Gehorsam« die Art und Weise derartiger Kriegsbetreibung als innovative evolutionäre Funktion und Antwort auf neuartige adaptive Probleme in der Menschheitsgeschichte gedeutet. Auf der einen Seite indoktrinierende und manipulierende Mächtige und auf der anderen Seite eine von Selbstaufgabe geprägte soziale Konformität fast des gesamten Volkes (Voland/Voland 2014).

Aus den kriegerischen Geschehnissen an der Westfront ragt besonders beeindruckend die Schilderung über die Kriegsweihnacht 1914 heraus: An einigen Abschnitten der West- und der Ostfront standen sich in einer Distanz von weniger als 100 m deutsche und britische Soldaten gegenüber. Der 24. Dezember 1914 ist von Michael Jürgs in»Der kleine Frieden im großen Krieg« (2009) berührend beschrieben worden. Die meisten Stellungen boten nur noch ungenügenden Schutz vor Scharfschützen und Handgranaten. Die Schützengräben hatten sich in Schlammlöcher verwandelt. Auf beiden Seiten gab es jedoch noch ein übergreifendes christliches Bewusstsein von Weihnachten als Fest der Nächstenliebe. Der damalige Papst Benedikt XV. hatte in seiner Antrittsrede im September 1914 um einen Waffenstillstand zu Weihnachten gebeten. Dieser war von den beteiligten Parteien abgelehnt worden. Dennoch ist überliefert, dass es deutschen und englischen Soldaten gelungen war, ab dem 23. Dezember 2014 einen Weihnachtsfrieden zu vereinbaren, der von der jeweiligen Führungsebene nicht autorisiert war. Als Zeichen des Einverständnisses sollten Kerzen am Grabenrand aufgestellt werden. Beide Seiten akzeptierten diese Wünsche und nach Absingen von Weihnachtsliedern applaudierten sich »die Feinde« gegenseitig. Auch am Folgetag, dem 24. Dezember 1914, wurde nicht geschossen. Man bewegte sich unbewaffnet aufeinander zu, beerdigte die Toten, sogar anwohnende Franzosen waren gekommen. Es wurde ein gemeinsamer Gottesdienst gefeiert. Außerdem wurde ein Fußballspiel zwischen deutschen und britischen Frontsoldaten ausgetragen, das 3:2 für Deutschland endete. Rückblickend wird davon ausgegangen, dass mindestens 100.000 Soldaten der an der Westfront kämpfenden Parteien an diesem spontanen Waffenstillstand am 23. und 24. Dezember 1914 teilgenommen haben. Am 25. Dezember 1914 erschien ein deutscher Hauptmann, ein Tuch in die Höhe haltend mit der Aufschrift: »Thank you«. Die Anwesenden salutierten, ein deutscher Soldat schoss zweimal in die Luft und auf dieses Signal hin wurde das Gemetzel fortgesetzt. Erst am 21. Februar 1918 endete das gegenseitige Zerfetzen und Abschlachten des Ersten Weltkriegs in der Region um Verdun.

Der Zweite Weltkrieg

Der Physiker und Nobelpreisträger Werner Heisenberg (1901–1976) beschrieb die Atmosphäre in seinem deutschen Heimatland vor dem Zweiten Weltkrieg wie folgt: »Die Jahre vor dem Zweiten Weltkrieg sind mir, soweit ich sie in Deutschland verbracht habe, immer als eine Zeit unendlicher Einsamkeit erschienen. Das nationalsozialistische Regime hatte sich soweit verfestigt, dass an eine Besserung der Zustände von innen her nicht mehr zu denken war. Zugleich hatte sich unser Land von der anderen Welt immer weiter isoliert, und es war deutlich zu spüren, dass sich nun im Ausland die Gegenkräfte zu formieren begannen. Die militärischen Rüstungen steigerten sich von Jahr zu Jahr und es schien nur noch eine Frage der Zeit, wann diese organisierten Mächte zu einem gnadenlosen Kampf antreten würden, der durch keine Völkerrechtsbestimmung, Kriegskonvention oder moralische Hemmung mehr gemildert werden könnte. Dazu kam die Vereinsamung des Einzelnen in Deutschland selbst. Die Verständigung unter den Menschen wurde schwierig.« (Heisenberg 1969)

Mit dem Zweiten Weltkrieg (1939–1945) war die Soziopathie der Machthaber auf das gesamte deutsche Volk übergegangen. Deutschland hatte sich kriegerisch und größenwahnsinnig gegen bis zu 60 Staaten einschließlich sämtlicher Großmächte positioniert. Bis 1941 war der Krieg der Deutschen in Europa als Eroberungskrieg geführt worden. Nach Polen erfolgten die Feldzüge gegen Dänemark, Norwegen, Belgien, die Niederlande, Luxemburg, Frankreich, Jugoslawien, Griechenland, ferner gegen Großbritannien mit der Bombardierung Londons und schließlich am 22. Juni 1941 der Angriff auf die Sowjetunion. Hitler propagierte seine Vorstellungen der Eroberung von »Lebensraum im Osten« und prophezeite ein »großgermanisches Reich«. Tatsächlich kann von einem damaligen Mangel an

Lebensraum oder an sonstigen lebenswichtigen Ressourcen keine Rede sein. Die Idee eines »großgermanischen Reiches« befindet sich weit außerhalb jeder evolutiven und biologischen Erklärbarkeit, etwa mit den Revierkämpfen um lebenswichtige Ressourcen. Vielmehr trat erneut Homo rapiens (Gray 2015) in Erscheinung oder präziser, die Pforten der Hölle hatten sich geöffnet, sichtbar nicht nur mit dem Abschlachten von Menschen, sondern auch im dunkelsten, abscheulichsten und verabscheuungswürdigsten Denken und Fühlen in den Köpfen der damals Mächtigen und deren Mitläufer – und das war eine Vielzahl indoktrinierter und verführter Deutscher. Das Kriegsende wurde mit Übernahme der militärischen Initiative durch die Rote Armee im Sommer 1943 seitens der UdSSR im Osten sowie durch die Landung alliierter Streitkräfte der USA, Kanadas und Englands in Sizilien 1943 und mit der Landung in der Normandie und in Südfrankreich 1944 eingeleitet. Die Kapitulation erfolgte am 8. Mai 1945. Bis dahin waren ca. 65 Millionen Menschen getötet worden. Die Ausgaben für die Kriegsführung beliefen sich nach heutigem Währungsstandard auf 541 Milliarden Euro.

Akribisch geplant und nach allen Regeln der deutschen Bürokratie geordnet wurde der Holocaust vorbereitet und durchgeführt. Ermordet wurden dabei sechs Millionen Juden, Sinti und Oppositionelle. In mehreren Euthanasie-Aktionen wurden weitere ca. 120.000 behinderte Menschen – in der NS-Diktion angeblich lebensunwert – getötet. Die Berichterstattung über eine derart unvorstellbar große Anzahl an Ermordeten und Getöteten und das faktische Wissen darum kann die emotionale, auf der Empfindungsebene angesiedelte anteilnehmende Wahrnehmung über diese Kriegsgräuel beeinträchtigen. Ein solches Einfühlungsvermögen bzw. Mitleiden mit den Geschundenen lösen vielmehr Einzelereignisse und -schicksale aus, wie etwa die folgenden: Vor dem Einrücken der Alliierten sollte in einem KZ eine Gruppe inhaftierter jüdischer Kinder durch Aufhängen am Strang beseitigt werden. Die Kinder aber waren derart ausgemergelt, dass ihr Körpergewicht nicht mehr ausreichte, um am Strang hängend den Genickbruch herbeizuführen. Erst als sich auf Befehl Lagerpersonal an den Beinen der Kinder festklammerte, um diese abwärts zu ziehen, war die Exekution »erfolgreich« beendet. Auch wurden nicht selten Babys und Kleinkinder ihren jüdischen Müttern entrissen und derart herumgeschleudert, dass sie mit zertrümmertem Schädel zu Tode kamen (Lower 2014).

In der NS-Zeit dominierte jedoch nicht allein eine kleinere Clique von Verbrechern, vielmehr hatte sich eine breite Mehrheit der deutschen Bevölkerung die nationalsozialistische Ideologie zu eigen gemacht. So hat die amerikanische Historikerin Wendy Lower (*1965) in ihrer Darstellung »Hitlers Helferinnen« (2016) u. a. recherchiert und dokumentiert, dass hunderttausende deutscher Frauen den Truppen in die Kriegsgebiete nach Polen, in die Ukraine und nach Weißrussland gefolgt waren, um sich dort als Bürokräfte, Krankenschwestern oder auch als Ehefrauen von SS-Männern der unseligen Ideologie verbunden zu zeigen. Lower beschreibt eifrige und ideologisch überzeugte Frauen, die mit Peitschen, Pistolen und Gewehren an Folterungen und Ermordungen beteiligt waren, die als Krankenschwestern Kinder, Kranke und Behinderte verhungern ließen oder mit einer Überdosis an Medikamenten umbrachten. Rund ein Dutzend Fälle sind dabei bis ins Detail gehend von Lower als Beispiele einer enthemmten Gewalt und eines Verlustes sämtlicher zivilisatorischer Tabus sorgfältig dokumentiert. Derartige Kriegsdetailereignisse werfen weitere Fragen auf, darunter auch die nach den pathologischen Abläufen in den Hirnen der Täter oder wie derartige Gräuel mit einem scheinbar völlig fehlenden Unrechtsbewusstsein, von Mitgefühl ganz zu schweigen, überhaupt begangen werden konnten. Hubertus Volmer, Leiter des Politik-Ressorts von n-tv.de, stellt zu der auch 80 Jahre nach Hitlers »Machtergreifung« noch immer durch das Land geisternden Kollektivschuldthese fest: »Es war eben nicht nur eine kleine Clique, die den Mord an den europäischen Juden und die anderen Verbrechen geplant und umgesetzt hatte. Es waren Unternehmer und Arbeitslose, Beamte und Soldaten, die sich daran beteiligten oder davon profitierten – indem Konkurrenten ausgeschaltet wurden, indem man einen Arbeitsplatz erhielt, den zuvor ein Jude gehabt hatte, oder indem ein ›arisiertes‹ Eigentum günstig entstand.« Volmer zitiert auch den von 1984 bis 1994 amtierenden Bundespräsidenten Richard von Weizsäcker: »Die Jungen sind nicht verantwortlich für das, was damals geschah, [...] aber sie sind verantwortlich für das, was in der Geschichte daraus wird.« (Volmer 2013) Aus einer vermeintlichen »kollektiven Schuld«, die nahezu reflexartig negiert wurde, ist somit vielmehr eine kollektive Verpflichtung erwachsen, die sich bereitwillig und auch empathisch der Aufarbeitung der NS-Vergangenheit stellt. Ob dies in hinreichendem Maße gelungen ist und ob die Schul- und Bildungsverantwortlichen dieser Verpflichtung tatsächlich angemessen nachgekommen sind, bleibt angesichts vorhandener aktueller Gegentendenzen offen. Der Kern der gegenwärtigen, nachgerade staatstragenden NS-Kritik aber sollte davon unberührt bleiben. So fühlen sich denn auch die meisten Schülerinnen und Schüler aus einer gesunden Neugierde heraus dazu angetrieben, so Christian Staas in der ZEIT (Staas 2010).

Im Zweiten Weltkrieg ging es auch um eine persönliche Auseinandersetzung zweier pathologischer Charaktere – Josef Stalin und Adolf Hitler. Man sollte sich dabei durchaus einmal vergegenwärtigen, dass beide auch einmal Kinder waren, Hitler elf Jahre älter als Stalin. Der Vater Hitlers war ein gewalttätiger Zollbeamter und der Vater Stalins ein alkoholabhängiger Schuster. Details aus den Biographien und dem Heranwachsen der beiden Kinder Adolf (Hitler) und Josef (Stalin) bieten allenfalls Anlass für Vermutungen. Der Publizist Michael Grandt (*1963) stellte die Frage, ob Hitler ein »Teufel, Dämon oder schwer misshandeltes Kind« gewesen sei: »Nur Fachhistoriker wissen, dass Hitler als Kind brutal geschlagen wurde – und halten sich bedeckt. Aber gerade frühkindliche Gewalterfahrungen sind maßgeblich für die spätere Charakterbildung. Darf das, was für andere misshandelte Kinder gilt, aufgrund politischer Korrektheit, für Hitler nicht gelten?« (Grandt 2006) Welche Wunden die väterlichen Gewalttaten bei dem Kind Hitler tatsächlich hinterließen, kann nicht abschließend beurteilt werden. Hitler selbst hat in »Mein Kampf« geschrieben: »So hart und entschlossen auch der Vater sein mochte in der Durchsetzung einmal ins Auge gefasster Pläne und Absichten, so verbohrt und widerspenstig war aber auch sein Junge in der Ablehnung eines ihm nicht oder nur wenig zusagenden Gedankens.« Körperliche und seelische Gewalt führt fast immer zu einem mehr oder minder großen Trauma. Im Falle Hitlers wurde und wird von namhaften Historikern, Psychiatern und Psychoanalytikern kontrovers diskutiert, ob der Mensch Hitler, der Demagoge und Massenmörder, psychisch krank war oder nicht. Unstrittig dürfte sein, dass Erwachsene und Eltern eine große Verantwortung für das tragen, was aus ihren Kindern wird, eine Schlussfolgerung, die im Falle Hitlers fast unfassbar erscheinen mag, wohl aber zutrifft.

Rückblickend und zusammenfassend bleibt nichts als die schmalgradige Erkenntnis, dass in menschlichen Gehirnen jedwede die Phantasie übersteigende Inhalte gedacht, geplant und schließlich in die Praxis umgesetzt werden können. Das Ausmaß stattgehabter Ungeheuerlichkeiten ist derart, dass – zurückkommend auf John Grays Bezugnahme auf Arthur Köstlers Roman »Sonnenfinsternis« –

bestätigt worden ist:»Die Affen blickten interessiert von ihren Wipfeln herab und warfen Nüsse nach ihm [dem Neandertaler als Metapher der Unbildung und Abscheulichkeit, der Verf.]; sie aßen Früchte und zarte Pflanzen mit feinen Manieren; der Neandertaler verschlang rohes Fleisch, er schlachtete Tiere und seinesgleichen. Er fällte Bäume, die immer dagestanden hatten, rückte Felsen von ihren geheiligten Plätzen, versündigte sich gegen jedes Gesetz und gegen jede Tradition des Dschungels. Er war plump, grausam, ohne tierische Würde.«(Gray 2015) Vom Standpunkt der hochzivilisierten Affen ein barbarischer Stillstand oder Rückschritt in der Entwicklungsgeschichte der Menschheit.

Auch die Aphorismen Einsteins (1935) sind nachvollziehbar:»Das deutsche Volk ist durch Jahrhunderte hindurch von einer sich ewig erneuernden Schar von Schulmeistern und Unteroffizieren sowohl zu emsiger Arbeit und zu mancherlei Wissen als auch zur sklavischen Unterwürfigkeit und zum militärischen Drill und Grausamkeit erzogen worden.« In einem Brief vom 26. Januar 1949 an Otto Hahn schrieb Einstein:»Die Deutschen hatten stets die Tendenz, Psychopathen knechtig zu dienen. Es ist ihnen aber niemals vollkommen gelungen [...]. Die Verbrechen der Deutschen sind wirklich das Abscheulichste, was die Geschichte der sogenannten zivilisierten Nationen aufzuweisen hat. Die Haltung der deutschen Intellektuellen – als Klasse betrachtet – war nicht besser als die des Pöbels.« Das von dem Soziologen Norbert Elias geschilderte Manipulations- und Indoktrinationsverhalten von Mächtigen und deren Umgang mit einer zur unbedingten Kooperation bereiten Bevölkerung hat sich in der NS-Diktatur und im Zweiten Weltkrieg in grausamer Weise offenbart (Elias 1976).

Der Sozialwissenschaftler und Menschenrechtspädagoge Stephan Marks (*1951) stellt zur Psychologie des Nationalsozialismus in seiner Darstellung»Warum folgten sie Hitler« (2011) fest: »Es war ein aprioristischer Missbrauch, wie er auch in Sekten zu beobachten ist.« Marks hat mit der Analyse der kriegstreibenden Psychodynamik der NS-Ideologie nachgewiesen, dass es nicht darum ging, die deutsche Bevölkerung kognitiv zu überzeugen, sondern diese in ihrem Fühlen, Denken und Handeln zu manipulieren. Der Nationalsozialismus lebte von der narzisstischen Bedürftigkeit seiner korrumpierten Anhängerschaft und auch von deren Schamgefühl in Verbindung mit den Kriegstraumata des Ersten Weltkriegs und ihren frühkindlichen Erlösungsphantasien. Das psychopathologische und kriegstreibende Konzept in der Gestalt der »Helfertheorie« (Voland/Voland 2014) ist in Bezug auf den »spezifischen Bewusstseinszustand« (Adorno) der Bevölkerung im Hitler-Deutschland zu modifizieren und zu präzisieren. Marks erklärt die dahinterstehenden Mechanismen der NS-manipulierten deutschen Bevölkerung wie folgt:

1. Der spezifisch nationalsozialistische Bewusstseinszustand lässt sich als regressiv und magisch beschreiben. Dieses Bewusstsein funktionierte mit Tabus und war beherrscht von Vorstellungen wie außergewöhnlich, heilig, unheimlich; Zauberkräfte (Mana); besondere Persönlichkeit (Charisma), gottähnlicher Führer; Faszinosum und Ansteckung.

2. Der nationalsozialistische Bewusstseinszustand lässt sich auch als hypnotische Trance verstehen. Demzufolge war der Fokus der Aufmerksamkeit eingeengt und gefesselt (fasziniert) von einer Person (Adolf Hitler) bzw. von einer Sache (Drittes Reich) unter Ausblendung großer Teile der Wirklichkeit. Die Kraft der bewussten Kritik war reduziert und die Realitätswahrnehmung verzerrt. »Glauben« war wichtiger als »Wissen«. Dieser Zustand ging einher mit Passivität und Regression. Wesentliche Medien zur Herstellung dieses Bewusstseinszustandes waren u. a. Rhetorik, Rituale und Musik.

3. Der Nationalsozialismus bezog seine psychosoziale Dynamik u. a. aus Schamgefühlen, deren Abwehr er anbot und legitimierte, etwa durch Idealisierung und Größenphantasien; durch Versprechungen, die Ehre Deutschlands wiederherzustellen; durch ein zynisches Weltbild der Härte, Arroganz und Verachtung gegenüber Bevölkerungsgruppen, die per Projektion als schwach angesehen und daraufhin gebrandmarkt und beschämt, gedemütigt und ausgeschlossen, zu Objekten gemacht und vernichtet wurden.

4. Der Nationalsozialismus speiste sich auch aus den narzisstischen Defiziten seiner Anhänger, die er zu beheben versprach. Dies erfolgte u. a. durch Vorstellungen von Auserwähltsein und Elite; durch narzisstische Gratifikationen (mittels diverser Ehrungen, Beförderungen usw.) und eingebettet in ein heroisches Weltbild. Narzisstisches Begehren wurde für das NS-System genutzt, indem Ideale und Moral in kollektiv-narzisstischer Weise auf Hitler und das Dritte Reich umgebogen wurden. Das nationalsozialistische Weltbild nährte darüber hinaus fetal-narzisstische Phantasien von Reinheit, paradiesischer Idylle, Unendlichkeit und Abwesenheit von Enttäuschungen.

5. Der Nationalsozialismus erwuchs aus der Abwehr der Traumata des Ersten Weltkriegs; die Abwehrmechanismen Derealisation, Gefühlskälte, Heroismus und Idealisierung wurden zum politischen Programm gemacht. Weil diese Abwehr von den traumatisierten Veteranen des Ersten Weltkriegs transgenerational an deren Kinder weitergegeben wurde, war das NS-Programm auch attraktiv für die folgende Generation, die während oder auch nach dem Ersten Weltkrieg geboren wurde. Den an sich delegierten Auftrag, die Ehre des geschlagenen Vaters bzw. Vaterlandes wiederherzustellen, versprach der Nationalsozialismus zu erfüllen.

6. Der Nationalsozialismus nutzte die Suchtdynamik der deutschen Gesellschaft nach dem Ersten Weltkrieg. Die Beziehung zwischen dem Nationalsozialismus und seinen Anhängern hatte den Charakter von Abhängigkeit (Sucht), wobei Hitler und das Dritte Reich das stoffungebundene Suchtmittel darstellten. Diese Abhängigkeit bedeutete ein unabweisbares Verlangen nach einem konkreten Gefühls-, Erlebens- und Bewusstseinszustand, den das NS-Programm versprach, u. a. durch Instrumentalisierung der Klein- und Großgruppendynamik (Abhängigkeitsgruppen). Der gesamte Lebensstil der NS-Anhänger war unter Vernachlässigung familiärer Interessen und moralischer Werte auf das Dritte Reich und den Führer ausgerichtet. Diese Ausrichtung wurde wider besseres Wissen und Gewissen in destruktiver Weise auch auf Kosten der eigenen Gesundheit oder des eigenen Lebens aufrechterhalten. Gemäß der Suchtdynamik wurde die sogenannte »Stunde Null« dann wie ein Entzug erlebt (Marks 2011).

Die beiden Weltkriege und das NS-Regime liegen inzwischen rund zwei bis drei Generationen zurück. Irgendwann wird der zeitliche Abstand viele Generationen betragen. Niemals ändern wird sich aber die Tatsache, dass alle Geschehnisse dieser Zeit von Deutschland ausgegangen sind. Eine Clique von Psychopathen und Soziopathen um Adolf Hitler hatte große Teile des deutschen Volkes manipuliert, das unabhängig individueller Täterschaft allein mit den begeisterten »Heil Hitler«- und »Sieg Heil«-Rufen eine Mitschuld an den 65 Millionen Kriegstoten auf sich geladen hat. Die historische Tatsache der Entstehung des Unheils in Deutschland und dessen Ausbreitung wird für alle Zeiten unauslöschbar bleiben. Ausgehend von dieser historischen Tatsache ergeben sich jedoch viele Fragestellungen. Es geht dabei nicht um die Frage nach Mitverantwortung oder Mitschuld der nachfolgenden Generationen. In der direkten Konfrontation mit dem stattgehabten Unvorstellbaren sollte aber eine Bewusstseinsvertiefung in den Köpfen der Nachfolgegenerationen möglich sein. Die Einflussnahme auf das Bewusstsein deutscher Nachfolgegenerationen ist daher als Chance zu verstehen. Als eine Chance, Demut, Bescheidenheit und damit einhergehend ein neues Selbstbewusstsein zu entwickeln. Gleichbedeutend könnte dies eine Steigerung der individuellen Sozialkompetenzen deutscher Schülerinnen und Schüler und aller Kriegsnachfolgegenerationen bedeuten. Den Schulen kommt nach wie vor seit Kriegsende 1945 eine besondere Pflicht zur Vertiefung der allgemeinen Menschenbildung zu. Das von Deutschland ausgegangene Unvorstellbare der Nazi-Diktatur und des Zweiten Weltkriegs bietet auch die Chance einer kritischen und sodann ebenso demutsvollen wie selbstbewussten und wehrhaften Neupositionierung im und zum Weltgeschehen.

Eine effiziente Aufarbeitung der nationalsozialistischen Epoche z. B. in den Schulen kann jedoch nicht rein über den Verstand und über die Vernunft, d. h. ausschließlich über die Aufzählung von Daten, Zahlen, Fakten, Namen, Strukturen und Zusammenhängen des Geschehens erreicht werden. All dies sind allenfalls flankierende Maßnahmen. Es ist notwendig, die Opfer des Nationalsozialismus zu würdigen, indem man sich auf den Weg macht, ihren Leiden nachzuspüren und die unglaublichen Gräueltaten zu erinnern, um den Opfern Respekt zu erweisen. Das fragwürdige Argument: »Mit all diesen Kriegsereignissen haben wir viele Jahre nach Kriegsende und als neue Generation nichts mehr zu tun« – wie hin und wieder zu hören ist – sollte jedoch keinesfalls um sich greifen, würden hier doch auch große individuelle und allgemeine Bildungschancen vertan. Die Tatsache, dass mit der Generation von Schülerinnen und Schülern bis in die 1960er Jahre im schulischen Geschichtsunterricht nicht über die jüngste deutsche Vergangenheit gesprochen wurde, ist bereits Schande genug! Eine schulische »Bearbeitung« der NS-Zeit und des Zweiten Weltkriegs war in den Jahren 1945 bis 1960 den Schülerinnen und Schülern versagt worden. Manchen Lehrern gelang es nicht einmal, ihre noch immer »braune« Gesinnung zu verbergen. In den 1950er und 1960er Jahren herrschte zur NS-Vergangenheit im gymnasialen Geschichtsunterricht das große Schweigen. Erst in den Folgejahren begann zaghaft und später etwas mutiger die schulische Thematisierung der jüngsten deutschen Geschichte.

Kriegsfolgen

Die Geschichte wird nur von starken Persönlichkeiten ertragen, die Schwachen löscht sie vollends aus.«

Friedrich Nietzsche (1844–1900)

Es ist im Folgenden nicht von den materiellen Folgen für das in Schutt und Asche liegende Deutschland die Rede. Auch nicht von den in Nürnberg vor Gericht gestellten Nazi-Größen und auch nicht von den 11 Millionen deutschen Kriegsgefangenen und deren Familien. Vielen dieser Familien war durch den Krieg der Ehemann und Vater genommen worden. Viele Frauen mussten noch viele Jahre nach 1945 auf ihre in Gefangenschaft befindlichen Männer und noch mehr Kinder auf ihre Väter verzichten. Erst 1955 kehrten die letzten Kriegsgefangenen aus Sibirien nach Deutschland zurück. Die Rede ist vielmehr von den in den Jahren 1930 bis 1945 geborenen und möglicherweise vaterlos aufgewachsenen Kindern. Einige von ihnen sind durch selbst erlebte Kriegseinwirkungen traumatisiert worden. Ein Drittel dieser Menschen war und ist bis in das hohe Lebensalter mit den psychischen Spätfolgen belastet. Besonders in den 1940er Jahren Geborene litten und leiden unter nicht selten erstmals im fortgeschrittenen Lebensalter symptomatisch gewordenen Depressionen, Ängsten, Panikattacken, unerklärlichen Schmerzen und psychosomatischen Leiden. Die in Köln lebende Journalistin und Buchautorin Sabine Bode (*1947) hat mit ihren Büchern »Vergessene Generation – Die Kriegskinder brechen ihr Schweigen« (2004) und »Kriegsenkel – Die Erben der vergessenen Generation« (2009) den Menschen der Jahrgänge 1930 bis 1960 bzw. der Generation der zwischen 1960 und 1975 Geborenen eine Stimme gegeben – denjenigen, die nicht genau wissen, wer sie sind und wohin sie wollen, die Angst vor der Zukunft haben und oftmals kinderlos geblieben sind. Bode stellt einen Bezug her zu den traumatischen Erlebnissen der Eltern- und Großelterngeneration im Krieg und deren Nichtverarbeitung dieser Kriegserlebnisse. Die Leiden der Kriegsfolgegenerationen, der Kriegskinder und Kriegsenkel, bei denen erst im fortgeschrittenen Lebensalter posttraumatische Belastungssyndrome und Depressionen symptomatisch auffällig werden, sind ein medizinisch-pathologischer Aspekt, der in der Öffentlichkeit bislang kaum wahrgenommen wird.

Die Biologie und die Neurowissenschaften lehren uns, dass genügend intensive Umwelteinflüsse/Katastrophen über epigenetische Mechanismen das menschliche Genom beeinflussen können. So werden generationenübergreifend noch lange die kranken Ideologien der deutschen Vergangenheit und die Gräueltaten des Zweiten Weltkriegs destruktiv und düster und mehr oder weniger bewusstseinsfern, aber nicht minder beeinträchtigend in den Gehirnen von Kindern, Jugendlichen und Erwachsenen »am Werk bleiben«. Der Psychoanalytiker Hartmut Radebold (*1935) hat große Erfahrungen in der psychiatrischen Behandlung von Patienten, die als Kinder im Zweiten Weltkrieg traumatisiert wurden. In »Die dunklen Schatten unse-

283

rer Vergangenheit« (2008) berichtete er über die generationenübergreifende Weitergabe psychopathologischer Befunde bei Erwachsenen in der Folge kriegsbelasteter Kindheitsereignisse. Bei allen über 60-Jährigen, so Radebold, lautet die professionelle Aufgabe, parallel zur psycho-biosozialen Querschnittssicht und der biographischen Längsschnittssicht zusätzlich zeitgeschichtlich zu denken und mitzufühlen. Bei den in den 1940er Jahren Geborenen mit den nachfolgend aufgeführten Symptomen, Verhaltensweisen und Störungen ist ein Zusammenhang mit belastenden traumatisierenden zeitgeschichtlichen Erfahrungen in der Kindheit und Jugend anzunehmen oder zumindest zu diskutieren:

— die Suche nach Wärme und Geborgenheit;
— das Einhüllen bis zur Nasenspitze durch eine warme Bettdecke;
— das Sparen im Alltag an Heizung, Beleuchtung, Kleidung und Ausgaben für die eigene Bequemlichkeit;
— sorgfältigstes Planen, Organisieren und Funktionieren, Sicherheitsstreben mit dem Bemühen, alle Situationen im Griff zu haben bis hin zum Überprüfen von Fluchtwegen in Hochhäusern im Hotel oder auf dem Schiff;
— das Kämpfen darum, die eigene Autonomie zu erhalten und das Vermeiden von Abhängigkeit von Personen, Situationen oder Hilfsmitteln;
— das Kämpfen um den Erhalt neuerworbenen Eigentums (»es darf uns nie wieder verloren gehen«);
— die fehlende Rücksichtnahme auf sich selbst und den eigenen Körper bezüglich Vorsorgeuntersuchung, Behandlungen oder Reha-Maßnahmen;
— die Planung, sofort zum Aufbruch bereit sein und mit kleinem Gepäck klar zu kommen;
— die ständig wache Angst, wichtige Menschen zu verlieren;
— die Schwierigkeit zu trauern, d. h. durch das Zeigen von Gefühlen, Kummer und Trauer auszudrücken.

Eher finden dann innerlicher Rückzug, Erstarrung oder Dekompensation bestehender organischer Erkrankungen statt bzw. sind eine vorsichtige skeptische und misstrauische Einstellung gegenüber der Umwelt und insgesamt damit einhergehende Beziehungsstörungen zu verzeichnen. »Vergegenwärtigt man sich die Folgen dieser ich-syntonen Verhaltensweisen, so muss man sie zusätzlich als ich-einengende Verhaltensweisen bezeichnen, *einengend* bezüglich allgemeiner Lebensumstände, sozialer Kontaktaufnahme, zu nutzender psychischer und psychosozialer Freiräume, des eigenen Gefühlslebens und damit letztendlich im Hinblick auf die gesamte Lebensqualität.« (Radebold 2009) Weiterhin benennt Radebold die konkreten Krankheitsbilder: posttraumatische Belastungsstörung (PTBS), Angstzustände, Panikattacken und phobisches Vermeidungsverhalten. Posttraumatische Belastungsstörungen können bei einem über viele Jahre anhaltenden Verlauf in eine manifeste Persönlichkeitsveränderung übergehen. Derartige Störungen sind durch eine feindliche oder misstrauische Haltung gegenüber der Welt, durch sozialen Rückzug, Gefühle der Leere und Hoffnungslosigkeit und durch ein chronisches Gefühl der Anspannung wie ständiges Bedrohtsein und Entfremdungsgefühl gekennzeichnet. Radebold bezieht ferner Bindungs- und Beziehungsstörungen in Folge von Kriegstraumatisierungen in Kindheit und Jugend mit ein. Teilweise können so geschädigte Patienten Beziehungen mit »fremden Personen« überhaupt nicht eingehen. Bei von Kriegseinwirkungen betroffenen Jugendlichen konstatierte Radebold häufig zusätzlich den Eindruck eines Identitätsbruchs, d.h. eine sich nur langsam anbahnende und in der Pubertät nur mühsam stabilisierende Identitätsentwicklung. Die so betroffenen männlichen Jugendlichen entwickeln sich im Alter zu Männern, die zurückgezogen, skeptisch, resigniert bis depressiv und auch »gebrochen« in Erscheinung treten. Posttraumatische

Belastungsstörungen können lebenslang symptomatisch auffällig bleiben, d. h. auch während des fortgeschrittenen Lebensalters weiterhin fortbestehen. Angstzustände und Panikattacken können immer wieder reaktiviert werden, auch noch nach dem 60. Lebensjahr. In einem höheren und hohen Alter können sich die Betroffenen oft nicht mehr an die in der Kindheit/Jugend erstmals aufgetretenen Symptome erinnern. Depressivität kann beim Verlust von Sicherheit und Geborgenheit bietenden Bezugspersonen auch nach dem 60. Lebensjahr – z. B. beim Verlust der Mutter – auftreten und verstärkt sich in der Alternssituation.

Bei den zwischen der Jahrhundertwende und 1925 geborenen Vätern und Müttern von betroffenen Kindern und Jugendlichen sind neurotische Persönlichkeitszüge in der Folge der stattgefundenen nationalsozialistischen Erziehungspolitik nicht selten anzutreffen gewesen. Radebold erwähnt insbesondere prügelnde, die Würde ihrer Kinder missachtende, gewalttätige Väter. Auch alkoholkranke Väter und Mütter, die ihre Kinder sozial, materiell und psychisch vernachlässigten oder sie aufgrund von Trennung oder Scheidung verließen.

Die belastenden, beschädigenden bis traumatisierenden Erfahrungen der NS-Ideologie und des Zweiten Weltkriegs können bei den damals bereits erwachsenen Generationen und dann deren Kindern und Kindeskindern über epigenetische Mechanismen Beeinträchtigungen des menschlichen Genoms bewirkt haben. Radebold nimmt Bezug auf die im Alten Testament erwähnte Metapher:»Der du die Missetat der Väter heimsuchest auf Kinder und Kindeskinder bis ins dritte und vierte Glied« (2.Mose 34:7); auch Siegmund Freud hat postuliert, dass keine Generation imstande sei, bedeutsame seelische Vorgänge vor der nächsten Generation zu verbergen.

Radebold schließt seine Ausführungen mit der Feststellung:»Auch ca. 60 Jahre nach dem Ende des Zweiten Weltkrieges leben wir hier in Deutschland immer noch in einer Gesellschaft, die von dieser traumatischen Erbschaft geprägt ist. Die Auseinandersetzung mit Abwehr und Vergessen und ein Ringen um individuelles, kollektives und kulturelles Gedächtnis ist eine immer wieder neue Aufgabe, um die Erinnerung an das Unvorstellbare, das Menschen ihresgleichen antun können, aufrecht zu erhalten.« (Radebold 2009) Dies gilt auch und gerade für die Schule mit ihrem Bildungsauftrag.

Ein kritischer Rückblick auf den Geschichtsunterricht und die Reflexionen über die jüngste deutsche Vergangenheit in den Schulen bis in die 1970er Jahre kann diese nur als desillusionierend defizitär interpretieren. Ohne Appell an die emotionale Seite von Schülerinnen und Schülern wurden und werden in den Schulen häufig nur nüchtern Zahlen und Fakten zu den Verhältnissen in der NS-Zeit rekapituliert. Dass annähernd das gesamte deutsche Volk und nicht nur eine kleine Gruppe von Frauen und Männern – wie auch immer motiviert oder verführt – Gefolgsleute der herrschenden NS-Clique waren, bleibt hingegen weitgehend unerwähnt, geschweige denn pädagogisch reflektiert.

Auch das im Krieg und in der Kriegsgefangenschaft erfahrene Leid deutscher Kriegsgefangener oder die millionenfache Flucht, Vertreibung und Umsiedlung wurden bzw. werden kaum bis überhaupt nicht im schulischen Geschichtsunterricht thematisiert. Die von Radebold beschriebenen Kriegsfolgenspätsymptome z. B. bei den Vätern, Eltern und Großeltern heutiger Generationen bleiben in der schulischen Reflexion daher ebenso im Dunkeln. Von einem professionellen zeitgeschichtlichen Schulunterricht kann im Rückblick wirklich keine Rede sein. Die Geschehnisse 1933 bis 1945 sind – wenn überhaupt – nur partiell im Bewusstsein jüngerer Generationen vorhanden. Damit wurden und werden Chancen verpasst, der Welt zumindest kleine Impulse zur Besserung zu geben. Zur Erinnerung: »Der Lehrerberuf nimmt eine Schlüsselfunktion in der gesellschaftlichen Entwicklung ein!« (Seemann 2016)

Die Schule – ohne Wissen keine Bildung, ohne Bildung nur ein Torso

Die Schule, ein Ort der Bildung?

Der deutsche Philosoph, Pädagoge und katholische Priester Robert Spaemann (*1927) hat in einer Promotionsrede festgestellt: »Gebildete Menschen sind nicht nützlicher als ungebildete, und ihre Karrierechancen sind nicht besser. Die öffentlichen Schulen sind nicht daran interessiert, gebildete Menschen hervorzubringen.« (Spaemann 1994) Der deutsche Philosoph und Autor Richard David Precht (*1964) vertritt die Meinung, dass es in der Institution Schule noch nie um Bildung gegangen sei (Precht 2015). Diese resignative Schlussfolgerung bestätigt Schule gewissermaßen dadurch, dass sie bildungsrelevante musische Fächer wie Musik, bildende Kunst, darstellendes Spiel und Sport in ihrem Fächerangebot vernachlässigt und damit diskriminiert. Eine Hypothese lautet daher, dass die vorherrschende Dysbalance im Fächerangebot eine Folge von Informations- und Bildungsdefiziten seitens der Bildungsexperten ist. Der Entwicklungspsychologe Rolf Oerter betont, dass musische Erziehung idealerweise die Entwicklung von Kindern und deren Bildung vereint. Zur musischen Erziehung zählen Singen, Musizieren, Tanzen, motorische Spiele, Malen und die kreative Sprachnutzung in Rollen- und Sprachspielen (Oerter 2010). Der Neurowissenschaftler Wolf Singer weist auf die kommunikative Bereicherung hin, Befindlichkeiten und Sehnsüchte nicht allein nur über die Sprache, sondern auch über Musik, Gesang, Tanz und Bilder mitteilen zu können. »Wenn eine solche Ausdrucks- und damit auch Rezeptionskompetenz früh geübt und gepflegt würde, hätte dies vermutlich segensreiche Auswirkungen auf unser Sozialgefüge.« (Singer 2001)

John Hattie (*1950), in Neuseeland geborener Erziehungswissenschaftler und Bildungsforscher an der University of Melbourne/Australien, bezeichnet Lehrerinnen und Lehrer als »Bildungsfachkräfte« (Hattie 2013). Zu den wichtigsten Zielen der Schulbildung zählt Hattie die Fähigkeit zur *kritischen Bewertung*. Die Jugend soll befähigt werden, in unserer komplexen Welt aktiv, kompetent, reflektiert und kritisch zu agieren. Schulische Bildung darf daher nicht allein auf die Erweiterung des Wissens und des Verstehens abzielen, sondern auch auf die Charakterbildung, so Hattie. Bezugnehmend auf die US-amerikanische Philosophin Martha Nussbaum (*1947) ergänzt Hattie: Hinzu kommt die Fähigkeit, sich und andere zu respektieren, ein sinnerfülltes und glückliches Leben sowie das eigene Wohlergehen und das anderer anzustreben und die Fähigkeit, sich vorzustellen, was für einen selbst und andere »gut« ist.

Der ärztliche Direktor der psychiatrischen Universitätsklinik Ulm und Neurowissenschaftler Manfred Spitzer fordert, dass Gelerntes mit Erfahrungen verbunden werden muss: »Die Sache ist ganz einfach, es geht darum, dass die Schüler das Gelernte mit ihren eigenen Erfahrungen verbinden müssen. Dies ist keine ›Kann-Bestimmung‹ nach dem Motto: Wenn möglich, sollte auch noch darauf geachtet werden. Nein, wenn der Schüler es nicht schafft, die Inhalte, um die es in der Schule geht, mit seiner ganz individuellen Lebenserfahrung in Verbindung zu bringen, wird er letztlich nichts lernen.« (Spitzer 2002) Lehrpersonen können also nur dann erfolgreich sein, wenn sie sich mit der Persönlichkeit und auch mit der Biographie der Lernenden vertraut gemacht haben. Diese Fähigkeit setzt allerdings voraus, dass Lehrpersonen möglichst bereits im Rahmen ihrer Ausbildung die eigenen Lebenserfahrungen als Elemente von Persönlichkeitsentwicklung zu verstehen gelernt haben. In der Psychologie und in der psychiatrischen Medizin können Studierende in kleinen Gruppen an Selbsterfahrungsseminaren unter professioneller Leitung teilnehmen. Angehende schulische Lehrkräfte sollten wie medizinisches oder psychiatrisches Personal ebenfalls eine vergleichbare Selbstkenntnis und Persönlichkeitsbildung, etwa im Rahmen biographischer Selbstreflexionen, erwerben können.

Den Schlussfolgerungen Singers, Spitzers, Hatties und vieler anderer folgend, lassen sich die Grundlagen dessen, was schulische Lehrkräfte in ihrer Ausbildung und in Fortbildungen kennenlernen sollten, in vier Kernbereiche zusammenfassen:

1. Lehrende sollten zu den Lernenden eine professionell gestaltete persönliche Beziehung aufbauen und sie dies auch spüren lassen. Dies wiederum setzt voraus, dass Lehrende mit der Persönlichkeit und den individuellen Eigenheiten der einzelnen Mitglieder ihrer Klassengemeinschaft frühzeitig hinreichend vertraut sind. Für die Klassenlehrerin/den Klassenlehrer gilt dies obligatorisch und für die in den einzelnen Fächern Unterrichtenden ist es hilfreich sowie für den Lernerfolg förderlich, wenn auch diese über wie auch immer begründete individuelle Auffälligkeiten in der Klassengemeinschaft Bescheid wissen.

2. Die Fähigkeit, sicher und souverän vor einer Klasse zu stehen und zu unterrichten sowie auch Langweiliges spannend offerieren zu können, ist sicher auch eine Frage des pädagogischen Talents. Lehrkräfte, die von ihrer Berufswahl überzeugt sind, sollten bei eventuellen anfänglichen Unsicherheiten nicht verzweifeln. »Stehvermögen« und auch »Frustrationstoleranz« sind auch hinsichtlich Motivation und Freude am Beruf stets ent-

wicklungs- und verbesserungsfähig. Nicht nur die Schülerinnen und Schüler sollen Selbstvertrauen und Selbstwert erfahren und für sich aufbauen. Dies gilt auch für die Lehrpersonen selbst. Es wurde oben bereits darauf hingewiesen, dass ein mittleres Arousalniveau, damit ist der allgemeine Grad der Aktivierung des zentralen Nervensystems hinsichtlich Aufmerksamkeit, Wachheit und Reaktionsbereitschaft gemeint, förderlich für den Lernerfolg ist und alles andere, insbesondere mit innerer Anspannung oder Aufregung bei der Lehrperson Verbundene, den Lernerfolg der Schülerinnen und Schülern mindert.

3. Lehrerinnen und Lehrer gelten als Kommunikationsexperten nicht nur für ihre Schülerinnen und Schüler, sondern auch in Bezug auf die Eltern der ihnen anvertrauten Kinder und Jugendlichen. In Lehrer-Eltern-Gesprächen ist daher auch zu berücksichtigen, dass die Eltern durchaus keine optimale Schulbildung genossen haben können. Im Vordergrund dieser Gespräche stehen dennoch immer die Belange der Schülerinnen und Schüler und deren optimale Förderung.

4. Die vorbeschriebenen Aspekte berühren vor allem die Aus- und Fortbildung von Pädagogen. Eine besondere Bedeutung erlangt das nach Abschluss der universitären Ausbildung und vor dem Eintritt in den Schuldienst zu absolvierende Referendariat bzw. der Vorbereitungsdienst für das Lehramt. Hier stehen erfahrene und besonders qualifizierte Kolleginnen und Kollegen den Referendaren gegenüber. Angesichts der Fülle der zu vermittelnden Wissensinhalte, aber auch im Hinblick auf die Bedeutung der persönlichen charakterlichen Eignung, der Belastbarkeit und der motivationalen Festigung der künftigen Lehrpersonen sollten daher nicht nur erfahrene Berufskollegen, sondern auch Experten aus den Bereichen der Kinder- und Jugendpsychologie,

der Psychologie allgemein, der Soziologie, der Neurodidaktik und der Philosophie die Lehrkräfteausbildung und auch das Referendariat bereichern.

Der britische Philosoph und Mathematiker Alfred North Whitehead (1861–1947) hat als Kritiker der Ausbildung an Großbritanniens Universitäten bereits 1929 als Ziel von Erziehung und Bildung »Kultiviertheit« definiert: »Kultiviertheit ist gedankliche Aktivität, Empfänglichkeit für Schönheit und Gefühle der Menschlichkeit. Informationsfetzen haben nichts damit zu tun. Ein bloß gut informierter Mensch ist der nutzloseste Langweiler auf Gottes Erde. [...] Bildung mit passiven Ideen ist nicht nur nutzlos: sie ist vor allen Dingen schädlich. [...] Jede intellektuelle Revolution, die irgendwann einmal die Menschheit zu wahrer Größe getrieben hat, war ein leidenschaftlicher Protest gegen passive Ideen.« Weiterhin hat uns Whitehead aufgegeben, dass ein Land – bei ihm hieß es noch »Volk« – das »keine Wertschätzung für ausgebildete Intelligenz hat, dem Untergang geweiht ist.« (Whitehead 2012) Ein Beispiel für diese Schlussfolgerung ist das deutsche »Tausendjährige Reich« der Nazidiktatur. Die Nationalsozialisten indoktrinierten und manipulierten das Volk, eine kritisch ausgebildete Intelligenz und ebenso Bildung im Sinne Rilkes waren unerwünscht. Dieses so genannte »Tausendjährige Reich« endete, nachdem es großes Unheil über die Menschheit gebracht hatte – und wie von Whitehead prognostiziert – bereits nach 12 Jahren.

Wilhelm von Humboldt (1767–1835) hat in einem »Bildungsideal« den Anspruch auf Allgemeinbildung gefordert und gefördert. Humboldt gehörte zu den Philanthropen, die im Geiste der Aufklärung nach neuen Wegen in der Erziehung der jungen Menschen suchten. Demnach vollzieht sich Bildung stets als innerer Prozess des Sich-Bildens. Der Bildungsprozess bedarf des Geistes, verstanden als die Fähigkeit des Subjekts zum konstruktiven Verstehen und Bearbeiten der Welt, eng gebunden an das Medium der Sprache. Die Sprache sah Humboldt als charakteristisches und auszeichnendes Vermögen, an dem jeder Mensch in unverwechselbarer individueller Weise Anteil hat. Um sich ausdrücken, üben, entfalten und fortdauern zu können, braucht der menschliche Geist die Welt als die Gesamtheit mit allen außerhalb des Menschen liegenden Gegenständen, also auch die Natur mit der Erde unter seinen Füßen und dem Sternenhimmel über ihm. Der Kern des Bildungsprozesses ist nach Humboldt die Verknüpfung von Ich und Welt im Sinne einer allgemeinen, aktiven und freien Wechselwirkung. Der Freiheit kommt nach Humboldt ein zentrales Moment zu. Nur in der freien, selbstbestimmten, autonomen Entfaltung der Kräfte können sich Kultur und Humanität entwickeln. Ein autonomes Individuum ist ein Individuum, das Selbstbestimmung und Mündigkeit durch seinen Vernunftgebrauch erlangt hat.

Der Wissenschaftsjournalist Andreas Weber verwendet in »Alles fühlt« anstatt »Gegenstände« das Wort »Natur«: »Wir müssen Natur bewahren, weil wir sonst sprachlos sind. Wir brauchen Tiere und Pflanzen als Teil unserer selbst, sowohl in körperlich-physiologischer Hinsicht als auch in seelisch-psychologischer Hinsicht. [...] Wir müssen Natur als Sichtbarkeit von Seele, als Referenz von Gefühl, als Gestalt unserer eigenen Psyche schützen. Ohne Natur verlieren wir die Liebe.« (Weber 2007)

Karl Ermert (*1946), Germanist, Historiker und von 1999 bis 2012 Leiter der Bundesakademie für Kulturelle Bildung Wolfenbüttel, führt zum Begriff der kulturellen Bildung aus: »Kulturelle Bildung (andere Bezeichnungen sind musische bzw. musisch kulturelle und auch ästhetisch bzw. ästhetisch kulturelle Bildung) bezeichnet den Lern- und Auseinandersetzungsprozess des Menschen mit sich, mit seiner Umwelt und der Gesellschaft im Medium der Künste und ihrer Hervorbringungen.«Kulturelle Bildung bedeutet nach Ermert »die Fähigkeit zur erfolgreichen Teilhabe an kulturbezogener Kommunikation mit positiven Folgen für die gesellschaftliche Teilhabe insgesamt.« Zur Institution Schule bzw. zur Schulbildung führt er aus: »Das allgemeinbildende Schulsystem mit seinen Fächern Kunst, Musik und [...] Darstellendes Spiel (Theater), dazu in Deutsch und in den Fremdsprachen in ihren literatur- und kulturgeschichtlichen Anteilen ist die Institution, in der grundsätzlich alle Kinder und Jugendlichen künstlerisch kulturelle Bildung erfahren.« (Ermert 2009) Um die Begriffe Bildung und Kunst in ihrem gemeinsamen Gehalt zusammenzuführen, zitiert Ermert den US-amerikanischen Schriftsteller Paul Auster (*1947): »Der wahre Sinn der Kunst liegt nicht darin, schöne Objekte zu schaffen. Es ist vielmehr eine Methode, um zu verstehen. Ein Weg, die Welt zu durchdringen und den eigenen Platz zu finden.« (Ermert 2009) Damit ist zur kulturellen Bildung eigentlich alles gesagt, aber auch dazu, was im aktuellen Schulsystem leider umfangreich defizitär ist.

Beate Krais (*1944), Soziologin an der TU Darmstadt, beschreibt im Handbuch zur Soziologischen Forschung die Perspektiven und Fragestellungen der Soziologie von Bildung und Erziehung. Die Kernaussagen lauten, dass die deutsche Bildungsforschung seit dem 19. Jahrhundert von der Pädagogik geprägt ist: »Dass die Bildungssoziologie eingebettet ist in eine interdisziplinäre, multiperspektivische Bildungsforschung mit der dominierenden Pädagogik, bleibt nicht ohne Folgen.« Sie beklagt eine schwache, institutionelle Präsenz bildungssoziologischer Themen. Mit der institutionellen Zuordnung der Bildungssoziologie zur Erziehungswissenschaft ging der Kontakt zur Ursprungsdisziplin Soziologie im Regelfall verloren. Nach dem PISA-Schock 2002 habe das Programm der Deutschen Forschungsgemeinschaft zur Förderung der empirischen

Bildungsforschung vor allem auf die Entwicklung derselben und auf die pädagogische Diagnostik abgezielt. Innerhalb der Soziologie – so Krais – seien die Abgrenzungen zur Kultursoziologie und auch zur Soziologie der Kindheit, zur Jugendforschung und zur Familiensoziologie unscharf. Viele wichtige bildungssoziologische Arbeiten gründen auf soziologischen Bereichen, die sich nicht in erster Linie durch ihren Bezug zu Bildungsfragen definieren. Krais stellt daher weiter fest: »Um den bildungsvermittelten Prozessen der Reproduktion sozialer Ungleichheit auf die Spur zu kommen, bedarf es aber auch einer Auseinandersetzung mit der Frage, was und wie die Schule zu dieser Reproduktion beiträgt.« (Krais 2015) In Bezug auf die inzwischen große Distanz zwischen der Institution Schule und der Entwicklung der Kinder- und Jugendkultur hinterfragt Krais, was Schule ganz besonders kann, wie sie ergänzt werden kann und wie sie gestört wird durch außerschulische Aktivitäten der Kinder und Jugendlichen. »Eine gründliche und umfassende bildungssoziologische Auseinandersetzung mit diesen Fragen steht bislang aus. [...] Dabei ginge es auch darum, die auseinander treibenden Perspektiven von Lern- und Bildungsprozessen auf der einen und der Reproduktion sozialer Ungleichheiten auf der anderen Seite aufeinander zu beziehen [...] und den Blick auf Bildungsprozesse im Kontext der gesellschaftlichen Entwicklung zu richten.« (Krais 2015) Krais schließt mit der ebenso ernüchternden wie auch zu einem neuen Anfang auffordernden Erkenntnis, dass in der modernen Gesellschaft die Bedeutung der Schule als Institution zur Aneignung grundlegender kultureller Kompetenzen von Schülerinnen und Schülern zu hinterfragen ist. »Die Bildungssoziologie hat sich dieser Fragen bislang nicht angenommen; dies wäre allerdings dringend notwendig. Denn angesichts der aktuellen Debatten um Bildung geht es auch darum, zu verhindern, dass politische Entscheidungen, die auf eine Verbesserung der Lernbedingungen zielen, sich in Umstrukturierungen erschöpfen, ohne wirklich die Lernsituation in unseren Schulen deutlich zu verbessern.«(Krais 2015) Die aktuelle Verkündigung der Bildungsministerin des Landes Baden-Württemberg Eismann (CDU) lautete, den Unterricht auf Basis wissenschaftlicher Daten und gebündelter Wissenschaftlichkeit zu stellen. Dazu sollen zwei neue behördliche Einrichtungen geschaffen werden, die unter der Rechts- und Fachaufsicht des Kultusministeriums stehen. Dieses Vorhaben klingt illusorisch und so, als ob die Bildungsmisere eher vertieft werden wird. Aussichtsreiche Perspektiven sind aufgrund einer Erweiterung der Bürokratie mit großer Wahrscheinlichkeit nicht zu erwarten.

Schule und Gesellschaft: Radikalkritik (Hüther 2015b) – Fundamentalkritik (Spaemann 2001) – Revolution des Geistes (Precht 2015)

Hüther (2015b) hat in seiner Radikalkritik an der Schule wesentliche Defizitaspekte beschrieben: Kinder brauchen nicht nur in den ersten Monaten und Jahren ihres Daseins, sondern auch noch über die Schulzeit hinweg Liebe, Zuwendung und stabile Eltern-Kind-Beziehungen, um in der Welt Sicherheit zu finden und um ihre natürliche Neugier, Wissbegierde und Leidenschaft zur Entdeckung von immer wieder Neuem auszuleben. In der menschlichen Gemeinschaft sind sie als eigenständige soziale Subjekte wahrzunehmen und nicht zu Objekten herabzustufen, die Anweisungen entgegenzunehmen und auszuführen haben. Kinder sind nicht Gegenstand der Beschulung – was ohnehin im Widerspruch zu allen neurodidaktischen Erkenntnissen frühkindlichen und kindlichen Aufwachsens steht –, auch wenn sie als Objekte leichter zu führen (zu dominieren) sind und damit seltener zu Problemfällen einer Lehrerschaft werden, die wiederum unter dem Diktat der Bildungsverantwortlichen steht.

Die aus ihrer frühkindlichen und kindlichen Entwicklungsperspektive herausgerissenen und zu Objekten der Beschulung degradierten Schülerinnen und Schüler entwickelten und entwickeln sich noch immer zu dem, was bereits im Nachkriegsdeutschland einer aufblühenden und prosperierenden Wirtschaft für viele Jahre zugutekam: zu unkritischen Konsumenten und manipulierten Objekten, die mit allen Mitteln der sogenannten »Spaßgesellschaft« ruhiggestellt werden und erst dadurch gefügig gemacht wurden, alle angepriesenen Versprechungen aus Wirtschaft, Handel und Medien auch zu konsumieren. Derart manipulierte Konsumenten, so erzogen und dann als Erwachsene selbst in diesem Kreislauf aktiv, wurden und werden ausgebildet, ihre Kundschaft ebenso zu manipulieren, um besser zu werden und die Rendite zu steigern. Kinder, Jugendliche und Erwachsene wurden und werden so daran gehindert, ihre Individualität und ihre Potenziale zu entfalten.

Inzwischen – so Hüther – hat sich das Blatt der gesellschaftlichen Erwartungen gewandelt. Industrie, Wirtschaft, Handel und Verwaltung fehlt es inzwischen an Nachwuchs, der in der Lage und dazu bereit ist, Verantwortung zu übernehmen. So werden Kreativität, Selbstständigkeit und das Talent, Führungspositionen zu übernehmen, vermisst. Marcus Reif (*1974), Personalchef der Unternehmensberatung Kienbaum Consultans International, sieht das deutsche Bildungssystem kritisch – aber auch die Art und Weise, wie viele Unternehmen ihre Mitarbeiter auswählen. In Unternehmen stehen Auswahlverfahren neuer Mitarbeiter hinsichtlich der Abschlussnoten noch immer im Vordergrund. Die Wahrscheinlichkeit jedoch, dass Mitarbeiter mit einem sehr guten Notendurchschnitt auch im Unternehmen eine extrem gute Leistung bringen, sei, so Reif, eher gering. In vielen Unternehmen würden einige hochtalentierte Kandidaten allein dadurch übersehen, dass die Mitarbeiterauswahl vornehmlich noch immer nach Noten und Sympathie erfolgt. Das von der Redakteurin Larissa Holzki (*1990) mit Marcus Reif geführte Interview, veröffentlicht im *Magazin der Süddeutschen Zeitung* vom 25. Juli 2017, trägt daher auch die bezeichnende Überschrift »Menschen mit dem größten Potenzial fallen durchs Raster«. Auch Hüther (2015b) hat bereits festgestellt, dass Kreativität, Selbstständigkeit und Talent als Voraussetzungen dafür, Führungspositionen überhaupt übernehmen zu können, von den Firmen vermisst werden, was jedoch, folgt man Marcus Reif, auch an nicht validen Auswahlkriterien liegen kann. Heute weiß man, dass eine spezifische Beziehungskultur eine wesentliche Grundlage für das erfolgreiche Agieren einer Firma darstellt. Beziehungskulturen dienen allen Menschen, und so auch den Familien, den Schulen und dem gesamten Gemeinwesen. Das Wissen darum sollte zu einer tragenden Säule in der Vermittlung von Kenntnissen und Bildung in der Schule aufgewertet werden.

Die *Radikalkritik* von Hüther (2015b) kann zu einer *Fundamentalkritik* nach Spaemann (2001) ausgebaut werden, erweitert man die kritischen Ansätze: Es sind nicht nur unsere heutigen Schulabgänger und Studienanfänger, die auf Widerspruch stoßen und in Ungnade fallen. Bereits die Elternschaft dieser 15- bis 20-jährigen jungen Menschen hat in ihrer eigenen Kindheit und Jugend nichts anderes erlebt, als das, was wir heute mit Bildungsmisere beschreiben – allerdings mit dem Unterschied, dass sich die gesellschaftlichen Strukturen seitdem verschlechtert haben. Wie von der Soziologin Krais bemerkt, ist eine große Diskrepanz zwischen Schule und der Entwicklung der Kinder- und Jugendkultur festzustellen. Krais hält weiterhin fest, »dass für Bildungsprozesse, für die Aneignung grundlegender Kompetenzen zur Lebensbewältigung und zur zugleich

aktiven und reflexiven Teilhabe an der Welt das Zusammenwirken höchst unterschiedlicher Orte und Modi des Lernens charakteristisch ist.«(Krais 2015) Die Schule sieht sich
also großen Herausforderungen gegenüber, denen die Bildungsverantwortlichen aus Politik und Kultusbürokratie
nicht immer auf der Höhe wissenschaftlicher Erkenntnisse
und entsprechend den Erfordernissen der Zeit begegnen.
Ferner werden in der Schule bereits langjährig bestehende und sich fortentwickelnde soziale Ungleichheiten
nicht kompensiert oder beseitigt, sondern vielmehr reproduziert. Deutschland wird flächendeckend ärmer, so der
Armutsbericht der Bundesrepublik. Von Armut und kon-
sekutiver mangelhafter Fürsorge sind vor allem Kinder von
Alleinerziehenden betroffen. In 20 % der Familien leben
Kinder nur mit Mutter oder Vater, so das Statistische Bun-
desamt Wiesbaden für das Jahr 2014. Die gesellschaftlichen
Rahmenbedingungen fördern die in der Kindheit erlebten
Gewalthandlungen und in den Schulen Mobbing und
Cyber-Mobbing. Schulische Lehrkräfte erleben ihren Beruf
schon lange nicht mehr stress- und angstfrei. Nicht mehr
das Aufblühen, sondern das Ausbrennen im Beruf wird
mehr und mehr zum Thema. All das sind sowohl gesellschaftliche als auch spezielle schulische Probleme. Wenn es
zutrifft, dass eine Gesellschaft sich ihre Schule »selbst
macht«, dann gilt im Umkehrschluss auch, dass jede Schule
die Gesellschaft formt und prägt.
    Die von der Soziologin Krais (2015) erwähnte und seit
vielen Jahren nachteilig wirkende, jedoch historisch
begründete Dominanz der Pädagogik ist im Kontext mit
dem gesellschaftlichen Wandel am Niedergang des schulischen Wissens und Bildungsniveaus beteiligt. Neben den
»an der Front« arbeitenden Lehrerinnen und Lehrern
publizieren die akademischen Experten an den Hochschulen eine übergroße Zahl wissenschaftlicher Arbeiten. Weder
die Studierenden noch die Lehramtskandidaten oder die

bereits im Beruf stehenden Lehrkräfte goutieren jedoch in der Regel diese Arbeiten. Eine verbreitete Meinung von Lehrkräften ist hingegen:»Was die da oben machen, hat mit unserer Arbeit in den Schulen überhaupt nichts zu tun!« Die von den Bildungsexperten nur zaghaft wahrgenommenen neurowissenschaftlich gründenden Erkenntnisse der Neuropädagogik haben z. B. in der Ausbildung von Lehramtsstudierenden und -kandidaten bislang keinen Eingang gefunden. Nicht selten wird seitens der Pädagogen noch die Meinung vertreten, neurowissenschaftliche Forschung könne zur Klärung bzw. Gestaltung der Rahmenbedingungen eines»guten Unterrichtes« nichts beitragen. Eine pädagogische Formel lautet daher: Die Pädagogik ist eine Herausforderung für die Gehirnforschung. Tatsächlich aber müsste es umgekehrt lauten: Die Gehirnforschung ist eine Herausforderung für die Pädagogik! Lehramtsstudierende, Lehramtskandidaten und schulische Lehrkräfte zeigen sich wissbegierig, aufnahmebereit und diskussionsfreudig, wie die in großer Anzahl besuchten neurowissenschaftlichen Informations- und Fortbildungsveranstaltungen belegen. Leider werden deren Erwartungshaltungen weder im Rahmen der universitären Ausbildung noch im Rahmen der für schulische Lehrkräfte vorgesehenen Fortbildungsveranstaltungen erfüllt. Seitens der akademischen Pädagogen wird zwar immer wieder vorgetragen, dass das, was die Neurodidaktik anbiete, bereits von den Reformpädagogen und der Erlebnispädagogik vorweggenommen worden sei. Anerkennung wurde diesen jedoch nur zum Teil gewährt. Eine angemessene Verbreitung ihrer Erkenntnisse und die Umsetzung in die Schulpraxis fanden ebenfalls nur teilweise statt – sieht man von der Montessori-Pädagogik oder der Jenaplanpädagogik einmal ab. Der Philosoph Richard David Precht betont beharrlich, dass unser Bildungssystem in hohem Maße unkreativ sei. Nach Precht bereiten unsere Schulen nicht nur schlecht auf das Leben vor, sie zerstören sogar jene Potentiale an Neugier, Begeisterungsfähigkeit und Kreativität, die später für ein erfülltes Leben gebraucht werden. Precht fordert daher:»Unsere Schulen müssen nicht reformiert werden. Sie müssen völlig anders werden als bisher. Wir brauchen andere Lehrer, andere Methoden und ein ganz anderes Zusammenleben in der Schule. Mit anderen Worten: Wir brauchen keine Bildungsreform, wir brauchen eine Bildungsrevolution!« (Precht 2015)

Besonders anzuprangern sind die miserablen bis desaströsen baulichen Verhältnisse, verbunden mit in manchen Schulen unzumutbaren sanitären Verhältnissen. Kein Mitarbeiter einer Verwaltungsbehörde würde sich die ungepflegten und hygienisch bedenklichen sanitären Einrichtungen an seinem Arbeitsplatz bieten lassen, so wie es vielen Schülerinnen und Schülern abverlangt wird. Es ist schwer vorstellbar, dass sich ein Mitarbeiter im öffentlichen Dienst oder ein Verwaltungsbeamter, der nach einem sechs- bis achtstündigen Arbeitstag erst nach seiner Rückkehr nach Hause dort die Toilette aufsuchen würde, weil er sich während der Arbeitszeit vor den verschmutzten Toiletten am Arbeitsplatz geekelt hat! Immer wieder ist zu hören, dass die zur Sanierung von Schulgebäuden notwendigen Mittel bereitstünden. Offenbar werden sie aber nicht abgerufen. Es mag Kommunen geben, die hier ihre Hausaufgaben gemacht haben – Beispiel Jena, wo von 36 Schulen, davon 7 in freier Trägerschaft, 34 Schulgebäude in den letzten 15 Jahren durchsaniert worden sind und modernsten Ansprüchen genügen – flächendeckend ist von derartigen nahezu paradiesischen Zuständen jedoch nicht auszugehen. Es erscheint müßig, sich hierüber fortlaufend zu beklagen. Schülerinnen und Schüler sollten aber über die Ursachen und über die Verbreitung derartiger Mängel aufgeklärt werden. Vielleicht geht von ihnen die von Precht geforderte »Revolution« im Bildungs- und Schulbereich aus?

Kritische Erziehungswissenschaft und Kritische Bildungstheorie

Theodor W. Adorno (1903–1969), deutscher Philosoph und Soziologe, mit Max Horkheimer (1895–1973) einer der Hauptvertreter der als »Kritische Theorie« bezeichneten Denkrichtung der Frankfurter Schule, bemühte sich im Nachkriegsdeutschland um die Implementierung eines demokratischen und westlich-liberalen Geistes in der von der NS-Ideologie totalitär geprägten (west-)deutschen Bevölkerung. Er war einer der geistigen Väter der deutschen Studentenbewegung. Nach Adorno bedeutet der Begriff *Bildung* die Fähigkeit zur Selbstbestimmung des Individuums und die Überwindung der Fremdbestimmung. In einer bürgerlich kapitalistischen Gesellschaft, bei der der Geist die betroffenen Individuen manipuliert, verliert Bildung an Qualität und Quantität und degeneriert zur Halbbildung. Geistige Gehalte verwandeln sich in Konsumgüter und dienen nur noch der gesellschaftlichen Nützlichkeit. Somit unterliegt Bildung immer stärker wettbewerblichen Verwertungskategorien, anstatt sich an gesamtgesellschaftlichen Erfordernissen und individualpsychologischen Erkenntnissen – nicht zuletzt aus der Hirnforschung – zu orientieren. Halbbildung dient nicht der Bewusstseinsbildung, sondern der Verschleierung. Die Kulturindustrie produziert für den Menschen Bildungs- und Kulturgüter, die bereits an das Bewusstsein der Massen angepasst ist. Um Schutz vor den Einflüssen einer solchen (halbgebildeten) Kulturindustrie zu finden, sind die suggerierten Denkschemata zu überwinden. Auf dem Weg zur Selbstfindung und Reflexion sollte die Wahrnehmung des wahren Gehalts der Realität im Vordergrund stehen. Neben der Wahrnehmungsfähigkeit spielen Sinnlichkeit und Emotionen eine wesentliche Rolle, um Unfreiheit und weitere gesellschaftliche Missstände zu erkennen. Denn nur dann gewinnt der Mensch Distanz, mittels der er Sachverhalte objektiv bewerten kann. Die Informationsgewinnung über Erfahrungen ist von enormer Bedeutung, da vor allem darüber Bildungsinhalte aktiv aufgenommen und verarbeitet werden können, so der Erziehungswissenschaftler Carsten Bünger (*1979).

Die Kritische Bildungstheorie ist mit der Kritischen Erziehungswissenschaft und der Kritischen Theorie der Gesellschaft Teil der Kritischen Pädagogik. Pädagogik muss allerdings nicht erst kritisch konstruiert werden, sondern Kritik gehört genuin zu ihrer gesellschaftlichen Aufgabe. Eine zum Nutzen und Wohlergehen aller ausgelegte gesellschaftliche Struktur ist zwar auf Wachstum (Innovation, Rationalisierung und Modernisierung), vor allem aber auch auf Kritikfähigkeit und Selbstständigkeit ihrer Mitglieder angewiesen.

Die Kritische Erziehungswissenschaft will die Auszubildenden ermächtigen, pädagogisches Handeln zu reflektieren, ohne dabei handlungsunfähig zu werden. Das Ziel ist die Zueignung von Theoriewissen, das pädagogisches Handeln in einen größeren historischen und gesellschaftlichen Kontext zu stellen vermag. In einem erweiterten Bewusstseinshorizont werden Erscheinungen von Bildung und Erziehung auf gesellschaftliche und historische Entwicklungstendenzen und deren Widersprüche und Probleme hin reflektiert. Pädagogik als Handlungswissenschaft ist in besonderem Maße auf Theorie und Reflexion angewiesen. Schulen und Universitäten können und müssen keine beruflich fertig ausgebildeten Fachkräfte zur Verfügung stellen. Die Fachkräfte und Spezialisten bedürfen allerdings der schulischen und ggf. universitären Bildung ihres Geistes!

Die Kritische Bildungstheorie versucht, das gesellschaftskritische Potenzial der Pädagogik immanent, also vom Inneren der gesellschaftlichen Widersprüche her, zu bestimmen. In der Kritischen Bildungstheorie ist nach Heinz-Joachim Heydorn (1916–1974), dem Pädagogen, Politiker und Mitbegründer des Sozialistischen Deutschen Studentenbundes (SDS), Bildung derjenige Prozess, in den der einzelne Mensch als Subjekt in seine eigene Geschichte eintritt. Bildung ist nach Heydorn – der sich zunächst auf Kant beruft – der Ausgang aus der Unmündigkeit und sie soll den Menschen dazu befähigen, sich politisch und solidarisch zu verhalten. Dazu gehören auch ästhetische Erfahrungen, mit denen sich das Subjekt seiner selbst bewusst wird. Heydorn geht fest davon aus, dass die Kritische Bildungstheorie dazu geeignet ist, Herrschaft, Widersprüche und dialektische Verhältnisse aufzudecken (Heydorn 2004).

Bildungschancen als schulische Aufgabe

Man muss das Rad nicht ständig neu erfinden.
Wir können nur noch ein wenig daran drehen.

Margot S. Baumann (*1964)

Johann Wolfgang von Goethe (1749–1832) hat in seinem Bildungsroman »Wilhelm Meisters Lehrjahre« (1795) festgestellt: »Tätig sein ist des Menschen erste Bestimmung.« Auch die Muße ist Tätigsein im Sinne Goethes und nicht zu verwechseln mit Müßiggang. Phantasie und Denken sowie Einfühlungsvermögen und Spiritualität gedeihen nur unter den Bedingungen der Muße, was so mancher Bildungsexperte wieder stärker beherzigen und in Analysen, Forschungen und Expertisen berücksichtigen sollte. Muße ist nicht gleichzusetzen mit Flachheit im Fühlen, Denken und Handeln. Sie ist nicht oberflächliche Zerstreuung oder gar Nichtstun. »Reines Denken kann die Wirklichkeit erfassen«, so Albert Einstein, und »Vorstellungskraft und Phantasie sind wichtiger als Wissen.« Whitehaed hat uns mitgegeben:»Die Schule soll stets danach trachten, dass der junge Mensch sie als harmonische Persönlichkeit verlasse, nicht als Spezialist.« (Whitehaed 1929) Folgen deutsche Schulen derartigen Prinzipien?

Aristoteles folgerte noch aus einer rein sinnlichen Wahrnehmung, dass schwere Körper schneller fallen als leichte. Galilei löste sich aus den jahrhundertelang geltenden, nur sinnlicher Wahrnehmung folgenden Denkgewohnheiten und fand durch vorurteilsfreie gedankliche Abstraktion heraus, dass alle Körper gleich schnell fallen. Hätte man Galilei damals gezwungen, über Jahre hinweg ausschließlich ruhig auf einer Schulbank sitzend Wissen eingetrichtert zu bekommen – und zwar fünf- bis sechsmal vormittags in 45-minütigen Zeitabschnitten und mit jeweils voneinander vollständig unterschiedlichen Themen –, so wäre unsere Welt sicher um dessen geistige Erkenntnisse ärmer. Soviel zum Missverständnis über den begrifflichen Inhalt von Bildung seitens pädagogischer und bildungspolitischer Experten, die einer kreativen Muße in Schulen gegenüber Leistungs- und Bewertungsdruck keinen oder nur einen sehr geringen Stellenwert einräumen. Die obwaltende schultypische Unterweisung und Vermittlung von Wissen und Bildung kann auch mit einem gewissen Erfahrungsmangel seitens der sogenannten »Bildungsexperten« der Kultusbürokratie sowie der Diskrepanz zwischen akademisch-theoretischer Lehrkräfteausbildung und der Schulpraxis zusammenhängen. Auch scheinen die Sinnhaftigkeit der vermittelten Unterrichtsinhalte sowie die humanistisch-lebenspraktische Ausrichtung eines jeden Unterrichts, die auch den gegenseitigen Respekt und den Respekt vor dem Leben ganz allgemein in den Vordergrund stellen sollte, nicht immer deutlich genug herausgearbeitet zu sein. Hingegen dominieren die Bemühungen um die sogenannten MINT-Fächer (Mathematik, Informatik, Naturwissenschaft und Technik), die selbstverständlich wichtig und zentral sind, alles andere.

Dagegen hält Wolfgang Klafki (1927–2016), einer der einflussreichsten Pädagogen und Bildungsreformer der Bundesrepublik, fest:»Die Wirklichkeit erschließt sich dem Schüler oder wird ihm erschlossen. Der Schüler erschließt sich seinerseits die Wirklichkeit.« (Klafki 2007) Bildung muss, so Klafki, somit auf Mitmenschlichkeit, Gesellschaftlichkeit und auf die politische Existenz des Menschen bezogen und gedacht werden. Bildung ist eine positive Form, sich auf die Existenz in der Welt einzustellen. Bildung ist als eine Haltung zu verstehen, die dabei hilft, Konflikte zu bewältigen oder zu ertragen. Unverzichtbar gehören zur Bildung auch die sittliche Dimension und die menschliche Existenz selbst. Bildungsarbeit soll als Beispiel einer demokratischen und mobilen Gesellschaft Gleichberechtigter und sozial Gleichwertiger verstanden werden. Bildung muss grundsätzlich auf einen»weltweiten Horizont« hin orientiert sein. Sie muss dynamisch, wandlungsfähig und als offen verstanden werden. Bildung reift im Blick auf die Objekte der Welt als Gesamtheit (Ich-Es-Prozesse) und im Blick auf die Existenz aller Menschen auf der Erde (Ich-Du-Prozesse) heran. Dem von Klafki geforderten»weltweiten Horizont« dürfen keine Hindernisse wie Angst, Entmündigung, Diskriminierung oder körperliche und seelische Gewalt entgegenstehen (Klafki 2007).

Der deutsche Wissenschaftshistoriker Ernst Peter Fischer (*1947), der auf das vielbeachtete Verdikt des Hamburger Literaturprofessors Dietrich Schwanitz (1940–2004), dass die Naturwissenschaften nicht zur Allgemeinbildung gehörten, mit einer Gegendarstellung antwortete, die die Erkenntnisse der Naturwissenschaften als eine»andere Bildung« sehr wohl in die Allgemeinbildung einbezog, formulierte:»Wir können die Bildungschancen, die sich uns von innen heraus bieten, ausschlagen oder nutzen. Wenn wir sie annehmen, führen wir das Leben, das aus uns und nicht über uns kommt. Es wird uns nicht von außen aufgezwungen, was nicht heißt, dass es nicht ein soziales Umfeld gibt, in dem es stattfindet und an dem wir teilhaben. Wir sind, was wir geworden sind, was wir aus unseren Anlagen – aus unserer Natur – gemacht haben. Und wenn wir dies ganz und gar wollen, kommen wir damit wieder im Inneren an, das nicht fest ist, sondern das jetzt ebenso gebildet wird.« (Fischer 2004) Aus dem 18. Jahrhundert stammt der Gedanke, dass der Mensch als das erste Lebewesen anzusehen sei, das die Schöpfung freigelassen hat. »Der Mensch ist das erste Lebewesen, das die Evolution freigelassen hat. Wir sind in der Lage, uns selbst zu bilden und können jederzeit damit beginnen.« (Fischer 2004) Mit anderen Worten: Der Mensch ist in der Lage, frei und unabhängig von Instinkten zu handeln, wenn ihm diese Würde zugestanden und er nicht bereits in der Schule demoralisiert wird, allein aus dem Grund, dass er an einem künftigen Arbeitsplatz lediglich funktioniert.

Gestaltung des Bildungssystems

Heinz-Elmar Tenorth (*1944), Professor für Historische Erziehungswissenschaft an der Humboldt-Universität zu Berlin, hat sich in seiner »Geschichte der Erziehung« (2010) ausführlich zu den Kontroversen in der Bildungspolitik und in der Bildungsforschung geäußert. Tenorth zitiert den ehemaligen Bundespräsidenten Roman Herzog (1934–2017), der Bildung als das »Megathema« bei der Gestaltung der Zukunft interpretiert hat. Nach Tenorth besteht zu Beginn des 21. Jahrhunderts nicht nur für Bildungshistoriker Anlass zu einem distanzierenden Rückblick. Im deutschen Bildungssystem wurden 2003 und 2004 durch Vereinbarungen der Kultusministerkonferenz (KMK) Mindeststandards für Bildung eingeführt. Nach Tenorth sind die pädagogischen Wirkungen dieser Programme noch nicht eindeutig sichtbar. Die Einführung dieser Bildungsstandards löste kontroverse Debatten in Politik, in Bildungsforschung und Lehrerschaft aus. In der Heterogenität der beteiligten Wissenschaften Erziehungswissenschaft, Pädagogische Psychologie, Bildungssoziologie, Bildungsökonomie und Historische Bildungsforschung spiegeln sich nicht nur theoretisch-methodische und politische Revier- und Lagerkämpfe, sondern auch grundlegende Kontroversen über unterschiedliche Strategien in der Gestaltung des Bildungssystems.

Durch den Bologna-Prozess war 1999 eine europaweite Harmonisierung von Studiengängen und -abschlüssen auf den Weg gebracht worden, verbunden mit einer Studienreform und den neuen Abschlüssen Bachelor und Master. Tenorth verweist auf die unerwünschten Folgen fremder Kriterien für das Bildungssystem: Leistungen werden auf das Messbare reduziert, z. B. die Einwerbung von Drittmitteln als angeblicher Indikator für gute Forschung. Mittel aus Industrie und Wirtschaft beinhalten jedoch das Risiko, die Zweckfreiheit und Individualität von universitären Bildungsprozessen zu limitieren. Drittmittel bedeuten einen ggf. ungebremsten Einzug von Auftraggebern aus Konzernen, Kommerz und Wirtschaft in Schulen und Universitäten mit dem Risiko, dass die Zweckfreiheit der Bildung torpediert wird. Entsprechend gilt diese kritische Anmerkung auch für die Forderung nach Eliten anstelle von Breitenbildung. Tenorth erwartet aus der Umstellung auf die neuen Strukturen der Hochschule große Folgeprobleme für die pädagogische Arbeit und das Bildungssystem ganz allgemein. Diesem obliegt die Bringschuld, kein Kind und kein Jugendlicher resp. Jugendliche sollte ohne sicher anwendungsbereite Basiskompetenzen die Schule verlassen! Tenorth vergisst auch nicht, die Aspekte der in Deutschland noch immer verbreiteten Gewalt gegen Kinder und damit verbundene Kindesmisshandlungen in die Zuständigkeit der Schulen einzubeziehen. Gewalt gegen Frauen und Kindesmisshandlungen im familiären Umfeld finden umfangreicher und gravierender statt, als dies aus den Polizeiberichten erkennbar wird, so die Rechtsmediziner Michael Tsokos und Saskia Guddat, die mit ihrer aus der erschütternden Praxis gewonnenen Publikation »Deutschland misshandelt seine Kinder« (2014) Aufsehen erregten. Wer, wenn nicht die Lehrerinnen und Lehrer in den Schulen müssen aufmerksam die soziale Umgebung der ihnen anvertrauten Kinder und Jugendlichen im Auge behalten. Schließlich weist Tenorth auch darauf hin, dass Bildung als Merkmal einer Person aufzufassen ist, die diese als moralisch handelnde Person zivilisiert und berechenbar macht. »Bevor Schulen als die zentralen Orte des Abbaus von Bildungsarmut begriffen werden, muss man zunächst noch sehen, dass sie in der Öffentlichkeit zunehmend als Stätten der Gewalt von Jugendlichen gelten. Gewalt tritt nicht selten als Mobbing, Bullying (Tyrannisieren und Drangsalieren in verschärfter Form) und in Form von Bedrohung der körperlichen Integrität nicht nur von Schülerinnen und Schülern, sondern auch von Lehrpersonen in Erscheinung. Es ist nicht erkennbar, was mit den Folgen des sogenannten Bologna-Prozesses aus dem Jahre 1999 an Verbesserung von Bildungsstandards – weder in Schulen noch in Universitäten – erreicht worden sein soll.« (Tenorth 2010)

Gerd Steffens (*1942), emeritierter Professor für Didaktik der Sozialkunde am Fachbereich Gesellschaftswissenschaften der Universität Kassel, verweist auf eine Schrift der »Bundesvereinigung Deutscher Arbeitgeberverbände« (BDA) mit dem Titel: »Schule 2015 – Ein Besuch in der Schule der Zukunft« (Steffens 2007). Dort wird u. a. eine regelmäßige Evaluation durch die Landesagenturen für Schulqualität gefordert. Qualitätsinstrumente der Wirtschaft sollen dafür sorgen, dass der »richtige Weg« zum Ziel eingeschlagen wird. Es gehe darum, den Übergang in die berufliche Ausbildung und in die Erwerbsarbeit optimal vorzubereiten. Gefordert wird eine durchgängige Professionalisierung des Lehrkräfteberufs mit einer ganztägigen Präsenz. Lehrkräfte sollen als »pädagogische Führungskräfte« und befreit von alten Lehrplänen durch »Bildungsstandards« agieren, geleitet von einer Führungspersönlichkeit, die durch einen Studiengang »Master of School Management« mit Personalführungsqualitäten ausgestattet worden ist, und der das seitens der Wirtschaft gereichte Instrument »Profil-Lehrkraft« hilfreich sei.

Die *Süddeutsche Zeitung* vom 15. Mai 2015 berichtete über eine Tagung der 47 Bologna-Staaten des einheitlichen europäischen Hochschulraums im armenischen Eriwan. Im Abschluss-Kommuniqué forderten die Teilnehmer »arbeitsmarktfähige« Bachelorabsolventen. Hierzu nimmt der Vize-Chef der Hochschulrektorenkonferenz Holger Burckhart (*1956) Stellung, die Universitäten sollten sich eine kritische Distanz zu den Begehrlichkeiten der Industrie bewahren. In einer SZ-Anfrage ergänzte Burckhart: »Man muss aufzeigen, was wir als Hochschulen schon getan haben. Den alten Elfenbeinturm gibt es heute praktisch nicht mehr [...], aber die Hochschule muss kritische Distanz zu den Begehrlichkeiten der Industrie bewahren. Es geht um akademische Bildung: Wir wollen keine Roboter produzieren.« Welche Begehrlichkeiten gemeint sind, zeigt das oben erwähnte Strategiepapier des BDA »Schule 2015 – ein Besuch in der Schule der Zukunft«. Demnach soll die Wirtschaft auch die Studieninhalte mit entwickeln – Hochschulen und Unternehmen »verstehen sich als gemeinsame Produzenten wissenschaftlicher Bildung und beruflicher Kompetenzen« (Osel 2015). Eine Nähe zur Kulturnation Deutschland und dem einstigen »Volk der Dichter und Denker« ist in den Gedankengängen des BDA nicht mehr zu erkennen. Bildung soll allein ökonomischen Bedürfnissen gerecht und auf berufliche Ausbildung reduziert werden, um für eine Erwerbsarbeit optimal vorbereitet zu sein. Es hat den Anschein, dass sich die Eigenschaft »Bildungsferne« weitaus dynamischer ausbreitet, als ein Bildungsverständnis nach Whitehead, Humboldt oder auch Adorno, der den Begriff Bildung interpretierte als die »Fähigkeit zur Selbstbestimmung des Individuums und die Überwindung der Fremdbestimmung.« (Adorno 1970)

Bildung und Kultur sind miteinander verwandte Begriffe. Kultur ist mehrdeutig und bezieht sich auf Gelerntes und Geschaffenes im Unterschied zur biotischen Kultur, so der Ethnologe und Soziologe Michael Schönhuth (*1958) von der Universität Trier. In einem engen, Kunst und Geisteskultur umfassenden Kulturbegriff findet sich auch die Kulturpolitik wieder. Ein erweiterter Kulturbegriff bezieht sich auf die Lebenswelt, in der wir uns bewegen. Hier sind auch evolutive Aspekte einzubeziehen. Wenn Konflikte, regional oder weltweit, zum Thema werden, stehen weiterhin auch kulturspezifische Ziele, Werte, Normen, Ideale und Sozialisationspraktiken zur Diskussion. Schönhuth geht davon aus, dass auch in Deutschland in wenigen Jahren 40 % bis 50 % aller Kinder und Jugendlichen in den Großstädten aus Zuwandererfamilien kommen. Schon heute entstammt jedes neunte Neugeborene einer interkulturellen Partnerschaft (Schönhuth 2005). Auch unter diesem Gesichtspunkt sind die heutige Lehrkräftebildung und die Reform dieser Aus- und Weiterbildung zu diskutieren. Schönhuth betrachtet den Kulturbegriff auch im Hinblick auf die Lebenswelt, in der wir uns bewegen. Dies weckt Gedanken über die kulturelle Weiterentwicklung der Menschheit in Verbindung einer fortschreitenden Globalisierung. Der Internist und Rheumatologe Dieter Paul Mertz (*1927) hält eine wirklich ursprüngliche Kultur für so vital, dass sie aus sich selbst heraus weiterleben und sich im

Laufe der Zeit durch Kontakt und Wechselwirkungen mit anderen Kulturen fortentwickeln kann. Er hält die Vorstellung einer einheitlichen »Welt-Kultur« als Endziel der Globalisierung für absurd. Ein kultureller Fortschritt wäre durch das Entstehen von Gleichartigkeit, Gleichförmigkeit und Gleichschaltung und Gleichsetzung gefährdet (Mertz 2011).

Bildung, Wissen und die pädagogische Ausbildung

Leopold Klepacki (*1976), Akademischer Rat am Institut für Pädagogik der Universität Erlangen-Nürnberg und Vorstandsmitglied der Landesvereinigung »Kulturelle Bildung Bayern e. V.« interpretiert Schule als verantwortlich für die Tradierung von kulturellem Wissen und Können. »Schule muss damit nicht zu einem Ort Kultureller Bildung gemacht werden, sie ist von ihrer Grundstruktur her bereits immer schon einer – und zwar im doppelten Sinne einer kulturellen Selbstbildung und einer kulturellen Weltbildung.« (Klepacki 2014) Hier stellt sich die Frage nach dem Reformbedarf und einer Neujustierung der Institution Schule für die Bildungsverantwortlichen.

Der Entwicklungspsychologe Rolf Oerter empfiehlt, sich auf verbindliche Werte zu einigen und diese auch einzuhalten. In einem Aufsatz zum Thema Innovation auf gesamtgesellschaftlicher Ebene geht es ihm um die Frage des Menschenbildes, das uns leiten sollte. Die Vergangenheit zeige – so Oerter –, mit welcher Menschenverachtung Maßnahmen getroffen wurden, einhergehend mit der Vernichtung von Arbeitsplätzen zugunsten von Gewinnmaximierung, ohne die Einbeziehung sozialer Belange. Oerter verweist auch auf staatlich/behördlich verursachte Vernichtung von Volksvermögen. Derartige Geschehnisse können ebenfalls als ein Ergebnis von Bildungsferne in einer Welt interpretiert werden, die vor allem den Materialismus »anbetet« (Oerter 2010).

Der Versuch, Menschen durch Zwang und Strafe zu einem prosozialen Verhalten zu führen, widerspricht den prinzipiellen Wertvorstellungen über den Menschen, die allgemein geteilt werden. Zielführender sei – so Oerter – allein Aufklärung. Nach psychologischen Erkenntnissen erscheint es zwar fast unmöglich, tief verwurzelte Überzeugungen von Erwachsenen zu ändern. Besser ist es daher aufzuklären, wenn solche Überzeugungen noch gar nicht bestehen, nämlich in der Kindheit und im Jugendalter. Damit wird sich Aufklärung zu einer wesentlichen Bildungsaufgabe der Schulen und Universitäten gestalten. »Der Blick auf gegenwärtig vorhandene Schulfächer und ministeriell vorgegebene Bildungsziele greift zu kurz, weil er immer nur Abschnitte aus dem gesamtem Bildungsverlauf berücksichtigt, nicht aber die dahinter und darunter liegende Gesamtentwicklung des jungen Menschen.« (Oerter 2012) Selbstverständlich streben junge Menschen auch nach Glück. Der Kulturpublizist Konrad Paul Liessmann bemerkt jedoch dazu: »Das aktuelle Glücksversprechen der Bildung ist ein falsches, weil es dabei weder um Bildung noch um Glück geht. Es geht, wenn überhaupt, um Abrichtung, Anpassung und Zufriedenheit durch Konsum.« (Liessmann 2014) Zu ergänzen ist, dass es in der gegenwärtigen Ausbildung von Lehramtskandidaten nicht nur nicht um Glück, geschweige denn um Bildung und auch nicht um das interdisziplinäre Fach der Erziehungswissenschaften an der Schnittstelle zwischen Pädagogik, Psychologie, Soziologie und anderen Human- und Geisteswissenschaften geht, sondern ausschließlich um die Aneignung von isoliertem Fachwissen. Folgerichtig werden in den deutschen Schulen daher auch nicht mehr Kinder unterrichtet, gebildet und erzogen, sondern einzelne Unterrichtsfächer vermittelt.

Der Neurowissenschaftler Gerhard Roth benennt in seiner Darstellung »Bildung braucht Persönlichkeit. Wie Lernen gelingt« (G. Roth 2011) die institutionellen Defizite und entschuldigt zugleich die handelnden Personen mit dem großen Zeitdruck, der auf ihnen lastet: »Auffällig ist, dass die zwei Institutionen, die für das Bildungssystem in unserer Gesellschaft verantwortlich sind, nicht oder nur sehr unwillig miteinander interagieren. Dazu gehören zum einen die Vertreter der staatlichen Bildungsbehörden. Diese sind von ehemaligen Lehrern durchsetzt, die alle froh sind, nicht (mehr) in der Schule arbeiten zu müssen. Dieser Umstand hindert sie aber nicht daran, den Schulen eine bestimmte, meist parteipolitisch erwünschte Schulpraxis vorzuschreiben. Die zweite Gruppe wird gebildet von Professoren der Pädagogik und der Didaktik, denen die Lehramtsstudenten ausgesetzt sind. […] Von führenden Pädagogen und Didaktikern wie Ewald Terhart wird bescheinigt, dass die akademische pädagogische Ausbildung für die spätere Praxis der Schul- und Weiterbildung weitgehend wertlos ist.« Mit anderen Worten, die Ergebnisse der Lehr- und Lernforschung für den Unterricht haben keinen großen Eingang in die universitäre Ausbildung von Lehrpersonen gefunden, folgt man Terhart: »Was bedeutet dies für die Unterrichtspraxis und die Unterrichtskonzepte von Lehrerinnen und Lehrern? Jede Lehrperson muss zwangsläufig ihre ganz individuellen Unterrichtsformen finden. Könnte man sich dann nicht jede systematische Lehrerausbildung und erst recht jede Pädagogik und Didaktik sparen?« (Terhart 2013) Die Befunde von Roth und Terhart lassen erschrecken und zeigen deutlich die Schwachstellen auf, an denen unser gegenwärtiges Bildungssystem bereits von Grund auf krankt – (bildungs-)politische Entscheidungen sind zu wenig praxisorientiert, berücksichtigen in nicht ausreichendem Maße die schulische Realität und entsprechen nur ungenügend den lebensweltlichen Erfordernissen der Schülerinnen und Schüler in einer sich im rasanten Wandel befindlichen Gesellschaft.

Zum Aspekt des »Zeitdrucks«, der nach Gerhard Roth auf den im Bildungssystem verantwortlichen Personen lastet, antwortet der Zeitforscher und Wirtschaftspädagoge Karlheinz A. Geißler (*1944) in »Lob der Pause. Warum unproduktive Zeiten ein Gewinn sind« (2010): »Langsamkeit ist eine stark unterschätzte, positiv wirkende historische Kraft. Die katastrophalen Erfahrungen mit dem größten Beschleuniger der Geschichte, der ein tausendjähriges Reich in zwölf Jahren abgewickelt und dabei die Welt an den Rand des Untergangs gebracht hat, sollten Warnung genug sein, den Fortschritt nicht ausschließlich dort zu vermuten und zu suchen, wo aufs Gaspedal gedrückt wird. Langsamkeit war stets eine Produktivkraft, eine häufig übersehene, missachtete und als unnütz verachtete. Sie ist es immer noch und wird es auch in Zukunft sein. Ohne Geduld, Beharrlichkeit, Langmut und Besonnenheit existierten keine Freiheiten des Denkens, Fragens und Handelns. Wirkliche Freiheit gedeiht nur auf dem fruchtbaren Boden des Zeithabens und des Zeitlassens.« Diese Hinweise Geißlers gelten selbstverständlich und in besonderem Maße auch für Schülerinnen und Schüler sowie für Studierende!

Der Erziehungswissenschaftler Hermann Giesecke (*1932) konstatiert in »Pädagogik als Beruf« (2013), dass in der Lehrkräftebildung die Ausbildung kultureller Kompetenzen in der Regel zu kurz kommt. Ferner sei – so Giesecke – der Leitgedanke, dass dem pädagogischen Handeln eine pädagogische Beziehung zugrunde liegen muss, in der Lehrkräfteausbildung nicht genügend repräsentiert bzw. zuweilen kaum in Studium und Ausbildung implementiert. Während also zentrale pädagogische Kernanforderungen nicht oder nur teilweise auf institutionellen Ebenen wahrgenommen werden, ist das Bildungssystem in Deutschland durch Bürokratisierung, Verrechtlichung,

Überregulierung und unnötige Staatseingriffe gekennzeichnet. In Erweiterung der Gedanken Gieseckes sei daher angemerkt, dass die Entwicklung von Eigeninitiative, Kreativität und Selbstverantwortung in der Schule oftmals ungeduldig geringgeachtet und bisweilen auch stranguliert wird. Es ist eine Rückbesinnung darauf einzufordern, dass sich Bildung (auch Liebe, Kunst und Kultur) nicht entfalten kann ohne Zeit und Kontemplation.

Im Jahre 2003 hat die Vereinigung der Bayerischen Wirtschaft e. V. gemeinsam mit der von ihr beauftragten Firma Prognos AG Basel unter Mitarbeit und Beratung von 73 Experten aus Bildungswissenschaften, Naturwissenschaften, Wirtschaft und Politik unter der Gesamtredaktion des Erziehungswissenschaftlers Dieter Lenzen (*1947) das Zukunftsprojekt mit dem Titel »Bildung neu denken!« veröffentlicht. Im Vorwort formulierte Präsident Randolf Rodenstock (*1948): »Erst Bildung im umfassenden Sinn macht aus Erziehung, Ausbildung, Fähigkeiten und Wissen der Menschen das bedeutendste Kapital – auch für die Wirtschaft.« Auch Bildungspolitiker und Pädagogen haben bereits in den 1960er Jahren das ökonomische Argument – die Sicherung internationaler Wettbewerbsfähigkeit und die Anpassung an die Zukunft – als Kriterien für eine umfassende Bildungsreform erkannt und genutzt. Die Kritiker dieser Bildungsreform sahen in ihr nur ein Vehikel ökonomischer Interessen, mehr oder weniger ein Instrument »neuer Knechtung« und noch raffinierteren Erzeugung von »Ungleichheit für alle«. Mit Hinweis auf die gescheiterten Reformanstrengungen der 1950er und in den 1970er Jahren sollte die von der Prognos AG entworfene Studie über das künftige Bildungssystem bis zum Jahre 2020 eine dritte Chance bieten, gravierende Mängel zu beseitigen und die Herausforderung zu bewältigen.

Die Dokumentation dieses Zukunftsprojektes benennt umfangreich und ausführlich Mängel des Bildungssystems und formuliert visionäre Leitbilder für Leben, Lernen und Arbeiten ab 2020 in der Bundesrepublik Deutschland. Empfohlen werden die Deregulierung, Modernisierung und Internationalisierung des deutschen Bildungssystems. Die bestehenden Bildungsziele und -inhalte sind zur Verbesserung der Bildungsqualität zu revidieren. Gefordert werden die Professionalisierung von Schule, Hochschule und Ausbildung (sowohl im Hochschulbereich als auch in Ausbildung ganz allgemein), eine stärkere Verbindung von Theorie und Praxis sowie die Verbesserung der Unterrichtsqualität mit Differenzierung und Individualisierung. Es wird weiterhin kritisch angemerkt, dass die Verstaatlichung des Bildungswesens – historisch betrachtet als Sicherung der Unabhängigkeit von den Kirchen – eine Eigendynamik entfaltet hat, die leider mit den Merkmalen einer unaufhaltsamen Bürokratisierung, einer Überregulierung aller Erziehungs- und Unterrichtsprozesse, einer mangelhaften Zusammenarbeit zwischen Staat und Gesellschaft und insbesondere der Wirtschaft einhergeht. Bemängelt wird auch, dass die Leistungselite zu klein, die Bildungsbeteiligung von Ausländern und Migranten unterdurchschnittlich und der Zugang von Jugendlichen zu Lehrstellen und entsprechenden Ausbildungsverhältnissen unzureichend sei. Auch die Weiterbildungsbereitschaft von Älteren sei unzulänglich und der Anteil erfolgreich Studierender zu gering. Der gegenwärtige Bildungsbegriff des deutschen Bildungssystems ist demnach ungenügend und revisionsbedürftig!

Diese Studie erscheint auf den ersten Blick Perspektiven zu enthalten. Ihre praktische Umsetzung und Verwirklichung bis in das Jahr 2020 bleibt vorerst jedoch abzuwarten. Zumindest partiell scheint die Studie mit einem Wunschzettel vergleichbar. Sie versucht ausschließlich mit staatlicher Hilfe geeigneten Nachwuchs für die Wirtschaft zu rekrutieren. Entgegenzuhalten ist das Kriterium der Zweckfreiheit und der Individualität in Bildungsprozessen. Auf der anderen Seite sind Zweckfreiheit und Individualität nicht unbedingt als Widerspruch zu den Wünschen der Wirtschaft zu interpretieren, sofern die in der Studie formulierten Inhalte, z. B. zur Erweiterung der Sozialkompetenz von Kindern und Jugendlichen als den zukünftig Verantwortung tragenden Erwachsenen, tatsächlich hinreichend Berücksichtigung finden.

Elternkompetenz

Die beruflichen Herausforderungen, denen sich junge Lehrkräfte stellen, sind erheblich. In ihrer Klientel der Schülerinnen und Schüler spiegelt sich die Gesamtheit der Gesellschaft – und somit auch mit den darin auch enthaltenen gleichgültigen, resignativen, bösartigen und aggressiven Ansichten. Dies stellt alltäglich große Anforderungen an die psychophysische Belastbarkeit und an das Durchhaltevermögen von Lehrpersonen. Zwar ist stets mit einer empathischen Grundüberzeugung eine pädagogische Beziehung zu den Kindern und Jugendlichen herzustellen und zu pflegen. Doch Lehrpersonen treffen auf Kinder aus sehr unterschiedlichen familiären Verhältnissen. Der Anteil der Alleinerziehenden in der Bundesrepublik macht, wie bereits erwähnt, 20 % der Erwachsenen mit Kindern aus. Ca. 15.000 bis 20.000 Kinder wachsen mit schwulen Vätern oder lesbischen Müttern und damit nicht in etablierten, traditionellen Familienformen auf. Viele Kinder leben nach der Scheidung ihrer Eltern in zwei Wohnungen. Die »Verinselung« der Lebensbedingungen von Kindern führt dazu, dass auf sehr unterschiedliche Bedürfnisse einzelner Kinder unter den Bedingungen eines gemeinsamen Unterrichtes eingegangen werden muss (Löw 2001), so die Soziologin Martina Löw (*1965). Sollten sich Lehramtsstudenten angesichts der sie erwartenden hohen psychophysischen Belastungen daher nicht Eignungstests unterziehen können, um selbst vor beruflichen Enttäuschungen bewahrt zu bleiben? Auch ein individuelles Coaching – zumindest in den ersten Berufsjahren – ist daher eine Überlegung wert! Der Umfang der von Lehrkräften zu bewältigenden Aufgaben wächst kontinuierlich. Die nicht selten zu hörende Frage: »Was sollen wir denn noch alles machen?« ist nachvollziehbar. Die Erweiterung des pädagogischen Aufgabenfeldes resultiert nicht unwesentlich auch aus einer zunehmend defizitärer werdenden Elternkompetenz. Die Elternkompetenz wiederum schwindet im Kontext mit den an die Eltern gestellten beruflichen und wirtschaftlichen Anforderungen, aber auch zunehmender Individualisierung. Der Neurobiologe Martin Korte verweist in seiner Darstellung »Wie Kinder heute lernen« (2011) mit Hinweis auf den Verbund der in unserem Gehirn vorhandenen Erwartungs- und Belohnungssysteme darauf, dass die hirnphysiologischen Resultate einen großen und oft unbewussten Einfluss auf die Motivation und die Konzentration, die Ausdauer und die Leistungsfähigkeit eines Kindes haben. Eltern sollten ihren Kindern immer das Gefühl geben, dass sie deren Leistungen anerkennen, und zwar unabhängig von Belohnungen anderer Art. Es verschafft den Kindern ein wohltuendes Gefühl, wenn sie bereits auf dem Weg des Lernens elterliche Anerkennung verspüren und nicht erst bei der Ablieferung guter Noten. Auch die Förderung musischer Beschäftigung wie Malen, Basteln, Musizieren begünstigt die Konzentrationsfähigkeit und die Aufmerksamkeitsspanne und das genaue Zu- und Hinhören der Kinder. Gleiches gilt für sportliche Betätigungen und Spiele. »Kinder lieben Neues. Und die Neugier überwiegt fast immer die Angst. Diese kindliche Neugierde muss man nicht erzeugen, vielmehr müssen Eltern – und später Lehrer – alles dafür tun, sie am Leben zu erhalten. […]

Kinder lernen immer, wenn auch meist nicht willentlich gesteuert, sondern vor allem unbewusst. Das menschliche Gehirn ist darauf ausgerichtet, immer lernen zu wollen, es kann gar nicht anders. Wenn Kinder also unmotiviert im Unterricht sitzen, hat das gute Gründe. […] Argumente, dass das eine Kind eben dumm und das andere schlau sei, taugen im Schulalltag nichts. Im Gegenteil, sie können zu einer sich selbst erfüllenden Prophezeiung werden.« (Korte 2011)

Manche Menschen sind immun gegen Angriffe von außen, sie leiden nicht nachhaltig an Schicksalsschlägen oder zerbrechen etwa daran. Eine gute Beziehung zu ihren Eltern macht Kinder resilient. Mit dem Begriff Resilienz ist eine bereits in früher Kindheit erworbene Elastizität der Psyche, d. h. eine Anpassungsfähigkeit an auch schwierige Lebenssituationen, gemeint. In den ersten sechs Monaten sucht und empfindet das Kleinkind Lust und Freude, wenn es mit seinen Möglichkeiten, d. h. mit Sehen, Hören, Fühlen, Schmecken, liebevolle Signale von der Mutter, von den Eltern oder einer Bezugsperson empfangen kann und diese auch immer wieder bestätigt bekommt. Damit gemeint sind Geborgenheit und Sicherheit als wesentliche Kriterien dafür, Urvertrauen zu bilden. Im Kind reift die Fähigkeit heran, sich der eigenen Gefühle bewusst zu werden und die Gefühle des Gegenübers zu erkennen. Mit der Zeit entsteht so die Fähigkeit, eigene Gefühle regulieren zu können, Kontakte aufzunehmen und sodann auch Probleme zu erkennen und zu lösen. Das genaue Gegenteil, nämlich Unsicherheit und das Gefühl, nur ein Objekt und kein personales Subjekt zu sein, folgt aus Vernachlässigung, emotionaler und körperlicher Misshandlung, Angst, Alleinsein und andauernder Nichtbeachtung. Die Fähigkeit und die zum Teil genetisch angelegte Eigenschaft der Resilienz gelingt vor allem auch in einer sehr engen und liebevollen Beziehung zwischen Eltern und Kind. Resilienz wird im

Kleinst- und Kleinkindalter entwickelt. Ist das kindliche Gehirn in der späteren Kindheit und Jugend und im frühen Erwachsenenalter in seinen neuronalen Vernetzungsmöglichkeiten optimal ausgestattet, entsteht ein über Resilienz verfügender, belastbarer und selbstbestimmter Mensch. Bleiben die Kriterien der Zuwendung, Liebe und Anerkennung in der Kindheit und/oder der Jugend aus, so wird eine Chance vertan. Mit anderen Worten, je früher eine Bezugsperson auf Defizite im Verhalten und Wohlbefinden eines jungen Menschen feinfühlig einzuwirken in der Lage ist, um so aufwändiger und schwieriger wird es sein, Hilflosigkeit, Manipulierbarkeit, Fremdbestimmtheit und Verlustängste aufzubauen oder gar zu festigen. Ein kritischer Blick auf die aktuellen Verhältnisse in unserer Gesellschaft und auch auf andere Gesellschaften lässt Zweifel daran aufkommen, ob eine Mehrheit von uns das Glück einer von der Evolution und der Natur vorgesehenen beziehungsreichen sowie freud- und friedvollen Kindheit erleben konnte. Lehrkräfte, die ihre eigene Kindheit reflektiert haben, sind daher auch eher in der Lage, eine pädagogische Bindung zu ihren Schülerinnen und Schülern aufzubauen, wenn sie über Kenntnisse von deren Biographie verfügen.

Die Rolle von Eltern ist nicht selten ambivalent. Auf der einen Seite offenbaren manche Eltern wenig Interesse an ihren Kindern. Die Folgen sind Bindungsstörungen und emotionale sowie soziale Vernachlässigung. Auf der anderen Seite ist das Phänomen der »Helikopter-Eltern« bekannt. Josef Kraus hat dazu 2013 ein gleichnamiges Buch veröffentlicht. Überfürsorgliche Eltern – »Helikopter-Eltern« – leben in der Sorge und Angst um die Sicherheit ihrer Kinder. Ihren Kindern soll es einmal »besser gehen«. Sie wollen ihren Kindern mit allen Mitteln Wege zu einer ungestörten beruflichen Karriere eröffnen. »Helikopter-Eltern« begleiten ihre Kinder bis zur Klassentür und lassen sie auch sonst keinen Augenblick unbeobachtet. »Helikopter-Eltern« handeln möglicherweise so aufgrund eigener schlechter Erfahrungen. Schule sollte daher besser daran mitwirken, diesen Eltern Vertrauen zu ermöglichen, so dass den Nachfolgegenerationen »Helikopter-Eltern« erspart bleiben.

Alleinerziehende befinden sich nicht selten in psychosozialen Ausnahmesituationen, die erheblich auch deren Kinder in Mitleidenschaft ziehen können. Entsprechendes gilt für in Krisensituationen befindliche Partnerschaften. Nicht selten und zu allem Überfluss werden die Kinder in partnerschaftlichen Krisensituationen als »Munition« gegen den Partner verwendet – das primäre Kindeswohl bleibt hier auf der Strecke.

Der Präsident des Deutschen Kinderschutzbundes e. V. (DKSB) Heinz Hilgers (*1948) hat in einem Pressestatement (2016) auf Deutschland als ein zweifellos reiches Land, in dem jedoch mehr als 2,7 Millionen Kinder in Armut aufwachsen müssen, verwiesen: »Die vielfältigen Auswirkungen von Armut auf Bildung und soziale Teilhabe, Gesundheit und das Wohnumfeld machen die Notwendigkeit und die Dringlichkeit von staatlichem und gesellschaftlichem Handeln deutlich.« (Hilgers 2016) Demnach hängen Bildungserfolg und soziale Teilhabechancen in Deutschland maßgeblich von der sozialen Herkunft ab. Hilgers forderte, dass angesichts der Dimensionen von Kinderarmut in Deutschland und ihren gravierenden Auswirkungen endlich ein politischer Handlungswille und eine Gesamtstrategie zur nachhaltigen Bekämpfung von Kinderarmut zu erarbeiten und umzusetzen sei. Der DKSB fordert daher eine grundlegende Reform des derzeitigen Systems der Kinder- und Familienförderung und eine gerechte und existenzsichernde Kindergrundsicherung. Humboldt, Herder, Klafki, Roth, Terhart, Fischer, Oerter, Gisecke und viele andere Experten jedoch werden mit ihren Erkenntnissen und Empfehlungen so lange im Theoretischen verbleiben, bis die Forderungen des DKSB nach einer solchen Kindergrundsicherung nicht auf politisch fruchtbaren Boden getroffen und umgesetzt worden sind. In der reichen Bundesrepublik Deutschland ist dies keine Frage von Geld. Vielmehr geht es um eine Bewusstseinsänderung, die einen nachhaltigen politischen Handlungswillen zur Beseitigung der skandalösen Kinderarmut und deren Folgen auf den Weg bringen muss.

In Brennpunktschulen und nicht nur dort können schulische Lehrkräfte auf besondere Herausforderungen mit Einschüchterung, persönlicher Diskriminierung und Bedrohung von Leib und Leben stoßen. Doch Gewalt an Schulen gegenüber Lehrpersonen scheint ein Tabu zu sein. Wenn dennoch in gewalttätigen Situationen die Solidarität des gesamten Kollegiums und insbesondere der Schulleitung mit von Schülergewalt betroffenen Kolleginnen oder Kollegen nur unzureichend vermittelt wird, sind Zweifel an deren Sozialkompetenz begründet. Die Einschaltung der Schulbehörde und notfalls auch der Polizei kann angemessen sein. Konsequente Sanktionen gegen gewaltandrohende und gewalttätige Schülerinnen und Schüler müssen obligatorisch werden. Sie dienen nicht nur dem Schutz von Lehrpersonen und der Information der Öffentlichkeit, sondern auch der Herstellung bzw. Wiederherstellung eines sozial verträglichen Verhaltens. Der Berliner Jugendrichter Andreas Müller (*1961) schrieb in »Schluss mit der Sozialromantik – ein Jugendrichter zieht Bilanz« (2013), dass die gesamte Jugendkriminalität innerhalb von einigen Jahren mühelos um die Hälfte reduziert werden könnte. Dazu wären nur kleine Veränderungen im juristischen Bereich notwendig, vor allem aber der politische Wille zur Änderung! Erwachsene und vor allem Eltern, Schulen und Lehrkräfte müssen sich artikulieren, Zivilcourage beweisen und Einfluss nehmen zugunsten ihrer und der ihnen anvertrauten Kinder!

Schulmarketing – die gekaufte Schule

Susanne Gaschke (*1967), ehemalige Kieler Politikerin und frühere Redakteurin bei der Wochenzeitung *DIE ZEIT*, beschreibt in ihrer Publikation»Die verkaufte Kindheit. Wie Kinderwünsche vermarktet werden und was Eltern dagegen tun können« (2011), wie in den Gehirnen von Kindern und Eltern Kaufwünsche geweckt und vermarktet werden. Die aufgezeigten Beispiele im Bereich der»edukativen« Spielsachen sind vielfältig und reichen von Lerncomputern über digitale Musikinstrumente oder Rechenspiele bis hin zu Konstruktionsspielzeugen, die Kinder auf den ersten Blick begeistern können. Laut Gaschke sind in Deutschland Kultusministerien und Lehrkräfte gegenüber den auf Kinder zielenden Marketingmaßnahmen eher zurückhaltend eingestellt. In Grundschulen werden Computer noch zurückhaltend eingesetzt, dennoch kommen 41 % der 6- bis 13-Jährigen in Schulen mit Computern in Kontakt. Lobbyisten haben darin einen Markt entdeckt. Ziel ist es, IT-Fitness gegen die noch vorherrschende nicht kommerzielle Kinderkultur auszutauschen. Lehrkräfte weisen hingegen darauf hin, dass Kinder in erster Linie Menschen und erst in zweiter Linie Medien benötigen. Microsoft, Nintendo und Co. stellen aber leider kaum bezwingbare Konkurrenten für die Schule dar. Gaschke verweist in diesem Zusammenhang auf den Neurowissenschaftler Manfred Spitzer:»Kein anderer Industriezweig hat es je geschafft, dass Gebrauchsanweisungen seiner Geräte zum Schulfach erhoben wurden und dass öffentliche Gelder nicht nur für die Lehrkräfte dieser Gebrauchsanweisungen (einschließlich deren Weiterbildung), sondern auch für die Geräte selbst bereitwillig und manchmal auch verschwenderisch ausgegeben werden.« (Spitzer 2005) In Deutschland galt die Schule einst als eine werbe- und verkaufsfeie Zone. Doch das ist Vergangenheit!»Geld regiert die Welt«, so lautet der Kampfruf der Multikonzerne, der Wirtschaft und des Handels. Der Kommerz macht vor niemandem Halt, auch nicht vor Kindertagesstätten und vor Schulen.

Ein Bericht des Bundestagsausschusses für Bildung, Forschung und Technologiefolgenabschätzung (Bundestagsdrucksache 16/9528) lautet:»E-Learning-Instrumente wie Lernsoftware für Kinder bzw. spezifische Kindersoftware stellen einen beachtlichen eigenständigen Markt dar. Hier ist eine enge Kopplung der Computernutzung insbesondere für Spielzwecke mit informellen Lernprozessen erkennbar.« Gaschke kommentiert dies wie folgt:»Sorgen darüber, dass vor allem der ›beachtliche Markt‹ die Lobbyisten des E-Learnings motivieren könnte, und nicht das Wohl der Kinder oder die Wirksamkeit des E-Unterrichts, machen sich die Autoren an keiner Stelle.« (Gaschke 2011) Die ARD sendete am 26. November 2013 in der Reihe»Die Story im Ersten« eine Dokumentation von Kathrin Becker und Grit Fischer mit dem Titel:»Kunde Kind. Wie die Wirtschaft unsere Kinder verführt.« Mit dem Ziel, aus Kindern und Jugendlichen markentreue Kunden zu machen, nehmen immer mehr Unternehmen Einfluss auf Schulen, Schülerinnen und Schüler. Schwammig formulierte Gesetze ermöglichen es den Unternehmen, das Werbeverbot an Schulen zu umgehen (Gassmann 2013). Längst haben sich diverse Kinder- und Jugendmarketingagenturen auf die jungen Konsumenten als Zielgruppe spezialisiert. Die Marketingabteilungen haben das Unterbewusstsein als Zielort des Neuromarketings hinsichtlich potentieller Kunden – und hierzu zählen auch die Kinder und Jugendlichen – im Visier. Die Kaufentscheidungen der Konsumenten werden im Gehirn getroffen. Mit der Verfeinerung von Werbemethoden gewinnt das Neuromarketing mehr und mehr an Bedeutung. Die Branche beschäftigt ausgebildete Psychologen und die Konsumentenverhaltensforschung steht mit an erster Stelle. In deutschen Universitäten wird eine dementsprechende akademische Ausbildung von Psychologen und kaufmännischer Berufe gefördert (Blottner 2009). Die wenigen Versuche, an Kinder gerichtete Werbung zu verbieten oder z. B. Lebensmittel besser zu kennzeichnen, sind bisher an der Macht der Lobbyisten gescheitert. So setzte der Lobbyverband der deutschen Ernährungswirtschaft, der Bund für Lebensmittelrecht und Lebensmittelkunde e. V. (BLL), etwa durch, dass Kinderwerbung bisher nicht reguliert wurde und dass das Essen in Kindergärten weiterhin umstrittene Geschmacksverstärker und künstliche Aromen enthalten darf. Die Interessensvertreter der Unternehmen sind in der Lage, ihre Ziele gegenüber der Politik durchzusetzen und die verantwortlichen Politiker entscheiden daher nicht im Sinne der Kinder, sondern vielmehr zugunsten von Profiteuren. Der Schauspieler, Dokumentarfilmer, Umweltaktivist und in zahlreichen wohltätigen Organisationen aktive Hannes Jaenicke (*1960) hat in seinem Buch »Die große Volksverarsche. Wie Industrie und Medien uns zum Narren halten« erfrischend Klartext geredet: »Presse/Medien und Lobbyismus gelten als die 4. und 5. Gewalt im Staat. Beide üben direkten Einfluss aus. Die Medien auf die öffentliche Meinung, die Lobbyisten auf politische Entscheidungen. Und dazwischen? Wir. Die Konsumenten. Wähler. Endverbraucher. Eingeklemmt. Bezirzt. Ausgetrickst. Manipuliert. Verarscht.« (Jaenicke 2013) Einige Kapitel sind mit treffenden Aussagen oder provozierenden Fragen überschrieben: »Der Konsument, das ohnmächtige Wesen?«, »Das falsche Spiel der Banken«, »Volksdroge Glotze. Die mediale Massentäuschung«, »Das Gigageschäft mit der Schönheit«, »Die grausamen Deals der Bekleidungsindustrie«, »Die lukrativen Lügen der Autolobby« oder »Profitable Maschen der Pharmaindustrie«. Nach Jaenicke liegt es allein an uns, für welche Krankenkassen, Klamottenmarke, welchen Handy- und Internetanbieter, welches Duschgel und welchen Stromanbieter wir uns entscheiden. Kritisches Hinterfragen, Durch- und Überblick stärken diese Macht der Konsumenten, weil wir sie dann gezielt einsetzen und schließlich unsererseits den Markt beeinflussen können. Denn auf kaum etwas reagieren Unternehmen so sensibel, wie auf unseren Umgang mit dem Geldbeutel.

Foodwatch, ein gemeinnütziger Idealverein, der sich mit den Rechten von Verbrauchern und der Qualität von Lebensmitteln auseinandersetzt, gegründet 2002 und mit Sitz in Berlin, beschäftigt sich in einer Schrift unter dem Titel »Warum schadet Werbung und Sponsoring in der Schule Kindern?« mit Werbung, Marketing und Sponsoring der Lebensmittelindustrie in deutschen Schulen (Foodwatch 2013). Lebensmittelkonzerne liefern den Schulen werbewirksam Unterrichtsmaterialien mit ihren Markenlogos und damit häufig ein positiv verzerrtes Bild der Produkte des Auftraggebers. Einige Agenturen haben sich bereits auf Schulmarketing spezialisiert und verschicken Pakete mit Produktproben an Kindergärten und Schulen. Werbung und Sponsoring ist an Schulen nicht in allen Bundesländern generell verboten. Wenn es verboten ist, dann gestatten Verwaltungsvorschriften Ausnahmen mit Begründungen wie »der Erziehungsauftrag der Schule darf nicht beeinträchtigt werden« oder »Werbung muss hinter dem pädagogischen Nutzen zurücktreten«. Ob und wann dies der Fall ist, entscheidet die Schulleitung je nach Bundesland und mit Zustimmung der Schulkonferenz und des Schulträgers. Mit anderen Worten, die Lebensmittelindustrie hat mit ihren vielfältigen Möglichkeiten einen beinahe ungehinderten Zutritt in Kindergärten und Schulen, um Werbung zu betreiben und somit Geschäfte zu machen.

Foodwatch erhebt gegenüber der Lebensmittelindustrie und zugleich der deutschen Bildungspolitik die folgenden Vorwürfe:

1. Kindern wird – teilweise subtil, teilweise offensichtlich – ein falsches Bild von bestimmten Produkten und gesunder Ernährung vermittelt.
2. Logos, auch sparsam eingesetzt, prägen sich Kindern ein und schaffen ein positives Verhältnis zur Marke. Dies ist besonders problematisch, wenn es sich dabei um ungesunde Lebensmittel handelt. In den Kindertagesstätten und in den Schulen können Kinder dieser Werbung nicht aus dem Weg gehen, zumal wenn sie von Personen präsentiert und vermittelt wird, denen Kindern besonders vertrauen und von denen sie annehmen, in ihrem besten Interesse zu handeln.
3. Der Bildungsauftrag der Schule wird unterminiert. Dieser besteht zunächst grundsätzlich darin, »Kinder dazu befähigen, sich als Menschen und Bürger zu entwickeln«. Zum Bildungsauftrag gehört weiterhin, dass das kritische Denken und die Selbstbestimmung der Schüler zu fördern ist. Kinder und Erwachsene sind jedoch von einer Konsumkultur umgeben, die ihnen das Gefühl vermittelt, sie müssten immer mehr wollen, mehr kaufen und Materialismus sei das höchste Gut von allem. Um dem entgegenzusteuern und das kritische Denken der Schüler zu fördern, müssen Schulen mit den notwendigen finanziellen Mitteln ausgestattet werden, um sie bei der Verwirklichung ihrer eigentlichen Aufgabe zu unterstützen.
4. Mit Schulmarketing lenken die Unternehmen von der ureigenen Verantwortung für ihre Produkte ab, anstatt ausgewogene Ernährungsprodukte herzustellen, setzen sie sich vordergründig für Ernährungsbildung und Sport – gekoppelt an ihr spezifisches Produkt – ein und vermitteln so ein Gefühl der Dankbarkeit dem Unternehmen und seiner letztlich ökonomischen Absichten gegenüber und schaffen damit Markenbindung – die Verantwortung für Übergewicht und Fehlernährung

hingegen wird einseitig den Kindern und deren Eltern zugewiesen.

5. Schulische Ernährungsbildung (Verhaltensprävention) kann kaum Effekte erzielen, wenn sich die Umwelt, in der sich Kinder aufhalten und in der sie sozialisiert werden, nicht zugleich auch verändert. Lebensmittel- und Schulmarketing verstärkt die Stigmatisierung übergewichtiger Kinder.

6. Foodwatch zitiert Martin Wabitsch (*1963), Kinderarzt und Diabetologe an der Universität Ulm und Präsident der deutschen Adipositas Gesellschaft: »Solche Projekte [Ernährungsbildung und Verhaltensprävention in der Schule, der Verf.] bleiben wirkungslos, wenn unsere Kinder weiter mit einem Überangebot von zuckerhaltigen und energiedichten Lebensmitteln und Getränken aufwachsen, die ihnen systematisch an allen Orten und ständig angeboten und noch dazu heftig beworben werden. [...] Bei einem ständigen Überangebot preiswerter dickmachender Lebensmittel befördern verstärkte Verbraucherbildungsmaßnahmen die Diskriminierung von übergewichtigen Kindern und Jugendlichen, die dann als willensschwach oder als Versager dastehen.«

7. Anfang 2013 stellte ein Autorenteam im renommierten medizinischen Journal *The Lancet* fest: »So setzte und setzt sich z. B. die Tabakindustrie für eine Beschränkung der Rolle des Staates und gegen Steuermaßnahmen bzw. Regulierungen ein. Man betont, dass das Rauchen in den Bereich der persönlichen Verantwortung falle. [...] Analog dazu bedienen sich internationale Lebensmittelkonzerne einer Du-Bist-Selber-Schuld-Taktik, um die öffentliche Unterstützung für Interventionen des Staates zu schwächen. Als Alternative zu staatlichen Maßnahmen setzen Alkohol- und Lebensmittelkonzerne auf eine wirkungslose Informationspolitik bzw. pädagogische Ansätze auf persönlicher Ebene.«

8. Nicht nur Erfahrungen aus den USA, sondern auch aus anderen Ländern zeigen, dass das Vertrauen auf eine Selbstregulierung der Lebensmittelbranche oder deren Einbindung in die Ernährungsbildung kontraproduktiv ist. Die Maßnahmen der Lebensmittelindustrie sorgen für alles andere als die Erhaltung oder Besserung der Gesundheit von Kindern. Angesichts des gegenwärtigen und zukünftigen Ausmaßes von u. a. durch Fehlernährung bedingten Erkrankungen wie Herz-Kreislauf-Leiden, Diabetes, Krebs und Schäden am Bewegungsapparat sind staatliche Regulierungen und Marktinterventionen die einzige sinnvolle Maßnahme zur Verhütung dieser Schäden, die durch die Hersteller ungesunder Lebens- und Genussmittel erheblich mitverursacht werden.

9. Im Land Nordrhein-Westfalen wird die Website »Partner für Schule« von einer Stiftung betrieben, an der sowohl das Land als auch Wirtschaftsunternehmen beteiligt sind. Darin heißt es:»Mit Engagement im Schulbereich dokumentieren Unternehmen ihre gesellschaftliche Verantwortung. Darüber hinaus ergeben sich konkrete Vorteile für die Unternehmen durch eine zielgruppenadäquate Kommunikationsstrategie, die die Verknüpfung der positiven Besetzung der Sponsorenleistungen mit dem Namen des Unternehmens ausnutzt.« Mit anderen Worten, Wirtschaftsunternehmen unterwandern die staatlichen Institutionen, die einzig und allein Verantwortung für das Wohlergehen der Kindertagesstätten, Schulen und der dort betreuten Kinder zu tragen haben!

Fazit: »Die staatliche Regulierung oder eine entsprechende Drohung ist die einzige Möglichkeit, internationale Konzerne zu einem Umdenken zu bewegen; daher hat sich primär die Regierung um die öffentliche Gesundheit zu kümmern und nicht die Industrie! (Foodwatch 2013).

Nur in begründeten Ausnahmefällen sollte daher an Kinder gerichtete Werbung und auf Kinder zugeschnittenes Marketing freigegeben werden und nur dann, wenn die Produkte strengen Nährwertanforderungen entsprechen. Frühstückflocken für Kinder z. B. dürfen nicht mehr als 10 % Zucker enthalten. Produkte, deren Rezepturen nicht verbessert werden können (Chips, Süßwaren, Soft-Drinks) dürften überhaupt nicht mehr mit der Zielgruppenrichtung Kinder beworben (Fernsehen, Internet, Print, Productplacement) und vermarktet (Verpackungen) werden. Im gesellschaftlichen Bewusstsein sollten Marketing, Sponsoring und Werbung von Lebensmittelunternehmen in Schulen und Kindertagesstätten als tabuisiert verankert werden. Vereinfacht formuliert sind die vorbeschriebenen Unterwanderungen der Lebensmittelindustrie von Kindertagesstätten und Schulen schlicht zu verbieten und zu sanktionieren! Marketing, Sponsoring und Werbung von Lebensmittelunternehmen haben in Schulen und Kindergärten nichts zu suchen!

Frank Schirrmacher konstatierte 2013 in seiner finanzmarktkapitalismuskritischen Darstellung »EGO – das Spiel des Lebens«: »Ohne dass wir es gemerkt haben, haben Ökonomen den Seelenhaushalt des modernen Menschen zu ihrer Sache gemacht« (Schirrmacher 2013) – und davon sind auch unsere Kinder betroffen. Nach Schirrmacher haben die Kognitionswissenschaften als mit dem Computer verschmolzene Wissenschaften damit begonnen, den menschlichen Geist zu mechanisieren. Die zündende Idee war – so Schirrmacher – die Frage, wie menschliches Denken und Handeln ausgerichtet ist: »Sie fragten, wie der Mensch ticken müsste, damit ihre Formeln funktionierten. Und die Antwort lag auf der Hand: Alle Probleme mit dem Unsicherheitsfaktor ›Mensch‹ lösen sich in Wohlgefallen auf, wenn man zwingend annimmt, dass er bei dem, was er denkt und tut, immer nur an seinen eigenen Vorteil denkt.«

(Schirrmacher 2013) Diese Theorie habe den Vorteil, dass sie immer funktioniere und alles berechenbar mache. Demnach helfen Menschen anderen Menschen nur, weil sie sich selbst etwas Gutes tun wollen. Schirrmacher zitiert den amerikanischen Sozialkritiker und Journalisten Vance Packard (1914–1996) und dessen Darstellung »Die geheimen Verführer« mit dem erweiterten Titel »Der Griff nach dem Unbewussten in jedermann« (1957). Damit wird zum Ausdruck gebracht, dass die Marketingstrategien sich der psychologischen Handlungsweisen autoritärer Regime und Diktatoren bedienen. Indoktrination und Manipulation und damit stets ein Griff in das Unbewusste eines jeden sind Eigenschaften und Verhaltensweisen des Raubtiers Mensch (Homo rapiens) und kennzeichnen Soziopathen und Psychopathen, die nach Macht über andere streben. »Doch die neue Lehre, die in jedem Menschen eine EGO-Maschine sah, der beim Lebenspoker gewinnen will, stand so sehr im Widerspruch zur Erziehung und Alltagsmoral, dass es am Anfang, als sie ganz frisch und neu war, intuitive Widerstände gab. […] Das konnte man noch als Parabel auf totalitäre Systeme lesen […], aber der Markt selbst war es, der die Menschen kontrollierte und umerzog.« (Schirrmacher 2013)

Erziehung und Alltagsmoral, Bildung, Werte und Normen fallen u. a. in die Zuständigkeit der Schulen. Doch die Lehrkräfte allein können den Profitstrategien des Marktes nicht Einhalt gebieten. Wenn sich Alltagsmoral einerseits und Markt andererseits ambivalent verhalten, dann – so ist kritisch zu hinterfragen – verfügen Lehrerinnen und Lehrer in Situationen, wenn es darum geht, den Seelenhaushalt der Kinder gegenüber der Ökonomie zu verteidigen, nicht über ein mit dem Beamtentum kompatibles Streikrecht, um darauf aufmerksam zu machen und sich öffentlich dagegen zu wehren. Mit einer juristischen Aufwertung der Lehrpersonen könnte die Dysbalance im Verhältnis zu den Möglichkeiten und Kräften des Marktes gezügelt und gemindert werden. In der Politik scheint noch kein Bewusstsein dafür zu bestehen, dass Ökonomen die Kinder- und Jugendseele tiefergreifender verändern können als jede noch so motivierte Lehrperson. Die Brisanz der Schieflage im Hinblick auf die Manipulation der Wirtschaft zu Lasten der Kinder ist hier augenfällig!

Aus der Darstellung des österreichischen Philosophen Paul Liessmann »Theorie der Unbildung« (2014) sind die Querverbindungen, die sich aus der Idee und dem Begriff der Bildung einerseits und den von Ökonomen geprägten Marktstrukturen ergeben, ablesbar: »Dass niemand mehr zu sagen weiß, worin Bildung oder Allgemeinbildung heute bestünden, stellt keinen subjektiven Mangel dar, sondern ist Resultat eines Denkens, das Bildung auf Ausbildung reduzieren und Wissen zu einer bilanzierbaren Kennzahl des Humankapitals degradieren mss.« (Liessmann 2014) Nach Liessmann ist der Geist im Markt kapitalisiert. Das Ziel ist die »Wissensgesellschaft« und nicht mehr die gebildete Gesellschaft. Früher sollte im Sinne pädagogischer Reformhaltungen die Idee des punktuellen Faktenwissens als isoliert und zusammenhangslos aus den Köpfen der Schülerinnen und Schüler verbannt werden. Inzwischen scheinen beziehungslos nebeneinanderstehende Daten, Fakten und Bedeutungen wieder Einzug in den Unterricht zu halten. Liessmann ist der Auffassung, dass eine Gesellschaft, die sich selbst durch »Wissen« definiert, als eine Sozietät zu denken ist, in der Vernunft und Einsicht, Abwägen und Vorsicht, langfristiges Denken und kluge Überlegungen, wissenschaftliche Neugier und kritische Selbstreflexion, das Sammeln von Argumenten und Überprüfen von Hypothesen als nachrangig oder entbehrlich bewertet werden. Das Wissen dieser Gesellschaft hat nichts mehr zu tun mit dem, was in der europäischen Tradition seit der Antike mit den Tugenden der Einsicht, der lebenspraktischen Klugheit und letztlich mit Weisheit assoziiert worden ist. In einer marktwirtschaftlich geprägten Wissensgesellschaft agiert die kapitalistische Ökonomie dem Wissen gegenüber nur dort freundlich, wo dieses Wissen entweder unmittelbar verwertet werden kann oder zumindest nicht weiter stört. Vereinfacht und mit anderen Worten formuliert: Das anzubetende »Goldene Kalb« ist die kapitalistische Ökonomie und der »Große Bruder« (Orwell) ist der Markt, der uns beobachtet, kontrolliert und leitet. »Die Wissensgesellschaft ist keine besonders kluge Gesellschaft. Die Irrtümer und Fehler, die in ihr gemacht werden, die Kurzsichtigkeit und Aggressivität, die in ihr herrschen, sind nicht geringer als in anderen Gesellschaften, und ob wenigstens der allgemeine Bildungsstand höher ist, erscheint durchaus fraglich. Das Ziel der Wissensgesellschaft ist nicht Weisheit, auch nicht Selbsterkenntnis im Sinne des griechischen *Gnóthi seauton* [Erkenne dich selbst, der Verf.], nicht einmal die geistige Durchdringung der Welt, um sie und ihre Gesetze besser zu verstehen.« (Liessmann 2014) Nach Liessmann spricht man heute – wer sich auf der Höhe der Zeit wähnt – nicht mehr von Bildung, die sich immer an einem Individuum und der Entfaltung seiner Potenziale orientiert, sondern von »Wissensmanagement«. In einer solchen Gesellschaft »lernt niemand mehr, um etwas zu wissen, sondern um des Lernens selbst willen. Was aber weiß die Wissensgesellschaft dann wirklich?« (Liessmann 2014)

Schule im Spannungsfeld der Risikogesellschaft

Der Soziologe Ulrich Beck beschrieb in seinen Büchern »Risikogesellschaft. Auf dem Weg in eine andere Moderne« (1986) und »Weltrisikogesellschaft. Auf der Suche nach der verlorenen Sicherheit« (2007) die unsere Lebensgrundlagen bedrohenden Risiken. Im Fokus stehen Naturkatastrophen, menschengemachte Umweltzerstörungen, Klimawandel, Finanzkrisen, Übervölkerung, Terrorismus usw. Beck formulierte hierzu die folgende Fragen:

1. Was ist die Basis der Kritischen Theorie der Risikogesellschaft?
2. Was sind die Schlüsselthesen und die Kernargumente der Kritik?
3. Wie weit zerstören die Automatismen der Modernisierung die Perspektiven und Alternativen menschlichen Handelns?

Becks Antworten dazu lauten: »An die Stelle des qualitativen Unterschiedes – entweder oder – tritt die quantitative Differenz – mehr oder weniger. Niemand ist ein Risiko, alle sind mehr oder weniger ein Risiko füreinander. Risiko ist nicht Katastrophe, es ist die Antizipation der Katastrophe. Risiko ist gleichzeitig anwesend und abwesend, zweifelhaft und verdächtig. Es kann überall vermutet werden und begründet somit eine Politik der Prävention.« (Beck 1986) Die Conditio humana zu Beginn des 21. Jahrhunderts schließt ein Verständnis von Konfrontation mit katastrophischem Risiko ein (Beck 2007). Immer gibt es diejenigen, die die Vorteile von Risiken genießen. Es sind aber nicht dieselben, die die Nachteile ausbaden müssen. Der Mensch ist ein Raubtier, ein Homo rapiens, der hemmungslos seine Vorteile auskostet, auch wenn dies zum Nachteil anderer oder auch vieler anderer geht. Es liegt in seiner Natur, dass er auch als wissenschaftliches und künstlerisches Genie in

Erscheinung treten kann. Derartige Genies oder wenigstens besonders engagierte Menschen wären in den staatlichen Sektoren Bildung und Schule dringend vonnöten.

Aus naturwissenschaftlich evolutiver Sicht sowie in moralphilosophischer Betrachtung und politischer Einschätzung müsste die Logik der evidenten globalen Risiken einer kosmopolitischen Realpolitik zum Durchbruch verhelfen. Noch sind die gegenwärtige Gesellschaft und ihre Teilsysteme Bildung, Schule und Universitäten außerstande, die dringlichsten Probleme wirksam zu bewältigen. In den Hirnen unserer Homo-rapiens-Cliquen herrschen und blockieren die Gier und das Geld den neuronalen Transport von human orientierten Gefühlen und Gedanken. Die globalen Modernisierungsverfahren sind – so Beck – nicht der Politik anzulasten. Vielmehr ist diese von den Profiteuren der Mächtigen der Ökonomie und der Globalisierung dominiert und selbst nicht mehr genügend handlungsfähig. Die globalisiert organisierte Unverantwortlichkeit ist im Sinne einer Bildungsferne zu interpretieren. Bildung ist nach Heinz-Joachim Heydorn, wie bereits erwähnt, der Prozess, in den der einzelne Mensch als Subjekt in seine eigene Geschichte eintritt. Heydorn geht davon aus, dass der Mensch mit dem Austritt aus seiner Unmündigkeit dazu befähigt sein wird, sich politisch und solidarisch zu verhalten. Dazu gehören auch ästhetische Erfahrungen, mit denen sich das Subjekt seiner selbst bewusst wird. Sofern man diese Interpretation des Bildungsbegriffs von Heydorn akzeptiert, ist bei den Profiteuren katastrophischer Risiken die Befähigung, sich politisch und solidarisch zu verhalten, blockiert. Ein humanes und solidarisches Verhalten mit ästhetischen Erfahrungen hat sich bei diesen Zeitgenossen – möglicherweise unbewusst und in konflikthaft beladenen Auseinandersetzungen um Geld und Macht – nicht entwickeln können. Die Profiteure der Risiken geraten mit der Zeit selbst in ein »Rückwärts« und nehmen dabei viele, aus welchen Gründen auch immer, unbekümmerte Menschen mit.

Je früher Schülerinnen und Schüler sowie Studierende daher lernen, die komplexen Risiken der globalisierten Wirtschaft zu analysieren und zu durchschauen, desto eher werden sie zu einer sozialen Selbstorganisation in der Lage sein. Es geht vor allem um nachfolgende Generationen, die einen starken Charakter und eine breit gründende fundierte Bildung benötigen, um auf ihrem Lebensweg nicht einer von geldgierigen und machthungrigen Profiteuren vorgezeichneten, verdorbenen Zukunft zu folgen. Dies wird umso schwieriger zu erreichen sein, da die gegenwärtigen Erwachsenen in der in Schieflage befindlichen Gesellschaft den heutigen Kindern als den Hoffnungsträgern der Zukunft nur teilweise Wertschätzung entgegen zu bringen in der Lage sind. Die in den Schulen und Universitäten zu vermittelnde Bildung muss als tatsächliche Bildung und nicht als nur dem ökonomischen Nutzen dienende Kompetenzerweiterung verstanden werden. Bildung wird auch dazu führen, dass die Kinder nicht mehr im heutigen Umfange vernachlässigt, misshandelt oder missbraucht werden. Doch die Institution und das System »Schule« bergen in Deutschland bereits die Symptome einer im medizinischen Sprachgebrauch als chronisch bezeichneten »Multimorbidität« in sich. Vorbeugung und Prävention genügen also nicht mehr. Die Schule bedarf einer nachhaltig wirksamen kurativen Medizin und einer auf Genesung abzielenden »Behandlung«.

In einer Bertelsmann-Studie war 2016 zu lesen, dass von einem enttäuschten »professionellen« Politiker festgestellt wurde, dass in Ganztagsschulen (Rheinland-Pfalz) zwar die Sozialkompetenz der Schülerinnen und Schüler ansteige, aber der Lernfortschritt zurückbleibe. Dem ist entgegenzuhalten, dass Sozialkompetenz – als Teil der Allgemeinbildung – gerade in der Kindheit und Jugend zu entwickeln und zu fördern ist. Sozialkompetenz und Bildung gelten als jeweils fundamentale Befähigung, die bereits im Kleinkindesalter im Kontext mit der Bildung von Urvertrauen gründen. Sie ermöglichen jene Kreativität, aus der Innovationen hervorgehen, und die die Menschheit voranbringt. Diese Innovationen sind für die gesamte Lebenswelt des Menschen und somit auch für eine ethisch normierte Marktwirtschaft unverzichtbar. Ein ungezügelter Markt, der auf Kosten von Humanität, Solidarität und Verantwortung agiert, ist Teil der von Beck beschriebenen Risiken. Zu den in der Bertelsmann-Studie 2016 erwähnten zurückgebliebenen Lernfortschritten kann ergänzt werden, dass Lernen nicht nur in der Kindheit und Jugend, sondern bis in das hohe Alter hinein möglich ist. Es gelingt umso eher, wenn sich gebildete Menschen darum bemühen.

Armin Bernhard (*1957), Professor für allgemeine Pädagogik an der Universität Duisburg-Essen, schreibt in seinem Vorwort zu einer von ihm verantworteten Einführung in das Werk eines der bedeutendsten deutschen Bildungstheoretikers des 20. Jahrhunderts, Heinz-Joachim Heydorn (1916–1974),»Formal ist die Demokratie in der BRD eingeführt, aber sie ist nicht mit radikaldemokratischem Leben gefüllt und wird von den Kapitalmächten für ihre Zwecke instrumentalisiert.« (Bernhard 2014) Mit Kapitalmächten sind die Profiteure der von Beck beschriebenen katastrophischen Risiken gemeint, deren Nachteile jedoch andere ausbaden müssen. Die Beck'sche Risikogesellschaft sieht sich mit Naturkatastrophen, einem von Menschen gemachten Klimawandel, ferner »hausgemachten« Umweltzerstörungen, Zerstörung von Regenwäldern, Vergiftung von Böden und Gewässern, Massenvernichtung von Pflanzen und Tieren, Massenkriegen und Genoziden konfrontiert. Dies allesamt vor dem Hintergrund von mehr als 7 Milliarden Menschen auf unserem zu klein gewordenen Planeten. Beck hat mit »Weltrisikogesellschaft: Auf der Suche nach der verlorenen Sicherheit« im Jahre 2007 ein Weltuntergangsszenario soziologisch begründet. Und zehn Jahre später titelt ein weiterer Risikoreport: »Die Welt steht vor einer Dekade der Extreme« (Ettel/Zschäpitz 2017). Gegen die uns bedrohenden neuen Gefahren aufgrund der Klimakatastrophe sei sogar die Politik machtlos. Die größte Unsicherheit erwächst aus den Wetterphänomen der jüngsten Zeit, Hitzewellen, Überflutungen, Schneechaos. An vielen Orten scheint die Welt aus den Fugen geraten und zugleich nimmt die Zahl der Terrorattacken, der Cyberangriffe auf die Gesellschaften zu. Flüchtlingswellen rollen auf Europa und Amerika zu. Die Risiken und Probleme reichen nunmehr über alle Ländergrenzen hinweg. Auf dem Weltwirtschaftsgipfel in Davos führte John Drzik (*1963), einer der Studienautoren und Präsident des US-Beratungsunternehmens Marsh, aus: »Es gibt eine große Anzahl potenzieller Risiken, etwa wachsende soziale und politische Unruhen und mögliche wirtschaftliche Ausfälle durch zwischenstaatliche Konflikte, soziale Instabilität und Terrorattacken. Die weltweite Verschuldung ist hoch – Tendenz steigend.« Und der Gründer des Weltwirtschaftsforums Klaus Schwab (*1938) stellt lakonisch fest: »Allgegenwärtige Korruption, das Kurzfristdenken gepaart mit der ungleichen Verteilung des Wachstums suggerieren, dass das kapitalistische Modell nicht für die Menschen da ist.« Die Autoren des Risiko-Reportes Anja Ettel (*1974) und Holger Zschäpitz (*1971) ergänzen: »Den größten potenziellen Schaden für die Menschheit messen die Experten weiterhin den Massenvernichtungswaffen zu. Zugleich wird die Wahrscheinlichkeit, dass eine solche tatsächlich in nächster Zeit zum Einsatz kommen könnte, als relativ gering eingeschätzt. Das zweitgrößte Schadensereignis sind nach Einschätzung der Teilnehmer extreme Wetterereignisse wie Wirbelstürme, Überschwemmungen oder Dürreperioden. Das Risiko, dass diese eintreten werden, wird als sehr hoch eingeschätzt«, so die Ergebnisse des Weltwirtschaftsforums Davos 2017 (Ettel/Zschäpitz 2017).

Mit der Natur kann man nicht verhandeln

Der Klimaforscher und Vorsitzende des wissenschaftlichen Beirates der Bundesregierung Hans Joachim Schellnhuber (*1950) hatte auf dem Weltklimagipfel 2012 in Doha/Katar postuliert:»Mit der Natur kann man nicht verhandeln.« Zu dem Problem der Erderwärmung führte er u. a. aus:»Während wir hier streiten, macht die Natur einfach weiter.« (Schellnhuber 2012) Die Anzeichen dafür, dass für die Weltgemeinschaft sehr viel auf dem Spiel steht, wenn die globale Erwärmung ungebremst weitergeht, können wir bereits jetzt anhand von Wetterphänomen wie ungewohnten Temperaturverläufen im Winter und im Sommer, extremen Trockenperioden und Stürmen feststellen.

Das von der Wissenschaft vorgegebene und begründete Ziel einer Minderung des CO_2-Ausstoßes richtet sich vor allem gegen die weitere Förderung und Verwendung von Braunkohle, sodann gegen den hohen CO_2-Ausstoß der Verbrennungsmotoren im Straßenverkehr und nicht zuletzt gegen die Produktionsmethoden und Arbeitsweisen in der industrialisierten Landwirtschaft, vor allem in der Massentierhaltung mit dem exzessiven Anfall von Gülle, der die Wasserqualität verschlechtert. In Deutschland liegen die Nitratmengen in den Grundwasservorkommen auf einer Fläche von fast 1/3 des gesamten Landes über dem Grenzwert. Die EU-Kommission hat inzwischen eine Klage gegen Deutschland wegen mutmaßlicher Versäumnisse beim Grundwasserschutz eingereicht!

Von all dem, was Heydorn, Beck, Bernhard, Liessmann und Schellnhuber berichten, werden vor allem die heute noch die Schulen besuchenden Kinder als zukünftige

Erwachsene und Eltern von morgen und deren Kinder und Kindeskinder betroffen sein. Die aktuelle, denkende und handelnde und damit Verantwortung tragende Erwachsenengeneration sitzt aber mit »im Boot«. Man wird sich einige Generationen später an die Versäumnisse der derzeit in der Verantwortung Stehenden erinnern.

Umweltzerstörung und Menschenrechtsverletzungen – es fehlen Moral und Gewissen

Umweltzerstörungen gehen einher mit Menschenrechtsverletzungen. Dario Sarmadi (*1990), seit 2016 Pressesprecher von Food Watch berichtet im führenden Medium zur Europapolitik *Euractiv* über unternehmerische Ausbeutung im Ausland. Hier belegt Deutschland einen Spitzenrang. Von 1800 ausgewerteten Menschenrechtsbeschwerden betrafen 87 deutsche Unternehmen. Deutschland liegt damit auf Rang 5. Nur die USA, Großbritannien, Kanada und China liegen noch davor. In einer langen Liste von Umweltzerstörung und Menschenrechtsverletzungen werden Verseuchung von Wasser in Peru zur Gewinnung von Kupfer für deutsche Autos, Landvertreibungen in Uganda für Kaffeeplantagen, die Flutung von Dörfern durch einen Staudamm im Sudan sowie die Ausbeutung von Beschäftigten in der Bekleidungsindustrie benannt. In Deutschland sollte vor allem der Import von Primärrohstoffen für die Automobil- und Chemieindustrie am Pranger der Zivilgesellschaft stehen. Es existieren jedoch keine verbindlichen Regeln für deutsche Unternehmen. Die Bundesregierung und das Parlament setzen ausschließlich auf freiwillige Maßnahmen der Unternehmen. Es sollte daher ein Aktionsplan mit UN-Leitprinzipien ausgearbeitet werden. Die Pflicht des Staates ist es, Menschenrechte zu schützen, die Verantwortung von Unternehmen ist es, diese Rechte zu achten – so lauten die Beschlüsse der Vereinten Nationen aus dem Jahr 2011. Eine Umsetzung ist bis heute nicht erfolgt. Der Bundesminister für wirtschaftliche Zusammenarbeit und Entwicklung Gerd Müller (*1955) äußerte sich im September 2015 im rbb-Inforadio:»Unser Wohlstand in Europa, in Deutschland begründet sich zu einem erheblichen Teil auf den wertvollen Ressourcen und der Ausbeutung dieser Ressourcen in afrikanischen Ländern.« Dafür werden keine ordentlichen Preise bezahlt, was schäbig ist, denn die Menschen in Afrika können davon nicht leben.»Afrika braucht fairen Handel statt freien Handel.« Müller weiter:»Freier Markt heißt das Recht des Stärkeren. Haben wir als Europäer und Deutsche das Recht, afrikanische Staaten auszubeuten? […] Wir Europäer haben wertvolle Ressourcen zu Niedrigstpreisen bekommen und den Arbeitskräften Sklavenlöhne gezahlt. Auch auf dieser Ausbeutung gründen wir in Europa unseren Wohlstand.« (Jansen-Garz 2015) Wenn eine faire Handelsbeziehung gesetzlich nicht regelbar ist, dann blieben hypothetisch noch Gewissen, Bewusstsein und Moral der Verbraucher. Und wenn ein Bewusstseinswandel in den ausgetretenen Pfaden der Gehirne der erwachsenen Menschen in Deutschland nicht mehr realisierbar ist, so sind Nachfolgegenerationen ebenso belastet wie künftig gefordert. In den Schulen sind die Kinder und Jugendlichen dahingehend aufzuklären und dazu zu befähigen, sich politisch und solidarisch zu verhalten. Nach Heydorn geht es um nichts anderes, als um die Vermittlung von Bildung, an der es den Erwachsenen mangelt. Bildung ist nach Heydorn das Verlassen der Unmündigkeit mit der Fähigkeit, Herrschaftssysteme, Widersprüche und dialektische Verhältnisse aufzudecken. Um Solidarität mit denjenigen herstellen zu können, die nichts oder nur wenig haben, deren Kinder leiden und sterben, ist es hilfreich, sich Kenntnisse über die Ursachen dieses materiellen Elends und des über jahrzehntelangen

Andauerns des Nicht-Herauskommens aus diesem Elend zu verschaffen. In diesem Sinne politisch vollständig enthaltsame Lehrpersonen können Schülerinnen und Schüler nicht dazu befähigen, Herrschaftsverhältnisse aufzudecken und Mitmenschlichkeit und Solidarität zu entwickeln. In den 1980er Jahren übernahm der Internationale Währungsfonds (IWF) die Aufgabe der Schuldenrestrukturierung in Entwicklungsländern unter der Bedingung, dass jene Länder Strukturanpassungsprogramme umsetzen. Dies war als Umsetzung des Washington-Konsenses zu begreifen, ein Wirtschaftsprogramm, das lange vor dem Internationalen Währungsfonds (IWF) und der Weltbank propagiert und gefördert wurde. Ziel war die Förderung von wirtschaftlicher Stabilität und Wachstum. Teilaspekte waren Liberalisierung der Handelspolitik durch den Abbau von Handelsbeschränkungen, verbesserte Exportanreize, Privatisierung öffentlicher Unternehmen und Einrichtungen sowie Entbürokratisierung und freier Handel. Der US-amerikanische Professor für Wirtschaftswissenschaften und Nobelpreisträger Joseph E. Stiglitz (*1943) hat u. a. in »Die innovative Gesellschaft. Wie Fortschritt gelingt und warum grenzenlose Freiheit die Wirtschaft begrenzt« (2015) festgestellt, dass in Entwicklungsländern, die versuchen, den Wissensrückstand gegenüber den weiterentwickelten Ländern aufzuholen, der Wille zum Lernen bedeutsam sei. Vor allem die Länder Afrikas südlich der Sahara waren (und sind) aber weiterhin auf westliche Entwicklungshilfe angewiesen. Ein Grund dafür ist, dass freier Handel mit fairem Handel kontrastiert. In den *Deutsche(n) Wirtschafts Nachrichten* vom 3. November 2013 ist zu lesen, dass von den an Entwicklungsländer vergebenen IWF-Krediten insbesondere multinationale Konzerne profitieren. »Afrikanische Politiker wollen gegen die Steuervermeidung vorgehen. Den in Afrika tätigen Konzernen aus Europa müsse die Nutzung von Steueroasen verwehrt werden«, so die *Deutsche(n) Wirtschafts Nachrichten*. Der IWF hat bei der Neuordnung der Steuergesetze seine Hilfe angeboten. Doch die aktuellen Steuergesetze wurden den einzelnen Ländern einst vom IWF aufgezwungen. So sei z. B. Tansania in den späten 1990er Jahren von Weltbank und IWF gezwungen worden, Steuergesetze umzusetzen, die dem Land dringend notwendige Einnahmen vorenthielten. Die Methode des IWF, die Völker in der Schuldenknechtschaft zu halten, sei nicht allein auf Afrika beschränkt, so die *Deutsche(n) Wirtschafts Nachrichten* weiter. Stiglitz identifizierte vier Stufen, nach denen der IWF vorgeht: Soweit wie möglich gehende Privatisierungen zugunsten der Finanzelite, Liberalisierung der Kapitalmärkte und Einführung von »marktgerechten Preisen« mit der Folge, dass die Preise für Nahrungsmittel, Wasser und Heizgas explodieren. Nachdem dann in den »am Boden liegenden« Ländern soziale Unruhen ausbrechen, sinken die Preise für Unternehmen in den betroffenen Ländern, die sodann durch multinationale Konzerne einverleibt und zu einem hochprofitablen Geschäft werden. Stiglitz forderte Landreformen in den Entwicklungsländern, um die globalen Oligarchen zu beschneiden, die als Landbesitzer alles kontrollieren: »Wenn man die Eigentumsverhältnisse von landwirtschaftlichem Grundbesitz verändern will, würde die Elite ihre Macht verlieren.« (Stiglitz 2015) Doch Stiglitz wurde 1990 als Chef-Volkswirt des IWF gefeuert. Die Handlungsweisen des IWF dürften in Deutschland und insbesondere in den Schulen und in den Universitäten noch wenig bekannt sein. Gleichwohl ist es in deutschen Schulen den Lehrkräften möglich, ein adäquat aufbereitetes Hintergrundwissen und ebensolche Informationen, wie sie der Nobelpreisträger Josef E. Stiglitz dokumentiert hat, Schülerinnen und Schülern zu vermitteln, auch um deren Fähigkeit zur Reflexion zu fördern.

In ihrer Dissertation mit dem Titel »Bildung für nachhaltige Entwicklung erfolgreich in den Schulen verankern.

Handlungsfelder, Strategien und Rahmenbedingungen der an Nachhaltigkeit orientierten Schulentwicklung« formuliert die Kasseler Pädagogin Diana Grundmann: »Zentrale Ziele der Bildung für nachhaltige Entwicklung BNE sind in den hier untersuchten Schulen die Förderung von Partizipation und Verantwortungsübernahme, Gestaltungskompetenz, Bewusstseinsbildung und nachhaltigen Lebensstilen sowie weitere naturbezogene Lernziele. [...] Schwierigkeiten mit der Anschlussfähigkeit der Gestaltungskompetenz an den Fachunterricht, wie sie im Orientierungsrahmen für den Lernbereich globale Entwicklung angedeutet werden, konnten nicht festgestellt werden. [...] Das Lenken der Lebensstile der Schüler in eine bestimmte Richtung dürfte nicht das Ziel der Bildung für eine nachhaltige Entwicklung sein. Vielmehr müsse es um die Ermöglichung eines nachhaltigen Handelns gehen.« (Grundmann 2017) Demnach ist das pädagogische Ethos für den Schulerfolg entscheidend.

Wir sägen den Ast ab, auf dem wir sitzen

Die Ressourcen unserer Erde für das Jahr 2016 – z. B. Wasserverbrauch, Lebensmittelproduktion, Wohnen und Brennstoffe – waren bereits mit dem Datum 8. August 2016 aufgebraucht. »Global Footprint Networks« hat berechnet, wieviel Fläche benötigt wird, um sämtlichen Ressourcenbedarf inklusive der Energieversorgung zu gewährleisten. Der »Earth Overshoot Day« (Welterschöpfungstag) war im Vergleich zum Jahre 2015 bereits um fünf Tage nach vorn gerutscht. In 2015 reichten die Ressourcen noch bis zum 13. August und 2016 dann nur noch bis zum 8. August. »Für den Rest des Jahres lebt die Menschheit von den ›stillen Reserven‹ der Erde. [...] Deutschland hat sein Öko-Konto für 2016 schon am 28. April 2016 überzogen.« Laut Umweltschutzorganisation Germanwatch liegt das vor allem an dem hohen CO_2-Ausstoß bei der Verbrennung von Kohle, Öl und Gas für Energie und Verkehr. Dem erzeugten CO_2 werden bei den Berechnungen die Flächen der deutschen Wälder und Gewässer gegenübergestellt, die das entstandene Gas aufnehmen können. Außerdem sorgt die industrielle Landwirtschaft mit ihrem hohen Flächenbedarf, vor allem für die Fleischproduktion, für Öko-Schulden.« (Living Planet Report 2016)

Der Journalist, TV-Moderator und Umweltaktivist Dirk Steffens (*1967) hatte in einem n-tv-Interview (2006) besorgt geäußert: »Wir sägen den Ast ab, auf dem wir sitzen« und ergänzt, »das Schlimme ist, dass es gar nicht mehr das eine Ereignis gibt, sondern dass ich hundert aufzählen könnte, weil die Umweltkatastrophe inzwischen eine einzige globale ist. [...] Der Mensch richtet die Erde zugrunde. Um unsere derzeitigen Bedürfnisse zu decken, müssten einein-halb Erden zur Verfügung stehen. Doch es gibt nur die eine Erde und mit der müssen wir klarkommen!« (Steffens 2016) Eine rhetorische Frage sei an dieser Stelle erlaubt: Dürfen deutsche Schülerinnen und Schüler diese Entwicklungen und Tatsachen wissen oder – wenn nicht – fürchten die Profiteure von Umweltkatastrophen, mit aufgeklärten Menschen zukünftige unkritische Konsumenten zu verlieren? Oder befürchten sie gar eine Revolution derjenigen, die keine andere Lösung mehr sehen, als die der Gewalt?

Der Soziologe Ulrich Beck hatte bereits vor 30 Jahren gewarnt: »Auf der anderen Seite ist es inakzeptabel, dass Wenige die Vorteile von Risiken genießen und Viele die Nachteile ausbaden müssen.« (Beck 1986) Der Bewusst-seinswandel ist längst überfällig! Erwachsene, die in ihren ausgetretenen Pfaden wandeln, werden erfahrungsgemäß für einen derartigen Wandel kaum noch in Frage kommen. Die Hoffnung ruht auf den Nachfolgegenerationen mit ihren in den Schulen erhaltenen Informationen, ihrem Wissensstand und ihrer Bildung. Übertragen in die Beck'sche Diktion heißt dies: »Niemand ist ein Risiko, alle sind mehr oder weniger ein Risiko füreinander.«

Bernhard Verbeek (*1942), Professor für Zoologie und Didaktik der Biologie an der Universität Dortmund, fasst in »Anthropologie der Umweltzerstörung« (1998) die im Detail von Beck analysierten nationalen und internationalen Risiken zusammen und ergänzt diese mit folgender Erklärung: »Der Staat fördert vor allem mit sogenannten Zukunftsinvestitionen, die sich später nicht selten als schwerste Hypotheken erweisen. Eine lohnendere Investition wäre allerdings die unverzügliche Vermeidung weiterer Schäden. Nachfolgegenerationen werden dies ganz sicher mehr danken als versiegeltes Land, vergiftete Böden, tote Flüsse, unbrauchbares Grundwasser und ein unausgeglichenes Weltklima. Wer knapp werdende oder nicht regenerierbare Ressourcen in Anspruch nimmt, der muss dafür bezahlen, und zwar sofort. Für exorbitante Verschwender muss sich der Preis progredient erhöhen.« Verbeek räumt allerdings auch ein, dass all dies leichter zu fordern als durchzusetzen sei. »Entscheidungsträger befürchten persönliche Schlechterstellungen. Es könnte zu einer Minderung von Steuereinnahmen führen. Auch die bestehende Rechtsordnung könnte entgegenstehen.« (Verbeek 1998) Verbeek diskutiert für einen Zeitraum von zunächst einem Jahrzehnt eine gesetzlich regulierte Preisgestaltung für fossile Energieträger. Dem beliebten und häufigen »Totschlagargument«, Maßnahmen und Reformen zum Schutze der Umwelt vernichten Arbeitsplätze, setzt Verbeek entgegen, dass erhebliche Umschichtungen notwendig werden, wenn dem Raubbau an Ressourcen und der Schädigung – wenn nicht sogar der Vernichtung der Natur – nicht Einhalt geboten wird. Gerade diese Entwicklung vernichtet Arbeitsplätze. Unter den neuen Bedingungen würden sogar neue Arbeitsplätze entstehen. Ein zuverlässiges und vor allem schnell greifendes Konzept zur Heilung der Natur und Umwelt zugefügten Wunden kann Verbeek zwar nicht liefern. Doch allein seine Ausführungen könnten das Empfinden und das Bewusstsein der folgenden Generationen mit Phantasie und Kreativität füllen. Den gegenteiligen Standpunkt, z. B. den des Ethnologen Irenäus Eibl-Eibesfeldt (1928–2018), der der Überzeugung war, wenn »jeder für sein Überleben Sorge [trägt] und [...] dabei zugleich Rücksicht auf andere [nimmt], dann hat die Menschheit eine Zukunft«, hält Verbeek für naiv und in der gegenwärtigen Dilemmasituation in keiner Weise mehr für ausreichend hilfreich. Bei allem Abscheu, den die Nachfolgegenerationen für ihre Vorgänger empfinden müssen, bleibt die Hoffnung, dass mit unserem Blauen Planeten künftig wieder sorgsamer umgegangen wird. Wer, wenn nicht die Schulen könnte in echter Wahrnehmung des Bildungsauftrags Kinder adäquat fördern, anstatt deren Gehirne mit kurzfristigen Wissenspaketen vollzustopfen, um dann als zukünftige Arbeitnehmer rücksichtslosen Profiteuren und ausbeuterischen Unternehmern, jedoch nicht der Zukunft des Planeten und seiner Bewohner einschließlich der eigenen Familien und sich selbst zu Diensten sein zu können?

Paul Liessmann hat darauf hingewiesen, dass die Unterwerfung des Wissens unter die Parameter einer kapitalistischen Ökonomie, die nur dort dem Wissen gegenüber freundlich agieren wird, wo dieses entweder unmittelbar verwertet werden kann oder zumindest kostenneutral nicht weiter stört, endgültig vollzogen wird. »Unter diesen Bedingungen wird das Wissen selbst entmündigt. Mit dem, was eine andere Zeit ›Bildung‹ genannt hatte, hat, aller Beschwörung des Bildungsbegriffes zum Trotz, das Wissen der Wissensgesellschaft wenig bis gar nichts mehr zu tun.« (Liessmann 2016) Liessmann fährt fort: »Es gehört zu den Paradoxa der Wissensgesellschaft, dass sie das Ziel jedes Erkennens, die Wahrheit oder zumindest eine verbindliche

Einsicht, nicht erreichen darf. In ihr, in dieser Gesellschaft lernt niemand mehr, um etwas zu wissen, sondern um des Lernens selbst willen. Denn alles Wissen, so das Credo ausgerechnet der Wissensgesellschaft, veraltet rasch und verliert seinen Wert.« (Liessmann 2016)

Ein Denken, das Bildung auf Ausbildung reduziert und Wissen zu einer bilanzierbaren Kennzahl des Humankapitals degradiert, ist im Ergebnis Abbild der von Beck beschriebenen »Risikogesellschaft« (1986) und »Weltrisikogesellschaft« (2007). Die Risiken werden »blühen und gedeihen« oder geradezu explodieren. Wir befinden uns – um mit Beck zu sprechen – im wahrsten Sinne des Worts auf der Suche nach der verlorenen Sicherheit. Eine dem Marktkapitalismus verpflichtete »Wissensgesellschaft« ist nicht mehr in der Lage, weder die Ursachen, geschweige denn die Konsequenzen von Naturkatastrophen, Klimawandel, Terrorismus, Finanzkrisen etc. zu überschauen. Die Inhalte des traditionellen Bildungsbegriffes stören den Marktkapitalismus nur und stehen diesem im Wege. Die Beck'sche Wendung »Auf der Suche nach der verlorenen Sicherheit« kann umformuliert werden in »Auf der Suche nach der verlorenen Bildung und der kulturellen Hinterlassenschaft.«

Evolution und Kulturen

»Wir müssen einräumen, dass der Mensch mit all seinen hohen Eigenschaften noch immer in seinem Körper den unauslöschlichen Stempel seines niederen Ursprungs trägt.«

Charles Darwin (1809–1882)

Evolution geschieht über sehr lange Zeiträume. Evolutionär gründende Veränderungen können nicht nur auf der Zeitachse, sondern auch am Wandel von Strukturen, Gestalten und von Verhaltensweisen beobachtet und verstanden werden. Im Verlauf der erst rund 300.000 Jahre alten menschlichen Spezies des Homo sapiens ist auf der Zeitachse ein gegen Ende immer dichter werdender Wandel feststellbar. Dieser teilt sich in Industrie und Technik, den Wissenschaften und auch in dem Streben mit, neue Lebensräume auszukundschaften, so wie dies Columbus seinerzeit mit Amerika gelungen ist, und seit dem letzten Jahrhundert sogar im Kosmos geschieht.

Unser Zeitalter der Globalisierung kann als eine neue evolutionäre Epoche im Verhalten der Menschen interpretiert werden. Der weltweite Austausch in Politik, Wirtschaft, Technik und Wissenschaft, verbunden mit einer rasanten Mobilität von Gütern und Personen, beeinflusst die globale Zusammenarbeit mit negativen und positiven Folgen. Die Dominanz der Industrienationen steht den Schwellen- und Entwicklungsländern entgegen. Der US-amerikanische Politikwissenschaftler Samuel Huntington (1927–2008) hat kurz nach dem Fall des Eisernen Vorhangs die These verbreitet, die damalige Ost-West-Konfrontation werde künftig von einem globalen »Kampf der Kulturen« (1996) abgelöst. Damit einhergehend prophezeite er gewaltsame Konflikte zwischen dem Westen auf der einen Seite und der islamischen Welt, Russland, China, Indien, Lateinamerika und Schwarzafrika auf der anderen Seite.

Der Kultursoziologe Andreas Reckwitz (*1970) stellt der Huntington-These vom »Kampf zwischen den Kulturen« einen »Kampf um die Kultur« entgegen (Reckwitz 2016). Er beschreibt damit den Widerstreit einer Hyperkultur auf der einen und eines Kulturessentialismus auf der anderen Seite. Die Hyperkultur nach Reckwitz meint die den Individuen zur Verfügung stehenden Ressourcen zur Selbstentfaltung in Form der Pluralität kultureller Güter auf den globalen Märkten. Darin enthalten ist beispielsweise die Verbreitung des indischen Yoga, des skandinavischen Designs, der französischen Kinofilme, amerikanischer Computerspiele, einer international ausgerichteten Küche . und eines Tourismus weltweit mit Aktivurlaub in aller Herren Länder. Auch die Kunst gilt weltweit mit Musik, Dichtung, bildender Kunst und Theater als Teil einer globalen Kultur für die überwiegend westliche kosmopolitische Klasse der Gegenwart. Divergierende Kulturen und für uns fremde soziokulturelle Lebens-, Überzeugungs- und Glaubensfragen können aber auch Gefahren generieren und in Konflikte und Gewalt ausarten, wie dies sowohl in Huntingtons »Kampf zwischen den Kulturen« als auch in Reckwitz' »Kampf um die Kultur« beschrieben wird. Die monströse Herrschaft des sogenannten Islamischen Staats (IS) im Nahen Osten unter Einbezug von Zivilgesellschaften etwa in Frankreich, Deutschland und anderswo steht beispielhaft für das, was uns noch mannigfaltig bevorstehen kann. Das Kulturerbe, die kulturelle Hinterlassenschaft, die unserer westlichen Lebenswelt eigen war und (noch) ist, kann verloren gehen. Die Ergebnisse evolutiver Aspekte unserer Spezies ganz allgemein und die Entwicklung der Globalisierung im Speziellen bleiben abzuwarten. Die Gesellschaft und zentral in ihr die Institution Schule wird sich mit immer größer werdenden Herausforderungen konfrontiert sehen. Ist die Schule dann noch ein Kulturort, eine Institution, die über das kulturelle Erbe wacht und dieses weitergibt? Wenn ja, dann benötigt sie umfassenden Schutz. Schule darf nicht allein nur auf ökonomische Brauchbarkeit verengt werden. »Grundlegende Allgemeinbildung umfasst sprachlich-literarische, mathematisch-naturwissenschaftliche, historisch-sozialwissenschaftliche sowie ästhetisch-expressive Dimensionen. Dies insgesamt kann als kulturelle Grundbildung verstanden werden, die eine subjektive Teilhabe an der kulturellen Gesamtpraxis eröffnet.« (Klepacki 2016) Leopold Klepacki weist auffordernd darauf hin, dass universitäre Lehrkräftebildung auch aus der Perspektive der kulturellen Bildung gedacht werden muss. Sein Vorschlag lautet u. a., den Erwerb universitärer pädagogischer Fähigkeiten auf wissenschaftlicher Grundlage durch ein kulturelles »Studium Generale« zu bereichern. Die Lehrerin an einer Münsteraner Gesamtschule und Finalistin um den Weltlehrerpreises 2016, Marie-Christine Ghanbari (*1982), Lehrbeauftragte für Sportpsychologie an der Universität Münster, hat ihre Berufswahl wie folgt begründet: »Der Lehrerberuf hat eine Schlüsselstellung für die gesellschaftliche Entwicklung. Nicht alle Kinder haben gute Entwicklungsmöglichkeiten, das kann man als Lehrer auffangen. […] Ich will Kinder über sich hinauswachsen lassen.« (Seemann 2016) Eine solche pädagogische Einstellung klingt weitsichtig und zukunftsfähig. Zu hoffen ist, dass ihr und all ihren Berufskolleginnen und -kollegen die Freude an der Arbeit nicht genommen wird, sind doch die Risiken vielfältig.

Neues schaffen heißt, Widerstand leisten – Widerstand leisten heißt, Neues schaffen

Der französische Diplomat, Essayist und politische Aktivist Stéphane Hessel (1917–2013), Überlebender des KZ Buchenwald und Kämpfer in der französischen Résistance, veröffentliche 2010 eine Streitschrift mit dem Titel »Empört Euch!« Er teilt uns mit, dass das im Westen herrschende materialistische Maximierungsdenken die Welt in eine Krise gestürzt hat, aus der wir uns befreien müssen. Es ist an der Zeit, in vielen Lebensbereichen unserer Gesellschaft radikal mit dem Rausch des »immer noch mehr« zu brechen. Hessel fordert, es sei höchste Zeit, dass Ethik, Gerechtigkeit und nachhaltiges Gleichgewicht zu unser aller Anliegen werden: Denn uns drohen größte Gefahren, die dem evolutiven Abenteuer Mensch auf einem für uns unbewohnbar werdenden Planeten ein Ende setzen könnten. Nachdem die NS-Diktatur und der Nazismus, die Millionen Opfer zu verantworten haben, militärisch durch die Anti-Hitler-Koalition im Kampf gegen die Barbarei besiegt worden sind, ist die Bedrohung auch heute noch nicht vollständig gebannt. Hessel ruft weiterhin zu einem wirklichen, friedlichen Aufstand auf »gegen die Massenkommunikationsmittel, die unserer Jugend keine andere Perspektive bieten als den Massenkonsum, die Verachtung der Schwächsten und der Kultur, dem allgemeinen Gedächtnisschwund und die maßlose Konkurrenz aller gegen alle.« Hessel setzt dagegen: »Neues Schaffen heißt, Widerstand leisten. Widerstand leisten heißt, Neues schaffen.«

Der Aufruf Hessels: »Empört euch!« kann ergänzt werden mit Feststellungen aus »Der Westen und der Rest der Welt« (2013) von Niall Ferguson (*1964), Professor für neuere Geschichte an der Harvard University: »Eine Zivilisation verkörpert sich für ihre Mitglieder letzten Endes nicht nur in den prächtigen Bauwerken in ihrem Zentrum und nicht einmal im reibungslosen Funktionieren der Institutionen, die diese beherbergen. In ihrem Kern ist eine Zivilisation die Gesamtheit der Texte, die man in ihren Schulen lehrt und die von ihren Schülern gelernt werden, damit sie sich in schwierigen Zeiten daran erinnern können.« (Ferguson 2013) Ferguson fragt nach den Grundlagenschriften der westlichen Zivilisation, die unseren Glauben an die fast grenzenlose Macht des freien Menschen zu stützen vermögen, und wie gut wir diese noch lehren und damit zu vermitteln imstande sind: »Eine Frage, die sich in Anbetracht der Abneigung unserer Bildungstheoretiker gegen das formale Wissen und jedes Auswendiglernen durchaus stellt. [...] Heute wie damals geht die größte Gefahr für unsere Zivilisation nicht von anderen Zivilisationen, sondern von unserem eigenen Kleinmut aus – und von der Unkenntnis der Geschichte, die diesen nur noch weiter verstärkt.« (Ferguson 2013) Kleinmut hat in den Schulen und Universitäten nichts zu suchen. Bescheidenheit und Respekt dagegen schon. Gegen Kleinmut steht an erster Stelle die Freude am Lernen und am Entdecken, die gerade Lehrerinnen und Lehrer – zugegeben gegen manch gesellschaftlich gründende Widerstände – ausstrahlen und vermitteln wollen.

Respekt vor dem Leben – ein Bildungsziel

Wie kann Menschen und insbesondere Schülerinnen und Schülern Respekt vor dem Leben vermittelt werden? Dieser Anspruch scheint zunächst einmal rhetorisch. Das Goethe-Zitat: »Ach es ist unsäglich, wie sich die armen Menschen auf der Erde abquälen!« (Goethe, Gespräche mit Friedrich von Müller 5.1.1831 – Burkhardt 1870) könnte zunächst anstelle von Respekt vielleicht Mitgefühl mit dem Leid im Leben anderer Menschen auslösen. Jugendliche könnten darüber hinaus aber auch antworten:»Mich hat niemand gefragt, ob ich auf diesen Planeten und zu diesen Menschen kommen soll, um unter ihnen zu leben!« So ist es mehr als tröstlich, wenn große Geister, Wissenschaftler und Nobelpreisträger uns bei der Suche nach einer Begründung, Respekt vor dem Leben zu haben, hilfreich zur Seite stehen. Der Physiker und Nobelpreisträger Werner Heisenberg (1901–1976) hob hervor:»In dem Moment aber, in dem die richtigen Ideen auftauchen, spielt sich in der Seele dessen, der sie sieht, ein ganz unbeschreiblicher Vorgang von höchster Intensität ab. Es ist das staunende Erschrecken, […] mit dem die Seele sich gleichsam an etwas zurückerinnert, was sie doch unbewusst schon immer besessen hat.«

Von seinem Schüler, dem Physiker Hans-Peter Dürr, ist der Begriff der Liebe als ein, wenn nicht *das* Bindeglied im menschlichen Dasein interpretiert worden (Dürr 2001). Fügen wir der Liebe den Begriff der Demut hinzu, so könnte die Richtlinie, um anständig durch dieses Leben zu gelangen, schon vollständig beschrieben sein. Die Liste von weiteren weisen Vorbildern aus den Wissenschaften ist lang. Daher sei hier nur der Physiker und Begründer der Quantenmechanik Erwin Schrödinger (1887–1961) angeführt, der ausreichend Gründe dafür aufzeigte, dem Leben Respekt zu erweisen. Schrödinger stellte in seinen erstmals 1944 unter dem Titel»Was ist Leben?«publizierten Vorlesungen unter anderem die zentrale Frage:»Wie lassen sich die Vorgänge in Raum und Zeit, welche innerhalb der räumlichen Begrenzung eines lebenden Organismus vor sich gehen, durch die Physik und die Chemie erklären?« (Schrödinger 2017) Wenn diese Vorgänge offenbar noch nicht von Physik und Chemie erklärt werden können, so ist das, so fährt Schrödinger fort, durchaus kein Grund, die Möglichkeit ihrer Erklärung durch die Wissenschaften zu bezweifeln. Die Quantentheorie steht nach heutiger Erkenntnis in enger Beziehung zu den Vererbungsvorgängen, diese gründen sogar darauf. Die Beziehung zwischen

Quantensprüngen und Mutationen sind ein wesentlicher Evolutionsfaktor neben der Rekombination von Genen und der Selektion von neuen Merkmalsausprägungen durch z. B. Naturkatastrophen, Seuchen oder ionisierende Strahlen. Gene sind Moleküle. Nur wenige Biologen, so Schrödinger, seien anderer Meinung. »Wir können also mit Sicherheit behaupten, dass die molekulare Erklärung der Erbsubstanz die einzig mögliche ist.« (Schrödinger 2017) Aber lebende Materie wirkt auf eine Weise, die sich nicht auf gewöhnliche physikalische Gesetze zurückführen lässt, weil sich der Bau der lebenden Materie von allem unterscheidet, was je in einem physikalischen Laboratorium untersucht wurde. »Der Ablauf der Lebensvorgänge in einem Organismus zeigt eine bewundernswerte Regelmäßigkeit und Ordnung, die in der unbelebten Materie nicht ihresgleichen findet. Reguliert wird er von einer höchst geordneten Gruppe von Atomen, die nur einen winzigen Bruchteil ihrer Gesamtheit in der Zelle ausmachen. Nach der Auffassung, die wir uns vom Mutationsvorgang gebildet haben, genügt bereits die Verlagerung ganz weniger regierender Atome in der Keimzelle, um eine deutlich erkennbare Veränderung der großmaßstäblichen Erbmerkmale des Organismus zu verursachen. [...] Wir müssen bereit sein, hier physikalische Gesetze einer ganz neuen Art am Werk zu finden. Oder sollten wir lieber von einem nichtphysikalischen, um nicht zu sagen überphysikalischen Gesetz sprechen?«

Schrödinger stellt daher die folgenden Überlegungen an: »Wir wollen versuchen, ob wir nicht aus den folgenden beiden Prämissen den richtigen, widerspruchslosen Schluss ziehen können: 1. Mein Körper funktioniert als reiner Mechanismus in Übereinstimmung mit den Naturgesetzen. 2. Doch weiß ich aufgrund unbestreitbarer unmittelbarer Erfahrungen, dass ich seine Bewegungen leite und deren Folgen voraussehe, die entscheidend und höchst bedeutsam sein können; in diesem Falle empfinde und übernehme ich die volle Verantwortung für sie. Die einzig mögliche Folgerung aus diesen zwei Tatsachen ist die Folgende: Ich – ich im weitesten Sinne des Wortes, d. h. jedes bewusst denkende geistige Wesen, das sich als ›Ich‹ bezeichnet oder empfunden hat – ist die Person, sofern es überhaupt eine gibt, welche die Bewegung der Atome in Übereinstimmung mit den Naturgesetzen leitet.« Schrödinger fährt fort: »Es klingt gotteslästerlich und wahnsinnig, wenn man sich der christlichen Ausdrucksweise bedient und erklärt: ›Also bin ich der liebe Gott.‹ Setzen wir uns aber für den Augenblick darüber hinweg und überlegen uns, ob die obige Folgerung nicht einem biologischen Beweise Gottes und der Unsterblichkeit zugleich am nächsten kommt.« Schrödinger verweist auf frühe, 2500 Jahre zurückliegende Aufzeichnungen der indischen Philosophie. In deren Sinne wird keineswegs von einer Gotteslästerung, sondern ganz im Gegenteil von einer tiefen Einsicht in das Weltgeschehen ausgegangen. Auch die Mystiker haben über viele Jahrhunderte die einzigartige Erfahrung ihres Lebens mit den Worten beschrieben, die sich zu der Aussage verdichten lassen: »Ich bin Gott geworden.« Dem westlichen Denken, so ergänzt Schrödinger, ist diese Vorstellung fremd geblieben. Dies auch trotz aller wahrhaft Liebenden, die beim Anblick des geliebten Wesens gewahr werden, dass Denken und Freuen ihnen gemeinsam und nicht nur ähnlich oder gleichartig sind.

Zum Begriff des Bewusstseins führt Schrödinger aus, dass das Bewusstsein nie in der Mehrzahl, sondern stets nur in der Einzahl erlebt wird. »Das Bewusstsein findet sich in engster Beziehung und Abhängigkeit vom physikalischen Zustand eines begrenzten Teiles des Stofflichen, des Körpers [...] Man beachte die geistigen Veränderungen während der körperlichen Entwicklung in der Pubertät, beim Altern, beim Vergreisen usw. oder man denke an die Wirkung von Fieber, Rausch, Narkose, Gehirnverletzungen usw. [...] Von da zum Empfinden von Seelen – von so vielen Seelen wie es Leiber gibt – ist es kein weiter Schritt und die Frage liegt nahe, ob sie sterblich sind wie der Leib oder ob sie unsterblich und eines Eigendaseins fähig sind.« Diesen naturwissenschaftlichen und philosophischen Erwägungen stellt der Medienmanager und Publizist Jürgen Todenhöfer (*1940) seine vielfältigen Erfahrungen aus den Revolutionsschauplätzen Ägypten, Libyen und Syrien und einem Leben mit Krieg sowie die Erkenntnisse aus Gesprächen mit Rebellen und Staatsführern entgegen. In »Du sollst nicht töten« (2013) heißt es zusammenfassend, dass Krieg immer auch eine Art von Terrorismus ist. Dessen Spielregeln heißen grundsätzlich Zerstörung, Mord, Plünderung und Vergewaltigung. Es sind dies die Spielregeln des Raubtieres Mensch – Homo rapiens – so wie John Gray (2015) diese Facette des Menschseins beschrieben hat.

Zusammenfassend scheint es daher geboten, um den Respekt vor dem Leben begründen zu können, dass der Mensch auf seine Gefühle achten muss, dass er sich und seine Umwelt reflektierend beobachten sollte und daraus Erkenntnisse zu einem verantwortungsvollen Umgang miteinander und der Natur zieht und diese auch pragmatisch umsetzt.

Gegenseitiger Respekt

Die Schauspielerin und Autorin Renan Demirkan (*1955) kam als Siebenjährige aus ihrem Geburtsland Türkei nach Deutschland. In ihrer Publikation »Respekt – Heimweh nach Menschlichkeit« (2011) schreibt sie: »Respekt versteht den Anderen als Ergänzung zu sich selbst und sich selbst als Ergänzung zum Anderen und ist der sicherste Schutz gegen Demütigung und Ausbeutung. Deshalb ist Respekt ein Versprechen für den Frieden.« (Demirkan 2011)

Das Gegenteil von Respekt hingegen ist Missachtung. Die radikalste Missachtung ist die Demütigung. Missachtung und Demütigung generieren bei autoritären und vernachlässigenden Erziehungsmethoden in Familien. Diesbezügliche innerfamiliäre Handlungsweisen sind beispielsweise der Entzug von Zuwendung, Vernachlässigung, fehlende Empathie oder Körperstrafen. Eltern können zu Gewaltvorbildern werden. Suchtkranke und alkoholabhängige Eltern gefährden das Wohl und die Entwicklung ihrer Kinder. In Deutschland wachsen etwa 2,65 Millionen Kinder und Jugendliche mit mindestens einem suchtkranken oder Alkohol missbrauchendem Elternteil auf. Mehr als ein Drittel von ihnen wird später selbst in der einen oder anderen Form abhängig. Zu einem Risikofaktor für gewalttätiges Verhalten von Kindern und Jugendlichen kann sich auch die Schule herausstellen. Anhaltende Überforderung und Frustration, fehlender Schulabschluss und mangelnde Zukunftsperspektiven begünstigen gewalttätiges Verhalten. Das Gewalttabu scheint in den Schulen leider nicht Gegenstand regelmäßiger und vorrangiger pädagogischer Bemühungen zu sein. Medien offerieren nicht selten gewalthaltige, extremistische und menschenfeindliche Handlungen in ihrer Berichterstattung. Die wiederum könnte ein Identifikationspotenzial beinhalten und für anfällige Jugendliche attraktiv erscheinen. Geraten Jugendliche in abgeglittene Peer-Gruppen, so kann Gewalt als Aufnahmeritual mit z. B. gewalttätigen Mutproben im Kontext einer hohen Gewaltakzeptanz als »normales« Handlungsmuster erscheinen. Die Risikofaktoren Alkohol und Drogen begleiten oft ein gewalttätiges Verhalten. Auf der anderen Seite bieten ein kompetentes Elternhaus und eine gute Schulatmosphäre allein noch keinen hundertprozentigen Schutz vor einem Entgleiten in Jugendgewalt und Jugendkriminalität.

Die polizeilichen Kriminalstatistiken zeigen aber auch, dass die Jugendkriminalität in Deutschland dank des Anti-

Gewalt-Trainings, der Präventionsarbeit in den Schulen und der Arbeit von Sozialpädagogen, Psychologen und Therapeuten seit geraumer Zeit beständig sinkt. Laut einer Studie zur Jugendkriminalität des kriminologischen Forschungsinstituts Niedersachsen ist die Jugendkriminalität in Deutschland von 2007 bis 2015 um die Hälfte zurückgegangen (Steinke 2018). Christian Pfeiffer, Dirk Baier und Sören Kliem stellen in dieser Studie u. a. fest:»Das beste Mittel gegen Gewalt ist eine liebevolle Erziehung.« Dank einer Elterngeneration, die ihre Kinder vermehrt gewaltfrei erzieht, sinkt die Jugendkriminalität in Deutschland also tatsächlich.

Den Begriffen Respekt und Toleranz kann in den Schulen mit Unterweisungen und Beispielen zur Tabuisierung von Gewalt zur Geltung verholfen werden. Was aber, wie das *Magazin der Süddeutschen Zeitung* vom 14. November 2016 berichtet, wenn in deutschen Schulen bereits 6 % der Lehrkräfte schon einmal körperlich angegriffen worden sind? Psychische Gewalt hätte zudem fast ein Viertel der befragten Lehrerinnen und Lehrer erlitten. Grundlage für diese Feststellungen bildete eine repräsentative Forsa-Umfrage unter insgesamt fast 2.000 Lehrkräften bundesweit. Die Quote von 6 % entspricht 45.000 Lehrkräften an allgemeinbildenden Schulen. Bei dieser Dimension ist es nicht nur verständlich, sondern geradezu obligatorisch, dass, so Udo Beckmann (*1952), Bundesvorsitzender des Verbandes Bildung und Erziehung e. V. (VBE), mehr Engagement und Schutz vonseiten der Dienstherren – also von den Schulaufsichtsbehörden und den politisch Verantwortlichen vonnöten sei:»Es ist skandalös, so zu tun, als sei es Bestandteil des Berufes, sich beleidigen, belästigen und körperlich angreifen zu lassen.« (Beckmann 2016) Wenn Beckmann als Möglichkeit zur Prävention bereits die Formulierung eines Schulkodex – an den sich Schülerinnen und Schüler und auch alle Lehrpersonen – zu halten haben, diskutiert und wenn sich die Politik weigert, in gravierenden Fällen einer Lehrperson zur Seite zu stehen, dann muss man von einem »Offenbarungseid« des deutschen Bildungssystems sprechen. Kindern und Jugendlichen sollten jedoch Alternativen und Lernchancen zur Verhaltensschulung präventiv angeboten werden, um z. B. auf Provokationen nicht mehr vorschnell und impulsiv zu reagieren, um Wut kontrollieren zu können und mit Angst, Wut und Aggression zivilisiert umzugehen. Die Grundlagen insgesamt sind ein entwickeltes Selbstwertgefühl, realistische Zukunftsperspektiven und – sofern es sich um Folgen von erlebter Gewalt im Elternhaus handelt – mit allen Mitteln Kräftigung der Lebensbedingungen und der Erziehungskompetenzen in den Familien. Über allem stehen die soziale Lage und das Bildungsniveau. Bemerkenswert in diesem Kontext ist auch, dass das »Recht auf Züchtigung« in Deutschland per Gesetz erst im Jahre 2000 (!) abgeschafft wurde. Demütigung, wie sie auch bereits mit Ohrfeigen zum Ausdruck kommt, ist die radikalste Missachtung, die Kindern entgegengebracht wird und fördert Jugendgewalt und Jugendkriminalität. Schülerinnen und Schüler hingegen, die mit dem Begriff »Respekt« noch etwas anzufangen wissen, können hier Vorbildfunktionen einnehmen. Dies lernen und wissen die in fortschrittlichen Schulen zu Streitschlichtern ausgebildeten Schülerinnen und Schüler, die vorbildhaft dem gegenseitigen Respekt zu neuem Ansehen verhelfen.

Renan Demirkan schreibt dazu: »Respekt muss man wollen, wie Freiheit und Frieden oder wie Demokratie und Bildung. Man muss es organisieren und die Bedingungen dafür schaffen, in denen sich respektvolles Denken und Tun entwickeln kann.« (Demirkan 2011) Dem ist nichts hinzuzufügen und nur zu ergänzen, dass Respekt und Menschlichkeit somit ein Garant gegen die Verrohung der Zivilisation sind.

Resümee

»Es ist ganz wahr, was die Philosophie sagt, dass das Leben rückwärts verstanden werden muss. Aber darüber vergisst man den andern Satz, dass vorwärts gelebt werden muss.«

Sören Kierkegaard (1813–1855)

Flachheit im Fühlen, Denken und Handeln war im NS-Regime opportun. Das Volk und nicht das Individuum hätte angeblich das Sagen gehabt. Was das Volk jedoch zu sagen hatte, das bestimmte ausschließlich der Führer. Mit einem kritischen oder gar aufmüpfigen Verhalten riskierte man sein Leben. Flachheit im Fühlen, Denken und Handeln zeichnete gleichermaßen große Anteile der deutschen Bevölkerung noch nach Kriegsende im Wirtschaftswunderland der Bundesrepublik der 1950er Jahre aus. Flachheit im Fühlen, Denken und Handeln steht im Fokus des Ellenbogenkapitalismus. Die Indoktrination und Manipulation von Menschen in der NS-Zeit dienten der Vernichtung und dem Krieg. Mit dem Wirtschaftswunder setzte sich fast nahtlos und unbemerkt eine Manipulation der Menschen zu willfährigen und unkritischen Konsumenten fort. Die Verlockungen der Werbung und die Verheißungen der Konsumgüterproduzenten, der Banken, der Versicherungen etc. waren und sind tiefgreifend mit dem Begriff Neuromarketing nur zum Teil zu beschreiben. Das Zielorgan der Marketingstrategen ist die menschliche Psyche. Dort sollen Konsumwünsche geweckt und implantiert werden. Mit Psychologie soll das Verhalten von Konsumenten »auf Vordermann« gebracht werden. Schulen und Universitäten jedoch sind der Bildung mit der Fähigkeit zum kritischen

Bewerten verpflichtet. Dies kann nur gelingen, wenn Schulen und Universitäten so frei wie möglich und mit geringstmöglichem Dirigismus staatlicher Institutionen agieren dürfen. Die dominierenden Konzerne nehmen Einfluss auf die Politik. Die Politik ist für Wirtschaft und Handel verantwortlich und steht nicht selten den Konzernen zu Diensten. Auf der anderen Seite sind Politik und Staat auch für das Wohl der Kinder und der Jugend und somit für Schule und Universität verantwortlich. Derzeit ist jedoch unschwer festzustellen, dass die dominierenden Konzerne, die Wirtschaft und der Handel ihrer Natur gemäß versuchen, über ihre Einflussnahme auf staatliche Institutionen auch in der schulischen und universitären Bildung Bedeutung zu erlangen. Mit Kenntnissen und Erkenntnissen über die Funktionsweisen von Wirtschaft und Politik können Kinder und Jugendliche beispielhaft feststellen, dass eine Trennung zwischen Privatem und Politischem untauglich ist und schlimmstenfalls in einer reinen Spaßgesellschaft zum Verlust der Persönlichkeit führt.

Selbstwert und Wehrhaftigkeit der nachfolgenden Generationen sind erforderlich, auch um den von Ulrich Beck eindrucksvoll beschriebenen Gefahren einer »Risikogesellschaft« (1986) und einer »Weltrisikogesellschaft« (2007) entgegenzutreten. Entsprechend gilt dies auch für die Charakteristik der gegenwärtigen Gefahrensituationen, wie sie von Samuel Huntington in »Kampf zwischen den Kulturen« (1996) und von Andreas Reckwitz: »Kampf um die Kultur« (2016) umrissen worden sind. Der Lehrkräfteberuf nimmt eine »Schlüsselfunktion für die gesellschaftliche Entwicklung« ein. Diese Aussage von Marie-Christine Ghanbari (2016) kann nicht genügend betont werden. Bleibt es bei dem alleinigen Ansatz, in den Schulen Kindern und Jugendlichen vordergründig nur das Rechnen, Lesen und Schreiben beizubringen, dann werden lediglich Analphabeten vermieden. Gebildete und auf ein »erfülltes« Leben hoffende Menschen profitieren in solchen Schulen wenig. Im Strudel von Hetze und Lärm und Oberflächlichkeit droht der konsumorientierte Zeitgeist zu obsiegen. In der Bildungspolitik, in Schule und Universität sollte die Warnung des Lyrikers und Dramatikers Erich Nossack aufrüttelnder Weckruf sein: »Ein Zeitalter, das so einseitig auf die Erhaltung des Daseins aus ist wie das Unsere, vermag nicht einmal mehr von Erfüllung zu träumen.« Der dänische Philosoph, Theologe und Schriftsteller Sören Kierkegaard (1813–1855) hat einmal resignativ festgestellt: »Alles lärmt.« Mit Kierkegaard geht es heute vornehmlich nur noch darum, die Sinne zu erschüttern, es geht um Krach, um nichtssagende Mitteilungen, unbedeutende Handlungen, größtmögliche Hast, Schnelligkeit und Verbreitung von Belanglosigkeiten. Andere Essayisten gebrauchen die ordinäre Zuspitzung: Es gehe bei den Erwachsenen nur noch ums Saufen, Fressen und Huren. Dagegen steht jedoch die Vorstellung, dass die Institution »Schule« eben auch dazu da ist, Schülerinnen und Schülern Orientierung zu bieten und einen roten Faden für ihren Lebensweg aufzuzeigen. Dies kann und soll auch dazu führen, bewusster zu leben und nicht eines Tages unversöhnt sterben zu müssen. Erich Nossack wollte mit seiner Formulierung, es gehe heute einseitig um die Erhaltung des Daseins, zum Ausdruck bringen, dass neben dem Gelderwerb nur noch Oberflächlichkeit, Ablenkung und Zerstreuung zählten und damit Entfremdung von dem eigenen Ich droht. Die Suche nach Antworten auf Sinnfragen kann in Ausweglosigkeit und Verzweiflung enden. Die moderne Hirnforschung, aber auch bereits Goethe, Galilei und Einstein versuchen, uns klar zu machen, dass Vorstellungskraft und Phantasie wichtiger sind als Wissen. Beides ist in Schulen zu pflegen. Die Phantasie braucht Ruhe und kreative Muße anstelle von Krach und Hetze. Auch Muße kann und sollte man in Schulen erfahren und erlernen können. Muße ist das

Gegenteil von Untätigsein. Sie bedeutet, den Geist gewähren zu lassen, nach innen zu hören und zu schauen, anstatt sich immer wieder abzulenken mit Nichtigkeiten. Letzteres kann den Blick auf die Natur und den Kontakt und den Frieden mit ihr versperren. Mitmenschlichkeit und Respekt vor dem Phänomen »Leben« schlechthin bedürfen des Geistes und der Muße und nicht – um mit Kierkegaard zu sprechen – einer »Erschütterung« der Sinne, allenfalls einer Schärfung derselben.

In Deutschland ist der schändliche Umgang mit Kindern ein ebenso wahrhaftiges wie leider zu wenig wahrgenommenes politisches Thema. Mit der frühzeitigen kindgemäßen Aufklärung über Möglichkeiten und Risiken der Misshandlung und des sexuellen Missbrauches von Erwachsenen Kindern gegenüber kann ein wirksamer Schutz der Kinder aufgebaut werden. Eine vergleichbare Variante ist mit der Einführung des Sexualkundeunterrichtes an den Schulen gegeben, der geeignet sein kann, den Respekt vor der Sexualität zu fördern und aggressiv auftretende Pornographie und Gewalt zu verachten. Und sollte es gelingen, bereits im Kindesalter das menschliche Mitgefühl zu globalisieren und die Notwendigkeit zur Bildung zu demokratisieren (Kailash Satyarthi), dann könnte für Kinder weltweit ein Hoffnungsschimmer zu leuchten beginnen. Die von Ulrich Beck beschriebene weltweite Risikogesellschaft wäre einen kleinen Schritt auf dem Weg hin zur Entspannung vorangekommen. Eine zentrale Erkenntnis und zugleich weltweit gültige Botschaft hat Lloyd deMause in seinem Vermächtnis »Das emotionale Leben der Nationen« (2005) formuliert: »Sozialen Veränderungen geht stets ein Wandel in der Kindererziehung voraus.« Es ist von großer Bedeutung, Kinder und Heranwachsende liebevoll und fürsorglich zu begleiten. Das Gegenteil, eine wie auch immer begründete Vernachlässigung oder – noch schlimmer – Misshandlung und Missbrauchserfahrungen prägen sich in den kindlichen Gehirnen ein mit gravierenden und nicht selten dauerhaft das gesamte Leben schädigenden Folgen, die wiederum Einfluss auf die Gesellschaft haben.

Mit dem Appell von Lloyd deMause im Sinne eines notwendigen Wandels in der Kindererziehung hat auch die von Gerhard Roth formulierte Erkenntnis Bedeutung, »dass die Mehrzahl der späteren Kriminellen hoch unsicher gebundene Kleinkinder waren.« (G. Roth 2007) Mit anderen Worten, die Spezies Mensch scheint ihre Probleme, d. h. die Unmöglichkeit eines friedlichen Zusammenlebens, selbst zu verursachen, und das weltweit. Sollte tatsächlich Homo rapiens gegen Homo sapiens obsiegen? Menschen und Gesellschaften, die es geschafft haben oder zumindest auf dem Weg dahin sind, ihre Kinder gewaltfrei und in einer liebevollen Beziehung und Bindung an ihre Eltern oder Bezugspersonen zu erziehen, sind Garanten dafür, dass diese Dystopie nicht künftige Gegenwart wird. Sie werden daher gebraucht!

Mit einer noch immer nicht überall üblichen intensiven und nachhaltigen, die Gefühle der Jugend berührenden Aufarbeitung der jüngsten deutschen Vergangenheit – des Zweiten Weltkriegs, des Holocaust und sodann des unmittelbaren Übergangs in der Nachkriegszeit in den Wirtschaftskapitalismus – könnte bereits Kindern und Jugendlichen in den Schulen eine Analyse der Oberflächlichkeit und des moralischen Werteverlustes, mit anderen Worten: des herrschenden Zeitgeistes gelingen. Die von Stéphane Hessel zum engagierten Widerstand u. a. gegen die hier vorgestellten, nicht länger hinnehmbaren und die gesamte Menschheit bedrohenden Phänomene verfasste Streitschrift *Empört euch!* sollte Schullektüre werden wie Goethes *Faust,* das *Leben der Anne Frank* oder Orwells *1984.* Empört euch – und zwar in einem friedlichen und nicht zu Gewalt aufrufenden Sinne – ist ein Privileg der Jugend! Einer unbekümmerten Jugend sollte dieser Hinweis auch den Blick auf die gegenwärtige unsichere, wenn nicht bedrohliche Lage in der Welt öffnen und begreiflicher machen.

Zum Schluss stellt sich die Frage, wer setzt sich in unserer menschlichen Evolution durch? Ist es Homo sapiens oder der Mensch als Raubtier, Homo rapiens, oder gar die von dem Kriminalpsychologen Thomas Müller beschriebene »Bestie Mensch«? Das Problem scheint die Vielfalt unserer Entwicklungsmöglichkeiten zu sein. Charles Darwin hat bereits vor ca. 150 Jahren erkannt und zu Papier gebracht: »Die höchste mögliche Stufe in der moralischen Kultur, zu der wir gelangen können, ist die, wenn wir erkennen, daß wir unsere Gedanken kontrollieren sollen.« (Darwin 1871) Würde Darwin in unseren Tagen leben, so könnte er auch ergänzt haben, dass unseren Gedanken auch moralisch kontrollierte Handlungen folgen sollten. Mit den Hinweisen über die Ambivalenz des als Mängelwesen geborenen Menschen – im Erwachsenenalter sowohl als Universalgenie (Homo sapiens), aber auch Raubtier und bisweilen Bestie (Homo rapiens) auftretend – können Leichtgläubigkeit, Beeinflussbarkeit und jugendliches Ungestüm in die Realitäten des Lebens übergeleitet werden. Schulische Bildung und vertiefte universitäre Bildung führen mit den Erfahrungen des Lebens zur Weisheit.

Quellen- und Literaturverzeichnis

Adler, Alfred: Menschenkenntnis. 15. Aufl., Frankfurt am Main (Fischer) 1980 (zuerst 1927)

Adorno, Theodor W.: Erziehung zur Mündigkeit. Vorträge und Gespräche mit Hellmut Becker 1959–1969, hrsg. von Gerd Kadelbach. Frankfurt am Main (Suhrkamp) 1970

Albrecht, Jörg: Wie werden wir leben? In: Frankfurter Allgemeine Sonntagszeitung, Nr. 34 vom 28.8.2016, S. 55–58

Ariès, Philippe: Geschichte der Kindheit. München (DTV) 2014 (zuerst franz. 1973, dt. 1975)

Aurel, Marc: Selbstbetrachtungen. Hrsg. und übersetzt von Rainer Nickel. 2. Aufl., Mannheim 2010 (Sammlung Tusculum)

Bacon, Francis: Essays oder praktische und moralische Ratschläge. Stuttgart (Reclam) 2011

Bannenberg, Britta: Amok. Ursachen erkennen, Warnsignale verstehen. Gütersloh (Gütersloher Verlagshaus) 2010

Bartens, Werner: Fast ein Drittel der Bundesbürger hat in der Kindheit Gewalt erlebt. In Süddeutsche Zeitung vom 16.3.2017. Online unter http://www.sueddeutsche.de/gesundheit/studie-fast-ein-drittel-der-bundesbuerger-hat-in-der-kindheit-gewalt-erlebt-1.3423586 (letzter Abruf 26.3.2018)

Bauer, Fritz: Die Wurzeln faschistischen und nationalsozialistischen Handelns. Frankfurt am Main (Europäische Verlagsanstalt) 1965

Bauer, Joachim: Das Gedächtnis des Körpers. Wie Beziehungen und Lebensstile unsere Gene steuern. Frankfurt am Main (Eichborn) 2002

Bauer, Joachim: Warum ich fühle, was du fühlst. Intuitive Kommunikation und das Geheimnis der Spiegelneurone. Hamburg (Hoffmann und Campe) 2005

Beck, Ulrich: Risikogesellschaft. Auf dem Weg in eine andere Moderne. Frankfurt am Main (Suhrkamp) 1986

Beck, Ulrich: Weltrisikogesellschaft. Auf der Suche nach der verlorenen Sicherheit. Frankfurt am Main (Suhrkamp) 2007

Beckmann, Udo: Beschimpft, bedroht, gemobbt. Eine Umfrage zeigt erstmals das Ausmaß der Gewalt gegen Lehrer. In: Süddeutsche Zeitung vom 15.11.2016, hier Leserdiskussion »Gewalt an Schulen: Wie kann man Lehrer besser schützen?« Online unter http://www.sueddeutsche.de/bildung/leserdiskussion-gewalt-an-schulen-wie-kann-man-lehrer-besser-schuetzen-1.3249335 (letzter Abruf 16.3.2018)

Bettelheim, Bruno: Liebe allein genügt nicht: Die Entwicklung emotional gestörter Kinder. Stuttgart (Klett-Cotta) 1970 (zuerst engl. 1950)

Bernhard, Armin: Bewusstseinsbildung. Einführung in die kritische Bildungstheorie und Befreiungspädagogik Heinz-Joachim Heydorns. Hohengehren (Schneider) 2014

Bieri, Peter: Eine Art zu leben. Über die Vielfalt menschlicher Würde. München (Hanser) 2013

Bischof, Norbert: Das Rätsel Ödipus. Die biologischen Wurzeln des Urkonfliktes von Intimität und Autonomie. München (Piper) 1985

Blaffer Hrdy, Sarah; Hausfater, Glenn: Infanticide. Comparative and Evolutionary Perspectives. New York, NY (Aldine Publishing Co) 1984

Blech, Jörg: Gene sind kein Schicksal. Wie wir unsere Erbanlagen und unser Leben steuern können. Frankfurt am Main (Fischer) 2010

Blottner, Sebastian: Spiel mit dem Unbewussten. In: Berliner Morgenpost vom 14.6.2009. Online unter: https://www.morgenpost.de/printarchiv/karriere/article104215898/Spiel-mit-dem-Unbewussten.html (letzter Abruf 16.3.2018)

Bode, Sabine: Die vergessene Generation. Die Kriegskinder brechen ihr Schweigen. Stuttgart (Klett-Cotta) 2004

Bode, Sabine: Kriegsenkel. Die Erben der vergessenen Generation. Stuttgart (Klett-Cotta) 2009

Böhm, Winfried: Maria Montessori. Einführung mit zentralen Texten. Paderborn (Schöningh) 2010

Bonn, Scott: Grundlegende Unterschiede zwischen kriminellen Soziopathen und Psychopathen. In: Sot.net vom 22.1.2015. Online unter: https://de.sott.net/article/16719 (letzter Abruf 16.3.2018)

Bosch, Aida: Die Schönheit der Welt als Lebensfrage. Ästhetischer Widerstand gegen Destruktionsdynamiken. In: Ästhetischer Widerstand gegen Zerstörung und Selbstzerstörung, hrsg. von ders. und Hermann Pfütze. Wiesbaden (Springer) 2017, S. 25–35

Brooks, David: Charakter. Die Kunst Haltung zu zeigen. München (Kösel) 2015

Brünjes, Wolfgang (u. a.): Projekt »Eine Welt in der Schule«. Online unter http://www.weltinderschule.uni-bremen.de/index.htm (letzter Abruf 16.3.2018)

Bündnis für humane Bildung, DigitalPakt Schule: Irrweg der Bildungspolitik. Offener Brief an die Kultusminister_innen der Bundesländer vom 28.6.2017. Online unter: http://www.aufwach-s-en.de/wp-content/ uploads/ 2017/06/kmk_offenerbrief_final.pdf (letzter Abruf 27.3.2018)

Bundestagsdrucksache 16/9528: Bericht des Ausschusses für Bildung, Forschung und Technikfolgenabschätzung (18. Ausschuss) gemäß § 56a der Geschäftsordnung. Technikfolgenabschätzung (TA). Zielgruppenorientiertes eLearning für Kinder und ältere Menschen. Sachstandsbericht zum Monitoring »eLearning« vom 9.6.2008. Online unter http://dip21.bundestag.de/dip21/btd/16/095/1609528.pdf (letzter Abruf 27.3.2018)

Burkhardt, Carl August Hugo: Goethes Unterhaltungen mit dem Kanzler Friedrich von Friedrich Müller. Stuttgart (Cotta) 1870

Buskes, Chris: Evolutionär denken. Darwins Einfluss auf unser Weltbild. Darmstadt (Primus) 2008

Clegg, Brian: Quantentheorie in 30 Sekunden. Die wichtigsten Erkenntnisse und Thesen aus der Welt der modernen Physik. Kerkdriel (Librero) 2015

Cook, Tim: »Wir sind der größte Steuerzahler der Welt«. Im Gespräch: Tim Cook, der Vorstandsvorsitzende von Apple. In: F.A.Z. Nr. 239 vom 14.10.2017

Cooper-White, Macrina: 11 Anzeichen, dass Sie mit einem Soziopathen zusammen sind. In: The Huffington Post vom 23.6.2015. Online unter http://www.huffingtonpost.de/2015/06/23/11-anzeichen-dass-sie-mit-einem-soziopathen-zusammen-sind_n_7642856.html (letzter Abruf 16.3.2018)

Damásio, António: Self Comes to Mind: Constructing the Conscious Brain. New York, NY (Pantheon Books) 2010

Darwin, Charles: Über die Entstehung der Arten durch natürliche Zuchtwahl. Kommentierte Ausgabe. Weinheim (VCH-Wiley) 2013 (zuerst engl. 1859)

Darwin, Charles: Die Abstammung des Menschen und die geschlechtliche Zuchtwahl. Stuttgart (Schweizerbart) 1871 (zuerst engl. 1871)

Darwin, Charles: Ausdruck der Gemütsbewegungen bei dem Menschen und den Tieren. Kritische Edition. Frankfurt am Main (Eichborn) 2000 (zuerst engl. 1872)

Dauber, Heinrich: Erziehung – Therapie – Spiritualität. In: Damit das Denken Sinn bekommt. Spiritualität, Vernunft und Selbsterkenntnis, hrsg. von Gerald Hüther, Wolfgang Roth und Michael von Brück. Freiburg im Breisgau (Herder) 2008, S. 149–163

Diamond, Jared: Kollaps. Warum Gesellschaften überleben oder untergehen. Frankfurt am Main (Fischer) 2005 (zuerst engl. 2004)

Dehmers, Jürgen (= Andreas Huckele): Wie laut soll ich denn noch schreien? Die Odenwaldschule und der sexuelle Missbrauch. Reinbek bei Hamburg (Rowohlt) 2011

Demirkan, Renan: Respekt. Heimweh nach Menschlichkeit. Freiburg im Breisgau (Herder) 2011

Detjen, Joachim: Die Demokratiekompetenz der Bürger. Herausforderung für die politische Bildung, in: Aus Politik und Zeitgeschichte B 25/2000, S. 11–20. Online unter http://www.bpb.de/apuz/25554/die-demokratiekompetenz-der-buerger?p=all (letzter Abruf 28.3.2018)

Ditfurth, Hoimar von: Der Geist fiel nicht vom Himmel. Die Evolution unseres Bewusstseins. Hamburg (Hoffmann und Campe) 1976

Dobzhansky, Theodosius: Nothing in Biology Makes Sense Except in the Light of Evolution. In: The American Biology Teacher 35 (1973) 3, S. 25–129

Dürr, Hans Peter; Oesterreicher-Mollwo, Marianne: Wir erleben mehr, als wir begreifen. Quantenphysik und Lebensfragen. Freiburg im Breisgau (Herder) 2001

Dürr, Hans-Peter: Wir erleben mehr als wir begreifen. Naturwissenschaftliche Erkenntnis und Erleben der Wirklichkeit. Seminar zum Dialog von Naturwissenschaft und Theologie. Vortrag an der TU Clausthal vom 28.5.2002. Online unter: https://video.tu-clausthal.de/film/48.html (letzter Abruf 27.3.2018)

Egle, Jürgen: Zur Bedeutung von Person und Beziehung für gelingendes Lernen. In: Seminar 2013, Heft 4: Lehrerpersönlichkeit: personale und soziale Kompetenzen, S. 44–70

Ekman, Paul: Gefühle lesen. Wie Sie Emotionen erkennen und richtig interpretieren. 2. Aufl., Berlin/Heidelberg (Springer) 2010 (zuerst 2004)

Elger, Christian E. u. a.: Das Manifest. 11 führende Neurowissenschaftler über Gegenwart und Zukunft der Hirnforschung. In: Gehirn und Geist 06/2004, S. 30–37

Elias, Norbert: Über den Prozess der Zivilisation. Frankfurt am Main (Suhrkamp) 1976 (zuerst 1939)

Ermert, Karl: Was ist kulturelle Bildung? Dossier der Bundeszentrale für politische Bildung vom 23.7.2009. Online unter: http://www.bpb.de/gesellschaft/kultur/kulturelle-bildung/59910 (letzter Abruf 19.3.20118)

Ernst, Heiko: Intuition: Können wir unserem Bauchgefühl vertrauen? In: Psychologie heute 3/2003, S. 20–27

Ettel, Anja; Zschäpitz, Holger: Die Welt steht vor einer Dekade der Extreme. In: WELT vom 12.1.2017. Online unter https://www.welt.de/wirtschaft/article161121706 (letzter Abruf 19.3.2018)

Familienhandbuch: Online-Familienhandbuch, hrsg. vom Staatsinstitut für Frühpädagogik (IFP) München. Online unter https://www.familienhandbuch.de/index.php (letzter Abruf 28.3.2018)

Ferguson, Niall: Der Westen und der Rest der Welt. Die Geschichte vom Wettstreit der Kulturen. Ungekürzte Ausgabe Berlin (List) 2013 (zuerst engl. 2011)

Fink, Pierre-Christian: Auf der Suche nach Adam Smith. Historiker zeigen: Der Vater der Ökonomie war kein Prediger des freien Marktes. Er suchte nach Werten. In: DIE ZEIT Nr. 34 vom 14.8.2013. Online unter http://www.zeit.de/2013/34/oekonomie-adam-smith (letzter Abruf 27.3.2018)

Fischer, Ernst-Peter: Die Bildung des Menschen. Was die Naturwissenschaften über uns wissen. Berlin (Ullstein) 2004

Foodwatch vom 3.5.2013: Warum schadet Werbung und Sponsoring in der Schule Kindern? Online unter https://www.foodwatch.org/fileadmin/Themen/Kinderlebensmittel/Dokumente/2013-05-03_foodwatch_Warum_Werbung_an_Schulen_Kindern_schadet.pdf (letzter Abruf 27.3.2018)

Ford, Kenneth W.: Wie klein ist klein? Eine kurze Geschichte der Quanten. Berlin (Ullstein) 2008 (zuerst engl. 2004)

Fraenkel, Ernst: Deutschland und die westlichen Demokratien, hrsg. von Alexander Brünneck. 2., erw. Aufl., Frankfurt am Main (Suhrkamp) 1991 (zuerst 1964)

Freud Sigmund: Das Ich und das Es. Leipzig/Wien/Zürich (Internationaler Psychoanalytischer Verlag) 1923

Freud Sigmund: Das Unbehagen in der Kultur. Wien (Internationaler Psychoanalytischer Verlag) 1930

Frevert, Ute: Vertrauensfragen. Eine Obsession der Moderne. München (Beck) 2013

Friederici, Angela: Lebenslanges Lernen – das ist wie eine Muskelübung. Interview in: F.A.Z. Nr. 65 vom 17.3.2008, S. 35

Fröhlich, Werner D.: Wörterbuch Psychologie. 15., bearb. u. erw. Aufl., München (dtv) 1987

Fromm, Erich: Die Kunst des Liebens. Berlin (Ullstein) 2005 (zuerst 1956)

Fuchs, Thomas: Das Gehirn – ein Beziehungsorgan. Eine phänomenologisch-ökologische Konzeption. Stuttgart (Kohlhammer) 2008

Füller, Christian: Sündenfall. Wie die Reformschule ihre Ideale missbrauchte. Köln (DuMont) 2011

Füller, Christian: Die Revolution missbraucht ihre Kinder. Sexuelle Gewalt in deutschen Protestbewegungen. München (Hanser) 2015

Gabriel, Gottfried: Grundprobleme der Erkenntnistheorie. Von
Descartes zu Wittgenstein. 3., durchges. Aufl., Paderborn
(Schöningh) 2008 (zuerst 1993)
Ganten, Detlev; Spahl Thilo; Deichmann, Thomas: Die Steinzeit
steckt uns in den Knochen: Gesundheit als Erbe der
Evolution. München (Piper) 2011
Ganten, Detlev; Gerhardt, Volker; Heilinger, Jan-Christoph;
Nida-Rümelin, Julian (Hrsg.): Was ist der Mensch?
Berlin 2008
Gaschke, Susanne: Die verkaufte Kindheit. Wie Kinderwünsche
vermarktet werden und was Eltern dagegen tun können.
München (Pantheon) 2011
Gassmann, Michael: Wie die böse Wirtschaft »unsere Kinder«
verführt. In WELT vom 26.11.2013. Online unter
https://www.welt.de/wirtschaft/article122257924/
Wie-die-boese-Wirtschaft-unsere-Kinder-verfuehrt.html
(letzter Abruf 27.3.2018)
Gehlen, Arnold: Studien zur Anthropologie und Soziologie.
Durchges. und veränd. Aufl., Neuwied (Luchterhand)
1971 (zuerst 1963)
Geipel, Ines: »Für heute reicht's« – Amok in Erfurt. Berlin
(Rowohlt) 2004
Geißler, Karlheinz A.: Lob der Pause. Warum unproduktive
Zeiten ein Gewinn sind. München (oekom) 2010
Geyer, Christian: Evolution und Vernunft, in: F.A.Z. Nr. 166
vom 20.7.2005
Giesecke, Hermann: Pädagogik als Beruf. Grundformen päda-
gogischen Handelns. 11. Aufl., Weinheim/Basel (Beltz)
2013 (zuerst 1987)
Görnitz Thomas; Görnitz Brigitte: Von der Quantenphysik zum
Bewusstsein. Kosmos, Geist und Materie. Berlin/Heidel-
berg (Springer) 2016
Goethe, Johann Wolfgang von: Wilhelm Meisters Lehrjahre.
München (Goldmann) 1990 (zuerst 1795)

Goethe, Johann Wolfgang von: Wilhelm Meisters Wanderjahre oder die Entsagenden, Betrachtungen. Frankfurt am Main (Insel) 1981 (zuerst 1821).

Goethe, Johann Wolfgang von: Faust. Der Tragödie zweiter Teil. Stuttgart (Reclam) 1971 (zuerst 1833).

Goleman, Daniel: Emotionale Intelligenz. München (dtv) 1996

Goodall, Jane: Chimpanzees of Gombe: Patterns of Behaviour. (Belknab Press) 1986

Goodall, Jane: Die Erde gehört uns nicht allein. Meine Hoffnung für die Tiere und ihre Welt. Altendorf (Giger) 2011

Grandt, Michael: Das Hitlertribunal. Protokoll eines Nürnberger Prozesses. München/London/New York (Gryphon) 2006

Gray, John: Raubtier Mensch. Die Illusion des Fortschritts. Stuttgart (Klett-Cotta) 2015

Greenspan, Nancy: Max Born. Baumeister der Quantenwelt: Eine Biographie. München (Elsevier) 2006

Grossarth-Maticek, Ronald: Kompetent Gesund. Krankheitsentstehung und Gesundheitsentwicklung im psychophysischen System. Das Autonomietraining als Prävention. Hamburg (Tredition) 2015

Grosse-Wiesmann, Charlotte: White Matter Maturation is Associated with the Emergence of Theory of Mind in Early Childhood. In: Nature Communication vom 21.3.2007 [Studie des Max-Planck-Instituts für Kognitions- und Neurowissenschaften Leipzig: Wie Kinder Einfühlungsvermögen lernen]

Gruen, Arno: Verrat am Selbst. Die Angst vor Autonomie bei Mann und Frau. München (dtv) 1984

Gruen, Arno: Dem Leben entfremdet. Warum wir wieder lernen müssen zu empfinden. Stuttgart (Klett-Cotta) 2013

Gruen, Arno: Wider den Gehorsam. Stuttgart (Klett-Cotta) 2014

Grundmann, Diana: Bildung für nachhaltige Entwicklung in Schulen verankern. Handlungsfelder, Strategien und Rahmenbedingungen der Schulentwicklung. Wiesbaden (Springer) 2017

Gruschka, Andreas: Erzieht die Schule zur Mündigkeit? In:
Der mündige Mensch. Denkmodelle der Philosophie,
Geschichte, Medizin und Rechtswissenschaft, hrsg. von
Gernot Böhme. Darmstadt (Wissenschaftliche
Buchgesellschaft) 2009, S. 67–89
Gruschka, Andreas: Verstehen lernen. Ein Plädoyer für guten
Unterricht. Stuttgart (Reclam) 2011
Gubela, Leonie: »Du musst dich zusammenreißen – so ein Satz
geht bei uns gar nicht!« Wie erreicht man suizidgefähr-
dete Jugendliche? In: Süddeutsche Zeitung vom 28.9.2017.
Online unter http://www.sueddeutsche.de/leben/
praevention-du-musst-dich-zusammenreissen-so-ein-
satz-geht-bei-uns-gar-nicht-1.3663499 (letzter Abruf
27.3.2018)

Haarer, Johanna: Die deutsche Mutter und ihr erstes Kind.
München (Lehmann) 1934
Handke, Peter: Kaspar. Frankfurt am Main (Suhrkamp) 1968
Harari, Yuval Noah: Eine kurze Geschichte der Menschheit.
München (dtv) 2013 (zuerst hebr. 2011)
Hascher, Tina: Emotionen im Schulalltag, Wirkungen und
Regulationsformen. In: Zeitschrift für Pädagogik 51
(2005), Nr. 5, S. 610–625
Hattie, John: Lernen sichtbar machen für Lehrpersonen.
Baltmannsweiler (Schneider Verlag Hohengehren) 2013
(zuerst engl. 2009)
Hawking, Stephen W.: Eine kurze Geschichte der Zeit. Die
Suche nach der Urkraft des Universums. Reinbek bei
Hamburg (Rowohlt) 2015 (zuerst engl. 1988)
Hegel, Georg Wilhelm Friedrich: Vorlesungen über die
Geschichte der Philosophie I. In: Hegel Werke in 20 Bän-
den, hrsg. von Eva Moldenhauer und Karl Markus
Michel, Bd. 18. Frankfurt am Main (Suhrkamp) 1986
Heisenberg, Werner: Der Teil und das Ganze. Gespräche im
Umkreis der Atomphysik. München (Piper) 1969

Heisenberg, Werner: Quantentheorie und Philosophie. Vorlesungen und Aufsätze, hrsg. von Jürgen Busche. Stuttgart (Reclam) 1979

Heitmann, Matthias: Zeitgeisterjagd. Auf Safari durch das Dickicht des modernen politischen Denkens. Jena (TvR Medienverlag) 2015

Herrmann, Ulrich (Hrsg.): Neurodidaktik. Grundlagen und Vorschläge für gehirngerechtes Lehren und Lernen. Weinheim/Basel (Belz) 2009

Hessel, Stéphane: Empört euch! Berlin (Ullstein) 2011 (zuerst franz. 2010)

Heydorn, Heinz-Joachim: Werke. Bildungstheoretische und pädagogische Schriften, Bd. 3: Über den Widerspruch von Bildung und Herrschaft. Wetzlar (Büchse der Pandora) 2004 (zuerst 1995)

Horkheimer, Max; Adorno, Theodor W.: Sociologica. Bd. 2: Reden und Vorträge. Frankfurt am Main (Europäische Verlagsanstalt) 1962 (= Frankfurter Beiträge zur Soziologie; 10)

Hüther, Gerald: Biologie der Angst. Wie aus Streß Gefühle werden. Göttingen (Vandenhoek und Ruprecht) 1997

Hüther, Gerald (2006a): Die Ausbildung von Metakompetenzen und Ich-Funktionen während der Kindheit. In: Bildung ist mehr als Lernen. Kindergarten und Schule im Dialog, hrsg. von Andreas Neider. Stuttgart (Verlag Freies Geistesleben) 2006, S. 84–99

Hüther, Gerald (2006b): Eine neue Kultur der Anerkennung. Plädoyer für einen Paradigmenwechsel in der Schule. Radiovortrag auf SWR2 AULA am 26.11.2006. Online unter https://www.swr.de/swr2/programm/sendungen/wissen/swr2-aula-eine-neue-kultur-der-anerkennung/-/id=660374/did=1804982/nid=660374/1b36atx/index.html (letzter Abruf 20.3.2018)

Hüther, Gerald: Was wir sind und was wir sein könnten.
Ein neurobiologischer Mutmacher. Frankfurt am Main
(Fischer) 2011
Hüther, Gerald: Wie Kinder heute wachsen. Natur als Entwick-
lungsraum. Ein neuer Blick auf das kindliche Lernen,
Denken und Fühlen. Weinheim/Basel (Beltz) 2013
Hüther, Gerald (2015a): Etwas mehr Hirn, bitte. Eine Einladung
zur Wiederentdeckung der Freude am eigenen Denken
und der Lust am gemeinsamen Gestalten. Göttingen
(Vandenhoek und Ruprecht) 2015
Hüther, Gerald (2015b): Schule und Gesellschaft – die Radikal-
kritik. Interview für den Stifterverband, veröffentlicht am
21.8.2015. Online unter https://www.stifterverband.org/
video/huether_schule_und_gesellschaft_radikalkritik
(letzter Abruf 20.3.2018)
Hüther, Gerald: Mit Freude lernen. Weshalb wir ein neues
Verständnis vom Lernen brauchen. Sieben Thesen zu
einem erweiterten Lernbegriff und eine Auswahl von
Beiträgen zur Untermauerung. Göttingen (Vandenhoek
und Ruprecht) 2016
Hüther, Gerald; Roth, Wolfgang; Brück, Michael von (Hrsg.):
Damit das Denken Sinn bekommt. Spiritualität, Vernunft
und Selbsterkenntnis. Freiburg im Breisgau (Herder) 2008
Hüther, Gerald; Hauser, Uli: Jedes Kind ist hochbegabt. Die
angeborenen Talente unserer Kinder und was wir aus
ihnen machen. München (Knaus) 2012
Hüther, Gerald; Hosang, Maik; Grün, Anselm: Liebe ist die ein-
zige Revolution. Drei Impulse für Ko-Kreativität und
Potentialentfaltung. Freiburg im Breisgau (Herder) 2017
Huntington, Samuel P.: Kampf der Kulturen. Die Neugestaltung
der Weltpolitik im 21. Jahrhundert. München/Wien
(Europa-Verlag) 1996 (zuerst engl. 1993/96)

Jaenicke, Hannes: Die große Volksverarsche. Wie Industrie und Medien uns zum Narren halten. Ein Konsumenten-Navi. 3. aktualisierte Aufl., Gütersloh (Gütersloher Verlagshaus) 2013

Jakobi, Sonja: Bildung und Ökonomie: Zwischen Wirtschaftlichkeit und Humanismus. Saarbrücken (VDM Verlag Dr. Müller) 2012

Janich, Peter: Menschen können Rad fahren, nicht aber Hirne. In: F.A.Z. Nr. 138 vom 16.6.2008, S. 37

Jansen-Garz, Gundis: Kein Mensch flieht freiwillig. In: Welt & Handel [2015]. Online unter http://www.weltundhandel.de/hintergrund/details/article/kein-mensch-flieht-freiwillig.html (letzter Abruf 22.3.2018)

Jürgs, Michael: Der kleine Frieden im großen Krieg. Westfront 1914: Als Deutsche, Franzosen und Briten gemeinsam Weihnachten feierten. München (Goldmann) 2005 (zuerst 2003)

Kafka, Peter: Gegen den Untergang: Schöpfungsprinzip und globale Beschleunigungskrise. München (Hanser) 1994

Kaku, Michio: Die Physik des Bewusstseins: Über die Zukunft des Geistes. Reinbek bei Hamburg (Rowohlt) 2014

Kandel, Eric: Das Zeitalter der Erkenntnis. Die Erforschung des Unbewussten in Kunst, Geist und Gehirn von der Wiener Moderne bis heute. München (Siedler) 2012

Kant, Immanuel: Beantwortung der Frage: Was ist Aufklärung? In: Berlinische Monatsschrift, 1784, H. 12, S. 481–494. Online unter: http://www.deutschestextarchiv.de/book/show/kant_aufklaerung_1784 (letzter Abruf 28.3.2018)

Keller, Heidi: Handbuch der Kleinkindforschung. Berlin u. a. (Springer) 1989

Kierkegaard, Sören: Entweder – Oder. Ein Lebensfragment, hrsg. von Victor Eremita. München (dtv) 1975 (zuerst 1843)

Kierkegaard, Sören: Der Begriff Angst. Stuttgart (Reclam) 1992
    (zuerst 1844)
Klafki, Wolfgang: Neue Studien zur Bildungstheorie und
    Didaktik. Beiträge zur kritisch-konstruktiven Didaktik. 6.,
    neu ausgestattete Aufl., Weinheim/Basel (Beltz) 2007
    (zuerst 1985)
Klepacki, Leopold: Lehrerbildung als kulturelle Bildung – ein
    kulturtheoretisch-geisteswissenschaftlicher Essay über
    die Schule. [2014]. Online unter
    https://www.kubi-online.de/artikel/lehrerbildung-
    kulturelle-bildung-kulturtheoretisch-
    geisteswissenschaftlicher-essay-ueber
    (letzter Abruf 20.3.2018)
Koch, Julia: Bonbons für die Klötzchenfischer. Wie entwickeln
    Kinder Moral und Gerechtigkeitssinn? In: DER SPIEGEL,
    Nr. 20 vom 14.5.2016. Online unter
    https://magazin.spiegel.de/SP/2016/20/144788095/
    index.html (letzter Abruf 28.3.2018)
Köppe, Julia: Digitales Klassenzimmer. Warum Estlands Schüler
    den deutschen weit voraus sind. In: SPIEGEL ONLINE
    vom 8.11.2017. Online unter:
    http://www.spiegel.de/lebenundlernen/schule/estland-
    digitalisierung-an-schulen-zu-besuch-im-digitalen-
    klassenzimmer-a-1176271.html (letzter Abruf 28.3.2018)
Koestler, Arthur: Sonnenfinsternis. Wien/Zürich (Europa-Ver-
    lag) 1991 (zuerst engl. 1940)
Koestler, Arthur: Der Mensch – ein Irrläufer der Evolution. Die
    Kluft zwischen unserem Denken und Handeln. Eine
    Anatomie der menschlichen Vernunft und Unvernunft.
    Bern (Scherz) 1978
Korte, Martin: Wie Kinder heute lernen. Was die Wissenschaft
    über das kindliche Gehirn weiß. Das Handbuch für den
    Schulerfolg. München (Goldmann) 2011

Krais, Beate: Perspektiven und Fragestellungen der Soziologie
der Bildung und Erziehung. In: Soziologische Forschung:
Stand und Perspektiven, hrsg. von Barbara Orth, Thomas
Schwietring, Johannes Weiß. Opladen (Leske + Budrich)
2003, S. 81–93. Online unter
http://www.bildungssoziologie.de/steckbrief.html
(letzter Abruf 20.3.2018)

Kraus, Josef: Helikopter-Eltern. Schluss mit Förderwahn und
Verwöhnung. Reinbek bei Hamburg (Rowohlt) 2013

Kraus, Josef: Wie man eine Bildungsnation an die Wand fährt.
Und was Eltern jetzt wissen müssen. München (Herbig)
2017

Kresta, Edith: Mitgefühl war sein Lebensthema. Arno Gruen
hoffte auf die sozialen Bewegungen, auf die Kritik an der
Schere zwischen Arm und Reich. In: TAZ vom23.10.2015

Küng, Hans: Über Hoimar von Ditfurth: »Wir sind nicht nur von
dieser Welt«. In: DER SPIEGEL Nr. 42 vom 12.10.1981,
S. 255–262. Online unter
http://www.spiegel.de/spiegel/print/d-14337980.html
(letzter Abruf 28.3.2018)

Leng, Herman-Otto: Die Dimensionen der Demut: Ein natur-
gemäßer Zweifel an der Ausrichtung unseres Lebens.
Baden-Baden (Deutscher Wissenschafts-Verlag) 2015

Lenzen, Dieter (Red.): Bildung neu denken! Das Zukunftsprojekt, hrsg. von der Vereinigung der Bayerischen
Wirtschaft, Opladen (Leske + Budrich) 2003

Liessmann, Konrad Paul: Geisterstunde. Die Praxis der Unbildung. Eine Streitschrift. Wien (Zsolnay) 2014

Linne, Gerhard: Panorama der deutschen Geschichte. Mit einem
Vorwort von Golo Mann, Gütersloh u. a. (Bertelsmann
Lexikon-Verlag) 1973

Living Planet Report 2016. Online unter https://www.wwf.de/
fileadmin/fm-wwf/Publikationen-PDF/WWF-Living
PlanetReport-2016-Kurzfassung.pdf
(letzter Abruf 27.3.2018)
Löpfe, Philipp; Vontobel, Werner: Wirtschaft boomt, Gesell-
schaft kaputt. Eine Abrechnung. Zürich (Orell Füssli) 2014
Löw, Martina: Raumsoziologie. Frankfurt am Main
(Suhrkamp) 2001
Lovelock, James: Das Gaia-Prinzip. Die Biographie unseres
Planeten. Zürich (Artemis & Winkler) 1991
(zuerst engl. 1989)
Lovelock, James: Die Erde und ich. Köln (Taschen) 2016
Lower, Wendy: Hitlers Helferinnen: Deutsche Frauen im
Holocaust. München (Hanser) 2014 (zuerst engl. 2013)

Maaz, Hans-Joachim: Die narzisstische Gesellschaft. Ein Psycho-
gramm. München (Beck) 2012
Mann, Erika: Zehn Millionen Kinder. Die Erziehung der Jugend
im Dritten Reich. 6. Aufl. Reinbek bei Hamburg (Rowohlt)
2011 (zuerst 1938)
Margulis, Lynn: Slanted Truths. Essays on Gaia, Symbiosis, and
Evolution. New York, NY (Copernicus) 1997
Marks, Stephan: Warum folgten sie Hitler: Die Psychologie des
Nationalsozialismus. 2. Aufl., überarb. Neuausgabe,
Ostfildern (Pantmos) 2011 (zuerst 2007)
Martin, Katharina; Wetzel, Helmut: Praxis der Spiritualität. In:
Damit das Denken Sinn bekommt. Spiritualität, Vernunft
und Selbsterkenntnis, hrsg. von Gerald Hüther, Wolfgang
Roth und Michael von Brück. Freiburg im Breisgau
(Herder) 2008, S. 164–178
Maturana, Humberto R.; Verden-Zöller, Gerda: Liebe und Spiel.
Die vergessenen Grundlagen des Menschseins.
Heidelberg (Auer) 1993.

deMause, Lloyd: Hört ihr die Kinder weinen. Eine psychogenetische Geschichte der Kindheit. Frankfurt am Main (Suhrkamp) 1977 (zuerst engl. 1974)

deMause, Lloyd: Das emotionale Erleben der Nationen. Klagenfurt (Drava) 2005 (zuerst engl. 2002)

Mees, Ulrich: Zum Forschungsstand der Emotionspsychologie. Eine Skizze. In: Emotionen und Sozialtheorie. Disziplinäre Ansätze, hrsg. von Rainer Schützeichel. Frankfurt am Main (Campus) 2006, S. 104–123

Menke, Birger: Wiederkehr der Demut. In: SPIEGEL ONLINE vom 2.5.2012. Online unter http://www.spiegel.de/ panorama/gesellschaft/demut-die-wiederkehr-der-werte-a-829604.html (letzter Abruf 22.3.2018)

Mertz, Dieter Paul: Gedanken über die kulturelle Weiterentwicklung der Menschheit in Verbindung mit fortschreitender Globalisierung. In: Versicherungsmedizin. European Journal of Insurance Medicine 2/2011, S. 102–105

Milgram, Stanley: Das Milgram-Experiment. Zur Gehorsamsbereitschaft gegenüber Autorität. Reinbek bei Hamburg (Rowohlt) 1974 (zuerst engl. 1974)

Möller, Hans-Jürgen; Laux, Gerd; Deister, Arno: Psychiatrie und Psychotherapie. 2., vollst. überarb. und erw. Aufl., Stuttgart (Thieme) 2001

Montessori, Maria: Kosmische Erziehung. Hrsg. und eingeleitet von Paul Oswald und Günter Schulz-Benesch. Freiburg im Breisgau (Herder) 1988

Müller, Andreas: Schluss mit der Sozialromantik. Ein Jugendrichter zieht Bilanz. Freiburg im Breisgau (Herder) 2013

Müller, Thomas: Bestie Mensch. Tarnung – Lüge – Strategie. Salzburg (ecowin) 2004

Müller-Münch, Ingrid: Die geprügelte Generation. Kochlöffel, Rohrstock und die Folgen. Stuttgart (Klett-Cotta) 2012 – Eine weiterführende Homepage zum Thema online unter http://gepruegelte-generation.de (letzter Abruf 22.3.2018)

Murafi, Khalid: Früherkennung beginnender Persönlichkeitsstörungen im Jugendalter. Online unter www.dr-murafi.de/persoenlichkeitsstoerungen-jugendlicher.pdf [2009] (letzter Abruf 22.3.2018)

Nida-Rümelin, Julian: Kritik des Konsequentialismus. München (Oldenbourg) 1993
Nöllke, Matthias: So managt die Natur. Was Führungskräfte vom erfolgreichsten Unternehmen aller Zeiten lernen können. Freiburg im Breisgau (Haufe) 2004
Nowak, Martin A.; Highfield, Roger: Kooperative Intelligenz: Das Erfolgsgeheimnis der Evolution. München (Beck) 2013

Oerter, Rolf; Montada, Leo (Hrsg.): Entwicklungspsychologie. 5., vollst. überarb. Aufl., Weinheim/Basel (Beltz) 2002
Oerter, Rolf; Montada, Leo (Hrsg.): Entwicklungspsychologie. 6., vollst. überarb. Aufl., Weinheim/Basel (Beltz) 2008
Oerter, Rolf u. a. (Hrsg.): Neue Wege wagen. Innovation in Bildung, Wirtschaft und Gesellschaft. Stuttgart (Lucius & Lucius) 2010
Oerter, Rolf; Janisch, Peter: Der Mensch zwischen Natur und Kultur. Göttingen (Vandenhoek und Ruprecht) 2012
Osel, Johann: Bologna-Abkommen. Tiefer Zwist zwischen Politik und Unis. In: Süddeutsche Zeitung vom 15.5.2015. Online unter http://www.sueddeutsche.de/bildung/studium-tiefer-zwist-zwischen-politik-und-unis-1.2478046 (letzter Abruf 27.3.2018)

Parianen, Franca: Woher soll ich wissen, was ich denke, bevor ich höre, was ich sage? Die Hirnforschung entdeckt die großen Fragen des Zusammenlebens. Reinbek bei Hamburg (Rowohlt) 2017
Pauen, Michael: Konflikt der Kulturen. In: F.A.Z. Nr. 147 vom 28.7.2008

Pinker, Steven: Gewalt. Eine neue Geschichte der Menschheit. Frankfurt (Fischer) 2011

Pleticha, Heinrich: Weltgeschichte. Bd. 10: Fürstenhöfe und Fabriken. Die Welt im Zeitalter des Imperialismus. Überarb. Neuausgabe, Gütersloh (Bertelsmann Lexikon-Verlag) 1996

Plutchik, Robert: Emotion. A Psychoevolutionary Synthesis. New York u. a. (Harper and Row) 1980

Pöppel, Ernst; Wagner, Beatrice: Dummheit. Warum wir heute die einfachsten Dinge nicht mehr wissen. München (Goldmann) 2013

Popper, Karl; Eccles, John C.: Das Ich und sein Gehirn. Neuausgabe München (Piper) 1989 (zuerst 1977)

Popper-Lynkeus, Josef: Materielle Grundsicherung. Popper-Lynkeus' Programm »Die allgemeine Nährpflicht als Lösung der sozialen Frage«. Ein auszugsweiser Reprint, hrsg. und eingeleitet von Emmerich Tálos. Wien (Staatsdruckerei) 1989 (zuerst 1912)

Portmann, Adolf: Zoologie und das neue Bild des Menschen. Biologische Fragmente zu einer Lehre vom Menschen. Reinbek bei Hamburg (Rowohlt) 1956

Precht, Richard David: Anna, die Schule und der liebe Gott. Der Verrat des Bildungssystems an unseren Kindern. München (Goldmann) 2015

Psychomedia. Lexikon der Psychologie. Online unter https://www.psychomeda.de/lexikon (letzter Abruf 28.3.2018)

Radebold, Hartmut: Die dunklen Schatten unserer Vergangenheit. Hilfen für Kriegskinder im Alter. 3., aktualisierte und erw. Aufl., Stuttgart (Klett-Cotta) 2009

Reckwitz, Andreas: Zwischen Hyperkultur und Kulturessenzialismus. Die Spätmoderne im Widerstreit zweier Kulturalisierungsregimes. In: Soziopolis. Gesellschaft beobachten vom 24.10.2016. Online unter https://soziopolis.de/

beobachten/kultur/artikel/zwischen-hyperkultur-und-
kulturessenzialismus (letzter Abruf 22.3.2018)

[Redaktion n-tv vom 1.6.2016:] Fast drei Tötungsdelikte pro
Woche. Gewalt gegen Kinder ist Alltag in Deutschland.
In: n-tv vom 1.6.2016. Online unter
https://www.n-tv.de/panorama/Gewalt-gegen-Kinder-ist-
Alltag-in-Deutschland-article17828706.html
(letzter Abruf 16.3.2018)

[Redaktion n-tv vom 29.11.2016:] Aufklärung oder Strafandrohung. Was Menschen moralischer macht. In: n-tv Wissen
vom 29.11.2016: Online unter https://www.n-tv.de/
wissen/Was-Menschen-moralischer-macht-
article19207191.html (letzter Abruf 27.3.2018)

[Redaktion n-tv vom 6.2.2017:] Beschimpfungen stören Entwicklung. Harte Erziehung führt oft zu Schulversagen. In:
n-tv.de vom 8.2.2017 Online unter
https://www.n-tv.de/wissen/Harte-Erziehung-fuehrt-oft-
zu-Schulversagen-article19693005.html
(letzter Abruf 27.3.2018)

[Redaktion WELT:] So kämpft Berlin gegen Zwangsehen in den
Schulferien. In: WELT vom 20.7.2017. Online unter
https://www.welt.de/politik/deutschland/
article166846028/So-kaempft-Berlin-gegen-Zwangsehen-
in-den-Schulferien.html (letzter Abruf 27.3.2018)

Redelings, Ben: Wenn Fußballeltern ausrasten. In: n-tv vom
12.4.2016. Online unter https://www.n-tv.de/sport/
fussball/redelings_nachspielzeit/Papa-nicht-du-bist-doch-
auf-Bewaehrung—article17443811.html
(letzter Abruf 27.3.2018)

Rees, Martin: From Here to Infinity. Scientific Horizons.
London (Profile Books) 2011

Roth, Gerhard: Schnittstelle Gehirn. Zwischen Geist und Welt.
Bern (Bentelli) 1996

Roth, Gerhard: Warum sind Lehren und Lernen so schwierig?
In: Zeitschrift für Pädagogik 50 (2004) 4, S. 496–506

Roth, Gerhard: Persönlichkeit, Entscheidung und Verhalten. Warum es so schwierig ist, sich und andere zu ändern. Stuttgart (Klett-Cotta) 2007

Roth, Gerhard: Fühlen, Denken, Handeln. Wie das Gehirn unser Verhalten steuert. Neue, vollst. überarb. Ausg., Frankfurt am Main (Suhrkamp) 2009

Roth, Gerhard: Bildung braucht Persönlichkeit. Wie Lernen gelingt. Stuttgart (Klett-Cotta) 2011

Roth, Gerhard: Gene und Erziehung. Der renommierte Hirnforscher Gerhard Roth erklärt, wie man Kinder am besten fördert. Interview in: GEO kompakt, Nr. 28: Intelligenz, Begabung, Kreativität, 9/2011, S. 60–70

Roth, Gerhard; Strüber, Nicole: Wie das Gehirn die Seele macht. Stuttgart (Klett-Cotta) 2014

Roth, Heinrich: Pädagogische Anthropologie Bd. 2: Entwicklung und Erziehung. Hannover (Schroedel) 1976

Russ-Mohl, Stephan: Die informierte Gesellschaft und ihre Feinde. Warum die Digitalisierung unsere Demokratie gefährdet. Köln (Herbert von Halem) 2017

Rutschky, Katharina: Schwarze Pädagogik. Quellen der Naturgeschichte der bürgerlichen Erziehung. Frankfurt am Main (Ullstein) 1977

Sandel, Michael J.: Was man sich für Geld nicht kaufen kann. Die moralischen Grenzen des Marktes Berlin (Ullstein) 2012

Saimeh, Nahlah: Jeder kann zum Mörder werden. Wahre Fälle einer forensischen Psychiaterin. München (Piper) 2012

Schellnhuber, Hans J.: Mit der Natur kann man nicht verhandeln. Vortrag auf dem Weltklimagipfel in Doha/Katar 2012. Online unter https://www.pik-potsdam.de/aktuelles/nachrichten/archiv/2012/news/in-short/files/Schellnhuber-keynote-COP18-state-dinner-Doha.pdf (letzter Abruf 22.3.2018)

Schirrmacher, Frank: Fangen wir an, gut über unser Gehirn zu denken. Nicht nur Geist ist formbar: Zum Beginn einer Serie über die Möglichkeit, das Gedächtnis zu trainieren. In: F.A.Z. Nr. 64 vom 15.3.2008, S. 37

Schirrmacher, Frank: EGO. Das Spiel des Lebens. München (Blessing) 2013

Schmidt-Salomon, Michael: Hoffnung Mensch. Eine bessere Welt ist möglich. München (Piper) 2014

Schneider, Wolf: Der Mensch. Eine Karriere. Reinbek bei Hamburg (Rowohlt) 2008

Schönhuth, Michael: Das Kulturglossar. Ein Vademecum durch den Kulturdschungel für Interkulturalisten. Online unter www.kulturglossar.de (letzter Abruf 22.3.2018)

Schreiner, Patrick: Warum Menschen sowas mitmachen. Achtzehn Sichtweisen auf das Leben im Neoliberalismus. 2., durchges. Aufl., Köln (PapyRossa Verlag) 2018

Schrödinger, Erwin: Was ist Leben? Die lebende Zelle mit den Augen des Physikers betrachtet. 15. Aufl., München (Piper) 2017 (zuerst 1944)

Schumacher, Eva: Montessori-Pädagogik verstehen, anwenden und erleben. Eine Einführung. Weinheim/Basel (Belz) 2016

Sedlak, Andrea J. u. a.: Fourth National Incident Study of Child Abuse and Neglect. Report to Congress. Section 5-3 Differences in the Incidence of Maltreatment Related to Family Structure and Living Arrangement. Januar 2010. Online unter https://www.acf.hhs.gov/sites/default/files/opre/nis4_report_congress_full_pdf_jan2010.pdf (letzter Abruf 22.3.2018)

Seemann, Antje: Marie-Christine Ghanbari will jedem Kind eine Chance geben. In: Rheinische Post vom 16.12.2016. Online unter http://www.rp-online.de/politik/marie-christine-ghanbari-will-jedem-kind-eine-chance-geben-aid-1.6468249 (letzter Abruf 19.3.2018)

Seneca, Lucius Annaeus: Epistulae morales ad Lucilium. Briefe
    an Lucilius. Bd. 1. Hrsg. und übersetzt von Gerhard Fink.
    Düsseldorf 2007 (Sammlung Tusculum)
Singer, Wolf: Wer deutet die Welt. Thomas Assheuer im
    Gespräch mit Wolf Singer und Lutz Wingert. In:
    DIE ZEIT, Nr. 50 vom 7.12.2000. Online unter
    https://www.zeit.de/2000/50/Wer_deutet_die_Welt_/
    komplettansicht (letzter Abruf 27.3.2018)
Singer, Wolf: Was kann ein Mensch wann lernen? Vortrag
    anlässlich des ersten Werkstattgesprächs der Initiative
    »McKinsey bildet« in der Deutschen Bibliothek Frankfurt
    am Main am 12.6.2001. Online unter:
    http://www.brain.mpg.de/fileadmin/user_upload/
    images/Research/Emeriti/Singer/mckinsey.pdf
    (letzter Abruf 22.3.2018)
Singer, Wolf: Der Beobachter im Gehirn. Essays zur Hirn-
    forschung. Frankfurt am Main (Suhrkamp) 2002
Singer, Wolf: Das Abenteuer unseres Bewusstseins:
    Bringt Meditation wirklich etwas? In: F.A.Z. Nr. 100
    vom 29.4.2008, S. 37
Singer, Wolf: Physik und Biologie wachsen zusammen. Prof.
    Wolf Singer und die Theoretisierung der belebten Natur.
    Interview mit Susanne Päch in: Hyperraum TV vom
    27.8.2013. Online unter
    www.hyperraum.tv/2013/08/27/physik-und-biologie-
    wachsen-zusammen (letzter Abruf 22.3.2018)
Smith, Adam: Die Theorie der ethischen Gefühle. Hrsg. von
    Walther Eckstein. Hamburg (Meiner) 2004
    (zuerst engl. 1759)
Sommer, Jörg: Jahrbuch Ökologie. München (Beck) 2007
Sosic-Vasic, Zrinka: Was Kinder stärkt – Salutogenese und
    Resilienz. Online unter http://updatenet.net/images/7/7a/
    Resilienz-und-Salutogenese.pdf (letzter Abruf 28.3.2018)

Spaemann, Robert: Wer ist ein gebildeter Mensch? Aus einer
Promotionsrede. In: Scheidewege. Jahresschrift für skepti-
sches Denken 24 (1994/95), S. 34–37 (erneut veröffentlicht
in: Ders., Grenzen. Zur ethischen Dimension des
Handelns. Stuttgart (Klett-Cotta) 2001, S. 513–516)

Spaemann, Robert: Grenzen. Zur ethischen Dimension des
Handelns. Stuttgart (Klett-Cotta) 2001

Spaemann, Robert: Was macht Personen zu Personen? Vortrag
beim Colloquium des Lindenthal-Instituts (Köln) am
21.5.2011. Online unter
https://www.youtube.com/watch?v=MT3X-nNjhwk
(letzter Abruf 23.3.2018)

Spaemann, Robert: Moralische Grundbegriffe.
München (Beck) 1982.

Spaemann, Robert: Glück und Wohlwollen. Versuch über Ethik.
Stuttgart (Klett-Cotta) 2017

Spitzer, Manfred: Lernen. Gehirnforschung und die Schule
des Lebens. Heidelberg (Spektrum Akademischer
Verlag) 2002

Spitzer, Manfred: Geist & Gehirn. 16-teilige TV-Staffel auf
BR-Alpha von 2004 bis 2016. Online unter
https://www.br.de/fernsehen/ard-alpha/sendungen/
geist-und-gehirn/index.html (letzter Abruf 23.3.2018)

Spitzer, Manfred: Vorsicht Bildschirm. Elektronische Medien,
Gehirnentwicklung, Gesundheit und Gesellschaft.
Stuttgart (Klett-Cotta) 2005

Spitzer, Manfred: Digitale Demenz. Wie wir uns und unsere
Kinder um den Verstand bringen.
Stuttgart (Klett-Cotta) 2012

Staas, Christian: Jugendliche und NS-Zeit: Was geht mich das
noch an? Unsere Umfrage zeigt: Die NS-Zeit bewegt die
Jugendlichen nach wie vor. Aber sie wollen nicht auf
Befehl betroffen sein. In: DIE ZEIT, Nr. 45 vom 4.11.2010.
Online unter http://www.zeit.de/2010/45/Erinnern-NS-
Zeit-Jugendliche (letzter Abruf 27.3.2018)

Steffens, Dirk: Wir sägen den Ast ab, auf dem wir sitzen.
n-tv Interview vom 19.2.2016. Online unter
https://www.n-tv.de/wissen/Wir-saegen-den-Ast-ab-auf-
dem-wir-sitzen-article17015451.html
(letzter Abruf 23.3.2018)

Steffens, Gerd: Pädagogik aus neoliberaler Perspektive. Zum
neoliberalen Paradigmenwechsel in Bildungspolitik und
Erziehungswissenschaften. In: Nachdenken in Widersprüchen. Gernot Koneffkes Kritik bürgerlicher Pädagogik, hrsg. von Harald Bierbaum u. a. Wetzlar (Büchse der
Pandora) 2007, S. 115–125

Steinke, Ronen: Mehr Liebe, weniger Hiebe. Studie zur Jugendkriminalität. In: Süddeutsche Zeitung vom 2.1.2018.
Online unter http://www.sueddeutsche.de/panorama/
studie-zur-jugendkriminalitaet-mehr-liebe-weniger-
hiebe-1.3811190 (letzter Abruf 27.3.2018)

Stern, Elsbeth: Wie viel Gehirn braucht die Schule? Chancen und
Grenzen einer neuropsychologischen
Lehr-Lern-Forschung. In: Zeitschrift für
Pädagogik 50 (2004) 4, S. 531–538

Stern, Elsbeth; Grabner, Roland; Schumacher, Ralph: Lehr-Lern-
Forschung und Neurowissenschaften. Erwartungen,
Befunde und Forschungsperspektiven. Bonn/Berlin
(Bundesministerium für Bildung und Forschung) 2005

Stiglitz, Joseph E.; Greenwald, Bruce C.: Die innovative Gesellschaft. Wie Fortschritt gelingt und warum grenzenloser
Freihandel die Wirtschaft bremst. Berlin (Econ) 2015
(zuerst engl. 2014)

Sturma, Dieter: Philosophie und Neurowissenschaften. Frankfurt am Main (Suhrkamp) 2006

Tenorth, Heinz E.: Geschichte der Erziehung. Einführung in die
Grundzüge ihrer neuzeitlichen Entwicklung. 5. Aufl.,
Weinheim/München (Juventa) 2010

Terhart, Ewald: Didaktik. Eine Einführung. Stuttgart (Reclam) 2009

Terhart, Ewald: Erziehungswissenschaft und Lehrerbildung. Münster (Waxmann) 2013

Thiel, Thomas: Klären Sie Ihre Schreibabsicht, prüfen Sie Ihre Gefühle! Alternativen zu Fakten: Seit Pisa und Bologna setzt die deutsche Bildungspolitik auf Kompetenzen statt auf Bildung. Auf der ersten Inkompetenzkonferenz in Frankfurt formiert sich Widerstand. In: F.A.Z. Nr. 159 vom 12.7.2017, S. N4

Tomasello, Michael: Die kulturelle Entwicklung des menschlichen Denkens. Zur Evolution der Kognition. Frankfurt am Main (Suhrkamp) 2002

Thoreau, Henry David: Über die Pflicht zum Ungehorsam gegen den Staat. Zürich (Diogenes) 2012 (zuerst engl. 1849)

Todenhöfer, Jürgen: Du sollst nicht töten. Mein Traum vom Frieden. München (Bertelsmann) 2013

Trepl, Ludwig: Die Erde ist kein Lebewesen. Kritik der Gaia-Hypothese. In: BLOG: Landschaft & Oekologie Unsere Umwelt zwischen Kultur und Natur vom 13.2.2013. Online unter www.scilogs.de/landschaft-oekologie/die-erde-ist-kein-lebewesen (letzter Abruf 26.3.2018)

Trivers, Robert Ludlow: Betrug und Selbstbetrug. Wo wir uns selbst und andere erfolgreich belügen. Berlin (Ullstein) 2013

Trusheim, Wolfgang: Salafisten in Deutschland. Staatsschutz warnt vor »Hass-Kindern«. n-tv vom 2.9.2016. Online unter https://www.n-tv.de/politik/Staatsschutz-warnt-vor-Hass-Kindern-article18553126.html (letzter Abruf 23.3.2018)

Tsokos, Michael und Guddat, Saskia: Deutschland misshandelt seine Kinder. München (Droemer Knaur) 2014

Uexküll, Jakob Johann von: Umwelt und Innenwelt der Tiere. Berlin (Springer) 1909

[UNESCO] Deutsche UNESCO-Kommission und Bundesministerium für wirtschaftliche Zusammenarbeit und Entwicklung (BMZ), Weltbericht »Bildung für alle« 2015.
EFA Global Monitoring Report, Bonn 2015. Online unter:
https://www.unesco.de/fileadmin/medien/Dokumente/
Bildung/2015_GMR_deutsche_Kurzfassung_Bildung_
f%C3%BCr_alle_2000-2015_Bilanz.pdf
(letzter Abruf 26.3.2018)

Verbeek, Bernhard: Anthropologie der Umweltzerstörung.
Die Evolution und der Schatten der Zukunft. 3., erw.
Aufl., Darmstadt (Primus) 1998 (zuerst 1990)
Voland, Eckart: Die Natur des Menschen. München (Beck) 2007
Voland, Eckart und Volant, Renate: Evolution des Gewissens.
Strategien zwischen Egoismus und Gehorsam.
Stuttgart Hirzel 2014
Volmer, Hubertus: Die Mär von der kollektiven Schuld. In:
n-tv.de vom 27.1.2013. Online unter
http://www.n-tv.de/politik/Die-Maer-von-der-
kollektiven-Schuld-article10014216.html
(letzter Abruf 27.3.2018)

Waal, Frans B. M. de: Wilde Diplomaten. Versöhnung und
Entspannungspolitik bei Affen und Menschen.
München (Hanser) 1989
Waal, Frans B. M. de: Das Prinzip Empathie: Was wir von der
Natur für eine bessere Gesellschaft lernen können.
München (Hanser) 2011
Watzlawick, Paul; Beavin, Janet H.; Jackson, Don D.:
Menschliche Kommunikation. 10., unveränderte Aufl.,
Bern (Hogrefe) 2000 (zuerst 1969)
Weber, Hartwig; Jaramillo, Sor Sara Sierra: Bildung gegen den
Strich. Lebensort Straße als pädagogische Herausforde-
rung. München (Don Bosco Medien) 2013

Weber, Andreas: Alles fühlt. Mensch, Natur und die Revolution der Lebenswissenschaften. Berlin (Berlin Verlag) 2007

Wenzler, Denise: Persönlichkeitsstörungen. Systematik der Kinder- und Jugendpsychiatrie. Online unter http://www.uniklinikum-saarland.de/fileadmin/UKS/Einrichtungen/Kliniken_und_Institute/Neurologie_und_Psychiatrie/Kinder_und_Jugendpsychiatrie/Folien_Vorlesung/Folien_2015_neu/Persoenlichkeitsstoerungenend.Wenzler.pdf (letzter Abruf 26.3.2018)

Werner, Emmy E.: Entwicklung zwischen Risiko und Resilienz. In: Was Kinder stärkt. Erziehung zwischen Risiko und Resilienz, hrsg. von Günther Opp, Michael Fingerle und Andreas Freytag. München/Basel (Reinhardt) 1999, S. 25–36.

Wheeler, John Archibald; Ford, Kenneth: Geons, Black Holes and Quantum Foam. A Life in Physics. New York, NY (Norton) 1998

Whitehead, Alfred North: Die Ziele von Erziehung und Bildung und andere Essays. Berlin (Suhrkamp) 2012 (zuerst engl. 1929)

Wieser, Wolfgang: Gehirn und Genom. Ein neues Drehbuch für die Evolution. München (Beck) 2007

Winterhoff, Michael: SOS Kinderseele. Was die emotionale und soziale Entwicklung unserer Kinder gefährdet – und was wir dagegen tun können. München (Bertelsmann) 2013

Wirtz, Markus Antonius (Hrsg.): Dorsch. Lexikon der Psychologie. 18. Aufl., Bern (Hogrefe) 2017

Wößmann, Ludger: Letzte Chance für gute Schulen: Die zwölf großen Irrtümer und was wir wirklich ändern müssen. München (Zabert Sandmann) 2007

Wulf, Christoph; Zirfas, Jörg: Handbuch pädagogische Anthropologie. Wiesbaden (Springer) 2014

Wunderlich, Dieter: Sprachen der Welt. Warum sie so verschieden sind und sich doch alle gleichen. Darmstadt (Lambert Schneider) 2015

Zeilinger, Anton: Einsteins Spuk. Teleportation und weitere Mysterien der Quantenphysik. München (Goldmann) 2005

Von Gerd Blaumeiser ebenfalls lieferbar:

Die Macht der Muße
Erfolg und Zufriedenheit erleben

2019. 88 Seiten.

Hardcover mit Schutzumschlag € 14,90

ISBN 978-3-8301-1794-0

Die wie alles in der Natur und im menschlichen Verhalten evolutiv gründende Muße spielte bis zur ihrer Wiederentdeckung in jüngster Zeit in der persönlichen Lebensführung sowie der Gestaltung zwischenmenschlicher Beziehungen in Familie, Beruf und Freundschaft eher eine Außenseiterrolle.

Ihr Potential hingegen ist im Hinblick auf die Qualität unseres Befindens, unseres mitmenschlichen Verhaltens sowie hinsichtlich unserer Kreativität außerordentlich mächtig. Muße als Lebensprinzip hilft auf dem Weg zur Selbstfindung. Indem wir selbstbestimmt die Muße in Respekt vor dem Leben für uns selbst als auch ganz allgemein er- und anerkennen, wird es (wieder) möglich sein, unsere eigene Würde wie auch die jeglichen Lebens auf unserem Planeten wahrzunehmen. Mit der Entdeckung oder auch Wiederentdeckung der eigenen Würde sind wir dann auch nicht mehr verführbar.

Die Muße als Weg zum eigenen Selbst bedarf für ihre Wahrnehmung des zeitweisen Alleinseins, weitab von Lärm und jeglicher Oberflächlichkeit. Sobald die Muße in unserem Inneren die Sicht auf eine Welt in Toleranz und Liebe und damit in Freiheit eröffnet hat, verleiht sie uns die Macht und die Kraft, sowohl als Individuum als auch als Mitglied der Gemeinschaft das Leben zu meistern.

www.rgfischer-verlag.de